# CULTURA DIGITAL E EDUCAÇÃO

*Conselho Acadêmico*
Ataliba Teixeira de Castilho
Carlos Eduardo Lins da Silva
Carlos Fico
Jaime Cordeiro
José Luiz Fiorin
Tania Regina de Luca

Proibida a reprodução total ou parcial em qualquer mídia
sem a autorização escrita da editora.
Os infratores estão sujeitos às penas da lei.

A Editora não é responsável pelo conteúdo deste livro.
A Organizadora e os Autores conhecem os fatos narrados, pelos quais são responsáveis,
assim como se responsabilizam pelos juízos emitidos.

Consulte nosso catálogo completo e últimos lançamentos em **www.editoracontexto.com.br**.

# CULTURA DIGITAL E EDUCAÇÃO

Carlota Boto (org.)

Maria Lúcia Garcia Pallares-Burke | Roger Chartier | Anne-Marie Chartier
Tiago Almeida | Helena Singer | Ana Laura Lima | Natália Gil
Elie Ghanem | Leandro de Lajonquière | Vivian Batista da Silva
Francisco Peixoto | José Castro Silva | Patricia Tavares Raffaini | Diana Gonçalves Vidal
Cynthia Greive Veiga | Julio Groppa Aquino | Marcos Garcia Neira
Ingrid H. Ambrogi | Rita de Cassia Gallego | Jorge Ramos do Ó

Copyright © 2023 do Autor

Todos os direitos desta edição reservados à
Editora Contexto (Editora Pinsky Ltda.)

*Foto de capa*
Jeswin Thomas em Unsplash

*Montagem de capa e diagramação*
Gustavo S. Vilas Boas

*Preparação de textos*
Daniela Marini Iwamoto

*Revisão*
Lilian Aquino

Dados Internacionais de Catalogação na Publicação (CIP)

Cultura digital e educação / organizado por Carlota Boto;
Maria Lúcia Garcia Pallares-Burke...[et al]. –
São Paulo : Contexto, 2023.
384 p.

Bibliografia
ISBN 978-65-5541-273-4

1. Educação 2. Cultura e tecnologia 3. Pedagogia
I. Boto, Carlota II. Pallares-Burke, Maria Lúcia Garcia

23-4370                                                    CDD 370

Angélica Ilacqua – Bibliotecária – CRB-8/7057

Índice para catálogo sistemático:
1. Educação

2023

EDITORA CONTEXTO
Diretor editorial: *Jaime Pinsky*

Rua Dr. José Elias, 520 – Alto da Lapa
05083-030 – São Paulo – SP
PABX: (11) 3832 5838
contato@editoracontexto.com.br
www.editoracontexto.com.br

# Sumário

Apresentação...........................................................................9

*Carlota Boto*

## O MUNDO DIGITAL E A CULTURA ESCRITA

Uma época de crises – uma perspectiva histórica...............19

*Maria Lúcia Garcia Pallares-Burke*

Cultura escrita e mundo digital:
mutações, desafios e perspectivas........................................57

*Roger Chartier*

Cultura escrita e mundo digital na escola............................73

*Anne-Marie Chartier*

## TECNOLOGIA, ENSINO COMO RITO DE INICIAÇÃO E FORMA ESCOLAR

### A educação da infância como rito de iniciação ........................ 89
Tiago Almeida e Carlota Boto

### A pandemia e as inovações na forma escolar ........................ 105
Helena Singer

### As tecnologias audiovisuais e a formação das crianças ........... 129
Ana Laura Lima

### Aulas na internet:
o que isso tem a ver com comunicação científica? ................. 145
Natália Gil

## DEMOCRACIA, SOFRIMENTO DOCENTE E RESILIÊNCIA

### Democracia como principal critério de qualidade da educação ...... 163
Elie Ghanem

### A invenção pedagógica do sofrimento docente ..................... 177
Leandro de Lajonquière

### Sobre a nossa tristeza fora da sala de aula ....................... 191
Vivian Batista da Silva

### Resiliência e bem-estar em professores ........................... 211
Francisco Peixoto e José Castro Silva

## INVESTIGAÇÃO NA INTERNET E DESAFIOS ACADÊMICOS DA PANDEMIA

### E-investigação em História da Educação ........................... 231
Patrícia Tavares Raffaini e Diana Gonçalves Vidal

### Internet na estante, cadê o livro impresso? ....................... 247
Cynthia Greive Veiga

### A pandemia na pesquisa educacional brasileira: o ano de 2020 ..... 267
Julio Groppa Aquino

## PRÁTICAS DOCENTES
## E EXPERIÊNCIAS DE ENSINO EM TEMPOS DE EXCEÇÃO

Ressignificações da docência universitária
em tempos de pandemia................................................................281
*Marcos Garcia Neira*

Territórios paulistanos e mosaico de infâncias.........................299
*Ingrid H. Ambrogi*

"Ninguém fica para trás" em práticas de leitura e escrita............319
*Rita de Cassia Gallego*

Um futuro anterior: experiências pedagógicas universitárias.........343
*Jorge Ramos do Ó*

*A organizadora*........................................................................375

*Os autores*...............................................................................377

# Apresentação

*Carlota Boto*

Este livro, intitulado *Cultura digital e educação*, tem por finalidade debater a confluência desses dois campos. Trata-se de averiguar os modos a partir dos quais a educação – sobretudo a educação escolar – vem sendo desenvolvida no mundo contemporâneo e interpelada pelos novos desafios que lhe são apresentados pela cultura digital, desafios esses multiplicados no momento que a pandemia do coronavírus assolou o mundo inteiro. A obra tem como público-alvo professores de educação básica, assim como docentes e estudantes de cursos de licenciaturas e Pedagogia. Acreditamos na urgência histórica de refletirmos sobre a nova situação vivenciada pela universidade e pela escolarização básica, sobre a pesquisa e sobre o ensino a partir das ações pedagógicas desenvolvidas durante o período de pandemia, considerando inclusive o que delas se manteve e o que deixou de fazer sentido após o fim desse ciclo. Pretendemos investigar o que poderia ser mobilizado dessa experiência que, a dada altura, deixou, em todo o mundo, mais de um bilhão de crianças fora da escola. Sabe-se que as práticas de escolarização são tributárias do firmamento dos modernos Estados nacionais. Mais do que isso, reconhece-se que a escola moderna, tal como ela se estruturou no Ocidente, deve-se fundamentalmente à expansão da cultura letrada a partir do surgimento da tipografia. A escola moderna acompanha, portanto, a civilização do livro em códice e constituiu, para tal finalidade, o que alguns autores têm caracterizado por "forma escolar". Ora, se a forma escolar se estruturou com o livro impresso, como ficará o formato da escola no momento que o códice for, ainda que parcialmente, substituído pela cultura digital?

A forma escolar articula sentidos e postula significados caros para a formação das novas gerações de cidadãos republicanos. O desafio hoje apresentado ao campo da educação é o de investigar sobre como ficou nosso modelo de escola ao longo da pandemia e como ele se transmutará (ou não) no tempo pós-pandemia. As pedagogias digitais veiculam, talvez, novas formas – antes desconhecidas – de sociabilidade. Mas decerto não se trata da mesma sociabilidade que a escola desenvolvia antes. A expansão das tecnologias digitais tem – como se sabe – transformado inteiramente as sociedades. Quais seriam os efeitos, por exemplo, de se valer das redes sociais para finalidade pedagógica? Será que a escola que foi parar na tela digital reproduziu seus velhos hábitos e rotinas? Reiterou seus usos e costumes? Reconhece-se que a dominação digital prevê obediência a regras, e as relações de poder automatizadas continuam sendo assimétricas, ou seja, continuam sendo relações de poder.

A história, com a pandemia, se acelerou. Ou foi paralisada. Não importa. As plataformas digitais que passaram a reger a vida escolar impuseram uma dinâmica toda sua aos rituais da escolarização. Mas a escola manteve sua condição de suspensão da vida cotidiana? O que a vida escolar deve fazer? Deve privilegiar os conteúdos curriculares já previstos ou deve adaptar seu currículo àquilo que vem acontecendo no momento? O tempo da pandemia foi um tempo de *kairós*. Foi uma história de um tempo presente, intenso e intensivo: um tempo do acontecimento. A metamorfose da escola passou decerto pelo tempo de *kairós*. Porém, com o declínio da pandemia, progressivamente atinge seu *khronos*. O propósito aqui, então, é problematizar a ideia de um novo normal e, ao mesmo tempo, buscar construir pontes pedagógicas entre passado, presente e futuro da forma escolar. Esse é, em nosso entendimento, o desafio colocado por nossa contemporaneidade. Esse é o assunto que percorre todo este livro.

Dividimos esta publicação em cinco seções, cada uma delas com uma identidade que lhe é própria e que constitui um fio puxado para tecer, na confluência, a temática geral da obra. Em "O mundo digital e a cultura escrita", são problematizadas as questões mais amplas que envolvem a interação entre as três vertentes: cultura escrita, mundo digital e a educação. Discute-se a ideia de crise, é debatido o papel dos livros durante o momento pandêmico e reflete-se sobre os diferentes registros pelos quais a cultura digital impactou a educação e a escola. A seção intitulada "Tecnologia, ensino como rito de iniciação e forma escolar" abarca as maneiras pelas quais a educação e o ensino se colocam na sociedade como ritos de iniciação. Além disso, são trabalhadas as inovações na forma escolar trazidas pelo mundo digital e pela pandemia de maneira mais direta. Discutem-se, do ponto de vista histórico, os impactos que tiveram as tecnologias audiovisuais na formação das crianças. E, finalmente, são trabalhadas as aulas na internet como uma forma importante e necessária de comunicação científica. Em "Democracia, sofrimento docente e resiliência", é problematizada exatamente essa categoria de sofrimento docente e há uma polêmica sobre as formas pelas quais se constitui pedagogicamente tal expressão. Como contraponto, são também discutidas as situações de tristeza fora da sala de aula, bem como a resiliência e o bem-estar dos professores. Essa seção também irá ponderar sobre o conceito de democracia quando aplicado à educação. Em "Investigação na internet e desafios acadêmicos da pandemia", será perscrutada a forma de se pesquisar no mundo digital: como se constituem as estratégias da investigação acadêmica no território da internet? Quais impasses permanecem quando se confronta a pesquisa na tela com a pesquisa com documentos e livros impressos? Além disso, a seção apresenta um estudo sobre o modo pelo qual a pandemia aparece na pesquisa educacional brasileira no ano do início da ação massiva do coronavírus (2020). Finalmente, a última seção chama-se "Práticas docentes e experiências de ensino em tempos de exceção". Aqui, aborda-se o que se qualifica por um futuro anterior, expresso em experiências de ensino diferenciadas e que precederam o tempo da pandemia. Além disso, são mobilizadas práticas pedagógicas universitárias e escolares inscritas no coração da pandemia: docência universitária, histórias de infância e ações pedagógicas como uma forma de superar a dicotomia entre a pandemia e o pós-pandemia.

A presente obra é fruto do Seminário "Escola, pesquisa e mundo digital pós-pandemia: desafios e perspectivas", financiado pela Capes e pela Fapesp e realizado na Faculdade de Educação da Universidade de São Paulo entre os dias 19 e 23 de setembro de 2022, sob promoção do Grupo de Estudos de Filosofia e História das Ideias Pedagógicas (GEFHIPE) e do Projeto

Temático da Fapesp "Saberes e práticas em fronteiras: por uma história transnacional da educação".

De todo modo, o grande desafio que se coloca neste período de quase pós-pandemia para as escolas e também para as universidades é o de se meditar sobre o que vem a ser uma educação de qualidade. A escola é a instituição que se interpõe entre a vida familiar e a vida social. Ela prepara a criança, o adolescente e o jovem para que paulatinamente eles possam adentrar o mundo. Daí a importância concreta, material e simbólica que têm aqueles anos que constituem o período de passagem da pessoa pela escolarização. Mas o que é uma escola de qualidade? O primeiro sinal de qualidade de uma escola significa sua abrangência no sentido de receber parcelas diferentes de crianças, provenientes de todos os estratos da sociedade. Uma boa escola, sendo assim, é aquela que não recusa as crianças pobres ou difíceis. Por definição, portanto, tem de ser uma escola pública. Mas não basta ser pública para ter qualidade. Uma boa escola é aquela que é percebida por seus alunos como uma instituição justa, instigante e acolhedora. Mais do que isso, uma escola de qualidade é aquela que valoriza seus profissionais, que investe neles, que possibilita que os professores e os técnicos da educação sejam os artífices de seu projeto político e pedagógico. Uma boa escola é, ainda, uma escola que dialoga com os avanços científicos e tecnológicos de seu tempo. Daí a necessidade de tornar as ferramentas da internet efetivamente uma realidade da vida escolar. É preciso – hoje, mais do que nunca – enfrentar, incorporando na sala de aula as novas plataformas digitais do conhecimento.

São inúmeros os desafios que a vida atual coloca para a escola. E ela precisa responder a isso. Porém, uma escola de qualidade é fundamentalmente a instituição que valoriza conteúdos clássicos do saber: é preciso conhecer os diversos campos das humanidades, é preciso conhecer as ciências naturais, é imprescindível ter um domínio pleno da língua portuguesa e da linguagem matemática. As disciplinas constituem, no âmbito do conhecimento escolar, o legado da ciência e da história da cultura. Não há conhecimento que não passe pelo recorte disciplinar. É necessário saber História, Geografia, Física, Química, Filosofia, Sociologia, Biologia, Inglês, Espanhol, além de Português e Matemática. Até para haver interdisciplinaridade é necessário que sejam conhecidas as disciplinas que se deseja conectar. Por fim, uma escola que fizer tudo isso conseguirá proporcionar um ensino sólido, crítico e criativo, que se move em um mundo comum, o qual, para ser transformado, precisa ser bem conhecido. A formação de professores, por sua vez, precisa interagir com a formação dos estudantes, de maneira a preparar as gerações jovens para esse lugar público de formação das crianças e dos adolescentes.

A escola, como instituição, será portanto avaliada pela história à luz dos seguintes critérios: sua abrangência pública, ou seja, a quantas pessoas ela faculta o direito à educação; a maneira como ela dialoga com os avanços científicos e técnicos de seu tempo; os modos pelos quais ela faz e refaz sua própria cultura escolar, entendida esta como cultura produzida no interior da escola, mas, ao mesmo tempo, um processo de transposição didática dos conhecimentos canônicos valorizados pela sociedade, em virtude do fato de os saberes escolares versarem inequivocamente sobre conteúdos clássicos do saber; e, por fim, seleção social, política e pedagógica do que vale a pena ser ensinado como recorte disciplinar, mediante a necessária crença na formação para o preparo ético que conferirá às novas gerações uma educação a um só tempo sólida do ponto de vista dos saberes e íntegra no que tange aos valores.

A escola será tão mais democrática quanto mais extensiva for às camadas majoritárias da educação. Não há democratização de ensino sem ampliar as oportunidades escolares para abarcar um conjunto cada vez mais amplo de crianças e jovens de todos os espectros da sociedade. Como já destacava Azanha (1992; 1987) em seus trabalhos, a democratização do ensino será um simulacro se ela não contemplar a expansão da frequência à escolarização para o maior contingente possível de crianças e de jovens. Há um pressuposto político na ideia de democracia quando aplicada à realidade escolar. Não se trata, portanto, de um debate técnico nem sequer pedagógico. Colocar todas as crianças na escola é um postulado político.

Uma boa escola hoje necessariamente passa pelo que poderíamos compreender como manejo dos códigos do mundo digital. Não basta agora, para a escolarização, o domínio da cultura letrada no suporte do códice. É necessário migrar para o conhecimento também das telas e de seus significados. É imprescindível ser hábil para navegar pela grande enciclopédia do Google, que ordena uma biblioteca praticamente sem fronteiras. Cabe aos educadores mobilizarem o repertório de conhecimento, as chaves conceituais e as ferramentas analíticas que isso pode trazer a eles. Novas formas de ensinar, novos métodos de aprendizagem, tudo isso pode ser vislumbrado pelo acesso das gerações jovens ao mundo capitaneado pela internet.

Inovação no ensino, entretanto, é muito mais do que recorrer a recursos tecnológicos. A verdade é que o segredo da boa pedagogia se inscreve na fronteira entre tradição e inovação. Há – como diz António Nóvoa (2009) – uma cultura profissional que nada tem de nova:

> Ser professor é compreender os sentidos da instituição escolar, integrar-se numa profissão, aprender com os colegas mais experientes. É na escola e no diálogo com os outros professores que se aprende a profissão. O registro das práticas, a reflexão sobre o trabalho e o exercício da avaliação são elementos centrais para o aperfeiçoamento e a inovação. São essas rotinas que fazem avançar a profissão. O tato pedagógico. Quantos livros se gastaram para tentar apreender este conceito tão difícil de definir? Nele cabe essa capacidade de relação e de comunicação sem a qual não se cumpre o ato de educar. E também essa serenidade de quem é capaz de se dar ao respeito, conquistando os alunos para o trabalho escolar. Saber conduzir alguém para a outra margem, o conhecimento, não está ao alcance de todos. No ensino, as dimensões profissionais cruzam-se sempre, inevitavelmente, com as dimensões pessoais. (Nóvoa, 2009: 30-1)

Nóvoa aborda, ainda, o compromisso público que o educador precisa ter – ainda no tocante à inovação – com o caráter inclusivo e com o apelo à diversidade, em termos de seus princípios e valores. Reportando-se ao debate francês, o autor assume a perspectiva de que a profissão de professor não se define exclusivamente pela visão republicana segundo a qual o bom educador é fundamentalmente aquele capaz de transmitir o saber. Não. Esse elemento é imprescindível, sem dúvida, mas não é suficiente. Existiria um conhecimento profissional docente (Nóvoa, 2009: 33) que nasce, a um só tempo, das identidades das pessoas, das práticas partilhadas por elas e dos rituais que se constituem na ação de educar: "ensinamos aquilo que somos e, naquilo que somos, se encontra muito daquilo que ensinamos" (Nóvoa, 2009: 38).

O fato é que, como apontam alguns autores do debate educacional contemporâneo, temos hoje a contraposição entre o paradigma do ensino e o paradigma da aprendizagem. Para Biesta, por exemplo, o professor é necessariamente alguém que traz algo de novo para a relação pedagógica: "algo que não estava ali de antemão" (Biesta, 2017: 62). Seria uma falsa inovação fazer com que o ensino possa se inscrever exclusivamente na aprendizagem. Na mesma direção, Masschelein e Simons (2013: 41) assinalam que "na escola, sempre há alguma coisa sobre a mesa". Ao ensinar, lidamos com algo que é externo à nossa própria personalidade de educador e que é também exterior à figura do aluno. O conhecimento escolar é essa matéria: esse "algo da sociedade posto em jogo ou executado em jogo" (Masschelein e Simons, 2013: 41). Dizem ainda os mesmos autores que "o que a escola faz é trazer algo para o jogo" (Masschelein e Simons, 2013: 41). Por isso mesmo, a escola lida com regras, que são, no limite, intrínsecas a seu ritual próprio: as regras do jogo a ser jogado ali. A escola transforma as coisas em matéria de estudo. E essa operação é toda dela, como instituição. Colocar alguma coisa no jogo é destacá-la de seu uso corriqueiro, para conferir a ela um novo significado. Assim, quando a escola trabalha um texto, por exemplo, ele é ao mesmo tempo separado de sua função original e apropriado como objeto de estudo para um novo uso – ou seja, algo é posto em jogo.

Tal perspectiva coloca em questão a ideia de construção do conhecimento como atividade precípua da escola. Será que os alunos constroem mesmo os conhecimentos com os quais se familiarizarão na escola? Ou será que esses conhecimentos constituem um repertório externo, que não foi por eles construído, mas, sim, veio de fora e foi internalizado pelos estudantes? Do mesmo modo, podemos pensar a dimensão da democracia em sala de aula. Como considerar a educação como prática de liberdade? Seria o conceito de democracia redutível às dimensões pedagógicas? Ou será que democracia é um conceito cujo escopo político não pode ser extraído de seu próprio significado? José Sérgio Fonseca de Carvalho problematiza, com muito êxito, essa questão:

> Em que pese a ampla adesão retórica a essa forma de se conceberem os vínculos entre a formação escolar e o cultivo da liberdade, algumas de suas consequências no campo das práticas pedagógicas têm sido objeto de críticas não desprezíveis. Dentre elas, a de que, fundadas na noção de infância característica de segmentos econômica e culturalmente privilegiados, as pedagogias da autonomia acabam por inspirar modelos

que tendem a valorizar atitudes típicas de crianças oriundas desse *ethos* social – fundado na centralidade da criança no ambiente familiar – em detrimento de experiências de socialização diferentes e mais comuns entre crianças de classes populares. De modo análogo, o caráter relativamente secundário nelas atribuídos aos conhecimentos escolares, até então tidos como clássicos, parece oferecer menos problemas à formação das crianças cujos pais têm alto grau de escolaridade do que àquelas que são praticamente a primeira geração da família com acesso à cultura letrada. (Carvalho, 2013: 35-6)

Por fim, e retomando o fio de nosso assunto do começo, hoje não podemos mais refletir sobre o significado de um ensino de qualidade sem ponderar sobre o uso inteligente, em salas de aula, das tecnologias digitais. Porém, isso também impacta formas tradicionais de se lidar com o ato de ensinar. Nesse sentido, o livro que ora se apresenta traz elementos que nos permitem meditar sobre as diversas implicações da questão digital, tanto para a educação em escolas básicas quanto para o trabalho docente na universidade, o que contempla também a atividade da pesquisa. Como produzir o conhecimento nos tempos da internet? Como divulgar o conhecimento nos tempos da internet? Esse conjunto constitui a temática percorrida por esta obra, que nos convoca e nos desafia. Por todos esses motivos, convidamos o leitor a perfilhar essas páginas pela aventura do ato de ler, com a convicção de que a presente leitura impactará sua prática docente.

## Bibliografia

AQUINO, Julio Groppa. *Da autoridade pedagógica à amizade intelectual:* uma plataforma para o ethos docente. São Paulo: Cortez, 2014.
ARENDT, Hanna. *Entre o passado e o futuro.* São Paulo: Perspectiva, 1979.
ARIÈS, Philippe. *História social da criança e da família.* 2. ed. Rio de Janeiro: Zahar, 1981.
AZANHA, José Mário Pires. *Educação:* alguns escritos. São Paulo: Editora Nacional, 1987.
_____. *Uma ideia de pesquisa educacional.* São Paulo: Edusp, 1992.
BIESTA, Gert J. J. *El bello riesgo de educar:* cada acto educativo es singular y abierto a lo imprevisto. Madrid: Ediciones S. M., 2017.
CARVALHO, José Sérgio Fonseca. *Reflexões sobre educação, formação e esfera pública.* Porto Alegre: Penso, 2013.
MASSCHELEIN, Jan; SIMONS, Maarten. *Em defesa da escola:* uma questão pública. Belo Horizonte: Autêntica, 2013.
NÓVOA, António. *Professores:* imagens do futuro presente. Lisboa: Educa, 2009.

# O MUNDO DIGITAL
# E A CULTURA ESCRITA

# Uma época de crises – uma perspectiva histórica

*Maria Lúcia Garcia Pallares-Burke*

> Este capítulo discute dois desafios sem precedentes da educação hoje: o desafio da pandemia e o da revolução digital. Eles podem ser caracterizados como "crise", entendida como uma ruptura brutal ou um momento crítico e dramático de um processo. Qual o papel da educação diante dessas crises? A questão será abordada a partir de uma perspectiva histórica, pois, se a história nunca se repete, ela "frequentemente rima" e, portanto, lições podem ser aprendidas com os desafios de crises semelhantes no passado.

A dimensão da crise educacional que a pandemia criou e que se desdobrou em uma cascata de crises e em uma *"global emergency"* é sem precedentes na história (*The Economist*, 2022: 11-12). Ao mesmo tempo, o desenvolvimento da comunicação digital exacerbou uma crise do conhecimento numa escala talvez também sem precedentes na história. Não obstante os benefícios que trouxe, o mundo digital se impôs, como bem disse Roger Chartier, na "mais poderosa máquina jamais construída de difusão de erros, falsificações, falsas notícias e falsos saberes" (Chartier, 2020: 16).

O que é uma crise? "Quem quer que abra o jornal hoje se depara com o termo", disse o grande historiador Reinhart Koselleck, referindo-se ao que considera um uso "superinflacionado" e impreciso de um dos "conceitos básicos", ou "conceitos-chave" do discurso social e político. Estarei empregando o termo no sentido médico clássico grego, que foi um dos sentidos que se manteve ao longo da história, tal como Koselleck explorou no seu estudo seminal sobre conceitos fundamentais ("Grundbegriffe"). Como ele lembrou, Hipócrates dizia que "*krisis* é aquele ponto de inflexão, de virada crucial numa doença que vai levar ou à recuperação ou à morte" (Koselleck, 2006: 362). Ou seja, um momento em que uma mudança tem de ocorrer. Permanecendo atuante e extrapolando para outros campos não médicos, crise refere-se a uma situação de doença dramática, alarmante, na vida das pessoas, e metaforicamente na das instituições, incluindo o Estado, que requer diagnóstico, julgamento e ações decisivas (Koselleck, 2006: 362). É nessa linha que Hannah Arendt diz que "uma crise se torna um desastre [...] e se aguça" somente quando perde "a oportunidade para reflexão sobre a realidade" (Arendt, 2006: 171).

As reflexões a seguir estarão focalizando esses dois desafios; desafios distintos, mas que se interconectam, pois, como tem sido argumentado, a luta contra a covid-19 é também uma luta contra a "informação errada" e a "desinformação" – o que a Organização Mundial da Saúde (OMS) descreveu como uma "*infodemia*" e a Unesco, como "*desinfodemia*".

A discussão das duas crises, os desafios que elas representam e as possíveis respostas vão se basear firmemente na história tanto quanto possível. Pois se é, sem dúvida, verdade que a história nunca se repete, ela "frequentemente rima", como dizia Mark Twain.

Por essa razão, é importante ouvir os ecos da história e evitar tocar notas semelhantes às dissonantes do passado. O valor da abordagem histórica é nos tornar conscientes de desafios análogos – apesar de nunca idênticos – vividos anteriormente, dos quais sempre há lições a aprender (Foster, 2007). Algumas dessas lições são positivas, mas talvez mais frequentemente sejam negativas, servindo como alertas sobre o que não fazer. Alguns historiadores têm usado o termo "*clioepidemiology*" (lembrando de Clio, a musa da história) para se referirem à mina que existe nesse arquivo riquíssimo de informação frequentemente negligenciado (Morse, 2007). Enfim, como o filósofo e ensaísta espanhol-norte-americano George Santayana bem apontou, "aqueles que não conseguem lembrar o passado estão condenados a repeti-lo" (Santayana, 2005: cap. XII).

O historiador da educação John Tosh, consciente dessa importância do estudo da história, foi um dos fundadores do site *History and Policy* em 2001, cujo objetivo era exatamente permitir que os elaboradores das políticas governamentais e a mídia se beneficiassem da pesquisa e da análise do passado feita pelos historiadores. Com isso, como dizia, o nível de conscientização histórica do público aumentaria, uma vez que os assuntos de hoje seriam colocados em perspectiva histórica para mostrar como chegamos até "aqui" (Tosh, 2019).

Um exemplo que dá força a essa ideia sobre a importância do passado para a reflexão sobre o presente é a invasão do Afeganistão pelos americanos em 2001, quando os invasores cometeram os mesmos erros que os russos haviam cometido em 1979, e os britânicos em 1839.

Ignorando as condições locais – o terreno, o clima e os armamentos dos inimigos –, os britânicos foram massacrados num estreito (Jugdulluck Pass) entre montanhas no inverno de 1839 ao retirarem-se de Kabul. Com as mãos e os pés congelados, os soldados não podiam atirar nem marchar, mesmo erro de Napoleão na Rússia trinta anos antes, quando o exército francês havia sido massacrado e reduzido de 700 mil para 25 mil soldados.

Da retirada britânica de Kabul, somente um homem voltou para contar a história: William Brydon, um médico cirurgião do exército. Mais de cem anos depois, na época da invasão de 1979, um ministro russo foi presenteado pelo British Foreign Office com um livro sobre a história da invasão britânica no Afeganistão e seu fracasso. Sua resposta foi: "dessa vez será diferente". Mas não foi. Os russos foram emboscados pelos guerrilheiros.

Em 2001, foi a vez dos Estados Unidos. Apesar de a CIA ter requisitado a ajuda de um premiado historiador, Dalrymple, que publicara uma história do Afeganistão britânico em 2012, a saída desastrosa dos americanos em 2021 parece sugerir que eles nada aprenderam (Burke, 2023; Dalrymple, 2012). Enfim, a recusa em aprender com o passado levou a uma reencenação da derrota.

## O DESAFIO DA COVID-19

Pode parecer desnecessário retomar o primeiro desses temas, a crise da covid-19, pois aparentemente o perigo maior da pandemia já passou. Mas, infelizmente, não é bem assim. Em pleno junho de 2022, o número de infectados aumentava no Reino Unido e em outros lugares – e os prognósticos para o inverno que se aproximava eram preocupantes, e provaram estar corretos. Como afirmou a revista *The Lancet* em 14 de janeiro de 2023, "a pandemia está longe de acabar" e é muito cedo para nos declararmos livres do perigo (*The Lancet*, 2023: 178-9). Se considerarmos, por exemplo, os Estados Unidos, o país com maior número de mortos por covid-19 no mundo, no dia 16 de maio de 2022 o país atingiu "um marco trágico" com a notícia de que o número de mortos ultrapassara 1 milhão (Donovan, 2022). E, desde então, esse número aumentou para 1.167.832, de acordo com o United States COVID – Coronavirus Statistics, Worldometer. Ora, isso se revela uma enormidade se contrastarmos com catástrofes do passado, pois o número de mortes é mais de duas vezes maior do que as mortes somadas dos militares americanos na Segunda Guerra Mundial (405.300), na Guerra do Vietnã (58.220) e nos ataques terroristas de 11 de Setembro de 2001 (2.977).

A vacinação foi, sem dúvida, um sucesso. Um estudo sobre doenças infecciosas realizado pelo Imperial College London, publicado na revista *The Lancet*, calcula que 20 milhões de mortes foram evitadas no primeiro ano do uso da vacina contra a covid-19 (*The Guardian*, 2022: 9; Head e Van Esland, 2022). No entanto, apesar desse sucesso espantoso, o fato é que os efeitos a longo prazo permanecem e, nesse sentido, a pandemia ainda é uma dura realidade. Estudos britânicos e da OMS revelam que entre 10% e 30% das pessoas que tiveram covid ainda sofrem dos efeitos a longo prazo da doença, a "covid longa", que afeta profundamente suas atividades diárias e pode causar sérios problemas em órgãos, especialmente no coração e nos pulmões. As pessoas mais afetadas têm entre 35 e 69 anos, são mulheres, pessoas que vivem em áreas mais carentes e aqueles que trabalham em assistência social, ensino e educação ou assistência médica (Center for Desease Control and Prevention, 2022; Davis, 2022; *The British Medical Journal*, 2022).

Há ainda algo mais a se considerar. Como alertou o diretor do Programa de Emergências em Saúde da OMS, Dr. Mike Ryan, essa pandemia não parece ser ainda *"the Big One"*, que os especialistas temem e aguardam há muito tempo. "Esta pandemia", diz ele, "tem sido muito severa [...], deveria servir como um 'despertar' [...]. Essas ameaças vão continuar [...]. Uma coisa que precisamos tirar dessa pandemia, com toda a tragédia e perda que causou, é que precisamos agir em conjunto" (*The Guardian*, 2020). Enfim, a necessidade de continuar vigilante é grande, lembra Ryan, pois "um dos maiores receios daqui para a frente é que uma nova variante [...] potencialmente mais severa [...] possa vir a assumir o controle mais rapidamente do que as autoridades de saúde têm condição de reagir" (*Independet.ie*, 2022).

As repercussões sociais dessa pandemia são também descritas como "enormes". Além das milhões de vidas perdidas, sabe-se que muitos meios de subsistência foram destruídos – a maioria deles de mulheres que estavam trabalhando informalmente ou em empregos inseguros. Ao mesmo tempo, a covid-19 desencadeou um aumento de violência contra as mulheres e meninas em todo o mundo (Brixi, Fu e Uribe, 2022; *Reliefweb*, 2021; Johnson e Michaelson, 2021). Em resumo, a pandemia trouxe para a superfície e aumentou problemas antes existentes, acirrando de um modo brutal os que já eram antes vividos pelas pessoas e pelos países. O World Bank deixa isso claro em seu relatório *Poverty and Shared Prosperity 2022*: "A pandemia da covid-19 causou o maior revés à pobreza global em décadas. A pandemia aumentou a taxa global de pobreza extrema para cerca de 9,3% em 2020 [...]. Isso indica que mais de 70 milhões de pessoas foram empurradas para a pobreza extrema até o final de 2020 [...]" (World Bank Group, 2022).

Esses dados ganham maior gravidade se considerarmos que hoje temos o que era inexistente até há um século, quando a primeira epidemia global, a da chamada gripe espanhola, eclodiu, matando 50 milhões de pessoas, o equivalente a 200 milhões hoje: temos um sistema global de saúde, que elabora e recomenda medidas em conjunto, facilita o compartilhamento de informações e de recursos científicos, encoraja a cooperação internacional e expõe o impacto da pandemia, especialmente nas populações mais vulneráveis do mundo.

## AS EPIDEMIAS EM PERSPECTIVA HISTÓRICA: ALGUMAS LIÇÕES

Procurando colocar as respostas atuais à covid-19 na mais longa história das respostas a algumas das grandes epidemias do passado, consideremos primeiramente a chamada peste negra, a peste bubônica que devastou a Europa e a Ásia em meados do século XIV. Espalhava-se com uma velocidade atemorizante, levada por moscas e ratos negros, e resultou na morte de metade da população da Europa àquela época.

O medo dessa peste era imenso porque parecia surgir do nada, o que dava força à convicção de ser um castigo divino pelos pecados do mundo. As causas da doença eram invisíveis, todos os remédios propostos, da quarentena a procissões religiosas, eram controversos, e a busca por bodes-expiatórios alastrou-se.

Houve, no entanto, uma resposta positiva a catástrofes como essas – e estudos recentes mostram que desconsiderar a história de crises de epidemia "constitui uma ruptura com o passado em si", pois durante séculos, desde a Idade Média até o século XIX, cidadãos comuns, cronistas, associações e governos "sempre tentaram aprender com o passado". Os acontecimentos e as respostas a eles eram registrados em livros de memória, almanaques e crônicas da cidade. Esses registros serviam como "*aide-mémoire*", bem como repertórios arquivados de conhecimentos úteis para uso futuro. As autoridades os usavam como dossiês e manuais para orientá-los no desenvolvimento de políticas de enfrentamento de problemas públicos (De Graff et al., 2021: 346-67, 352-3). Inundações, por exemplo, faziam parte dessa "coleção de fatos" que buscava encontrar padrões. Em meados do século XVIII, por exemplo, o cronista Zacheus de Beer fez um levantamento do nível de água de uma grande região atingida por inundações na Holanda, buscando um padrão que poderia ser útil para futuras medidas preventivas. Suas crônicas, assim como outras que foram escritas ao longo dos séculos, formavam um inestimável arquivo de informação, uma "coleção de 'fatos'" apresentados pelos autores "como conhecimento útil que era considerado 'verdadeiro'" (De Graff et al., 2021: 352; Sundberg, 2022; Pollmann, 2016: 231-5, 248-9).

Durante a chamada "segunda pandemia da peste negra", entre os séculos XV e XVIII, por exemplo, não somente as medidas bem-sucedidas eram arroladas, mas as que fracassavam também o eram, juntamente com as supostas razões do fracasso. Enfim, esse "arquivo do conhecimento" funcionava como uma "memoria coletiva", que auxiliava as autoridades a enfrentar crises futuras. O objetivo desse gênero de depoimentos não era, portanto, apenas praticar a história pela história, a fim de simplesmente satisfazer a curiosidade. Sua função era muito mais geral, mais prática e muito mais orientada para o futuro do que a maioria dos estudiosos reconheceu até há pouco tempo (De Graff et al., 2021: 352).

Uma grande contribuição nesse sentido foi feita por Miguel Parets, um curtidor de couro de Barcelona, cuja crônica é considerada "o relato popular sobrevivente mais extenso da experiência da peste na história europeia", assim como uma das crônicas mais pessoais e emotivas deixada por quem viveu o drama da peste – fugindo, nisso, da norma então vigente de apresentar uma narrativa objetiva, impessoal, e mesmo estoica, do drama vivido (Amelang, 1991: 3, 9-11). Escrita em 1651 por quem testemunhara pessoalmente a peste e a destruição que causou na sua cidade e na sua família – quatro pessoas, sua mulher e três dos quatro filhos, "todas morrendo em menos de um mês" –, a crônica de Parets tinha como objetivo não somente registrar em detalhes como as mãos de Deus se manifestaram nesse ano terrível da peste, mas quais medidas haviam sido tomadas para combater a epidemia que matou um terço da população (45 mil pessoas) de sua cidade (Amelang, 1991: 71). Enfim, não era somente um registro rico e comovente da perda e do deslocamento social causados pela peste, mas com seus *insights* e observações impôs-se também como uma fonte de referência para o futuro.

A natureza devastadora da peste era tão desconhecida na Barcelona de 1651 quanto na Europa de 1348, e vigorava ainda a crença de que a doença era uma punição pelos pecados cometidos pela comunidade. Rezas eram feitas nas igrejas na esperança de que Deus perdoasse os pecadores e os livrasse da peste, o que Parets registrou estar acontecendo também em Barcelona. Mas, indo além, ele também observou que ações humanas, muitas delas imprudentes e egoístas, exacerbavam os males da peste e aumentavam sua transmissão. As grandes procissões que eram feitas para pedir aos santos e à Virgem Maria que intercedessem em favor da população também se tornavam, como Parets notou, ocasiões para maior difusão da doença. E quando os que eram contratados para limpar as casas das vítimas da peste roubavam seus pertences e os vendiam, a doença mais ainda se alastrava.

A crítica dirigida a membros da comunidade não para na pilhagem e nos abusos cometidos por indivíduos da classe mais baixa. A corrupção e a covardia de uma porção dos poderosos, tantos leigos quanto clérigos, foram igualmente denunciadas por Parets. Não agindo em prol do bem púbico, mas a favor de seus próprios interesses, muitos magistrados responsáveis pela provisão de comida, por exemplo, abusavam de sua autoridade e aceitavam propinas, negligenciando seus deveres sociais e causando mortes e sofrimentos evitáveis. Além disso, Parets critica duramente as autoridades locais por não declararem publicamente a existência da peste no início da eclosão e não tomarem medidas adequadas para diminuir a aglomeração de pessoas, que já se suspeitava promover o contágio. Mas, indo além dessas denúncias, Parets notou que à medida que novas deliberações e precauções foram sendo tomadas, que quarentenas passaram a ser mais amplamente mantidas e a desinfeção e a queima de objetos e roupas infetadas eram realizadas mais sistematicamente, a peste começou a ser vencida, "não espalhava muito". Enfim, "graças à boa ordem e ao cuidado dos oficiais distritais [...] eles enfraqueceram a peste" (Amelang, 1991: 82-3).

Implícita, pois, na crônica de Parets, havia a visão otimista de que estava, em parte, nas mãos humanas a solução para a crise que a peste criara. Ou seja, a atitude de Parets ao tomar consciência da força de medidas práticas, "sugere que uma perspectiva [...] não milagrosa, racional e até certo ponto científica [...] estava permeando a cultura popular". Como foi bem lembrado, era como se Parets e Barcelona tivessem percebido que "Deus ajuda aqueles que se ajudam"! (Mullett, 1993: 295-6).

Outro dado que seu relato enfatiza – e que abriu uma janela para investigações mais recentes – foi que nenhuma minoria étnica, facção política e estrangeiros foram culpados pela disseminação da peste em Barcelona, como ainda era a norma até então. Pois, apesar de a peste ser comumente vista como um castigo divino aos pecados cometidos pela população atingida, isso, paradoxalmente, não impedia que também se buscasse culpabilizar outros, em geral pessoas estranhas à comunidade local, pela introdução e disseminação da doença. No entanto, na Barcelona de Parets, os responsáveis pela transmissão indevida da peste eram identificados com a categoria neutra e genérica de "*Gent Dolenta*", ou seja, "pessoas más", sem qualquer conotação política ou étnica (Amelang, 1991: 72-3 e passim).

Atitude como essa, de buscar culpados, quer estrangeiros ou não, constitui o lado sombrio e relativamente recorrente das respostas às grandes epidemias. Tal reação faz parte do que hoje os sociólogos chamam de "pânico moral", ou "pânicos coletivos", que se manifestam comumente na busca de bodes expiatórios. Responsabilizando certos grupos pela morte e pelo sofrimento causados pela pandemia – prática recorrente no passado e que continua viva no presente –, cria-se uma explicação imediatamente fácil, inteligível e visível para o que se teme.

O caso mais memorável de bodes expiatórios foi a culpabilização dos judeus em meados do século XIV que, de acordo com os rumores, teriam envenenado poços, riachos e fontes. Pogrons se seguiram a essas acusações, que aconteceram de Barcelona a Basel, o mais famoso de todos sendo o de 1348-49, que já foi chamado de "Holocausto Medieval", tal o número de judeus que foram forçados, sob tortura, a confessar o "crime" de disseminar a doença, e como punição foram queimados vivos. Centenas de comunidades judaicas foram dizimadas nessa época (Cohn Jr., 2007).

Os judeus não foram, entretanto, as únicas vítimas, já que estrangeiros e outras minorias eram também apontados como culpados. Um dos casos mais famosos de pânico moral que se tem notícia aconteceu em Milão em 1630, quando 60 mil pessoas morreram da peste negra – episódio vividamente descrito no mais famoso de todos os romances italianos, *I Promessi Sposi* (1827) de Alessandro Manzoni, texto ainda hoje considerado relevante para se pensar a pandemia (Lollini, 2022; Agamben, 2020a). Rumores alastraram-se pela cidade tão rapidamente quanto a própria peste e um deles alegava que a doença havia sido deliberadamente espalhada por pessoas conhecidas como "*untori*", que pintavam as paredes da cidade com uma forma líquida da doença. Como resultado, indivíduos foram presos, julgados e executados por esse suposto crime.

Os pobres foram também, historicamente, grandes vítimas da culpabilização que ocorria durante as pandemias – o que, inevitavelmente, gerava medidas repressoras contra pobres e indigentes vindos de fora ou de dentro da comunidade. A falta de higiene, o comportamento pecaminoso e a constituição física dos pobres eram apontadas como propícias "a gerar, intensificar e espalhar doenças infecciosas" (Siena, 2019: 228; Harvey, 1665; Carmichael, 1986). Em Nova York, por exemplo, em julho de 1832, durante a epidemia de cólera, o conselho médico municipal anunciava que "a doença na cidade está confinada aos imprudentes, aos intemperados e àqueles que se injuriam tomando remédios inapropriados". Em Paris, nessa época, quando a cólera matou 20 mil pessoas em poucos meses, e mais de 100 mil no país todo, também vigorava a correlação entre a doença e a pobreza. Relatórios médicos, por exemplo, notavam que "os raivosos, descontentes que se ocupavam com projetos sinistros, aqueles que são atormentados por uma ambição culposa, ou que estão devorados pelo remorso, são o alvo ideal da doença". Acreditava-se, enfim, que os mesmos vícios, intemperança e imoralidade, que condenavam um homem à pobreza o tornavam uma vítima favorita da cólera (McGrew, 1960: 66).

Nessa busca por bodes expiatórios, o Brasil não foi exceção, e os pobres também foram culpabilizados pela cólera. Segundo um relatório oficial brasileiro sobre a epidemia de 1855-56, que matou proporcionalmente mais pessoas do que qualquer outra (200 mil) e se espalhou por 13 províncias do norte ao sul do país, as maiores vítimas "eram escravos e pobres que não prestavam atenção à higiene pessoal". Elas, conforme se dizia, "predispõem-se" elas mesmas à doença por excesso de comida, drogas ou mesmo sexo. Considerados culpados desses vícios foram os muitos ferroviários irlandeses que morreram de cólera enquanto trabalhavam na construção da linha ferroviária Rio-Petrópolis. Só "pretos, velhos, bêbados", dizia um relatório médico, eram as vítimas da doença, o que era em parte verdade, já que a natureza da doença e sua conexão com condições sanitárias e água poluída significavam que as maiores vítimas vinham das classes baixas. No entanto, quando se considera que "não menos do que dois terços das vítimas de cólera eram negras", justifica-se chamar esse capítulo tenebroso da história brasileira de "holocausto de América do Sul" (Cooper, 1986: 480, 485-6).

## A PANDEMIA DA COVID-19 E A CRISE NA EDUCAÇÃO: DESAFIOS E RESPOSTAS

Um dos maiores efeitos atuais da crise de saúde mundial foi produzir uma crise global na educação. Ao aproximar-se o terceiro ano da pandemia, o World Bank revelou que as salas de aula permaneceram total ou parcialmente fechadas para 647 milhões de crianças em idade escolar no mundo – fechamento com repercussões dramáticas e de longo prazo. Como disse recentemente Juan Santander, o representante da Unesco em Montenegro, "a pandemia não é somente uma crise de saúde, mas uma crise dos direitos das crianças. Aumentou enormemente a pobreza infantil e piorou a qualidade da educação, da saúde, dos serviços de proteção social e infantil, especialmente entre os mais vulneráveis" (Santander, 2021).

Uma pesquisa global da ONG internacional Save the Children revelou que a pandemia teve um impacto devastador sobre as crianças de origens mais humildes, tendo causado "a maior emergência educacional da história", com 9,7 milhões de crianças não retornando para a escola em 2021, correndo o risco de jamais voltarem e tornando-se mais vulneráveis a abusos de todo tipo, desde o trabalho forçado até casamento infantil etc. A solução do ensino à distância esbarrou também em dificuldades imensas que expuseram as desigualdades e inadequações dos sistemas educacionais em todo o mundo (Save the Children, 2021).

Dados levantados pela Organização para a Cooperação e Desenvolvimento Econômico (OCDE) revelaram imensas disparidades não só entre países, mas também dentro deles, na disponibilidade e qualidade de tecnologia nas escolas e na habilidade dos professores em usar a tecnologia digital. As diferenças entre escolas favorecidas e desfavorecidas foram significativas. No Brasil, 68% dos alunos de escolas favorecidas tinham acesso a dispositivos digitais suficientemente potentes, em comparação com apenas 10% dos alunos de escolas desfavorecidas. Na Espanha, houve uma diferença de 40 pontos percentuais (70% *vs.* 30%) (OCDE, 2020). Mesmo em países ricos, como nos Estados Unidos, "a história da educação durante a pandemia rapidamente se transformou em uma história de fracasso abjeto, principalmente para estudantes pobres e de minorias". O êxodo de professores, em grande escala, tornou-se uma realidade, pois o que parecera a muitos, no início, "uma oportunidade de transformar a educação", mostrou-se um retrocesso, e o que o que já era ruim piorou (Berkshire, 2022: 19).

Se esses foram alguns dos efeitos da covid na educação, pensemos no reverso: qual poderia ser o papel da educação na resposta a esses desafios? E qual poderia ser também o papel das políticas governamentais que informam a educação e contribuem para a atitude da população em relação a essas respostas? E quando se discute isso, é importante pensar não somente em escolas e crianças em idade escolar, mas também nos adultos: sobre o que os adultos, assim como as crianças, precisam aprender, o que precisam saber a fim de lidar com esses dois desafios – o da pandemia e o da revolução digital.

É importante dizer que usaremos o termo "educação" num sentido amplo, que inclui aprendizado formal e informal, considerando o papel que pode ser exercido por vários agentes, não estritamente escolares, no processo educativo. Nessa linha, a Unesco tem buscado a contribuição essencial do que chama de "*media partners*" – de jornalistas, cineastas, radialistas (muito importante na África, especialmente), assim como de músicos e artistas em geral – no combate à desinformação e na divulgação de informações acuradas, de fatos (Lennon, 2021).

Um exemplo do passado para se ter em mente é o do segundo periódico diário inglês do século XVIII, *The Spectator*, que, tendo florescido numa época marcada por uma crença imensa no poder da educação, se impôs como modelo da imprensa educativa iluminista. Essa era uma época em que a educação não se confundia ou se limitava à escola, e em que os educadores não eram somente mestres por profissão. Filósofos, jornalistas, romancistas, pintores, homens e mulheres de letras, em geral, consideravam-se educadores devotados à tarefa de ilustrar o público, ou, como disse Diderot na *Encyclopédie,* "de mudar o modo comum de pensar". Reeditado, traduzido, imitado, estudado em escolas e debatido em *coffee houses* e em jornais ao longo do mais de um século pelo mundo ocidental – desde a Rússia de Catarina, a Grande, o Portugal de Pombal, os Estados Unidos de Benjamim Franklin, até o Brasil do padre Carapuceiro –, o *The Spectator*, por ele mesmo e através de seus muitos confessos imitadores, se impôs como um importante expoente da imprensa iluminista no seu objetivo de mobilizar opinião e propagar ideias de civilização, bom gosto e boa cidadania. Chegou a ser batizado por alguns estudiosos de "padrinho do burguês moderno" que então nascia (Pallares-Burke, 1995).

Há expectativas diametralmente opostas diante desse momento decisivo, dessa crise em que vivemos. De um lado, há educadores, pensadores e autoridades que veem no desafio da covid uma grande oportunidade para surgir uma resposta global significativa, capaz de gerar uma nova ordem mundial solidária e progressista e "equipar as próximas gerações com a capacidade de ler o mundo como cidadãos globais" – o que se justifica plenamente, dado que a pandemia revelou quanto o mundo está inescapavelmente unido em seu destino (Ní Cassaithe e Chapman, 2021).

E, de outro, há os que veem na crise atual o oposto, ou seja, observam que as mazelas do mundo tendem a aumentar. Um artigo da *Foreign Affairs* de abril de 2020, "A pandemia acelerará a história, em vez de reformulá-la" já anunciava essa visão, e há muitos dados que a confirmam. Por exemplo, como no caso da aids, a covid matou e hospitalizou muito mais os indígenas, negros e "latinos" – segundo os dados de uma agência de saúde norte-americana. Ou seja, os já marginalizados foram mais marginalizados, suas mortes e sofrimento desproporcionais explicando-se como resultado de disparidades já estruturais (Cháves, 2021).

Giorgio Agamben, para surpresa de muitos de seus admiradores, impôs-se como um dos mais ferrenhos críticos da resposta dos Estados à covid e da passividade das pessoas diante dessas ações governamentais. O que surpreende é que esse crítico ferrenho não é, como poderíamos imaginar, um adepto de teorias conspiratórias, um negacionista ou paranoico, mas um famoso e conceituado filósofo. Durante a pandemia ele publicou mais de 12 artigos ou blogs extremamente controversos (que abalaram sua reputação, fazendo com que fosse mesmo igualado a Trump e Bolsonaro), em que denunciava o "despotismo técno-médico" do Estado, qualificando-a como desproporcionada intervenção "frenética, irracional e inteiramente injustificada".

Segundo Agamben, as atribuições autoritárias dos governos são a radicalização mais recente das formas de domínio sobre a vida social que têm caracterizado a cultura ocidental. Para ele, a biopolítica moderna se expressa na crise da covid, revelando que o mundo se transformou em "um lugar em que o estado de exceção coincide perfeitamente com a regra e em que a situação extrema se converte no próprio paradigma do cotidiano" (Del Prado Higuerra, 2021; Agamben, 2021; Agamben, 2020c). A política da pandemia, diz ele, expõe uma "erosão profunda ética, social e mesmo metafísica", que não poupa ninguém. Em um dos blogs, ele diz: "é obvio que os italianos estão dispostos a sacrificar praticamente tudo – as condições normais de vida, relações sociais, trabalho e mesmo amizades, afetos e convicções religiosas e políticas – ao perigo de ficarem doentes". Temos de convir, portanto, continua Agamben, que "o limite que separa a humanidade do barbarismo foi cruzado", e a prova é como os italianos estão tratando os mortos. "Como podemos ter aceitado, em nome de um risco que nem mesmo podemos quantificar, que não somente as pessoas que são queridas por nós, e seres humanos em geral, possam ter de morrer sozinhas, como também – e isso é algo que nunca aconteceu antes em toda a história de Antígona a hoje – que seus corpos possam ser queimados sem um funeral?" (Agamben, 2020b).

Por mais que posições como essas possam ser desconcertantes, temos de convir que tal visão desesperançada tem suas razões. Ao invés de gerar uma mudança de direção no mundo e se impor como um ponto de virada, a pandemia estaria simplesmente a acelerar a rota que o mundo vem seguindo há décadas – marcada pela fraca cooperação global, pelo nacionalismo da vacinação que prejudica a todos, a curto ou longo prazo, pela discórdia entre grandes potências, pela pouca seriedade para lidar com outras crises, como a climática, com a devida urgência, e assim por diante (Bollyky, 2022).

O que foi dito pelos oficiais da OMS em 14 dezembro de 2021 respalda esse prognóstico: "O continente africano possivelmente não atingirá sua meta de vacinar 70% de seus 1,3 bilhão de habitantes contra o coronavírus até a segunda metade do ano 2024" (Moeti, 2021). E enquanto isso, muitas nações ricas já atingiram sua meta e estão agora administrando doses de reforço. Enfim, o problema levantado é que nunca sairemos disso se não trabalharmos juntos como num único mundo. Como diz o dr. Ayodele Alakija, copresidente da Aliança Africana de Distribuição de Vacinas da União Africana, tal atitude é "profundamente deprimente" [...]; nos últimos dois anos vimos que os países de alta renda do mundo claramente se priorizaram, mas esqueceram que essa pandemia está afetando a todos nós" (Shapiro, 2022).

Aqui, nesse ponto, a história pode trazer algum alento aos céticos, que poderiam dizer, como têm dito, que a falta de compaixão e solidariedade com o outro, assim como a busca por culpados, é inevitável em momentos de crise, e que educação alguma ou política de intervenção alguma pode efetivamente sanar crises como a que vivemos. No entanto, o fato é que alguns estudos empíricos recentes têm questionado essa inevitabilidade, sugerindo que uma ordem social mais progressista e solidária com cidadãos globais não é totalmente utópica.

O que esses estudos que cobrem desde a Idade Média até a era contemporânea revelaram é que se é verdade que atrocidades foram cometidas ao longo da história contra os "culpados" por epidemias, a história foi também o palco de muitas manifestações de compaixão, de sabedoria e de estratégias para lidar com elas, estratégias vindas "de baixo" (e não de autoridades) que nos fazem crer que o passado tem também muito de positivo a nos ensinar e de esperança a nos dar. Estou pensando especialmente nas pesquisas lideradas por historiadores da medicina e da cultura que têm se debruçado sobre a questão de como as sociedades ocidentais conviveram com as epidemias que reapareciam periodicamente ao longo dos séculos – e especialmente num livro de Samuel Cohn, historiador medieval que é uma verdadeira *tour de force*, *Epidemics: Hate and Compassion from the Plague of Athens to Aids*, publicado em 2018 e que tem tido, inexplicavelmente, pouca repercussão.

Examinando uma variedade imensa de documentos somente acessíveis depois da revolução digital, esses historiadores desafiam a visão prevalecente e revelam que a culpabilização do "outro" – estrangeiro, judeu, minorias etc. –, a violência contra eles e a ausência de compaixão não foram as questões que prevaleceram na história das epidemias. Tudo isso, que realmente ocorreu – durante a primeira onda de cólera (1830-7), por exemplo, a violência aumentou e virou-se contra as autoridades governamentais, os ricos, os hospitais e especialmente os médicos, suspeitos de empregarem a doença, ou mesmo de inventá-la, para aniquilar os pobres – não era a norma, mas sim a exceção (Cohn, 2018; Van Bavel et al., 2020; De Graff et al., 2021).

Estudando desde as epidemias da Antiguidade até a crise do ebola na África, Samuel Cohn refere-se a vários "mecanismos de união" que, ao longo da história, eram estratégias adaptativas criadas pelas populações e sociedades atingidas com o objetivo de uni-las. Padres, freiras, médicos, enfermeiras, e cidadãos comuns frequentemente viajavam para lugares distantes a fim de socorreram as vítimas e, em muitos casos, morriam em decorrência de sua caridade. Sabe-se que Lutero, por exemplo, converteu sua própria casa num hospital improvisado para as vítimas da peste.

O exemplo mais gritante da "unidade em face da adversidade" encontra-se no episódio da gripe espanhola, que foi, de todas as doenças que se espalhou pelos Estados Unidos, "a que mais deu origem a uma rede de restrições extremamente intrusiva na vida das pessoas". Foram instituídos verdadeiros *lockdowns*, proibindo-se crianças nas ruas, enterros, qualquer tipo de reunião doméstica ou pública, fechando-se escolas, igrejas, universidades etc. Além disso, medidas draconianas impuseram prisão e multas (de até 500 dólares, ou quase o salário médio de um ano) para os que tossissem, espirrassem, beijassem e até falassem demais em público. Até mesmo cruzadas contra o cuspe foram inauguradas em vários lugares. Pois não obstante esse clima de medo e de punição, pessoas de todas as classes e posições se juntavam ("brancos e negros trabalharam lado a lado..."), corriam risco e desobedeciam às ordens vindas do alto para aliviar o sofrimento dos outros. Jovens brancas e ricas, por exemplo, cruzaram pela primeira vez as fronteiras dos bairros mais pobres, onde a maioria das vítimas vivia, para varrer o chão, cozinhar, cuidar das crianças e dos doentes. Ou seja, o medo do contágio da doença não prevaleceu e, no seu lugar, houve "um contágio de voluntariado, compaixão e sacrifício" em prol do bem público. "Raramente na história humana houve tantos voluntários [...] a serviço da humanidade", conclui Cohn (2018: 413, 440-4, 535-9 et passim).

Estudos recentes também mostram que as epidemias deram origem a movimentos de reforma social a partir de baixo, estimulados pela percepção de profundas desigualdades e da injustiça de medidas vindas do alto, que haviam sido exacerbadas pelas crises. Entre 1200 e 1425, quando a Europa sofria os efeitos devastadores da peste, houve não menos do que 1.112 revoltas – que eram protestos contra o impacto desproporcional da doença nas classes mais baixas e na sua situação econômica. Em 1381, por exemplo, os camponeses ingleses protestaram contra os seus salários baixos e exigiram mais direitos políticos. Enfim, embora estimulassem paciência, resistência e solidariedade comunitária, as epidemias também funcionaram como uma "câmara de combustão" para movimentos de protestos liderados pelos não privilegiados, que se viam frustrados diante das desigualdades e injustiças exacerbadas nos períodos de pandemia. E tomavam isso como uma oportunidade para tentar uma virada. Muitos desses movimentos não tiveram sucesso, mas houve protestos bem-sucedidos, como o movimento pela paz dos Bianchi (1399-40), que andavam pela Itália entoando seu mantra "Paz e Misericórdia", incentivando correntes de confiança entre as pessoas comuns e a elite e entre diferentes comunidades, buscando, enfim, a "paz, unidade e concórdia" para a proteção de todos contra a pestilência (Cohn, 2018: 413, 440-4, 535-9 et passim).

O ensinamento que esses casos têm a dar é que quanto mais as medidas vindas do alto parecerem justas e transparentes – e levarem em conta as expectativas, preocupações e objeções da sociedade –, mais as medidas preventivas e a vacinação (quando for o caso) serão bem-sucedidas. Há, enfim, uma relação inversa entre movimentos de protesto contra as medidas tomadas pelas autoridades e o nível de confiança que se tem no governo. Criar confiança e legitimidade é, pois, como a história demostra, crucial para se enfrentar as crises (Censolo e Morelli, 2020; Holmbert, Blume e Greenough, 2017).

Já nos referimos ao fechamento das escolas como um dos maiores desafios, mas que foi efêmero. Um problema maior, e de longa permanência, é o efeito da pandemia nas atitudes públicas. Ao menos três respostas para a crise se basearam em informações falsas, que são muitas vezes o resultado de tentativas deliberadas para enganar o público por razões políticas, mas algumas vezes são expressões genuínas e espontâneas de medo, de pânico.

A primeira dessas respostas, no Brasil e em outras partes do mundo, foi a divulgação da ideia de que a própria covid é o resultado de uma conspiração. O senador norte-americano republicano Tom Cotton chamou o vírus de uma "arma-bio" chinesa. Na China, por sua vez, a mídia colocou a culpa do vírus nas forças armadas dos Estado Unidos.

A segunda resposta foi negar a necessidade das vacinas, como alguns chefes de Estado fizeram, do Brasil à Bielorrússia. O da Bielorrússia, Alexander Lukashenko, referiu-se ao medo do vírus como uma "psicose" e argumentou que a infecção poderia ser curada com vodca. A terceira resposta foi o argumento de que a vacina é ela própria uma ameaça, que causa autismo e infertilidade nas mulheres. Alternativamente, o público tem sido alertado para o "fato" de que o oferecimento da vacina é uma conspiração por parte das indústrias farmacêuticas. Ainda mais sinistro foi o rumor de que administrar a vacina faz parte de um complô do governo ou para modificar o DNA dos cidadãos, ou para microchipá-los a fim de que seus movimentos possam ser trilhados.

Ora, os medos expressos por respostas como essas à pandemia não são novos, apesar de as frequentes referências ao DNA e a microchips terem certamente atualizado a linguagem. Também não é de agora a busca de culpados pela doença e a resistência à quarentena e *lockdown* como medidas preventivas.

Os movimentos antivacina também descendem diretamente dos opositores aos Atos de vacinação de 1840 e 1853 britânicos – que tornavam a vacinação compulsória –, nessa que foi a primeira incursão do Estado nas liberdades civis tradicionais em nome da saúde pública.

Lembremos, por exemplo, da resposta contra a vacina no Rio de Janeiro em 1904, quando a varíola se espalhou pela cidade e o prefeito ordenou a demolição das favelas e dos cortiços como parte de uma campanha de higiene. Cumpre lembrar que seguramente as autoridades deviam saber que não há muito tempo a varíola fora tão letal quanto a peste negra e cegava grande parte dos que sobreviviam. Provavelmente também sabiam que essa doença fora responsável por dizimar a população indígena americana. Na verdade, "a conquista espanhola veio como uma catástrofe" para os indígenas. Como resultado da introdução de doenças do Velho Mundo, especialmente a varíola, em menos de um século a população do México central, por exemplo, havia encolhido de aproximadamente 25 milhões para menos de 2 milhões (Borah e Cook, 1969: 182).

Considerar o que ficou conhecido como a Revolta da Vacina como motivada pela superstição popular e pela simples ignorância da medicina seria simplista, pois há estudos substanciosos que revelam não haver historicamente uma clara divisão entre as elites e as classes populares "iletradas" no que diz respeito à compreensão das origens e dos tratamentos médicos contra as epidemias. Ao contrário, "um confuso ecletismo de visões tradicionais" prevalecia em ambos os setores, mostrando que a oposição entre o ponto de vista da elite *versus* o popular é muito mais complexa e nebulosa do que se imagina (Amelang, 1991: 23-25).

Assim como as muitas revoltas e resistências às quarentenas instituídas durante as eclosões da cólera na Europa do passado, a Revolta do Rio foi também uma resposta irritada ao que era visto como uma interferência indevida das autoridades na vida das pessoas. Numa frase que nos faz lembrar de modo espantoso a campanha de *Black Lives Matter* de 2021, um carioca negro, quando foi entrevistado por um repórter sobre a razão da revolta, respondeu: "Mostrar ao governo que ele não põe o pé no pescoço do povo" (Chaloub, 1996:139).

Devemos aqui lembrar que a inoculação contra a varíola, que era bem conhecida e praticada desde o século XVI na China e no Oriente Médio, tornou-se no século XVIII assunto de vigorosos debates na Europa – quando já era um sucesso, ao menos desde o século anterior, em vários lugares do mundo, incluindo a Índia, Turquia e Etiópia (Bod, 2022: 286-7).

Uma das grandes defensoras da inoculação e responsável por sua difusão no Ocidente foi a nobre inglesa Lady Mary Wortley Montagu, esposa do embaixador britânico no Império Otomano, que aprendera com as mulheres simples turcas que praticavam a inoculação – episódio que se impõe como um exemplo eloquente de educação informal, nesse caso revelando pessoas simples de um país supostamente atrasado educando uma nobre inglesa de um país "desenvolvido". Ousada e destemida, Lady Mary decidiu secretamente inocular seu filho de 3 anos em Istambul, em 1718, tendo ele se tornado, assim, o primeiro inglês a ser vacinado. Retornando à Inglaterra, ela fez campanha para a adoção da prática no país – uma campanha que enfrentou, no entanto, forte oposição. Apesar de ter tido um sucesso passageiro e localizado, a vacinação contra a varíola permaneceu um "fenômeno marginal" na Europa por décadas. Em Londres, por exemplo, o reverendo Edmund Massey, na sua igreja em

Holborn, pregava que os homens eram punidos por seus pecados com esse vírus e que procurar evitar doenças como essa era uma "operação diabólica" (Rothstein, 2015: 6-8; Willett, 2021)

Importante, no entanto, é novamente apontar que a oposição à vacina nem sempre tinha um caráter anticientífico, irracional e próprio de pessoas negacionistas ou não escolarizadas – como a mencionada oposição do filósofo Agamben bem revela. Mesmo após a invenção de novas técnicas de vacinação e da vacina contra a varíola pelo cientista britânico Edward Jenner no final do século XVIII, havia ainda riscos reais. Para a produção da vacina, como se usava material de outros indivíduos previamente infectados com a "*cowpox*" (varíola bovina), havia a possibilidade de contaminação da população se alguns desses indivíduos tivessem outras doenças infectocontagiosas. Foi reconhecendo riscos como esses que muitos médicos, cientistas e governos reagiram e reagem, continuando a investigar as vacinas a fim de identificar e minorar os perigos – mesmo se pequenos se comparados com a não vacinação –, mudando as políticas públicas de vacinação a fim de torná-las mais seguras.

Ao mesmo tempo, a história tem mostrado que a educação do público sobre a vacina e seu valor científico, assim como sobre a importância das "intervenções não farmacêuticas", como *lockdown* e quarentena, impõem-se como uma necessidade permanente, já que os céticos dessas práticas que salvam vidas têm aparecido e reaparecido, e assim continuarão ao longo da história, questionando sua eficácia e sugerindo, algumas vezes, seu efeito letal.

## A CRISE DA COVID-19 E A LIÇÃO DA CRISE DA BSE (DOENÇA DA VACA LOUCA)

Diante desse quadro, o que pode a educação? É hora de relembrarmos o sentido original de crise mencionado antes, apelando agora para outro pensador que continua a linha de pensamento de Koselleck e Arendt, Gert Biesta. Esse educador e teórico da educação holandês afirmou recentemente que "a interrupção da ordem normal em nossas vidas literalmente nos faz pensar – queiramos ou não –, o que é uma coisa tão boa. Neste aspecto, é muito apropriado referirmo-nos à situação que vivemos como uma crise, porque no seu sentido original crise não é um estado de caos, mas um momento crítico ou ponto decisivo de virada que exige consideração e julgamento" e atuação – um momento, enfim, em que janelas são escancaradas e nos desafiam a ver e a refletir sobre o que se revela mais claramente do que nunca e que abre uma oportunidade não antecipada, não programada para pausar, reconsiderar e repensar o que cabe à educação (Biesta, 2022: 221-3). E uma das funções centrais que lhe cabe parece ser exatamente a de nos preparar para o inesperado.

A principal mensagem de um inquérito feito em 2000 a propósito de outra crise de saúde inesperada, a chamada BSE (*mad cow disease* ou doença da vaca louca) dos anos 1980 e 90 – em que só no Reino Unido mais de 200 pessoas morreram, enquanto 4,4 milhões de bovinos foram abatidos como parte do programa de erradicação –, deixa isso muito claro. Baseado na dura experiência de uma seríssima doença bovina que, quando transmitida aos humanos, causa sérios problemas neurológicos, o inquérito declarou "a importância de se ser honesto com o público sobre a incerteza", e esse ser um elemento essencial para a credibilidade das mensagens de saúde pública. E, mais do que isso, reconheceu que a história é testemunha de que essa abordagem honesta e aberta, quando seguida, pode ser fundamental para ensinar o público sobre a inevitabilidade de incerteza e sobre não ser essa incerteza uma fraqueza da ciência, mas o seu motor (Pickles, 2006: 783-6). Essa crise anterior à da covid-19 ajuda, pois, a colocá-la em perspectiva histórica e a nos lembrar de que "toda pandemia é também um passo para o desconhecido", com problemas específicos a exigirem soluções específicas (Bresalier, 2020).

A curto prazo, muitas culpabilizações mencionadas anteriormente parecem ser impossíveis quer de refutar ou de reprimir. Por outro lado, a longo prazo o publico certamente pode – e na verdade deve – ser ensinado a ser crítico com as histórias que ouve sobre epidemias (e não somente sobre elas, evidentemente).

Ele deve aprender a perguntar quem pode estar espalhando essas histórias, no interesse de quem seria espalhá-las e, acima de tudo, qual é a evidência para as alegações que fazem. Ensinar as crianças a pensar por elas mesmas inclui ensiná-las também a discriminar entre as histórias confiáveis e não confiáveis, quer as ouçam de seus amigos ou as vejam na televisão ou nas mídias sociais.

Essas questões nos levam diretamente ao segundo desafio, o da revolução digital, que apesar de ser distinto do da covid, com ele se interconecta. Lutar contra a covid-19 significa, em grande parte, lutar contra os rumores, as teorias conspiratórias, os estigmas e a desinformação que circulam na mídia social com efeitos desastrosos. Um exemplo dramático de seu poder maléfico foi o que decorreu do mito, que se espalhou globalmente, de que álcool em alta concentração tinha o poder de desinfetar o corpo e matar o vírus. "Aproximadamente 800 pessoas morreram ao seguir essa desinformação, enquanto 5.876 foram hospitalizadas e 60 desenvolveram cegueira completa após beberem metanol como cura para o coronavírus" (Islam et al., 2021: 1.624; Tworek, 2021).

## O DESAFIO DA REVOLUÇÃO DIGITAL E A CRISE NA EDUCAÇÃO

Como outras revoluções na comunicação, a revolução digital coloca diante da humanidade alguns desafios. Por exemplo, a invenção da imprensa levou ao desenvolvimento de jornais, incluindo folhas baratas que podiam ser lidas por pessoas comuns, encorajando-as a criticar as ações das elites governantes. Para controlar isso, eles eram submetidos à censura, mas os censores eram frequentemente enganados pelos jornalistas e editores.

O desafio digital difere do desafio da imprensa, assim como do desafio imediato da covid porque, no caso da mídia digital, nós não temos muita ideia de quais podem ser as consequências desta revolução a longo prazo – sabendo-se hoje que os usuários da mídia social, mesmo antes da pandemia, eram em altíssimo número. Em janeiro de 2020, 49% da população mundial era ativa usuária, e em um ano havia aumentado 13,13% (Dean, 2021). Imagine um jornalista entrevistando um historiador ou professor de comunicação hoje e perguntando sobre quais seriam as consequências da revolução digital. A resposta prudente seria "Pergunte-me daqui a 50 anos!". É claro que alguns comentaristas têm sido menos prudentes, quer estejam discutindo o que pode ser chamado de "novo analfabetismo" ou a ascensão das *fake news*.

"Novo analfabetismo" refere-se à ideia de que uma geração mais nova – e possivelmente uma mais velha também – talvez esteja perdendo a habilidade de ler textos longos, quer de ficção ou de não ficção, do começo ao fim – um instrumento central, devemos convir, para se pensar. Hoje, muitos de nós não "leem" no sentido preciso do termo, mas simplesmente "escaneiam" mensagens curtas. A resposta à questão de se essa é ou não uma descrição correta da situação depende de pesquisa a ser ainda feita mais sistematicamente, mas uma abordagem relativamente recente e semiautobiográfica, feita por um conceituado jornalista norte-americano, Nicholas Carr, oferece um relato claro e vívido dos perigos possíveis.

O livro de Carr, publicado em 2011, é intitulado *The Shallows: How the Internet Is Changing the Way We Think, Read and Remember*. Carr, como lembrou Peter Burke ao refletir sobre a crise da era digital, não é um inimigo da internet e não só era como possivelmente ainda seja um entusiasta das novas formas de comunicação. No entanto, Carr confessa, "nos últimos anos eu tenho tido uma sensação desconfortável de que alguém, ou alguma coisa, estava mexendo no meu cérebro" (Burke, 2020: 240-1; Carr, 2011). Ele descobrira que a leitura atenta ou lenta de textos longos havia se tornado mais difícil do que antes. Ao estudar as pesquisas neurocientíficas a fim de entender o que estava acontecendo com ele, Carr descobriu que a chamada "plasticidade" do cérebro, que nos permite aprender coisas novas rapidamente, especialmente quando se é jovem, é tanto uma desvantagem quanto uma vantagem. A chamada "leitura linear", do início ao fim de um texto, é uma habilidade ou destreza que é mantida pela prática constante, e não uma habilidade "definitiva" garantida para sempre. Assim, mesmo se a geração mais jovem continua a adquirir essa destreza, esta está seguramente diminuindo por não estar sendo praticada.

Para historiadores, o argumento de Carr oferece um paralelo com os debates sobre a chamada "revolução da leitura" no século XVIII, descrita como uma mudança da leitura "intensiva" tradicional para a nova prática da leitura "extensiva", em outras palavras o "*skimming*" (correr os olhos, navegando rapidamente pelo texto). A esse argumento, os historiadores da leitura responderam que há evidência de que os indivíduos se mantinham destros, capazes nos dois modos de leitura, mudando de uma para a outra à medida que eles achassem uma ou outra mais útil (Cavallo e Chartier, 1999: 24-5).

A pergunta que persiste é saber se essa coexistência de modos diferentes de leitura é ainda possível hoje. Se a capacidade de ler argumentos desenvolvidos sobre qualquer tema está se perdendo, é de se temer que o público em geral esteja ficando muito mais propenso a ser presa fácil de *fake news* e de outras formas de propaganda.

Pensando agora no problema das *fake news*, a ideia que está se espalhando nos últimos anos é de que estamos vivendo numa era da "pósverdade". Como é ideia corrente, várias respostas para a crise de covid têm se baseado em informações falsas. A expressão "*fake news*" foi popularizada nos *tweets* do ex-presidente Trump, que alegou que ele não só a inventou como também ganhou a eleição com o apoio russo e com o uso delas. De acordo com estudos mais profundos, tais como o livro *Post-Truth* (2017), do conceituado autor britânico Matthew D'Ancona, a ascensão das *fake news* está intimamente ligada à distribuição e proliferação da mídia social na era da internet (D'Ancona, 2017).

Nesse ponto, é prudente fazermos a seguinte pergunta, a exemplo de Peter Burke: como essas afirmações se mostram a partir de uma perspectiva histórica? Há algumas possibilidades, e duas delas são opostas. Uma delas alega que essa proliferação de agora é apenas um exemplo "dos exageros que os historiadores – que tendem a enfatizar a continuidade na história – frequentemente imputam aos jornalistas, cuja 'deformação profissional'", segundo eles, os faz sempre buscar o novo, viver atrás de uma manchete que revele que tudo ou muito do que acontece é inédito, representa o início de uma nova era etc. Outra possibilidade é que estamos, de fato, "experimentando uma grande mudança na política, na mídia ou na vida cotidiana – ou em tudo isso ao mesmo tempo". Como podemos decidir entre elas? A resposta mais sensata parece ser a mais matizada, não se optando por nenhum dos extremos, de que "tudo é diferente, e nada é diferente" (Burke, 2017).

Pensemos na expressão "*fake news*". Ela é, em si, uma nova cunhagem (na verdade, não tão nova, pois Marc Bloch escreveu sobre as "*fausses nouvelles*" que circulavam durante a Primeira Guerra Mundial), mas há modos mais antigos de dizer a mesma coisa (Bloch, 1921). No século XX, a palavra-chave era "propaganda", quer fosse fascista ou comunista. No século XIX, uma expressão conhecida era "*false reports*", usada para descrever rumores, como o que se espalhou sobre a morte de Napoleão. Em séculos anteriores, uma palavra bem mais simples já era usada: mentira. Mentiras são provavelmente tão velhas quanto a fala humana e, como bem lembra o grande historiador Marc Bloch, certas épocas estão especialmente propensas ao mal das fraudes e das mentiras, que normalmente vêm "aos cachos" (Bloch, 1974: 86, 88).

Será que isso significa que nada de novo esteja acontecendo? Para responder a essa questão, é necessário distinguir entre objetivos e métodos. O objetivo de enganar as pessoas é muito antigo e há períodos da história em que isso impera como "uma vasta sinfonia de fraudes", uma "epidemia coletiva" (Bloch, 1974: 85-8). Por outro lado, os métodos mudam no decorrer dos séculos. Como lembram alguns filósofos da ciência, "mentir não é nada novo, mas a propagação de informações falsas ou distorcidas explodiu no último século, levada tanto por novas tecnologias para a disseminação de informação – rádio, televisão, internet – como pela maior sofisticação daqueles que nos enganam" (O'Connor e Owen, 2019: 9).

Nas culturas orais, fala-se que rumor é o "rei", algumas vezes circulando espontaneamente, mas em outras ocasiões sendo colocado em circulação por indivíduos ou grupos com uma agenda específica. Muitas das acusações mencionadas, que culpavam uma conspiração pela difusão de doenças como a peste e a cólera, espalharam-se por meio de rumores. Após a invenção da imprensa, falsidades ao lado de verdades começaram a circular em impressos, assim como iria acontecer mais tarde pelas estações de rádio e televisão. O que era novo em todos esses casos era o meio de comunicação, que influenciava a rapidez com que tais histórias circulavam, a distância que atingiam e o impacto que elas tinham nos ouvintes ou expectadores.

O importante é, no entanto, notar que a história testemunha que muitas falsidades, manipulações de fatos e rumores enganosos puderam ser detectados no passado, não obstante os obstáculos e desafios existentes, mas que lamentavelmente sua repercussão nem sempre foi interrompida com a descoberta da falsidade. Dois casos dramáticos, um do século XVII e outro do XIX, bem ilustram isso.

O primeiro é o famoso caso da história inglesa conhecido como o *"Popish Plot"* (complô papista), que, espalhando-se de 1678 a 1681, referia-se a uma conspiração católica para matar o rei Charles II. O próprio rei não a levou a sério, chamando as alegações de "absurdas", e a notícia nem mesmo foi publicada na Gazeta oficial. No entanto, mesmo tendo o caso sido devidamente investigado e o principal responsável pela invenção e disseminação da mentira, Titus Oates, ter sido identificado, desacreditado, acusado e condenado à prisão por perjúrio, o impacto dessa ficção foi traumático. Rumores sobre a conspiração foram crescendo e criando o que se chamou de "histeria anticatólica", ou um pânico moral, que levou anos para ser diluído. Ao menos 22 indivíduos foram executados por conta dessa falsidade, dentre eles 9 jesuítas, e a legislação que foi criada, então, proibindo os católicos, dentre outras coisas, de viver em Londres e Westminster e participar do Parlamento só foi abolida em 1829 com o *Roman Catholic Relief Act* (Kenyon,1974).

Outro caso dramático de *fake news* envolvendo ganância, dissimulação e humilhação pública foi a notícia sobre a morte de Napoleão em fevereiro de 1814, deliberadamente espalhada para aumentar o preço das ações na Bolsa de Valores de Londres. Esse golpe famoso envolveu um dos maiores oficiais da marinha britânica da época, Lord Cochrane, que, além de ser herói de guerra, era membro do Parlamento. Ironicamente, após ser preso, expulso da Marinha e do Parlamento britânico, e perder o seu título de nobreza, foi condecorado por D. Pedro I em 1823 com o título de Marques do Maranhão!

A história é a seguinte: em fevereiro de 1814, chegaram ao porto de Dover, à uma da manhã, notícias de que os franceses haviam sido derrotados e de que Napoleão fora morto e esquartejado pelos cossacos. Quem vinha com a "boa-nova" era um britânico, Charles de Berenger, disfarçado de militar francês com seu uniforme vermelho, que se apresentou como Coronel Du Bourg. Como revelou, após dois dias de viagem num navio francês, ele teria sido deixado na Inglaterra para divulgar a boa-nova sobre o arqui-inimigo dos ingleses. "Sou portador de uma notícia sensacional e gloriosa – a melhor que se poderia possivelmente desejar". Os Bourbons, segundo ele, haviam sido trazidos de volta ao trono francês e os aliados estavam sendo convidados a ir a Paris. Quando a Bolsa de Valores de Londres abriu e a cidade estava cheia de rumores de uma grande vitória aliada, o preço dos títulos do governo subiu rapidamente e um grupo de especuladores aproveitou a oportunidade para vender suas ações recém-adquiridas a preços altamente favoráveis (Dale, 2006). O ponto que importa chamar atenção não é tanto relativo às consequências não intencionadas dessa *fake news*, mas sobre a importância que a tecnologia pode ter na descoberta das falsidades. No caso da "morte" de Napoleão, a história teria sido diferente 30 anos mais tarde, pois com a invenção do telégrafo, permitindo comunicação instantânea à distância pela primeira vez na história, a fraude poderia ter sido descoberta quase imediatamente.

A revolução digital e a ascensão da mídia social levaram esses estágios mais adiante, especialmente desde que companhias gigantescas tais como Meta e Google passaram a dominar essas formas de comunicação. Apesar de ser difícil de se medir, é muito provável que a quantidade de *fake news* – ou mentiras públicas – em circulação aumentou sensivelmente, dada que a rapidez de propagação é muito maior do que no passado (apesar de não se poder minimizar a velocidade com que os rumores eram disseminados antigamente).

A apresentação das falsidades está também se tornando mais sofisticada, incluindo a manipulação das imagens e dos textos, com a assustadora ascensão da tecnologia *deep fake* (Satariano e Mozur, 2023). Mas, por sorte, os métodos para se detectar a manipulação estão também se tornando mais e mais sofisticados. Um exemplo vívido desse avanço é o website Bellingcat, que foi fundado em 2014 pelo jornalista investigativo britânico Eliot Higgins, hoje estabelecido na Holanda. O que é especial nesse website é que a equipe de colaboradores que o produz faz a pesquisa on-line, analisando o material que está disponível ao público, e não necessariamente na menos acessível *deep web*. Dando especial atenção às imagens, esses detetives digitais ficaram famosos após suas descobertas do que estava por trás da queda do avião da Malayan Airlines em 2014 e das tentativas de assassinato por envenenamento do ex-espião soviético Sergei Skripal em 2018, em Salisbury, e de Alexei Navalny em 2020, na própria Rússia (Higgins, 2021). A identificação dos assassinos de Skripal é digna de um Sherlock Holmes. Utilizando-se de imagens de satélites e textos e imagens variadas disponíveis nas mídias sociais – vídeos do YouTube, postagens no Facebook, *tweets*, Instagram etc. –, eles foram capazes de verificar o que nem mesmo a Scotland Yard conseguira. Os dois russos, identificados pela polícia britânica como sendo Ruslan Boshirov e Alexander Petrov, não eram turistas indo à Inglaterra somente para visitar a torre da catedral de Salisbury, como diziam. Eram, na verdade, dois agentes da Gru (Agência de Inteligência Militar) usando nomes e passaportes falsos, que haviam sido encarregados de exterminar o ex-espião soviético. Foram eles que utilizaram o agente nervoso Novichok, um dos mais potentes e raros agentes da guerra química, para envenenar Skripal.

Apesar de sucessos inegáveis como esse, o problema maior que persiste é que a detecção das *fake news* foi deixada para os especialistas, para os profissionais, enquanto o público em geral não está sendo devidamente preparado para se tornar mais crítico ao que vê e ouve. É nesse ponto que as escolas e os meios de comunicação em geral têm uma contribuição de grande importância a dar.

## "O REMÉDIO NO MAL" E O QUE PODE A EDUCAÇÃO

Qual poderia ser o papel da educação na resposta a esses desafios? A boa notícia parece ser que se é verdade que a revolução digital causou o que podemos chamar de uma "doença" com a proliferação de *fake news* – e das mentiras, manipulações e deturpações que promove –, ela também traz em si o "remédio". Retomando a brilhante interpretação feita por Jean Starobinski de Rousseau como o pensador que encontrou *"le remède dans le mal"*, podemos dizer que o mundo digital também traz *"le remède dans le mal"*: ou seja, o acesso às inúmeras fontes que o mundo digital permite representa um avanço inédito na correção dos enganos e falsidades de todo o tipo, deliberadas ou não, que esse mesmo mundo digital promove.

Informar o público sobre os avanços da medicina e como a ciência evolui, no caso da covid-19, e sobre a tecnologia, no caso da revolução digital, parece ser uma forma mais adequada à educação de adulto, mas também deveríamos pensar sobre a possível contribuição das escolas e universidades a longo prazo. Curiosamente, essa contribuição é exatamente o oposto da que era necessária e recomendada nos anos 1960: "*speed reading*". Naquela época, os estudantes sabiam como ler um texto do início ao fim, mas não como "escaneá-lo" rapidamente em busca da informação relevante para um trabalho particular, como o ensaio semanal, tão importante na educação universitária britânica na área de humanas. Hoje, no entanto, o problema é o reverso. Os alunos já sabem como escanear um texto, pois é o que fazem todo o tempo em seus telefones. O que diminuiu – necessariamente de acordo com Carr – é a habilidade de lermos textos, especialmente textos longos, do início ao fim, e de nos entregarmos ao argumento do autor antes de poder avaliá-lo. No entanto, cursos sobre "leitura próxima" ou leitura vagarosa podem restaurar o que foi perdido. Na verdade, tais cursos já existem em alguns lugares: nos Estados Unidos, eles são conhecidos como cursos em "*information literacy*", que seguem as diretrizes sugeridas em 1989 pela American Library Association: "para ser letrado em informação, uma pessoa precisa ser capaz de reconhecer quando a informação é necessária e ter a habilidade de localizar, avaliar e usar com eficiência a informação necessária" (Breivik e Senn, 1998).

O que é ensinado sobre mentiras e falsidades e como se ensina variará, é claro, com a idade das crianças, mas cabe à educação de hoje, mais do que nunca, o reconhecimento de que se não podemos impedir a manipulação da mídia social, podemos ao menos fazer algo para mudar a maneira pela qual espectadores, alunos, ouvintes e leitores reagem a essa manipulação.

As crianças mais jovens não são, com certeza, demasiado jovens para aprender a discriminar entre mensagens confiáveis e tentativas de enganá-las (vindas de colegas de brincadeira, por exemplo). As mais velhas podem aprender a fazer as perguntas essenciais já sugeridas, e que se aplica a qualquer um: de onde as mensagens vêm, quem as está enviando e por quais razões.

Ensinar os adolescentes e os adultos a serem críticos sempre foi uma parte importante da educação, mas deveria poder se expandir hoje para incluir tudo o que pudesse contribuir para se criar um "detector de falsidades", "*a crap detector*" como sugeriu há décadas o jornalista e romancista

Ernest Hemingway. Uma das tarefas dos educadores seria ajudar os alunos a construir esse detector de mentiras e a adquirir as habilidades necessárias para se tornarem "alfabetizados" para a nova era digital. Como enfatiza D'Ancona, a "mais urgente missão educacional de nossa era" é aprender a "navegar na web com discernimento" (D'Ancona, 2017: 114).

Eis alguns pontos a serem incentivados pela escola e outras "agências" potencialmente educativas, buscando aproveitar a oportunidade que a crise da pandemia gerou: conscientizar os alunos e o público em geral sobre como os instrumentos de pesquisa, como Google, são úteis, mas também são feitos para manipular aqueles que os usam; alertar contra pânicos morais, em outras palavras, alertar contra medos irracionais de ameaças à sociedade feitas por "agentes diabólicos" que vão desde comunistas a muçulmanos, e muito mais; conhecer os websites – tais como *Reality Check* ou *Aos fatos* – onde as notícias e fatos são amplamente verificados.

Outra tarefa essencial seria educar o público sobre o papel da incerteza, da dúvida ou mesmo da própria ignorância na evolução da ciência. A transparência nas implicações inevitáveis desse "fato" inquestionável de que a incerteza move o conhecimento – e não é uma "fraqueza" da ciência – impõe-se como uma das tarefas prioritárias da educação. Uma tarefa que é, como apontou o filósofo John Dewey, extremamente benéfica, porque esse aprendizado "muito possivelmente será acompanhado por humildade, curiosidade e abertura de espírito" (apud Burke, 2023: 73).

O grande sociólogo francês Edgar Morin tem insistido na necessidade de aprendermos e de ensinarmos que a ciência não é um "catálogo de dogmas", e que ela progride pelas dúvidas e controvérsias. Ensinar que o que caracteriza uma teoria científica é exatamente o fato de ser refutável é imprescindível e pode começar bem cedo para que o público não perca a fé na ciência e não a confunda com dogmas religiosos. Mostrando ao público que as controvérsias fazem parte da pesquisa científica e garantem seu progresso, a confiança na ciência e nas medidas baseadas na ciência, mesmo sendo esta inevitavelmente incerta, é menos abalada. "Procuramos cercar-nos do maior número de certezas possível", alerta Morin, "mas viver é navegar num mar de incertezas, por ilhotas e arquipélagos de certezas em que nos reabastecemos [...]". A crise em que vivemos, diz ele, abriu a oportunidade para se enfatizar a inevitabilidade da incerteza no progresso do conhecimento e na vida em geral – que representa uma quebra no que a "nossa civilização nos inculcou sobre a necessidade de certezas [...] frequentemente ilusórias" (Morin, 2020: n. p.).

Esse alerta de Edgar Morin tem também implícita uma importante crítica à supervalorização dos "fatos" na educação, que pode parecer o que mais se precisa na educação de hoje. Esse assunto foi brilhantemente tratado por Charles Dickens no seu livro *Tempos difíceis* (1854), que, não obstante a distância no tempo, não perdeu a relevância hoje. Seu objetivo era criticar o capitalismo industrial da época, o que Dickens faz, em parte, com uma sátira à escola de pensamento dos "fatos e nada além dos fatos" e sua insistência de que deve haver muito mais numa educação ou aprendizado do que a simples aquisição de informação, mesmo se esta for totalmente acurada e livre de falsidades. O homem de negócios Thomas Gradgrind, "um homem de fatos e cálculos", é o superintendente do conselho escolar que pretende impor à escola sua visão de educação. "Agora, o que eu quero são fatos. Ensine a esses meninos e meninas nada além de fatos. Só os fatos são desejados na vida. Não plante mais nada e erradique todo o resto. Você só pode formar a mente de animais racionais sobre fatos: nada mais será de qualquer utilidade para eles. Este é o princípio segundo o qual crio meus próprios filhos, e esse é o princípio segundo o qual crio essas crianças. Atenha-se aos fatos, senhor!". A crítica de Dickens ao ideal de educação que tende a estrangular a imaginação, a curiosidade, a criatividade, e a não estimular a reflexão e a capacidade de duvidar é, sem dúvida, fundamental também para os dias de hoje (Dickens, 1905: 3-5).

## A IMPORTÂNCIA DA INCERTEZA: UM EXEMPLO DRAMÁTICO

A história com que vou finalizar este capítulo ilustra de modo dramático algumas das ideias tratadas aqui sobre a educação e se ligam de perto ao que defende Edgar Morin – e também Paulo Freire, educador visto como seu colega da "dúvida rebelde" e da incerteza. Pois Freire também argumenta que a incerteza deve permear nossas certezas e que uma "tarefa docente" essencial é "ensinar a pensar certo", "e uma das condições necessárias a pensar certo", diz ele, "é não estarmos demasiado certos de nossas certezas" (Freire, 1996: 14).

A história aconteceu há quatro décadas, em setembro de 1983, mas só foi tornada pública na Rússia 15 anos mais tarde (Scharre, 2018). O mundo vivia o auge da Guerra Fria e os mísseis nucleares apontando para os Estados Unidos e a antiga União Soviética apavoravam a todos. Pouco antes, o presidente Ronald Regan havia chamado a país inimigo de "um império do mal" e anunciado uma estratégia de defesa, apelidada de "*Star Wars*", que ameaçava o já frágil equilíbrio geopolítico. Três semanas antes, os soviéticos haviam derrubado um avião comercial coreano que saíra do Alasca para Seul e se desviara sem querer para o espaço aéreo soviético: 269 pessoas morreram, incluindo um congressista norte-americano. Receando uma retaliação, a URSS, compreensivelmente estava em alto alerta.

Oko era o nome de um sofisticado sistema de detecção por satélite, que tinha a função de observar o movimento dos mísseis norte-americanos. O observatório estava localizado num *bunker*, perto de Moscou, chamado Serpukhov-15, e era da responsabilidade do oficial de plantão comunicar o lançamento dos mísseis para o comando militar superior tão logo fosse detectado.

Nessa noite, o tenente-coronel Stanislav Petrov, de 44 anos, era o oficial de plantão. Esse não era seu posto usual. À uma da manhã, o silêncio do *bunker* foi quebrado por sirenes trovejando, e uma tela gigantesca piscando em vermelho "*launch*" (lançar, desfechar) anunciava que um míssil norte-americano estava a caminho de Moscou. Petrov sabia que em 20 minutos uma de duas coisas poderia acontecer: ou os mísseis atingiriam a URSS e matariam milhões de pessoas ou não aconteceria nada.

E Petrov optou por não avisar seus superiores do alerta, pois estava incerto sobre se era um erro do sistema ou não. Ele sabia que o comando militar teria não mais do que dez minutos para preparar o contra-ataque antes que os mísseis explodissem sobre Moscou. Também sabia que bastava pegar o telefone e avisá-los para que se lançasse um contra-ataque, e que, muito provavelmente, uma devastadora Terceira Guerra Mundial iria começar. Ou seja, Petrov sabia que o destino do mundo estava em suas mãos.

Mesmo quando o barulho escalou para estrondos sucessivos, com mais sirenes ensurdecedoras e mais *flashes* na tela anunciando que outros mísseis estavam a caminho, Petrov continuou na incerteza, duvidando e refletindo. Aos duzentos pares de olhos espantados dos militares do *bunker* que se viraram para ele com a indagação "É isso então? Os americanos dispararam o gatilho para a destruição?", Petrov gritou "Voltem ao trabalho. Deve ser um erro do sistema". O sistema foi conferido e tudo estava correto, havendo "o mais alto grau de certeza" nos alertas sobre o ataque nuclear em andamento.

Não obstante essa "certeza", Petrov duvidou, refletiu, analisou os dados com sobriedade e fez o seguinte julgamento: se os americanos fossem realmente lançar um ataque nuclear, usariam centenas de mísseis e não 5! "Ninguém vai tentar esvaziar um balde cheio de água com uma colher de chá". Não fazia sentido! Como disse, "foi uma decisão por instinto, no máximo, um palpite 50-50%" (Cussen, 2020: 5).

De qualquer modo, contrariando o protocolo que indicava como agir e duvidando do que os computadores diziam, Petrov desafiou as 50% de probabilidade, não seguiu o regulamento e avisou o comando militar de que o sistema estava com defeito, em pane. E Petrov estava certo. Vinte minutos após o alarme, nenhuma ogiva nuclear atingiu o solo soviético – o satélite tinha confundido o reflexo do sol nas nuvens com o lançamento de ogivas nucleares.

Chatham House, um *think tank* especializado em relações internacionais e que aconselha o governo britânico sobre políticas de atuação em guerras nucleares, publicou um trabalho salientando o papel de Petrov nessa crise nuclear que poderia ter sido fatal. Um especialista em segurança nuclear apontou a importância da sua intuição e de sua formação científica em sua decisão. "Ele não fora treinado e condicionado a responder aos alertas simplesmente '*checking boxes*' (clicando itens) e aceitando o que os computadores diziam" e os regulamentos exigiam. Ele fora capaz de duvidar do "alto grau de credibilidade" que o sistema prometia. Seu "*background* científico o levou a fazer um escrutínio crítico dos satélites", muito mais do que seus colegas militares, nos quais provavelmente não haveria lugar para a "dúvida consciente" e para a incerteza (Uncertainty and complexity in nuclear decision making, 2022).

Enfim, um pensamento crítico, elevado ao extremo, aliado à insubordinação na hora certa, salvara o mundo. Seus colegas, todos com formação estritamente militar, teriam provavelmente seguido rigorosamente o regulamento, e os líderes militares soviéticos teriam agido de acordo. Em 2006, quando a notícia desse evento finalmente foi difundida para fora da Rússia e Petrov foi recebido e louvado nas Nações Unidas, ele – que havia sido removido de serviço militar em 1984 e vivia modestamente no anonimato – disse: "Eu não sou um herói. Eu apenas fiz meu trabalho. Eu estava simplesmente no lugar certo na hora certa" (Cussen, 2020: 6).

## Bibliografia

AGAMBEN, Giorgio. A che punto siamo? L'epidemia come politica. Blog, fev. 2020a.

_____. A Question, *An und für sich*, 20 abr. 2020b. Disponível em: https://itself.blog/2020/04/15/giorgio-agamben-a-question/. Acessado em: jul. 2022.

_____. Reflexiones sobre la peste. *Sopa de Wuhan*. Argentina: ASPO, 2020c, pp. 17-20.

_____. *Where Are We Now?* The Epidemic as Politics. Trad. V. Dani. Lanham: Rowman & Littlefield, 2021.

AMELANG, James S. (translator and editor). Introduction: Popular Narrative and the Plague. *A Journal of the Plague Year:* The Diary of the Barcelona Tanner Miguel Parets 1651. Oxford: Oxford University Press, 1991.

ARENDT, Hannah. The Crisis in Education. In: *Between Past and Present*. New York: Penguin Classics, 2006, pp. 170-93.

BERKSHIRE, Jennifer. Why Teachers are Dropping Out. *The Nation*, 21 fev. 2022, pp. 15-9.

BIESTA, Gert. Have We Been Paying Attention? Educational Anesthetics in a Time of Crises. *Educational Philosophy and Theory*, v. 54, n. 3, 2022, pp. 221-3.

BLOCH, Mark. Réflexions d'un historien sur les fausses nouvelles de la guerre. *Revue de Synthèse Historique*, v. 33, 1921, pp. 13-35.

_____. *Introdução à história*. Lisboa: Publicações Europa-América, 1974. [1. ed. 1949.]

BOD, Rens. *World Patterns:* A Global History of Knowledge. Baltimore: Johns Hopkins University Press, 2022.

BOLLYKY, Thomas; KIERNAN, Samantha; CHAUDHRY, Hamza Tariq. Monkeypox and the Perils of Vaccine Nationalism. *Foreign Affairs*, 24 jun. 2022.

BORAH, Woodrow; COOK, Sherburne F. Conquest and Population: A Demographic Approach to Mexican History. *Proceedings of the American Philosophical Society*, v. 113, n. 2, 17 abr. 1969, pp. 177-83.

BREIVIK, Patricia; SENN, James. *Information Literacy:* Educating Children for the 21st Century. 2. ed. Washington: National Education Association, 1998.

BRESALIER, Michael. Covid-19 and the 1918 "Spanish Flu": Differences Give Us a Measure of Hope. *Opinion Articles, History & Policy*, 2 abr. 2020. Disponível em: http://www.historyandpolicy.org/opinion-articles/articles/covid-19-and-the-1918-spanish-flu-differences-give-us-a-measure-of-hope. Acessado em: jul. 2021.

BRIXI, Hana; FU, Haishan; URIBE, Juan Pablo. Global Crisis of Violence against Women and Girls: Tackling it with New, Better Data Use. *World Bank Blog*, 5 jan. 2022.

BURKE, Peter. Manipulating the Media: A Historian's View. Texto apresentado no XI Encontro Nacional de História da Mídia, Universidade Presbiteriana Mackenzie, São Paulo, 8 jun. 2017.

_____. Toward a Third Crisis. In: *The Polymath:* a Cultural History from Leonardo da Vinci to Susan Sontag. New Haven and London: Yale University Press, 2020, pp. 240-6.

_____. *Ignorance*: A Global History. New Haven and London: Yale University Press, 2023.

CARMICHAEL, Ann. *Plague and the Poor in Renaissance Florence*. Cambridge: Cambridge University Press, 1986.

CARR, Nicholas. *The Shallows:* How the Internet Is Changing the Way We Think, Read and Remember. New York: W.W. Norton, 2011.

CAVALLO, Guglielmo; CHARTIER, Roger. "Introduction" to Cavallo and Chartier (eds.). *A History of Reading in the West*. Trad. Lydia G. Cochrane. Cambridge: Polity Press, 1999, pp. 1-36.

CENSOLO, Roberto; MORELLI, Massimo. Covid-19 and the Potential Consequences for Social Stability. *Peace Economics, Peace Science and Public Policy*. v. 26, n. 3, De Grutyer, ago. 2020, pp. 20200045. https://doi.org/10.1515/peps-2020-0045.

CENTER FOR DISEASE CONTROL AND PREVENTION. Nearly One in Five American Adults Who Have Had COVID-19 Still Have "Long Covid", 12 jun. 2022. Disponível em: https://www.cdc.gov/nchs/pressroom/nchs_press_releases/2022/20220622.htm. Acessado em: jun. 2023.

CHALOUB, Sidney. *Cidade febril:* cortiços e epidemias na cidade imperial. São Paulo: Companhia das Letras, 1996.

CHARTIER, Roger. From Print to Digital: A Revolution in the Order of Speech – An Interview with Roger Chartier by Cécile Rabot. *Biens Symboliques*, jul. 2020, pp. 2-18.

CHATHAM HOUSE. Uncertainty and Complexity in Nuclear Decision-Making: Balancing Reason, Logic, Cognition and Intuition at Strategic and Operational Levels. Mar. 2022. Disponível em: https://www.chathamhouse.org/2022/03/uncertainty-and-complexity-nuclear-decision-making. Acessado em: maio 2023.

CHÁVES, Karma R. *Race, Quarantine and Resistance*. Seattle: University of Washington Press, 2021.

COHN JR., Samuel. The Black Death and the Burning of Jews. *Past & Present*, n. 196, ago. 2007, pp. 3-36.

\_\_\_\_\_. *Epidemics:* Hate and Compassion from the plague of Athens to Aids. Oxford: Oxford University Press, 2018.

COOPER, Donald B. New "Black Death": Cholera in Brazil, 1855-1856. *Social Science History, The Biological Past of the Black*, Winter 1986, v. 10, n. 4, pp. 467-88.

CUSSEN, James. 3 Life Lessons from the Man who Saved the World. *Life on Purpose*, 10 maio 2020. Disponível em: https://medium.com/live-your-life-on-purpose/3-life-lessons-from-the-man-who-saved-the-world-53603998fa90. Acessado em: ago. 2022.

DALE, Richard. *"Napoleon is Dead":* Lord Cochrane and the Great Stock Exchange Scandal. Strout: Sutton, 2006.

DALRYMPLE, William. *Return of a King:* The Battle for Afghanistan. London: Bloomsbury Publishing, 2012.

D'ANCONA, Matthew. *Post Truth:* the New War on Truth and How to Fight Back. London: Ebury Press, 2017.

DAVIS, Nicola. Two Million People in UK Living with Long Covid, Find Studies. *The Guardian*, 1 jun. 2022.

DEAN, Brian. Social Network Usage and Growth Statistics: How Many People use Social Media in 2022? *Backlinko*, out. 2021. Disponível em: https://backlinko.com/social-media-users#global-social-media-growth-rates. Acessado em: set. 2022.

DE GRAFF, Beatrice et al. Dancing with Death: a Historical Perspective on Coping with Covid-19. *Risk, Hazards & Crisis in Public Policy*, Wiley Periodicals, v. 12, n. 3, set. 2021, pp 346-67.

DEL PRADO HIGUERA, Cristina; SILVA, Guillermo Andrés Duque. Agamben tiene razón: covid 19 y estado de excepción permanente. *Bajo Palabra*, 27, Madrid, 2021, pp. 105-24.

DICKENS, Charles. *Hard Times and Reprinted Pieces*. London: Chapman & Hall, 1905, Cap. 1.

DONOVAN, Doug. U.S. Officially Surpasses 1 Million Covid-19 Deaths. *Coronavirus Resource Center*, Johns Hopkins, 16 maio 2022.

EVENING STANDARD. British Historian Briefs the White House on Afghanistan, 7 maio 2013.

FOSTER, Roy. Why History Matters. *Report of the Conference Held at the Institute of Historical Research*, 12-13 fev. 2007, Institute of Historical Research Publication, 2007.

FREIRE, Paulo. Ensinar exige rigorosidade metódica. In: *Pedagogia da autonomia:* saberes necessários à prática educativa. São Paulo: Paz e Terra, 1996.

HARVEY, Gideon. *A Discourse of the Plague Containing the Nature, Causes, Signs, and Presages of the Pestilence in General, together with the State of the Present Contagion; also most Rational Preservatives for Families, and Choice Curative Medicines both for Rich and Poor, with Several Waies for Purifying the Air in Houses, Streets, etc / Published for the Benefit of this Great City of London, and Suburbs by Gideon Harvey*. London: Printed for Nath. Brooke, 1665.

HEAD, Emily; Sabine L. Van Esland. Vaccinations May Have Prevented Almost 20 million Covid-19 Deaths Worldwide. *Imperial College*, 24 jun. 2022.

HIGGINS, Eliot. *We Are Bellingcat:* Global Crime, Online Sleuths, and the Bold Future of News. London: Bloomsbury, 2021.

HOLMBERG, Christine; BLUME, Stuart; GREENOUGH, Paul. *The Politics of Vaccination- A Global History*, Manchester: Manchester University Press, 2017.

INDEPENDENT.IE. Who's Mike Ryan Warns a New Covid Variant May Not Be Detected Early Enough Because Surveillance Is Slipping. 20 set. 2022. Disponível em: https://www.independent.ie/irish-news/whos-mike-ryan-warns-a-new-covid-variant-may-not-be-detected-early-enough-because-surveillance-is-slipping/42003836.html. Acessado em: maio 2023.

ISLAM, Saiful et al. Covid-19-Related Infomedic and its Impact on Public Health: A Global Social Media Analysis. *The American Journal of Tropical Medicine and Hygiene*, v. 103, n. 4, 2020, pp. 1621-9.

JOHNSON, Sarah; MICHAELSON, Ruth. Violence against Women "a Pandemic", Warns UN Envoy. *The Guardian,* 13 maio 2021.

KENYON, John. *The Popish Plot*. Harmondsworth: Penguin, 1974.

KOSELLECK, Reinhart. Crisis. *Journal of the History of Ideas*, v. 67, n. 2, abr. 2006, pp. 357- 400.

LENNON, Conor. Spreading the Word, Stopping the Virus. Interviewed by Moez Chackchouk, Assistant Director – General of Unesco, United Nations News, mar. 2021. Disponível em: https://soundcloud.com/unradio/spreading-the-word-stopping-the-virus?utm_source=en.unesco.org&utm_campaign=wtshare&utm_medium=widget&utm_content=https%253A%252F%252Fsoundcloud.com%252Funradio%252Fspreading-the-word-stopping-the-virus. Acessado em: ago. 2022.

LOLLINI, Massimo. Re-reading Manzoni at the Time of Covid-19: Contagion, Ethics and Justice. *Forum Italicum: A Journal of Italian Studies*, v. 56, n. 1, maio 2022, pp. 38-75.

MCGREW, Roderick E. The First Cholera Epidemic and Social History. *Bulletin of the History of Medicine*, 34, 1960, pp. 61-73.

MOETI, Matshidiso. Opening Statement. End-of-year Press Conference, 14 dez. 2021. Disponível em: https://www.afro.who.int/regional-director/speeches-messages/opening-statement-end-year-press-conference-14-december-2021. Acessado em: ago. 2022.

MORIN, Edgar. Vivre, c'est naviguer dans um mer d'incertitude. *Le Monde,* 6 abr. 2020.

MORSE, Stephen S. Pandemic Influenza: Studying the Lessons of History. *PNAS – Proceedings of the Nationa Academy of Sciences*, v. 104, n. 18, maio 2007.

MULLETT, Michael. Review: James S. Amelang, ed. and trans., A Journal of the Plague Year: The Diary of the Barcelona Tanner Miquel Parets, 1651, New York and Oxford, Oxford University Press, 1991; xiii + 171 pp; Calogero Messina, Sicilians Wanted the Inquisition (translated by Alexandra and Peter Dawson), Ottawa, Toronto and Brooklyn, Legas, ISBN 1-881901-01-7, 1993; 94 pp.'", *European History Quarterly*, v. 24, n. 2, pp.294-7.

NÍ CASSAITHE, Caitríona; CHAPMAN, Arthur. History Education in a Climate of Crisis. *Public History Weekly, The Open Peer Review*, 4 fev. 2021.

O'CONNOR, Cailin; WEATHRALL, James Owen. *The Misinformation Age:* How False Beliefs Spread. New Haven: Yale University Press, 2019.

OCDE. New OECD Pisa Report Reveals Challenge of Online Learning for Many Students and Schools. 29 fev. 2020. Disponível em: https://www.oecd.org/newsroom/new-oecd-pisa-report-reveals-challenge-of-online-learning-for-many-students-and-schools.htm. Acessado em: set. 2022.

PALLARES-BURKE, Maria Lúcia G. *The Spectator, o teatro das luzes:* diálogo e imprensa no século das luzes. São Paulo: Hucitec, 1995.

PICKLES, Hilary. Using Lessons from the Past to Plan for Pandemic Flu. *British Medical Journal*, v. 332, n. 7, 1 abr. 2006, pp. 783-6.

POLLMANN, Judith. Archiving the Present and Chronicling for the Future in Early Modern Europe. *Past & Present*, v. 230, n. 11, nov. 2016, pp. 231-52.

POSETTI, Julie; BONTCHEVA, Kalina. Disinfodemic: Deciphering Covid-19. Policy Brief #1. *Unesco*. Disponível em: https://unesdoc.unesco.org/ark:/48223/pf0000374416. Acessado em: maio 2023.

RELIEFWEB. Warning of Rise in Gender-Based Violence During Covid-19 Pandemic, Secretary-General Observance Message Says Policies to Tackle Root Causes, Protect Women Can End Abuse. 23 nov. 2021. Disponível em: https://reliefweb.int/report/world/warning-rise-gender-based-violence-during-covid-19-pandemic-secretary-general. Acessado em: maio 2023.

ROTHSTEIN, Aaron. Vaccines and Their Critics, Then and Now. *The New Atlantis*, Winter 2015, pp 3-27.

SANTANDER, Juan. The Pandemic Is a Child-rights Crisis. Interviewed by Giovanni Vale. *Osservatorio Balconi e Caucaso Transeuropa*, 6 de dezembro 2021. Republicado pela Unicef. Disponível em: https://www.unicef.org/montenegro/en/stories/pandemic-child-rights-crisis. Acessado em: set. 2022.

SANTAYANA, George. *The Life of Reason, or The Phases of Human Progress*. v. 1, cap. XII.

SATARIANO, Adam; Paul Mozur. The People on Screen are Fake. The Disinformation is Real. *The New York Times*, 7 fev. 2023.

SAVE THE CHILDREN. Almost 10 Million Children May Never Return to School Following Covid-19 Lockdown. 13 jul. 2021. Disponível em: https://www.savethechildren.net/news/almost-10-million-children-may-never-return-school-following-covid-19-lockdown. Acessado em: maio 2023.

SCHARRE, Paul. *Army of None:* Autonomous Weapons and the Future of War. New York: W. W. Norton & Company, 2018.

SHAPIRO, Ari; Valentine, Ashish; Jarenwattananon, Patrick. All Things Considered. *NPR – National Public Radio*. 12 jul. 2022. Disponível em: https://www.npr.org/2022/07/12/1111131922/as-wealthy-nations-push-4th-booster-shots-africa-is-being-left-behind. Acessado em: ago. 2022.

SIENA, Kevin. *Rotten Bodies:* Class and Contagion in Eighteenth Century Britain. New Haven: Yale University Press, 2019.

SUNDBERG, Adam. Increasingly Numerous and Higher Floods – The River Floods of 1740-1741. In: *Natural Disaster at the Closing of the Dutch Golden Age*. Cambridge: Cambridge University Press, 2022, pp. 165-211.

THE BRITISH MEDICAL JOURNAL. Covid-19: Two Million People in the UK Are Estimated to Be Experiencing Long Covid, Says ONS (Office of National Statistics), 1 jun. 2022.

THE ECONOMIST. Crisis in the Classroom – Governments Are Ignoring the Pandemic's Disastrous Effect on Education. jul. 2022, pp.9-15.

THE GUARDIAN. Who Warns Covid-19 Pandemics Is "Not Necessarily" the Big One, 29 dez. 2020.

_____. "Coronavirus Jabs" Cut Global Death Toll By 20M In First Year Alone. 25 jun. 2022.

THE LANCET. The Covid-19 Pandemic in 2023: Far from Over. v. 401, n. 10.372.

TOSH, John. *Why History Matters*. Oxford: Macmillan, 2019.

TWOREK, Heidi. How Public Health Approach Could Help Curb the Infodemic. *Centre for International Governance Innovation*, 15 out. 2021. Disponível em: https://www.cigionline.org/articles/how-public-health-approach-could-help-curb-infodemic/. Acessado em: maio 2023.

VAN BAVEL, Bas et al. *Disasters and History:* the Vulnerability and Resilience of Past Societies. Cambridge: Cambridge University Press, 2020.

WILLETT, Jo. *The Pioneering life of Mary Wortley Montagu*. Barnsley: Pen & Sword History, 2021.

WORLD BANK GROUP. Poverty and Shared Prosperity 2022 – Correcting Course, 5 out. 2022, XXI.

WORLD HEALTH ORGANIZATION. *Coronavirus Disease 2019 (Covid-19) Situation Report – 13*. Geneva, Switzerland, 2020. Disponível em: https://www.statista.com/statistics/1093256/novel-coronavirus-2019ncov-deaths-worldwide-by-country. Acessado em: mar. de 2023.

# Cultura escrita e mundo digital: mutações, desafios e perspectivas

*Roger Chartier*

A covid-19 foi a primeira pandemia do mundo digital (ou digitalizado). A internet foi um recurso essencial no tempo do confinamento e do fechamento das fronteiras, dos negócios, dos teatros e dos cinemas, das escolas e das universidades. Em contraste com as pestes do passado, a tecnologia digital permitiu manter as comunicações, privadas ou institucionais, as compras e o mercado, os lazeres e prazeres culturais, o ensino. Devemos considerar as práticas impostas pelo tempo da pandemia como próprias de uma época de exceção ou como práticas de um futuro já presente? Para responder a essa pergunta, distinguirei três temporalidades: o tempo breve do acontecimento, dos confinamentos e do colapso do mercado do livro; a conjuntura das últimas décadas caracterizada pelas crises das livrarias, da edição e da leitura; e, finalmente, as transformações de mais longa duração que estabeleceram uma nova ecologia da cultura escrita.

Embora a internet tenha sido uma ferramenta essencial durante a pandemia de covid-19 para garantir a continuidade das comunicações, dos negócios, do trabalho, do ensino e até mesmo do lazer, ela também implicou transformações profundas das práticas sociais e culturais. Em todos os países, o primeiro efeito da crise santitária e do confinamento foi o colapso do mercado de livros. Na Espanha, nas duas primeiras semanas de confinamento em 2020, as vendas de livros caíram 84% em relação à última semana antes do confinamento – e ainda mais em comparação com as vendas no mesmo período no mês de março de 2019. No Brasil, as vendas de livros, em abril e maio de 2020, caíram 47% e 31%, respectivamente, em relação aos mesmos meses de 2019. Na França, pesquisa realizada pelo Sindicato Nacional da Edição entre 27 de abril e 6 de maio de 2020, junto de 132 editoras ou grupos editoriais, mostra que metade das editoras estimavam, a partir das perdas de abril e junho, que a queda no faturamento para o ano de 2020, em relação a 2019, ficaria entre 20% e 40%. Um quarto dessas editoras estimava a redução em mais de 40%.

Como atesta um documento publicado pelo Cerlalc (Centro Regional para o Fomento do Livro na América Latina e o Caribe), o colapso das vendas de livros foi um fenômeno geral. Metade das editoras e livreiros latino-americanos que responderam à pesquisa de abril de 2020 sobre as estratégias necessárias para a recuperação do mercado do livro observava um declínio de mais de 50% nas vendas em 2020, em relação a 2019. Diante das dificuldades, as respostas foram semelhantes em todos os países: houve tanto uma diminuição no número de lançamentos de novos títulos e o adiamento para 2021 de uma parte daqueles que deveriam ser lançados em 2020, bem como a publicação de mais títulos em formato digital.

A magnitude das perdas foi apenas marginalmente compensada pelo aumento das vendas de e-books pelas editoras que os oferecem em seus catálogos, que são minoritárias, e na França apenas um terço dos diretores dessas editoras responderam que esse tipo de venda teve um aumento de mais de 30% em 2020. Vale lembrar que, na Europa, os e-books representaram menos de 10% do faturamento das editoras em 2018: 5% na Espanha, 9% na França. É verdade que, no Brasil, as vendas de livros eletrônicos aumentaram significativamente: seu faturamento subiu 44% durante o ano de 2020 em relação com 2019. No entanto, em todos os países, o evento produziu uma tensão entre duas realidades. Por um lado, o acesso aos textos digitais se tornou uma prática necessária, imprescindível, para poder ler no período de fechamento das livrarias e das bibliotecas e para aqueles que não tinham uma biblioteca. Por outro lado, as compras de livros eletrônicos não aumentaram tanto como se poderia imaginar. Então, seria possível pensar que a pandemia não modificou profundamente as relações dos leitores com os livros?

## CONJUNTURAS

Para compreender os efeitos da pandemia sobre as práticas escolares, me parece necessário identificar as transformações que afetaram as instituições e as práticas da cultura escrita durante as últimas décadas. A primeira é a crise das livrarias, diagnosticada por Jorge Carrión em seu magnífico livro *Librerías*, publicado e traduzido em português em 2017, sob a definição seguinte: "uma história de paixão, comércio e melancolia". "História de melancolia" teria sido um bom subtítulo para este livro entristecido pelo desaparecimento das livrarias que o autor havia conhecido. Foi o caso, no começo de 2013, na sua própria cidade, Barcelona, da livraria La Catalónia, substituída por um McDonald's. Foi o caso de uma das três "melhores livrarias" de Paris, La Hune, cujo desaparecimento Carrión profetizou em 2013 e que aconteceu em fevereiro de 2015. Em Paris, desde o ano 2000 até 2015, 350 livrarias fecharam, o que representou 30%, com uma aceleração das desaparições a partir de 2007. A abertura de uma nova livraria, a Ici, em outubro de 2018, foi saudada pelos periódicos como um evento raro, extraordinário, e isso reforçado pelo fato de substituir uma loja de roupa, quando costumava ocorrer o contrário.

Daí uma pergunta: essas observações saudosas sobre a fragilidade das livrarias são confirmadas pelos dados das pesquisas estatísticas? No caso da França, uma pesquisa do Centre National du Livre, "Les Français et la Lecture en 2019", mostra que a compra permanece como o modo dominante do acesso aos livros: 82% dos leitores compraram pelo menos um livro durante o ano anterior. As respostas acerca dos locais de aquisição evidenciam três fenômenos essenciais: as grandes redes de livrarias tipo FNAC são o lugar mais frequente das compras (76% dos leitores); as livrarias independentes, livrarias especializadas, são um lugar de compra para somente 31% dos leitores; e a compra on-line de livros impressos aumentou de 10% entre 2015 e 2018.

Os dados para 2017-2018 do Observatoire de l'Économie du Livre, que registram as participações de mercado (e não as práticas múltiplas dos leitores), confirmam tais resultados, enfatizando a importância dominante das grandes redes, culturais ou não, com 34,5% das compras, a situação minoritária das demais livrarias, quaisquer que sejam, com 22% das compras, e também a estabilidade das compras pela internet (21% em 2019, 20% em 2017).

A comparação dos dados franceses com os resultados publicados em 2016 na quarta edição dos *Retratos da leitura no Brasil* do Instituto Pró-Livro mostra diferenças e semelhanças. Primeira diferença: o modo dominante de acesso ao livro no Brasil não é a compra. Se 43% dos livros lidos foram comprados nas lojas ou pela internet, o total dos livros emprestados por amigos ou alguém da família, por bibliotecas da escola ou por bibliotecas públicas ou comunitárias ou por outros locais representa 51% dos livros lidos. Segunda diferença: os leitores brasileiros que compram livros o fazem geralmente numa livraria (44%), e os concorrentes das livrarias não são os supermercados ou as grandes redes (7%), mas as bancas de jornal (19%), as igrejas e os espaços religiosos (9%), bem como os vendedores ambulantes (5%). Contudo, uma semelhança: uma porcentagem mais ou menos comparável dos que compram de livros pela internet: 15% no Brasil, 21% na França.

Podemos, então, considerar que as dificuldades encontradas pelas livrarias independentes estão relacionadas à concorrência da internet e, particularmente, da Amazon? Foi o que afirmou em 2019 o manifesto de Jorge Carrión, "Contra Amazon: siete razones", traduzido em português para a *Folha de S.Paulo*, que estabelece uma relação direita entre a expansão da Amazon e o desaparecimento das livrarias e das editoras. Registra-se ali tanto a apropriação ilegítima do prestígio literário por uma empresa que não é uma livraria nem uma biblioteca, mas um hipermercado que vende muitas mercadorias além de livros, quanto a tirania dos algoritmos que transformam os trabalhadores humanos em robôs e os leitores em séries de dados, desvelando o perfil do seu cérebro e do seu coração, de seus hábitos e de suas expectativas.

O manifesto de Jorge Carrión designa com agudeza e ansiedade os perigos que ameaçam nosso presente digital. E aventa duas questões.

Em primeiro lugar, devemos considerar o aumento das compras on-line de livros a razão crucial dos desaparecimentos ou das dificuldades das livrarias? A inflação dos aluguéis dos prédios localizados no centro das cidades é uma razão frequentemente mencionada como um problema ainda mais fundamental.

Em segundo lugar, é possível pensar que a resistência, ou ainda, em alguns países, a ressurgência das livrarias independentes é, paradoxalmente, uma consequência do crescimento das compras on-line e da Amazon? É o que sugere o caso dos Estados Unidos. A diminuição drástica do número de livrarias independentes aconteceu entre 1990 e 2000 com o desaparecimento de quase metade delas. Nessa década, a razão não era o comércio eletrônico, mas a concorrência das grandes redes Borders e Barnes and Nobles. Hoje em dia, a Borders fechou, ao passo que o número das livrarias independentes aumentou de forma espetacular durante os últimos anos. Segundo a American Booksellers Association, entre 2009 e 2018, o número dessas livrarias cresceu 40%.

A situação na Europa não apresenta uma evolução semelhante. No caso da França, não se nota um revigoramento das livrarias independentes. Suas dimensões de mercado diminuíram regularmente desde os anos 1990: 32% em 1994, 27% em 2004, 22% em 2018. Nos países da América latina, o documento do Cerlalc, publicado em 2019, "Em defensa de las librerías", vincula as razões da "crise" das livrarias com as transformações, no mundo digital, das práticas de leitura, das formas de circulação e do acesso aos livros, dos modos de aquisição dos bens e serviços e, mais importante, das relações interpessoais. Daí a necessidade de situar a defesa das livrarias no contexto das mudanças do presente. O documento abre com a observação segundo a qual "a irrupção da internet nas três últimas décadas, das redes ubíquas de comunicação digital e dos dispositivos portáteis modificaram profundamente nossa maneira de viver, nossas normas de consumo e atenção, nosso uso do tempo e nossas preferências e práticas culturais" (Cerlalc, 2019, disponível em https://cerlalc.org/wp-content/uploads/2019/04/En-defensa-de-las-libreri%CC%81as.pdf; acesso em 15 jun. 2023).

Houve uma razão pela qual as editoras, e não só as livrarias, enfrentaram dificuldades. A redução drástica nas vendas de livros durante a pandemia foi parte de uma tendência mais de longo prazo que, em escala diferente, indicou o declínio do mercado de livros entre 2007 e 2017. A queda foi maior na Espanha, com diminuição de 36% no faturamento do setor. Nesses mesmos dez anos, a redução foi de 22% no Brasil e 7% na França. O choque da pandemia atingiu, assim, uma economia editorial já fragilizada pela contração nas vendas. O mercado de livros sofreu com as recessões das últimas décadas mais fortemente do que a economia em geral, e sua contração permaneceu mesmo quando houve crescimento do PIB em cada um dos países considerados.

Essa crise tem raízes nos processos de concentração, entendida como absorção das editoras por grandes conglomerados capitalistas que reúnem várias empresas, não necessariamente apenas editoras. O resultado mais evidente é a imposição da lógica do marketing em detrimento da lógica propriamente editorial. Daí a fórmula famosa de Andrés Schiffrin, emprestada a Jérôme Lindon: "a edição sem editores". "Sem editores" porque as decisões editoriais são vinculadas com o que se sabe do mercado, das preferências dos compradores, e não com uma política editorial fundada sobre um projeto intelectual, estético ou ideológico. A lógica puramente financeira marginaliza o papel do editor porque busca uma rentabilidade a curto prazo, o que levou à rápida rotatividade de livros nas livrarias sem que lhes seja concedido tempo suficiente para encontrar seus leitores, e porque exige a rentabilidade de cada título ou cada coleção, e não mais um balanço global entre títulos rentáveis e menos rentáveis, na escala da editora como um todo.

A fragilidade tanto das livrarias quanto das editoras se remete às transformações dos hábitos de leitura e das práticas culturais. Vejamos três casos: França, Espanha, Brasil. Na França, o Ministério da Cultura publicou, em 10 de julho de 2020, os dados fornecidos pela sua mais recente pesquisa sobre as práticas culturais dos franceses. Tal documento descreve os comportamentos medidos dois anos antes, em 2018, e os compara com os resultados das pesquisas anteriores realizadas em 1973, 1981, 1988, 1997 e 2008.

Três observações indicam as mutações essenciais, agravadas pela crise epidêmica. A primeira destaca as diferenças entre gerações na leitura de livros (excluindo os quadrinhos). Enquanto 84% dos indivíduos nascidos entre 1945 e 1954 e 81% dentre os nascidos entre 1965 e 1974 relatam ter lido pelo menos um livro no ano anterior, a porcentagem cai para 58% entre os nascidos entre 1995 e 2004. Como resultado, a porcentagem global de leitores de livros está diminuindo: em 1988, 73% dos franceses relataram ter lido pelo menos um livro nos últimos 12 meses e, em 2018, apenas 62%. Essa porcentagem global revela uma forte diferença de gênero dos leitores: 70% das mulheres leram pelo menos um livro, contra apenas 52% dos homens.

A segunda observação é que a porcentagem de leitores que relatam ter lido mais de 20 livros no ano anterior também está diminuindo – e em maior medida. Embora fosse de 28% em 1973, e ainda de 22%, em 1988, passa a ser de apenas 15% em 2018. A redução da relação com a leitura provavelmente ocorreu nos anos 2000, uma vez que essa tendência já estava dada em 2008 com 14% dos "*forts lecteurs*", distribuídos de forma desigual entre os sexos. A leitura tornou-se, assim, majoritariamente feminina a partir da década de 1970.

A terceira observação é a importância da porcentagem de indivíduos que dizem viver em um mundo cultural já totalmente digital, o qual consiste no consumo de vídeos on-line, na prática de videogames e na participação nas redes sociais. Um em cada seis franceses declarou em 2018 que vive neste mundo cibernético que exclui outros consumos culturais, desde a presença em teatros e salas de concerto até a leitura de impressos, sejam quais forem. Quarenta e três por cento desses seguidores do universo digital têm menos de 25 anos. Assim, a questão fundamental para o futuro das práticas culturais colocada pelos editores da pesquisa é saber se os 15% de leitores do ano 2018, que sem dúvida aumentaram durante o tempo da pandemia, são uma prefiguração de uma realidade tornada dominante ou única no futuro.

Na Espanha, o "Barómetro de la Federación de Gremios de Editores" não confirma os resultados franceses, mas utiliza, entretanto, dados estatísticos diferentes. A porcentagem de leitores frequentes, definidos como leitores que leem todo dia ou pelo menos toda semana, era, em 2021, de 52% (com 34% de leitores que afirmam ler livros todos ou quase todos os dias e 18% que leem uma ou duas vezes por semana). Em 2012, a porcentagem era

47%, e em 2000, 36%. É claro que não aconteceu na Espanha a diminuição que se observa na França. Contudo, na Espanha também os leitores mais jovens se afastam dos livros a partir dos 15 anos. Oitenta por cento dos jovens que têm entre 10 e 14 anos são leitores frequentes. A porcentagem cai para 50% para os adolescentes entre 15 e 18 anos. Na Espanha, aumentou muito a porcentagem de leitores que leem livros em formato digital, porém sem necessariamente os comprar. Tal porcentagem passou de 5% em 2010 para 30% em 2020. Aumentou ainda mais o percentual dos usuários das redes sociais, dos websites e dos fóruns eletrônicos.

No Brasil, segundo a pesquisa "Retratos de Leitura no Brasil", a porcentagem dos leitores definidos como aqueles que leram pelo menos um livro parcial ou completamente nos últimos três meses passou de 56% em 2015 para 52% em 2019, enquanto a porcentagem dos usuários de internet passou de 47% em 2015 para 66% em 2019. A queda no percentual dos leitores significa uma perda de 4,6 milhões de leitores. Nesse caso a perda é um efeito do desmantelamento das políticas públicas de promoção da leitura e acesso ao livro, em especial daquelas políticas relativas ao esforço de criação ou modernização das bibliotecas públicas. O aumento da porcentagem dos leitores durante os anos de implementação de tais políticas confirma seu papel decisivo. Essa porcentagem passou de 50% em 2011 para 56% em 2015, ou seja, houve um aumento de 6 milhões de novos leitores. Cinquenta por cento dos leitores de 2015 afirmaram que a biblioteca era o meio principal de seu acesso aos livros.

Tais diagnósticos sobre as crises da leitura dos livros, da edição e das livrarias constituem o quadro no qual se localizam as práticas escolares. Devemos entender suas transformações no tempo da pandemia como um novo modelo cultural escrito para um mundo cada dia mais digital? Algumas editoras fazem grandes esforços para trazer os leitores para o mundo digital: por exemplo, a distribuição gratuita de e-books ou descontos importantes para seus compradores. Afirma-se, assim, que o livro eletrônico é menos caro, mais fácil de utilizar e sem dificuldade de distribuição. Depois da pandemia, será que os leitores resistirão a essas seduções e manterão sua preferência pelas formas impressas dos livros? Tanto a volta rápida dos leitores para as livrarias e para as feiras do livro como suas compras massivas foram percebidas como uma grata surpresa pelos livreiros. Na França, seu faturamento aumentou em 2021 em 10% em relação ao ano de 2019, antes da pandemia. No entanto, não devemos nos satisfazer com sua alegria. A leitura de livros não é a única leitura e os leitores de livros não são os alunos das escolas ou faculdades. Para compreender esse fenômeno, devemos aprofundar nossa análise, abordando agora as mutações de mais longa duração vinculadas à digitalização dos modos de ser, ler e pensar.

## MUTAÇÕES

Parece-me que não se pode separar as reflexões sobre um novo modelo escolar da apropriação dos recursos eletrônicos. Isso requer uma consciência profunda da descontinuidade morfológica que separa a cultura digital do mundo do impresso, apesar da inércia do vocabulário que procura domesticar a novidade denominando-a com palavras familiares: "página", "livro ", "imprimir". As realidades digitais são realidades inéditas. Ao romper o antigo laço entre o texto e o objeto onde este está inscrito, entre cada discurso e sua materialidade própria, a revolução digital obriga a uma radical revisão dos gestos e das noções que associamos à escrita. Não devemos menosprezar a originalidade do nosso presente. As diferentes revoluções da cultura escrita, que, no passado, foram sempre separadas, se apresentam hoje simultaneamente. A revolução do texto eletrônico é ao mesmo tempo uma revolução da técnica de produção e reprodução dos textos, uma revolução da materialidade e da forma de seu suporte e uma revolução das práticas de leitura.

Estabelece-se, assim, uma nova ecologia da escrita, definida por várias características. A primeira é o uso do mesmo suporte para ler e escrever. No mundo pré-digital eram separados os objetos destinados à leitura dos textos impressos (livros, revistas ou jornais) e os objetos recebendo as escrituras pessoais (folhas, cadernos, cartas). No mundo eletrônico, é sobre a mesma tela que se associam estritamente as duas práticas dos novos *wreaders*, leitores que escrevem e escritores que leem.

Uma segunda característica do mundo digital estabelece uma continuidade morfológica entre a diferentes categorias de discurso: mensagens das redes sociais, informações dos websites, livros ou artigos eletrônicos. Desaparece, assim, a percepção de sua diferença a partir de sua materialidade própria. Essa continuidade apaga os procedimentos tradicionais da leitura, que supõem tanto a compreensão imediata, graças à sua forma de publicação, tipo de conhecimento ou prazer que o leitor pode esperar de um texto, como a percepção das obras como obras em sua identidade, totalidade e coerência.

Daí, uma terceira característica. Sobre a superfície luminosa da tela aparecem fragmentos textuais que não deixam ver imediatamente os limites e a coerência do texto ou do *corpus* (livro, número de revista ou número de periódico) de onde são extraídos. A leitura descontínua, segmentada, dos textos digitais confere autonomia aos fragmentos, transformados em unidades textuais descontextualizadas. É verdade que não é a tela que convidou a fragmentar as obras. Era o que impunham tanto a leitura tipológica da Bíblia, que compara fragmentos dos Evangelhos com suas prefigurações no Antigo Testamento, quanto a técnica intelectual humanista dos lugares-comuns que exigia extrair e copiar citações dos livros lidos para constituir um repertório de fórmulas reutilizáveis. Contudo, a similitude morfológica não deve levar ao engano. A fragmentação dos textos não tem o mesmo sentido quando está acompanhada da percepção da totalidade textual contida no objeto escrito, tal como a propõe a materialidade do códex, e quando se desata o laço visível entre o fragmento e a totalidade da qual era um fragmento (e não é mais, já que a noção de fragmento supõe sempre uma totalidade, presente ou desaparecida).

A ruptura produzida pela ecologia digital da escrita é sem equivalente no passado. A invenção da prensa no século XV foi uma revolução técnica fundamental, mas não transformou a estrutura do livro, que, desde os primeiros séculos da era cristã, era o códex composto por cadernos, folhas e páginas reunidas numa mesma encadernação. O aparecimento e a difusão do códex entre os séculos II e IV foi uma revolução morfológica fundamental que engendrou uma nova forma de livro, distinta dos rolos dos antigos, embora não tenha transformado a técnica de reprodução dos textos que, até

Gutenberg, era a cópia manuscrita. As várias revoluções da leitura aconteceram seja na estabilidade morfológica do códex – como no caso da generalização da leitura silenciosa –, seja na estabilidade técnica da prensa – como no caso da revolução da leitura no século XVIII, ou de sua democratização no século XIX. A simultaneidade das mutações técnicas, morfológicas e culturais que caracteriza a revolução digital é uma realidade sem precedentes.

Uma das transformações mais importantes das práticas de leitura é a leitura acelerada. As investigações sociológicas mostram que a leitura dos textos eletrônicos, quaisquer que sejam, é uma leitura apressada, que busca apenas informações ou que deseja chegar o mais rápido possível na conclusão da análise ou no desenlace da narração. A lógica de aceleração caracteriza a relação da geração analógica com todos os objetos culturais, não apenas livros, mas também séries e filmes, assistidos com o dobro da velocidade normal, ou ainda faixas de música reduzidas a um minuto. Esses usos impacientes, associados à falta de questionamento da veracidade dos conteúdos divulgados, desafiam as operações mais lentas da leitura crítica, necessária para a compreensão tanto do presente como do passado.

É verdade que a radicalidade da descontinuidade permite a invenção de novas formas discursivas, que são possíveis recursos para a educação. Como mostram Marisa Lajolo e Regina Zilberman, a inventividade dos criadores de literatura infantil e juvenil propõe gêneros e objetos que não podem existir na forma impressa. São, no cenário digital, "alternativas de criação". Não se limitam a introduzirem nos livros os gêneros próprios das redes sociais (e-mails, blogs, links), mas produzem criações que são "hibridismo de linguagens" ou "amálgamas de linguagens". O "site" substitui o livro, conferindo maior liberdade ao leitor, que pode, em alguma medida, escolher entre várias opções narrativas e liberar-se do absolutismo do texto, valendo-se, muitas vezes, da gratuidade do acesso. Essas criações inventam uma nova maneira de compor produções textuais e estéticas que exploram uma "pluridimensionalidade" mais rica que a simples relação entre texto e imagens e que localizam o leitor numa posição que lhe permite escolhas ou participação no processo da criação.

Outra proposta que vincula cultura digital e inventividade literária e estética se encontra na narrativa multimídia. Pode-se perceber a originalidade e importância dessa produção graças às três antologias da *Electronic Literature Collection* publicadas em formato digital em 2006, 2011 e 2016. Foram editadas pela Electronic Literature Organization fundada em 1999 (e agora localizada na Washington State University, em Vancouver) com a intenção de estabelecer um repertório e um arquivo das obras que exploram os "modos experimentais das práticas poéticas e criadoras" permitidos pela técnica digital. Se, na sua maioria, os livros digitais da edição clássica se satisfazem com a simples reprodução do modelo impresso, as criações identificadas pela *ELC* aproveitam as "capacidades expressivas da literatura eletrônica", ou seja, as possibilidades fornecidas pelos processos computacionais, pelas interfaces multimídias, pelas redes e pela realidade aumentada. Assim, a "*electronic literature*" se situa nas interseções entre tecnologia e textualidade, entre mídias digitais e linguagens, entre a escrita e os jogos de vídeo, entre as redes sociais e as aplicações digitais. O terceiro volume da *Collection* reúne 114 títulos em 13 línguas diferentes, acessíveis em várias plataformas e interfaces: iPhones, Twitter, jogos eletrônicos etc.

Os editores da *Electronic Literature Collection* definem seu projeto como um esforço para capturar e preservar objetos efêmeros ameaçados pela obsolescência das plataformas para as quais foram concebidos. Querem também assinalar algumas obras notáveis cuja visibilidade pode desaparecer no imenso mar da internet. Designam assim dois desafios fundamentais lançados à textualidade digital: por um lado, o caráter efêmero de seu acesso e existência; por outro lado, a opacidade da ordem dos discursos no mundo digital. São reativados, assim, dois medos essenciais frente à cultura escrita: o medo da perda, da desaparição, do esquecimento e, em sentido inverso, o medo do excesso, da proliferação, do caos. Cada sociedade inventou os dispositivos que permitiram apaziguar, sem apagá-los, esses dois temores contraditórios. Nosso mundo digital não conseguiu até agora cumprir esta dupla exigência de conservação e de classificação que caracteriza as instituições e ferramentas da cultura impressa: bibliotecas, livrarias, bibliografias, catálogos.

A característica intrínseca dessas produções digitais recorda que as várias formas de inscrição, publicação e apropriação dos escritos não são equivalentes e, por ser assim, nunca uma pode ou deve substituir a outra. Dessa maneira, as coleções digitalizadas não são equivalentes aos livros impressos das bibliotecas, os periódicos eletrônicos não se equiparam à sua edição em papel ou a compra de livros "on-line" não pode substituir as livrarias. É a ideia da equivalência que produz a crise de todas as instituições da cultura impressa. Por causa disso, dá-se a crise dos jornais e das revistas, que abandonam sua edição impressa, a crise das bibliotecas, que têm a tentação de relegar suas coleções impressas a depósitos fora de seu prédio, a crise das livrarias, que desaparecem.

A recusa da ideia da equivalência remete à diferença entre a lógica que governa a cultura impressa e a lógica própria do mundo digital. A primeira é espacial, topográfica, cartográfica. As páginas de um livro ou de um periódico, as estantes de uma biblioteca, os espaços de uma livraria, são territórios que percorrem o leitor. Ele (ou ela) é um viajante, um peregrino, um caçador furtivo, segundo a expressão de Michel de Certeau. No seu livro *A invenção do cotidiano* (publicado pela Editora Vozes em 2012), essa metáfora é onipresente: "Ler é peregrinar por um sistema imposto (o do texto), análogo à ordem construída de uma cidade ou de um supermercado" (p. 240) ou

> Longe de serem escritores, fundadores de um lugar próprio, herdeiros dos servos de antigamente, mas agora trabalhando no solo da linguagem, cavadores de poços e construtores de casas, os leitores são viajantes; circulam nas terras alheias, nômades caçando por conta própria através dos campos que não escreveram, arrebatando os bens do Egito para usufruí-los. (p. 245)

A esta viagem que permite encontrar o que não era buscado se opõe a lógica algorítmica do mundo digital, que procede a partir de uma hierarquia de campos, temas, tópicos, rubricas e palavras-chave e que propõe textos cujo único contexto é o de sua pertença a uma mesma temática. Num momento em que as bibliotecas digitalizam suas coleções (particularmente de diários e revistas), semelhante observação lembra que, por fundamental que seja este projeto, nunca deve conduzir ao abandono, ou, pior, à destruição dos objetos impressos que transmitiram (e ainda transmitem) os textos a seus leitores. No tempo em que a Amazon aparece como uma "livraria universal", semelhante observação enfatiza a diferença entre, por um lado, os prazeres e surpresas das viagens nas várias províncias de uma livraria e, por outro, as buscas na organização temáticas das páginas da web (que, além do mais, não são páginas...). No tempo em que novos modelos escolares mobilizam todos os recursos da tecnologia digital, é necessário recordar que fazem isso mediante o afastamento do livro não só como objeto da cultura escrita, mas também como uma forma de discurso, como uma arquitetura textual na qual cada elemento (um capítulo, um parágrafo, uma frase) ocupa um lugar particular e desempenha um papel específico na narração ou na argumentação. A materialidade do livro impresso torna imediatamente visível esse lugar e esse papel. A textualidade digital os ignora.

Os "*wreaders*" ou "*digital natives*" chegam à escola com uma grande familiaridade com o universo digital. Suas práticas textuais são moldadas pelos usos das redes sociais. Seus hábitos de leitura não se preocupam com o controle da verdade das informações e afirmações lidas. Para eles e para numerosos usuários da internet, a garantia de verdade se deslocou desde o exame crítico dos enunciados até a confiança cega no veículo da enunciação. Assim, a tecnologia digital, que permite compartilhar saberes e conhecimentos, se transformou no instrumento mais poderoso para a difusão massiva das teorias mais absurdas, das notícias falsas, das falsificações da realidade e das manipulações do passado. O que está em jogo é a capacidade de nossas sociedades de recusar a erosão dos critérios da verdade, o abandono do julgamento crítico, as reescritas falaciosas da história. O todo-digital é uma tentação sedutora. É por isso que é indispensável tornar conhecidos também seus perigos, quando todas as relações com os escritos, quaisquer que sejam, são moldadas pelas leituras impacientes, crédulas e manipuladas, como são frequentemente aquelas das redes sociais. É o vínculo que, desde a Grécia antiga, existe entre raciocínio e deliberação, entre juízo crítico e decisões políticas, entre conhecimento e cidadania, que se encontra ameaçado. A tecnologia digital não deveria ser só uma ferramenta para o ensino, mas, sim, fundamentalmente, uma disciplina escolar mostrando tanto suas magníficas possibilidades quanto seus perigos e suas perversões.

A introdução da internet na escola deve também assumir a consciência profunda do que Antonio Ródriguez de las Heras designou numa entrevista dada em 2019 como a "crise dos lugares", suscitada pelo novo mundo digital. Um ano antes da pandemia, enfatizava, em palavras premonitórias, a necessidade de recuperar os lugares nos quais os indivíduos podem compartilhar um mesmo espaço e os objetos que dão materialidade aos discursos. Segundo ele, o desafio fundamental era de transformar o letramento digital em uma verdadeira cultura digital, consciente dos seus limites e capaz de estabelecer uma relação crítica com a confusão criada pela sobrecarga indomável das informações e desinformações da rede. É sintomático que semelhante observação foi feita pelo sábio que desempenhou o mais original e imaginativo pensamento sobre as extraordinárias possibilidades do mundo digital. Mostrava assim que os recursos do mundo digital não apagam as expectativas, os conhecimentos e os prazeres vividos no encontro com os outros e com os objetos da cultura escrita. Podemos lembrar que na linguagem do "Século de Ouro", a palavra "corpo" significava tanto o corpo dos seres humanos quanto os livros impressos. A escola é um desses espaços onde os "corpos" se encontram.

Nossa reflexão está localizada numa dupla tensão temporal. A primeira se vincula com as duas definições opostas do evento. Com Braudel, podemos pensar o acontecimento como o resultado de transformações prévias. No caso da covid-19, a globalização das trocas comerciais, a mobilidade das populações, a unificação microbiana do mundo. Assim entendido, o evento é decifrável, domável, domesticado pelo conhecimento. Sua análise e sua compreensão permitem moldar o futuro, fazer escolhas, reforçar ou limitar os efeitos das transformações. Mas essa definição do evento não é a única possível. Com Foucault, devemos pensá-lo como uma ruptura fundadora, como uma descontinuidade que inaugura uma nova era, como um nascimento (uma palavra frequente nos títulos dos livros de Foucault). O evento não está já presente antes de seu advento. Abre um futuro imprevisível, inapreensível. Impõe aos indivíduos mutações inelutáveis que nenhum discurso pode impedir ou controlar.

Uma segunda tensão existe entre *chronos* e *kairos*, segundo as palavras de François Hartog. O tempo da pandemia foi (ou é, ainda) um tempo contraditório, que associou, paradoxalmente, urgência e suspensão. Urgências da informação, das descobertas médicas, das campanhas de vacinação, das decisões políticas. E também suspensão de um tempo posto entre parênteses, repetitivo, esvaziado das tarefas e dos compromissos do cotidiano. Estabeleceu-se assim uma modalidade nova do "presentismo", que caracteriza as sociedades contemporâneas. Devemos pensar esse período como uma ocasião proveitosa, um momento oportuno, um *kairos*, para transformar a situação excepcional em um futuro ordinário? Ou devemos conceber esta experiência como um episódio sem importância nem promessas para um regime de historicidade e de temporalidade dominado pela ansiedade de um futuro sem porvir, pelo medo de um apocalipse sem escatologia?

Todas as práticas impostas pela pandemia se localizam no quadro dessas tensões: não só as relações com a morte, os moribundos e os mortos, as formas de sociabilidade e os hábitos culturais, mas ainda os modelos e as práticas da educação.

# Cultura escrita
# e mundo digital na escola

*Anne-Marie Chartier*

> Na França dos anos 1980 a 2000, o Ministério da Educação se esforçou para introduzir o uso do computador nas escolas, com maior ou menor sucesso. A partir de 2000, a conexão com a internet mudou rapidamente a comunicação social dos jovens, mas pouco a prática pedagógica dos professores. O confinamento decretado em março de 2020 na sequência da pandemia obrigou os professores a organizar com urgência o ensino "à distância". Algumas observações podem ser feitas a partir dessa experiência imprevisível.

No dia 12 de março de 2020, o Ministério da Educação Nacional da França ordenou o fechamento de todos os estabelecimentos escolares do país. A partir daí, todos os professores passariam a dar aulas pelo Zoom, Skype, vídeos e outras telas. O confinamento colocava, de maneira brutal, alunos, pais e professores diante de uma situação imprevisível. Ela vinha interromper, provisoriamente, as discussões inflamadas sobre as vantagens e os perigos das ferramentas digitais. Numerosos projetos pedagógicos já tinham mostrado os usos possíveis e benéficos dos teclados e das telas na sala de aula para completar e enriquecer as práticas escolares; outros, no entanto, advertiam para o poder dos grupos comerciais que dominavam as redes sociais. Diante da pandemia, esses discursos foram interrompidos por uma limitação imposta pela realidade: o ensino à distância e as trocas pedagógicas digitais já não eram uma opção, mas uma obrigação. Como essa ordem do Ministério foi executada e quais foram suas consequências?

Em um primeiro momento, vamos nos lembrar da situação antes da pandemia. Vamos descrever, em seguida, os efeitos do confinamento sobre a relação pedagógica, efeitos já documentados por várias pesquisas. Depois, faremos uma rápida exposição das tomadas de consciência, convergentes ou contraditórias, decorrentes dessa experiência e das perspectivas abertas por elas em relação ao futuro próximo do ensino.

## QUAIS ERAM AS FERRAMENTAS E TROCAS DIGITAIS NA ESCOLA FRANCESA ANTES DO CONFINAMENTO?

Anos 1980: não era difícil prever que a escola, lugar essencial das aprendizagens coletivas baseadas na leitura, na escrita e no cálculo, seria transformada pela chegada das ferramentas digitais que implicavam novas formas de exercícios escolares. Desde os anos 1980, o computador já abria possibilidades de trabalho inéditas: os programas de exercícios, produzidos gratuitamente por pesquisadores em didática ou disponíveis no mercado, propunham progressões guiadas originais, que completariam ou até mesmo substituiriam os manuais. Os especialistas se dividiam. Havia aqueles para quem a prioridade era abrir novos cursos que preparariam, desde o ensino médio, para futuras profissões das ciências da computação e para iniciar os principiantes à programação, para que aprendessem como os algoritmos das máquinas tratam a informação. Havia também os que consideravam o computador como um recurso pedagógico que iria enriquecer as "tecnologias da informação e da comunicação" chamadas de TIC, ao lado de outras ferramentas modernas, já presentes, como as fotocopiadoras, o gravador, a televisão, os aparelhos de vídeos. Estes afirmavam que era urgente aprender a utilizá-los, mas inútil conhecer seu funcionamento: não se pede aos motoristas que sejam mecânicos.

Em 1985, o projeto "Informática para todos" propunha equipar todos os estabelecimentos escolares com microcomputadores e formar, para o seu uso, todos os professores que se manifestassem voluntários. Alguns esperavam que essa encomenda maciça por parte do governo iria levar a Apple a instalar na França (e não na Irlanda, como foi feito) as fábricas dos primeiros Macintosh. Entretanto, por razões políticas, o governo escolheu ajudar empresas francesas (Thomson, Bull, Matra) que haviam acabado de ser nacionalizadas e se encontravam em dificuldade. Assim, 120 mil microcomputadores foram encomendados, destinados a 40 mil escolas elementares. Essa operação de grande envergadura atingiria 11 milhões de alunos e 110 mil professores. Ela foi amplamente divulgada na mídia francesa e estrangeira, mas sua implantação se revelou decepcionante. Foi necessário resolver antes muitos problemas materiais, adaptar locais seguros nas escolas para esses computadores, garantir a manutenção ou o conserto dos aparelhos, organizar o horário dos professores de forma a permitir que eles acompanhassem os alunos na sala de informática. Lá, eles trabalhavam dois a dois diante de uma tela, e não havia computadores disponíveis nas outras salas de aula. A escolha pedagógica tinha sido de fazer a iniciação dos alunos por meio de atividades lógicas, jogos que pediam a tradução de situações em "linguagem de máquinas". A utilização era, entretanto, difícil, pois era preciso dar as instruções digitando no teclado, já que apenas os Macs tinham o mouse que permitia clicar nos ícones. Alguns professores que tinham se interessado e participado dos módulos de formação adquiriram uma competência nessa nova disciplina, batizada de "Informática", e se tornaram mediadores eficazes junto a seus alunos e colegas. Eles eram, no entanto, minoritários: de acordo com um relatório entregue ao ministro da Educação, apenas 10% dos alunos utilizavam regularmente os microcomputadores. A mídia divulgou amplamente que a ideia da operação, muito cara, tinha sido um fracasso. Essa experiência deixou marcas inesquecíveis na memória escolar. É verdade que ela permitiu a formação de muitos professores, que se tornaram depois profissionais de apoio para seus estabelecimentos, mas ela também reforçou o ceticismo de muitos em relação às inovações e favoreceu discursos "tecnofóbicos".

Anos 2000: o acesso à internet mudou essa situação. Podia-se acessar diretamente as bases de dados disponíveis on-line e o correio eletrônico permitia a troca rápida de mensagens. Os professores, seguindo o exemplo das classes médias, rapidamente se equiparam com computadores portáveis para uso doméstico, mas também profissional. Buscaram recursos disponíveis de acordo com seu gosto e a disciplina que ensinavam, de forma livre e informal, e não com a obrigação de seguir ordens superiores. Muitos descobriram, com o uso, que podiam redigir suas aulas no computador e salvá-las para utilização posterior, fazer trocas com os colegas, baixar fichas de trabalho fornecidas gratuitamente por inúmeros sites pedagógicos. Não era possível, no entanto, utilizar powerpoints nas aulas, pois as salas comuns não eram equipadas para projetar slides ou vídeos. Essa banalização das ferramentas digitais modificou, então, muito mais a preparação das aulas que o trabalho do professor diante da turma. Por outro lado, ela se tornou muito rapidamente uma ferramenta da vida administrativa: as listas de alunos, o controle de presenças, as modificações do horário, as trocas de correspondência com os pais, as informações destinadas às instâncias superiores, os quadros de resultados, tudo passou a ser informatizado, a tal ponto que os pais não conectados foram colocados, de certa forma, "fora do circuito".

Em relação aos alunos, em 2000, uma difusão sistemática foi iniciada, para os três níveis de escolaridade (primeiros anos do fundamental, últimos anos e ensino médio), com a criação do "Certificado Informática e Internet" chamado de B2i. De acordo com o Ministério da Educação,

> [...] as tecnologias da informação e da comunicação (TIC) fazem, a partir de agora, parte da paisagem econômica, social, cultura e educativa. Elas são amplamente utilizadas ao longo da vida profissional e privada. Cabe à escola fazer com que cada criança adquira as competências que lhe permitam utilizar, de maneira reflexiva e eficaz, essas tecnologias e contribuir para formar, assim, cidadãos autônomos, responsáveis e dotados de espírito crítico.

O Ministério definiu, assim, cinco objetivos que se detalhavam em três níveis de exigência: 1. Apropriar-se de um ambiente de trabalho informatizado; 2. Adotar uma atitude responsável; 3. Criar, produzir, tratar e explorar dados; 4. Informar-se, documentar-se; 5. Comunicar, fazer trocas.

Ao final dos módulos de formação, os alunos recebiam um atestado de competência que deviam apresentar para obter os certificados de conclusão do ensino fundamental ou do ensino médio. Essa iniciação obrigatória era garantida por profissional de apoio, frequentemente professores de

Tecnologia, mas esse domínio das ferramentas tinha pouco impacto sobre as disciplinas ensinadas. As primeiras salas de aula a serem conectadas ao circuito da rede foram as de línguas estrangeiras e de ciências. Foi apenas quando as salas de aula comuns foram conectadas ao circuito de recepção que o uso de vídeos, de tablets, de lousas interativas e de pesquisas on-line permitiu alterar as trocas entre professores e alunos. O acesso aos recursos propostos pelas grandes plataformas, no entanto, exigia uma assinatura que garantia, ao mesmo tempo, a atualização dos programas e o acesso ao serviço de manutenção. Essa lógica da assinatura privatiza o acesso ao saber, que se torna um bem de mercado e transforma a escola em um cliente que sustenta a economia do conhecimento. Como o objetivo de toda empresa é de rentabilizar seus investimentos, os lucros comerciais são mais importantes que os benefícios intelectuais concedidos aos usuários. Os professores têm apenas uma consciência vaga dessa situação e sentem-se ao mesmo tempo dependentes e desconfiados em relação a essa liberação, bem distante dos ideais da escola pública e da gratuidade do saber.

Essas reticências talvez expliquem por que a presença dos computadores nas escolas não modificou muito o ofício de aluno. Em 2006, 65% dos jovens declaravam nunca utilizar a internet na escola e, dez anos mais tarde, as pesquisas mostravam que os alunos ainda utilizavam de forma muito limitada as ferramentas digitais para seus estudos. Nesse meio-tempo, as trocas digitais tinham invadido suas vidas fora da escola: em e-mails, fóruns, mensagens de texto, tweets, snaps, vlogs, Instagram e outros "posts", se misturavam textos, fotos, vídeos, mensagens de áudio. Em 2020, de acordo com uma pesquisa do Ministério da Cultura, "os usos digitais se tornaram majoritários no cotidiano dos jovens, quer se trate de ouvir música ou assistir vídeos, de interações nas redes sociais ou ainda de jogos eletrônicos on-line" (Lombardo e Wolff, 2020: 4).

Anos 2020: de certa forma, a situação do confinamento poderia ser vista como uma ocasião inesperada para corrigir a assimetria entre a familiaridade com os usos extraescolares e a presença ainda marginal das ferramentas digitais para dar aula.

Na verdade, as tecnologias das trocas virtuais pareciam ser capazes de assumir o essencial da relação pedagógica e, para começar, a função mais tradicional do ensino, a da difusão de aulas, documentos e outros "textos do saber" que o professor deve fornecer oralmente (nas aulas expositivas) ou por escrito (arquivos que podem ser "baixados"). Ouvir ou ler, compreender e aprender – nada proibia que essas trocas se fizessem à distância.

O ensino à distância parecia mesmo dar ao aluno uma liberdade que as aulas expositivas não permitem, já que impõem um horário e um lugar fixos. Graças à possibilidade das gravações, o aluno pode ouvir ou ler quando quiser, como quiser e quantas vezes quiser. Essa disponibilidade dos cursos on-line foi responsável pelo sucesso dos primeiros MOOCs – sigla em inglês para *massive on-line open courses*, cursos on-line abertos e em grande escala – difundidos a partir dos anos 2000, inicialmente por universidades norte-americanas de prestígio e, em seguida, adotados por muitas instituições de formação, públicas ou privadas, gratuitas ou pagas. Alunos do mundo inteiro, residindo longe dos centros universitários, teriam acesso a um ensino de alto nível, instalando-se diante da tela de seu computador? Mas, na verdade, se a inscrição nos cursos era gratuita, as provas finais para obter os certificados eram pagas. Pesquisas mostraram que o fluxo dos alunos, grande no início, não parava de diminuir ao longo do tempo. Assistir aulas à distância e ler documentos recomendados pelos professores não substituía as interações que podem ocorrer entre o professor e o aluno.

Como enfatizava o filósofo François Flahaut na revista *Communication*, em 2002, "a escola é uma instituição paradoxal. Ela é paradoxal na medida em que, baseada na escrita, permanece mergulhada na oralidade. Justificada pelas mediações salutares trazidas pelo saber e o livro, ela não deixa de ser um local em que as relações entre os seres se dão em sua presença real, em carne e osso". Ora, o que era verdade em 2000 não o era mais em 2020: as interações orais passaram a ser permitidas pelas tecnologias mais recentes. Pelo Zoom, o professor podia ter sua turma ao alcance dos olhos, e os alunos podiam intervir, fazer perguntas e, assim, aproximar-se do que acontece no cotidiano da sala de aula.

É sobre essas duas vertentes que o Ministério da Educação se apoiava para pensar que o confinamento não ia romper a relação pedagógica entre alunos e professores. O Centro Nacional de Ensino à Distância, na França, instalava uma plataforma com um código de acesso liberado para todos os alunos, os editores abriam acesso on-line a seus manuais, e os professores propunham aulas por videoconferência. Parecia ser possível, então, "dar aulas para alunos em casa".

## MAS O QUE ACONTECEU NA REALIDADE?

O choque emocional: para os professores, o anúncio do fechamento das escolas produziu um grande choque, como podemos ver pelo testemunho da diretora de uma escola em um bairro popular de Paris.

> Na noite de doze de março de 2020 (dois mil e vinte), o anúncio do fechamento das escolas caiu sobre nós como uma bomba. Nossas preocupações cotidianas foram profundamente abaladas. De um momento para outro, havia uma questão de vida ou morte. Uma coisa inédita, excepcional, nunca vista, que confunde e incomoda, perplexidade por todo lado. A carga emocional é intensa. Os professores aceitam com dificuldade e, nas cabeças, mil questões se entrechocam: o que dizer às crianças, às famílias? O que fazer? (Mahamdi, 2022)

As urgências da implementação: a primeira preocupação foi a de manter a ligação com as famílias e entre os colegas. Era preciso, na verdade, continuar a acolher os filhos dos trabalhadores da "linha de frente", sem possibilidade de ficar com as crianças em casa (enfermeiras e enfermeiros, agentes de saúde ou que trabalhavam com manutenção). Era preciso também explicar aos pais as novas modalidades de trabalho. Se, em alguns estabelecimentos, as trocas à distância já eram habituais, em outras escolas, principalmente nas dos primeiros anos do fundamental ou de educação infantil, tudo estava ainda a ser descoberto.

> Para toda a equipe, ou quase, esse ensino à distância era uma novidade, assim como todo o vocabulário que o acompanha: "à distância", "presencial", "ENT (espaço digital de trabalho)", "turma virtual", "lives". Nós desejávamos, custasse o que custasse, encontrar uma coisa que lembrasse a sala de aula. (Mahamdi, 2022)

O desafio do trabalho escolar feito em casa: a imagem ideal das aulas on-line pressupõe que a conexão com a internet seja estável, que não haja interrupções na rede. Assentado em sua escrivaninha diante da tela, o aluno pode ouvir a aula tomando notas e fazer perguntas sobre o que ele não entendeu. Ele já baixou os documentos enviados pelo professor e os imprimiu, ou deixou para fazer isso mais tarde. Como muitos professores podiam reconhecer nessa representação a situação privilegiada de seus próprios filhos, precisaram de algum tempo para entender a que ponto esse ideal era, frequentemente, apenas uma ficção publicitária.

Podemos tomar como exemplo uma situação ocorrida em uma escola de ensino médio da periferia de Paris, onde professores encorajaram os alunos a manter um "diário do confinamento" para preservar os traços das mudanças provocadas por essa nova situação. Temos o caso de Salma, que teve perturbada toda a sua vida familiar e de suas irmãs. Habitualmente, a mesa da sala de jantar ficava disponível para as irmãs menores, Salma ia estudar na biblioteca pública e deixava o escritório para a irmã logo abaixo dela. Mas agora, diz ela, "tudo mudou, eu vou para o escritório e a coitada tem que ficar na sala com as crianças". Além do mais, é preciso que todos dividam o uso do único computador da casa. Outros alunos têm apenas um telefone celular para receber e enviar os exercícios solicitados, outros nem mesmo têm uma conexão com a internet. Em algumas escolas, a única solução possível foi o telefone, como afirma um professor: "porque é uma forma simples e acessível a todos, que permite conversar, é uma ferramenta do laço social que, ao contrário do computador, não cria uma ruptura cultural no domínio da técnica" (Mahamdi, 2022).

Os professores que descobriram o quão cansativo era dar aulas à distância descobriram também a que ponto as condições de aprendizagem eram desiguais: "a desigualdade de espaço disponível, de equipamento digital, de conexão e, mais ainda, de competências e de tempo disponível dos pais para compensar a ausência física dos professores" (Clavier e Taillefer, 2022). É claro que essas desigualdades são bem conhecidas, mas as estatísticas e as pesquisas sobre a escola dão, frequentemente, apenas uma ideia abstrata disso. O confinamento permitiu tocá-las com o dedo, concretamente.

> Nós conhecíamos essas dificuldades, pelo menos em parte, mas o confinamento nos fez entrar, mesmo que não o desejássemos, na intimidade de certas famílias e nos confrontou com as realidades brutais da pobreza [...] precariedade de habitação, promiscuidade, falta de dinheiro, de comida, de atividade física e intelectual. [...]
>
> O confinamento confirmou também que a falta de conexão com a internet, falta de computador ou de tablet nas famílias se tornou um marcador de vulnerabilidade, de desfiliação social, de discriminação negativa. (Clavier e Taillefer, 2022)

É por isso que todas as técnicas digitais de ensino à distância não seriam capazes de mascarar nem fazer esquecer a prioridade a ser dada ao social.

A volta à sala de aula durante a pandemia: os médicos pediatras alertaram rapidamente as autoridades sobre os riscos físicos e psíquicos que crianças e adolescentes corriam pelo fato de ficarem confinados em apartamentos frequentemente muito pequenos. Eles viam se multiplicar os gestos de violência em relação a crianças muito agitadas, viam adolescentes em depressão, que se recusavam a sair da cama ou se refugiavam nos videogames; as brigas e os gritos dos pais eram acirrados pelo desemprego forçado e a precariedade econômica. Tudo isso criava um estado de insegurança permanente. E, finalmente, mesmo quando a situação familiar era tranquila, se ninguém pudesse acompanhar o trabalho escolar, as crianças desistiam e interrompiam qualquer relação com a escola.

Essas inquietações do pessoal da saúde levaram as autoridades a optar pela reabertura das escolas mesmo que a pandemia não tivesse terminado. Evidentemente, essa volta às aulas presenciais impunha toda uma série de protocolos sanitários: abrir as janelas de hora em hora, higienizar permanentemente o mobiliário, ensinar as crianças a respeitar os "gestos de barreira" e, para os maiores, o uso da máscara, organizar uma presença alternada apenas para metade das turmas, prever horários de recreio escalonados para que as crianças pudessem brincar no pátio em menor número. Era necessário também convencer certos pais preocupados que recusavam essa volta à escola, que consideravam prematura, solicitar testes para verificar os que já tinham se recuperado, discutir com os pais que eram contra a vacinação, acalmar todos os que estavam muito nervosos ou ansiosos.

Vemos, então, quantas tomadas de consciência imprevistas e, muitas vezes, paradoxais foram impostas pelo confinamento. Quais foram as lições da pandemia? Parece-me que três pontos essenciais foram vislumbrados.

O primeiro ponto é que a escola foi percebida como um lugar de vida social. Diante do risco vital que a pandemia provocava, a hierarquia das urgências mudou. Evidentemente, era preciso continuar a instruir as crianças "tanto quanto possível", ou seja, garantindo antes de tudo sua segurança. Paradoxalmente, a distância instaurada entre a escola e a casa obrigou os professores a manter relações mais frequentes com as famílias, a penetrar na vida cotidiana de algumas delas, a se manter informado continuamente sobre a salubridade das residências. O distanciamento físico produziu, então, aproximações nem sempre fáceis de serem assumidas. É difícil ser uma testemunha impotente de dificuldades que se preferia não conhecer (problemas de alcoolismo, de drogas, violências conjugais, problemas com a justiça, condenações à prisão etc.). Ao contrário dos profissionais da saúde e dos serviços sociais, os professores não sabem bem como observar a "discrição profissional". O compartilhamento de informações entre colegas, apesar das instruções de se manter discreto, rapidamente se transforma em boatos que alimentam a estigmatização das crianças pelos professores no momento da reabertura das escolas. A pandemia mostrou, então, de forma clara, que a escola não é apenas um lugar de aprendizagem intelectual, mas um local de vida, em que as relações afetivas e sociais entre as crianças constituem hoje um elemento fundamental de sua saúde e de seu equilíbrio psíquico.

O segundo ponto diz respeito ao trabalho escolar à distância. As aulas à distância tornaram visível, de forma concreta, a grande desigualdade dos recursos das famílias. Ao contrário de todas as representações da mídia que fazem crer que "todos os jovens" estão sempre conectados, os professores descobriram que uma parte da população vive sem conexão e que muitos adolescentes das camadas mais pobres não possuem um equipamento pessoal que lhes permita se conectar com a escola de forma autônoma. A doação de equipamentos permitiria suprir esse déficit? Essa é uma condição necessária, mas não suficiente. Na verdade, na falta de um adulto para acompanhar o trabalho em casa, muitos alunos desistiram, revelando que as interações de proximidade entre professores e alunos condicionam o investimento na aprendizagem e o sucesso escolar. Esse acompanhamento é essencial para as crianças mais novas, em fase de alfabetização, mas se revela igualmente importante para os adolescentes cujo trabalho autônomo se estabelece em ritmos variados, ao passo que poderia se supor que ele fosse bem mais precoce diante do uso espontâneo das redes sociais para trocas entre os amigos.

Terceiro ponto, a experiência esclareceu as diferenças entre o uso da escrita na vida social e na vida escolar. Impossível não ficar surpreso pela proliferação das trocas digitais nas redes sociais e os obstáculos encontrados pelo ensino à distância. A diferença mostra que a densidade das comunicações não garante a memória das informações recebidas. Para que uma informação se transforme em conhecimento, é necessário todo um trabalho de apropriação pela memória. Por essa razão é que não é suficiente, para instruir os leitores, colocar a sua disposição bases de dados como as que podemos encontrar clicando, por exemplo na Wikipédia. As melhores bibliotecas não podem substituir as escolas.

Concluindo, é preciso, então, tentar refletir sobre o que o ensino à distância, tornado possível graças á informatização, pode ou não trazer a todos os alunos. A nova relação ensinar/aprender nos ambientes digitais muda a definição do ofício de professor, que está em transformação nessa época de revolução digital.

Durante a pandemia, os professores descobriram, pelo uso, que atividades eram fáceis ou, ao contrário, muito difíceis para serem propostas à distância. De maneira empírica, encontraram perspectivas inéditas abertas pela informatização, a respeito da qual podemos aqui esquematizar os antagonismos. Com efeito, os protocolos padronizados (mercado dos programas de computador, testes de competências) são propícios para a utilização à distância, ao passo que os percursos individualizados (progressões adaptadas aos alunos, ritmos flexíveis) o são muito menos.

O ofício de professor parece, assim, orientar-se em duas grandes direções: ele poderia privilegiar a preparação de roteiros de aprendizagem, a programação de documentos, a implantação de situações de trabalho, transformando o professor em um "engenheiro da formação", ou, ao contrário, favorecer as trocas entre os pares, ajudar os alunos em dificuldade, avaliar seus progressos durante o trabalho, garantir um acompanhamento pedagógico flexível durante as atividades e até uma presença física, se isso for necessário. Por isso, vê-se bem o que separa as ofertas "prontas para o uso", como as que podemos encontrar no mercado dos programas de computador, e as outras formas de expressão que podem ser propostas aos alunos: redação de textos originais, realização de vídeos, de portfólios pessoais, em que cada aluno pode apresentar trabalhos realizados individualmente ou em grupo. No primeiro caso, são privilegiados conteúdos fáceis de serem avaliados (testes, questões de múltipla escolha, aplicativos que criam exercícios), adaptando a escola aos critérios padronizados de eficácia; no segundo caso, os temas transdisciplinares, a realização de projetos, os trabalhos coletivos. Os primeiros são mais adaptados ao ensino à distância, os outros exigem o compartilhamento do mesmo espaço e a possibilidade de circular na sala de aula. Podemos reconhecer aí formas pedagógicas bem conhecidas da história da educação.

É, então, muito importante insistir no fato de que o ambiente digital, quer ele se exerça presencialmente ou à distância, não modifica as aprendizagens, ao contrário do que afirmam os discursos da mídia. É preciso sempre ter acesso aos dados, compreendê-los, raciocinar, memorizar e reempregar o que foi aprendido em situações novas. Também as formas de aprendizagem não mudam: os processos mentais sempre estão associados a tentativas empíricas ou progressões guiadas, a descobertas incidentais ou programadas, em situações explícitas ou implícitas. A única coisa que muda são as modalidades de aprendizagem devido à variedade, disponibilidade e interatividade dos recursos. O que os professores testaram com mais ou menos sucesso ou fracasso, no confinamento, foi a mistura de antigas formas estabilizadas e novas potencialidades. Como era previsível, cada um oscilou entre dois polos, um reciclando velhos exercícios utilizando a tela, outro buscando redefinir completamente as tarefas. Tanto em um caso como no outro, eles constataram que os *"savoir-faire"* de seus alunos eram muito desiguais, de acordo com a iniciação familiar aos meios digitais e pelo fato de que os usos sociais não se transferiam imediatamente aos usos escolares. Sem uma iniciação sistemática aos usos e recursos do computador, a fratura digital só pode aumentar. Para lutar contra esse risco, a aprendizagem colaborativa entre os alunos desempenha um papel tão importante quanto àquela entre professor e alunos. As trocas entre pares estimulam a curiosidade, a competição, as emoções partilhadas, as estratégias de pesquisa. Esse prazer da partilha amigável nas relações com os colegas pode ser estimulado na sala de aula pela intensificação das situações informais de troca, das oficinas, dos trabalhos em dupla.

O acompanhamento profissional, entretanto, permanece indispensável. A substituição dos professores por robôs comandados por algoritmos não está ainda presente no calendário atual. Por outro lado, uma colaboração entre professores e especialistas em informática é indispensável para a criação de programas de computador pedagógicos que possam ser facilmente utilizados por principiantes, crianças, adolescentes ou adultos. Consequentemente, ao contrário do que proclamam os discursos de "tecnolatria" ou "tecnofobia", não se pode dizer, de forma geral, que as ferramentas digitais melhoram ou pioram a aprendizagem: apenas o uso pode dizer da eficácia de uma ferramenta e, em relação a isso, porque trabalham em interação com os alunos, os professores sempre terão a última palavra.

## Bibliografia

BULLETIN OFFICIEL du Ministère de l'éducation nationale. Note de service n° 2000-206 du 16 novembre 2000, relative au brevet informatique et internet (B2i), 42, 23 nov. 2000.

CHABANE, Kamel; FALAIZE, Benoit (orgs.). *Parce que chaque élève compte*. Enseigner en quartiers populaires. Paris: Ed. L'Atelier/L'Ecole des Lettres, 2022.

CHARTIER, Anne-Marie. *L'école et l'écriture obligatoire*. Paris: Retz, 2022.

CLAVIER, Laurent; TAILLEFER, Camille. "Inégalités scolaires: Peut-on faire semblant de ne pas voir ce qui se passe en dehors de la classe? ". In: CHABANE, Kamel; FALAIZE, Benoit (orgs.). *Parce que chaque élève compte*. Enseigner en quartiers populaires. Paris: Ed. L'Atelier/L'Ecole des Lettres, 2022, pp. 61-4.

DEPP (Direction de l'évaluation, de la programmation et de la prospective): enquêtes sur le suivi des élèves pendant le confinement. *Note d'information n° 20.26* (jul. 2020) e *Note d'information n° 20.42* (nov. 2020), Ministère de l'éducation nationale et de la jeunesse. Disponível em: education.gouv.fr. Acessado em: 15 jun. 2023.

ENFANCE: L'ordinateur et l'écolier. v. 38, n. 1, 1985. Disponível em: https://www.persee.fr/issue/enfan_0013-7545_1985_num_38_1?sectionId=enfan_0013-7545_1985_num_38_1_2855. Acessado em: 15 jun. 2023.

LIQUETE, Vincent; LE BLANC, Benoit (orgs.). *Hermès n° 78* – Les élèves entre cahiers et claviers. Paris: CNRS, 2017.

LOMBARDO, Philippe; WOLFF, Loup. *Cinquante ans de pratiques culturelles en France*. Paris: Ministère de la Culture, jul. 2020. (Collection Culture Études.)

MAHAMDI, Laaldja. "Une école de milieu populaire face à la crise sanitaire". In: CHABANE, Kamel; FALAIZE, Benoit (orgs.). *Parce que chaque élève compte*. Enseigner en quartiers populaires. Paris: Ed. L'Atelier/L'Ecole des Lettres, 2022, pp. 65-70.

# TECNOLOGIA, ENSINO COMO RITO DE INICIAÇÃO E FORMA ESCOLAR

# A educação da infância como rito de iniciação

*Tiago Almeida*
*Carlota Boto*

Este capítulo propõe uma reflexão sobre a educação de infância e seu papel como rito de iniciação. O texto questiona se a educação de infância é realmente um rito de passagem para a vida adulta ou se pode ser vista como uma experiência em si mesma, que contribui para a formação da subjetividade das crianças. Partindo de uma perspectiva histórica e filosófica, propõe uma abordagem da infância como um estado de devir, em que as crianças estão em constante transformação e não podem ser compreendidas apenas como futuros adultos. A partir dessa perspectiva, é questionada a ênfase da educação de infância na disciplina e na preparação para a vida adulta e proposta uma abordagem mais sensível e flexível, que leve em conta as multiplicidades constituintes da infância.

A educação de infância tem assumido uma crescente relevância nos países do norte e sul globais, consubstanciando-se, cada vez mais, como um campo de saber autônomo e específico que se dedica ao estudo da educação das crianças de 0 a 6 anos (Sarmento e Pinto, 2009). O destaque e a relevância atribuídos à educação de infância têm contribuído para a proliferação de diversas teorias fundadas nos mais distintos campos disciplinares. O papel que a educação de infância assume na formação das subjetividades infantis, na sua introdução às normas e valores sociais e no seu desenvolvimento e aprendizagem tem sido discutido em disciplinas tão distintas como a Psicologia, a História, a Filosofia, a Antropologia, a Geografia, a Sociologia, entre outras. Ora, o que este capítulo procura problematizar são precisamente os pontos de vista que consagram à educação de infância um período de preparação para o adulto por vir, entendida aqui como um rito de iniciação para a vida adulta (DeLoache e Gottlieb, 2000; Almeida e Boto, 2022). Por rito de iniciação, entende-se aqui um conjunto de práticas que iniciam alguém na vida social, designadamente: como ser e estar, valores culturais, costumes e tradições (Pereira, 1998). Nesse sentido, este ensaio propõe problematizar a educação infantil como um rito de iniciação, que tende a impor expectativas e normas preestabelecidas sobre o que significa ser uma criança e como ela deve se comportar e se desenvolver. Em vez disso, sugere-se que a educação infantil pode ser vista como um espaço para a experimentação, de descoberta de si e uma experiência contínua de transformação. Para tanto, recorreremos ao conceito de "devir" (Deleuze e Guattari, 2007), referindo-nos à ideia de que a existência é um processo de constante mudança e transformação, e que a educação deve acompanhar e incentivar esse processo, em lugar de simplesmente preparar as crianças de forma universal e normalizadora para uma vida adulta estática e imutável, estabelecida a partir de uma ideia de futuro desejável.

O objetivo deste capítulo é, então, discutir a educação de infância como um rito de iniciação, analisando-a a partir dos contributos de Michel Foucault e Gilles Deleuze. Ambos os filósofos enfatizam a relação entre poder e conhecimento, bem como a importância da diferença e da multiplicidade na constituição de si. Gostaríamos, portanto, de questionar o nosso entendimento de educação da(s) infância(s) e, ainda, como é que a sua construção histórica se associa a uma visão particular de criança, e, vice-versa, como é que a visão de criança informa as práticas e os discursos associados à sua educação. Problematizar este eixo de análise é problematizar o nosso fazer e a nossa relação com as pessoas de pouca idade e, com isso, questionar as nossas próprias práticas e abrirmo-nos à possibilidade de fazer diferente. Através desta análise, propõe-se uma reflexão crítica sobre a educação infantil, assumindo uma abordagem da educação enquanto devir, que valoriza a experimentação, a multiplicidade e a oportunidade para experimentar e explorar o mundo de forma estética e apessoada.

# EDUCAÇÃO DE INFÂNCIA COMO RITO DE INICIAÇÃO

A educação de infância refere-se à educação formal e informal de pessoas de pouca idade desde o nascimento até os 6 anos de idade. Considerado como um direito das crianças, os objetivos que são expressos na maioria dos documentos oficiais que norteiam as orientações para a educação de infância sugerem que este deve contribuir para que as crianças desenvolvam habilidades sociais, emocionais, cognitivas e físicas necessárias para ter sucesso na vida e prepará-las para a educação formal posterior. Documentos como a *Convenção sobre os direitos da criança* (Unicef, 1989), o *NAEYC Standards for Early Childhood Professional Preparation* (NAEYC, 2009) ou o *Education at a Glance* da OCDE (2006) atribuem à educação de infância o papel de "facilitar o desenvolvimento integral", de "preparar a criança para uma vida adulta ativa numa sociedade livre e inculcar o respeito pelos pais, pela sua identidade, pela sua língua e valores culturais, bem como pelas culturas e valores diferentes dos seus" (Unicef, 1989: 25). Mais, especificam que deve fazê-lo "envolvendo uma ampla variedade de experiências, incluindo o jogo, a aprendizagem e a interação social" (NAEYC, 2009: 14), numa estreita colaboração com a comunidade (OCDE, 2006). No fundo, para além da definição de um propósito, estes documentos acabam por especificar que as atividades de educação de infância, que incluem brincadeiras, jogos, histórias, música, arte e outras atividades lúdicas, devem incentivar e promover o desenvolvimento integral e a aprendizagem holística das crianças.

O conceito de rito de iniciação é comumente associado a culturas indígenas e tribais. Segundo Arnold van Gennep (2011), os ritos de iniciação são processos pelos quais os indivíduos passam para se tornar membros plenos de uma sociedade. Esses ritos envolvem uma série de etapas, como a separação do grupo social de origem, a passagem por um período de liminaridade e a reintegração ao grupo com uma nova identidade social. Van Gennep (2011) argumentou que todas as sociedades possuem rituais de passagem que marcam as transições importantes na vida de seus membros. Ele dividiu esses rituais em três fases distintas: separação, limiar e incorporação. A primeira fase, separação, envolve a retirada do indivíduo do seu papel anterior na sociedade. A segunda fase, limiar, é o período de transição em que o indivíduo não pertence mais à sua posição anterior, mas ainda não foi completamente incorporado à sua nova posição. É um momento de incerteza e ambiguidade, no qual o indivíduo pode ser submetido a testes ou provações para provar sua capacidade de lidar com sua nova posição. A terceira e última fase, incorporação, é quando o indivíduo é reintegrado à sociedade em sua nova posição e assume as responsabilidades e privilégios associados a ela. O autor da obra *Ritos de passagem* (2011) também argumentou que esses rituais servem para reforçar a coesão social e a identidade cultural de uma sociedade, ao mesmo tempo que ajudam o indivíduo a se tornar parte integrante da comunidade.

É precisamente pensando e problematizando a partir deste eixo de análise que nos interessa olhar para a educação de infância como um rito de iniciação, uma vez que podemos entender as práticas aí ocorridas como iniciáticas na transição da infância para a idade adulta. Assim, a educação de infância pode ser vista como um rito de iniciação no qual as crianças são submetidas a um processo de subjeticação que visa moldar modos de ser criança (Almeida, 2018), de acordo com as normas e os valores sociais dominantes que se assumem preparatórios para uma certa visão de futuro. Ora, recorrendo ao contributo de Van Gennep (2011), podemos considerar que esse processo envolve uma série de etapas, como a separação do grupo social de origem (a família), a passagem por um período de liminaridade (a educação de infância, a educação básica, entre outras) e a reintegração ao grupo com uma nova identidade social (a idade adulta).

Embora sem se debruçar sobre a educação de infância, a problematização da educação como um rito de iniciação, ou de passagem, nas sociedades ocidentais (em concreto, na sociedade portuguesa) foi já estudado por Carlota Boto (2012). Na sua obra *A escola primária como rito de passagem: ler, escrever, contar e se comportar*, a autora evidenciou como a educação escolar se constituiu, historicamente, como uma passagem para o mundo adulto, impondo um tempo de "sacrifício" em nome de uma felicidade que virá depois. Compreender a escola como um rito significaria também compreender o minucioso exercício de gradual separação entre a criança e a família, afastamento esse proporcional à aproximação entre criança e o resto do mundo, especialmente o mundo projetado como futuro (Boto, 2012).

Seguindo essa linha de raciocínio, podemos argumentar que a educação de infância se configura como um tempo e um espaço em que se iniciam um conjunto de práticas alinhadas com as normas e valores específicos de cada país e cultura. O problema teórico de considerar esse processo e essas práticas como iniciáticas de um certo modo de ser pode problematizar-se como aquilo que Michel Foucault denominou formas de governo (Foucault, 2010). Essas formas de governo podem ser entendidas como os modos mediante os quais a construção da individualidade nos é imposta através de práticas de subjetivação, que ocorrem numa "lógica de pertença orgânica ao laço social e do laço social à forma de autoridade e de governo" (Foucault, 2010: 379). Trata-se da constituição de uma autoridade do próprio para consigo, construída a partir duma relação absolutamente individualizada com os outros e onde "a autonomia e a liberdade estão cada vez mais presentes" no modo como se produzem cidadãos totalmente "normalizados" (Ó, 2006: 31 e 63). Nesse sentido, a educação de infância pode ser entendida como um tempo e um espaço que configuram uma etapa "pré-escolar", onde as crianças são submetidas a diversas normas e valores sociais que influenciam a sua forma de pensar e agir. O mesmo é dizer que essas práticas podem aqui ser entendidas como constituintes do que Michel Foucault denominou de subjetivação. A este propósito diz-nos Jorge Ramos do Ó:

> O termo subjetivação remeter-nos-á para um regime de práticas e de técnicas em absoluto heterogêneo e contingente, ainda que na atualidade essas mesmas atividades possam passar aos nossos olhos por manifestações do que é evidente e incontornável, do que não se pode pôr jamais em causa. (Ó, 2006: 133)

Tentaremos, então, evidenciar como no interior da educação de infância ocorrem um conjunto de práticas, totalmente normalizadas e naturalizadas, que contribuem para a iniciação das pessoas de pouca idade a um conjunto de valores, normas e modos de ser regulados por uma exterioridade que visa produzir a conformidade e obediência alinhados com uma visão de futuro.

## EDUCAÇÃO DE INFÂNCIA: UM DISPOSITIVO DISCIPLINAR

Para Foucault (2013), um dispositivo disciplinar é um conjunto de técnicas, procedimentos e práticas que são utilizados para controlar, normalizar e disciplinar os corpos e as mentes dos indivíduos numa uma sociedade. O filósofo e historiador francês argumenta que esses dispositivos são uma forma de exercer poder sobre os indivíduos de uma maneira mais sutil e eficiente do que a repressão ou a violência direta (2017a: 299). Como o próprio destaca (2017b: 901), o poder não é exercido apenas através da repressão, mas também através da produção de conhecimento e de práticas que estabelecem um conjunto de normas e valores (que se estabelecem como dominantes), condicionando a forma como os indivíduos se constituem. Nesse sentido, os dispositivos disciplinares operam em diferentes níveis da sociedade, desde as instituições sociais até as relações interpessoais, moldando e regulando o comportamento dos indivíduos, de forma a torná-los mais dóceis, obedientes e produtivos (Foucault, 2013). Foucault (2010) identifica a emergência e proveniência dos dispositivos disciplinares na modernidade, junto com a ascensão das sociedades capitalistas e do Estado moderno, sugerindo que eles estão presentes em diversas instituições sociais, como escolas, prisões, hospitais, fábricas, quartéis, entre outras. Os dispositivos baseiam-se numa série de técnicas, como, por exemplo, a vigilância constante, a normalização, a hierarquização e a individualização, que operam no sentido de vigiar e orientar a partir de dentro a conduta de cada um. Dessa forma, podemos considerá-los uma forma de exercício de poder que visa controlar e condicionar os indivíduos de uma maneira mais sutil e eficiente, tornando-os mais obedientes e produtivos, ou, de certo modo, enquadrados com o que se espera que venham a ser (Foucault, 2013).

Ora, é precisamente nesse sentido que a educação de infância pode ser compreendida como um dispositivo disciplinar, ou seja, uma estrutura institucional e prática social que tem como objetivo produzir sujeitos dóceis e disciplinados, adequados às demandas da sociedade em que estão inseridos. Num certo sentido, podemos problematizar as práticas exercidas no contexto da educação infantil como um meio de controle e regulação do comportamento das crianças, produzindo subjetividades submissas às normas e às hierarquias estabelecidas, tornando os indivíduos dóceis e previsíveis.

Olhando para o problema em apreço sob esse ponto de vista, encontramos várias estratégias e práticas utilizadas na educação de infância cujo objetivo é disciplinar as crianças. Uma das mais evidentes é a hierarquização das atividades, em que algumas são consideradas mais importantes ou valiosas do que outras. Além disso, as crianças são controladas e reguladas em relação ao tempo, ao espaço e aos materiais, sendo orientadas a seguir uma rotina estabelecida, independentemente dos níveis de participação infantil que possam existir. A uniformização dos alunos também é uma prática comum, em que as crianças são incentivadas a vivenciarem as mesmas experiências e a realizarem os mesmos produtos. Como veremos, todas essas práticas estão presentes no que consideramos ser papel iniciático da educação de infância.

## UM DIÁLOGO COM A HISTÓRIA: O TEMPO, O ESPAÇO E OS MATERIAIS COMO ELEMENTOS INICIÁTICOS

Gostaríamos de destacar que esta deriva histórica se constitui como uma ferramenta metodológica, para, como nos propõe Foucault (2016) no seu texto "Nietzsche, a genealogia, a história" captar as tensões, as dobras dos acontecimentos que nos ajudam a problematizar a constituição do sujeito criança. Trata-se de fazer uma história do presente através de uma análise dos dispositivos que, de certo modo, são tão inquestionáveis, tão próximos de nós que se incorporaram e ainda hoje nos constituem.

Na perspetiva de Michel Foucault (2016), a genealogia procura a emergência e proveniência de um acontecimento, de uma tensão, uma disputa entre valores distintos ainda não estabelecidos. Nesse caso, seria, então, o momento em que a ideia de uma educação da infância não estaria ainda naturalizada e assumida como inevitável nas sociedades europeias e que ganhou relevo na modernidade e no interior do que Philippe Ariès denominou como "novo sentimento de infância". *Grosso modo*, poder-se-ia dizer que a consolidação da educação da infância se dá no século XIX, mas que a sua expressão máxima se dá sob e a partir do reinado de Maria Montessori, nomeadamente, enquanto saber disciplinar. Quando olhamos

Cultura digital e educação

para este período, desde o século XVIII até ao início do século XX, entre outros, claro, podemos destacar três grandes teóricos e uma teórica cujo pensamento sobre a educação da infância se difundiu amplamente, influenciando práticas e discursos um pouco por todo o mundo. Refirimo-nos a Rousseau, Pestalozzi e Froebel, cujas obras constituem o arquivo de análise.

A partir desses autores, tivemos oportunidade de problematizar o "novo sentimento de infância" como um agenciamento que incorpora três movimentos delimitadores de *modos de ser criança* totalmente normalizados em direção a um *por vir ideal* (Almeida e Boto, 2022). Ao analisarmos os seus escritos e os estudamos num trabalho anterior, procurando compreender, através das suas diferenças, o que os une, chegamos a um entendimento do que denominamos os três movimentos da educação de infância.

O primeiro é o que atribui às pessoas de pouca idade um processo de *essencialização*, isto é, a atribuição de um conjunto de características psicológicas e espirituais que a antecedem. Identifica-se o princípio fundamental de se dirigir à infância como um período *demarcado* que representa uma certa *pureza* da condição humana, ou como nos diria Affrica Taylor (2013) a partir da sua leitura de Rousseau, emerge e consolida-se uma *nature-child*, um sujeito filho da natureza. Há aqui um gesto de olhar para este sujeito que chega como alguém que necessita ser *cuidado* e *protegido* para seguir a *ordem natural* do seu desenvolvimento, **visto e entendido como progresso e evolução, e não mais como apenas mudança**. Encontramos, com frequência nos textos dessa época a referência à natureza da criança como **livre, ativa, dócil, pura e facilmente corruptível**. O mesmo é dizer que ele, o sujeito que chega pela primeira vez ao mundo, carrega um conjunto de características prévias que o constituem desde o preciso momento em que nasce, um conjunto de características que fazem dele o que ele é, uma criança, mas também que começam a orientar o que deve ser. Não se nega a especificidade de um sujeito recém-nascido, tampouco a necessidade de cuidado e a dependência de uma pessoa de pouca idade durante largos períodos da sua vida, mas gostaríamos de destacar essa atribuição psicológica e espiritual que configura uma visão particular de *natureza* e diferencia as crianças dos adultos. Uma natureza que necessita ser, por um lado, protegida e, por outro, conduzida sem coação, sem constrangimentos, ao seu "desenvolvimento natural" e em perfeita harmonia com a

96

natureza. Note-se, porém, que essas *características* têm um *devir histórico*, isto é, parecem alterar-se em/na relação com o tempo sócio-histórico. Diríamos que hoje, quando uma criança nasce, ela já é curiosa, exploradora, participativa, criativa. Ou seja, tem uma **condição natural** que a define enquanto criança, uma condição que lhe é atribuída pelo exterior, pelos outros que acolhem.

Entramos, então, no segundo movimento: o método. É precisamente essa visão, esse ponto de vista sobre a condição natural de estar-a-ser criança que orienta o modo como esses autores e outros, diríamos ainda hoje, orientam a forma como conduzem a *alma das crianças* e o seu espírito. Embora *livre* e *ativa*, a criança precisa que o seu espírito seja conduzido, sem coação ou prescrição, de forma a não corromper a sua *natureza* e os seus talentos *naturais* Froebel (2001). A criança deve ser introduzida "em seu mais tenro desenvolvimento no círculo inteiro da natureza que a rodeia" (Pestalozzi, 1894: 67). Cabe ao(à) educador(a) guiar as forças espirituais imanentes na criança, respeitando os seus "interesses", as suas "necessidades" e o "seu ritmo natural de desenvolvimento" (p. 72). Pestalozzi e Froebel, tal como Rousseau, escrevem sobre o respeito pela natureza, pelas necessidades e pelo "ritmo natural de desenvolvimento", acrescentando a ideia, tão próxima de nós, de que é necessário um *método* que promova a "força autônoma" da criança "dentro do contexto da sociedade". Nesse método, consolidaram-se historicamente quatro grandes elementos: o tempo (o modo como governamos o tempo das crianças – institucional *vs.* pessoal); o espaço (o modo como governamos as oportunidades de explorar e conhecer o mundo à sua volta); os materiais (o modo como governamos as suas experiências); e a relação (o modo como regulamos a alteridade).

O que se pretende expressar é que o "desenvolvimento natural" implica, de forma definitiva a partir de Pestalozzi e Froebel, um método. A criança deve ser conduzida, *governada*, até *ser capaz de se autogovernar*, seja de acordo com a "vontade geral", a compressão do "espírito divino" em si e em todas as coisas, ou o domínio da força autônoma "dentro do contexto da sociedade". O caminho foi feito através da "psicologização" da "instrução humana" (Pestalozzi, 1894: 199), com a grande demanda de que a criança se aperfeiçoe ao ponto de fazer do que deve o que quer fazer. Trata-se de aprender *o governo de si* a partir de métodos e materiais que *conduzam* a natureza livre e ativa da infância em direção à *conformidade*.

Chegamos, por fim, ao último movimento: o ideal que nos orienta no processo, o nosso projeto político de produzir um sujeito conforme, de acordo com um elemento exterior, o sujeito necessário e útil. Por exemplo, a criança autônoma, autorregulada, curiosa, social, participativa, colaborativa. Enfim, a criança que, tornada adulto, servirá ao futuro. No entanto, este futuro é em si uma incógnita, uma impossibilidade de conhecer. A educação, o como conduzir a alma infantil, expressa em diferentes métodos, situa-se *entre tempos*, a escola é o presente eterno da infância. Se, por um lado, deve respeitar a *condição natural, ativa e autônoma* da criança, por outro, deve conduzi-la em direção a uma certa representação de *homem do futuro.*

Seja o *homem novo* de Rousseau, o *homem integral* de Pestalozzi ou o *homem divino* de Froebel, todos eles engendram a infância na direção de um *futuro mais ou menos conforme.* Embora cada arquétipo tenha as suas particularidades, podem destacar-se três ideias transversais a estes autores: i) a criação de uma figura que expressa uma visão de homem; ii) sintonia entre essa visão de homem e o que a *polis* do futuro necessita para se regenerar; iii) o desenvolvimento da "consciência de si" e da "futura reflexão de si mesmo" (Froebel, 2001: 51) como forma de autogoverno em total conformidade com a "vontade geral" (Rousseau, 1979: 419).

No fundo, é como se pudéssemos considerar que a educação da infância, quando não refletida, ou problematizada, consagrasse uma grande máquina de iniciação das pessoas de pouca idade, das pessoas que são apresentadas às regras e ao mundo adulto que, por um lado, a precedem e, por outro, antecipamos como útil e necessário enquanto futuro. Entre passado e futuro, consubstancia-se no presente da infância a educação e a escola, onde se foi tecendo uma noção, subjacente no trabalho de todos esses autores, de progresso e de desenvolvimento enquanto processo e fim.

O que se procura expressar através destes três movimentos é que a "ideia" de criança moderna surgiu associada a um conjunto de técnicas (como, por exemplo, a rotina, os materiais e métodos) que produzem "modos de ser criança" (por exemplo, "*criança autônoma*", "*criança ativa*", "*criança livre*", "*criança autogovernada*", entre outras). Modos de ser totalmente subordinados a determinados arquétipos: *criar o nobre, produzir o bom cristão, engendrar o sujeito útil ao Estado*, entre outros. Esses três movimentos sugerem um gesto que *captura* e *determina* a alma infantil, instaurando um regime discursivo que estabelece essa etapa como um *rito de iniciação* que assim define e circunscreve modos de ser criança normal (Almeida, 2018a; 2018b; 2019).

## ENTRE O PASSADO E O FUTURO: UM DIÁLOGO COM A CAPTURA DO PRESENTE

A revisitação histórica desses autores, muito inspirada no trabalho do Jorge Ramos do Ó, permite-nos engendrar e problematizar um dispositivo, um modo de fazer, um modo de estar na relação com as pessoas de pouca idade que está em atualização permanente: **é necessário avaliar e monitorizar a infância para "produzir" melhores adultos**. E por "melhores" entendam-se adultos mais próximos do que se imagina ser necessário para o tempo *por vir* (por exemplo, é essa atitude que nos permite continuar a questionar os modos de ser que se nos oferecem como naturalizados e inevitáveis: neste caso, as infâncias empreendedoras, flexíveis, criativas, sociáveis, comunicativas, digitais, **mas também obedientes, socais, democráticas e participativas**.

Então, podemos considerar que esse saber produzido ao redor da infância está a serviço do "como" governar nesta ou naquela direção, produzindo e produzindo-se a partir da "ciência" que legitima e concretiza a produção de indivíduos totalmente governados a partir das máximas de liberdade e da autonomia. Assumimos a liberdade e a autonomia de escolher entre "modos de ser", que, na verdade, são impostos, mais do que propostos às pessoas de pouca idade.

Sob esse ponto de vista, a educação de infância, com os contributos dos saberes disciplinares produzidos sobre as pessoas de pouca idade, oferece-se, então como um *rito de iniciação* que outorga modos de ser criança, em total relação com um ideal que as transcende e com um projeto político que as antecede (porque é impossível ser todas essas coisas, corresponder a todas essas categorias que lhes pedimos que sejam e porque não estamos abertos, num certo sentido, a outros modos possíveis de existência).

O que procuramos expressar é que o mecanismo que opera é sempre o mesmo, o de produzir tipos de pessoas (Popkewitz, 2002), "modos de ser" (Hacking, 2001) totalmente normalizados e integrados às demandas de um futuro que antecipamos como possível ou provável. O mecanismo opera no sentido de nos governar a todos desde o princípio universal da individualidade humana, da individualidade de cada um (Rose, 2011). As pessoas de pouca idade são governadas e subjetivadas em categorias, que não assumimos como impostas, a partir das ideias e taxonomias que circulam e que nos constituem integralmente.

## PARA UMA EDUCAÇÃO DO DEVIR

Qual o espaço que deixamos em aberto para a novidade, para o espanto? É importante lembrar que a educação de infância também pode ser um espaço de resistência e subversão, em que as crianças podem experimentar e construir novas formas de subjetividade. Portanto, é importante refletir sobre como a educação de infância pode ser transformada em um espaço mais inclusivo e diverso, que permita o desenvolvimento pleno e livre das crianças. Gilles Deleuze e Félix Guattari (2007) argumentam que a subjetividade é construída a partir da diferença e da multiplicidade de experiências e vivências, e não a partir da uniformização e homogeneização dos sujeitos. Nesse sentido, a educação de infância pode, também, ser um espaço de experimentação e de construção de novas subjetividades, em que as crianças podem subverter as normas e valores estabelecidos. No fundo, podemos nos abrir à possibilidade de a educação de infância constituir-se um tempo e um espaço que valorizam as diferenças e múltiplas potencialidades do *estar-a-ser*.

Tal ideia sugere uma ética pedagógica que se abra à possibilidade dos encontros entre crianças e entre crianças e adultos serem considerados um acontecimento com a potência de colocar pessoas de pouca idade e pessoas de mais idade, lado a lado, a viver e a experienciar uma situação de não saber, de desconhecido ou, mesmo dizendo, de uma oportunidade de genuína alteridade (Almeida e Ó, 2020). Tomando as palavras de Deleuze (2005; 2008), talvez possamos pensar a constituição de si como acontecimento em que se dão sucessivas redistribuições de potências no sentido de devir. Devir que representa o "ato pelo qual algo ou alguém não para de devir-outro (continuando a ser o que é)" (Deleuze e Guattari, 1992: 229) para uma cada vez maior individuação que renuncia, totalmente, à ideia de um futuro conforme e imposto. É preciso, talvez, que sejamos capazes de pensar e viver esse encontro com a disponibilidade para uma pedagogia da atenção (Ingold, 2017), isto é, para nos disponibilizarmos, como sugere Brownie Davies, a ouvir sem saber (2014).

O ato de educar o novo, o que chega, configura um paradoxo que todos nós experimentamos: por um lado, a educação como oportunidade de cada um se desenvolver de acordo com os seus interesses, por outro lado, a educação enquanto preparação para o mundo. Os dois projetos nem sempre estão alinhados, como tão bem David Olson expressa no seu trabalho (2003). Então, o desafio é como abrir a educação de infância ao novo e aos novos, ao desconhecido e ao imprevisto. Sobre isto, Walter Kohan (2013) sugere que uma educação de infância aberta aos novos, que não procura mitigar, reduzir ou adornar a sua força, a sua novidade, já tem em si o potencial transformador. Por outro lado, uma educação que captura os novos – independentemente do método – já é conservadora, na medida em que se fecha à potência da novidade. Não é por isso o método uma prática técnica que abre a educação de infância aos novos e à novidade, mas antes uma transformação no interior de cada um de nós no sentido de uma maior atenção a si, à sua ética pedagógica, ao seu modo de ser educador e à consciência do seu projeto político.

## EDUCAÇÃO DA INFÂNCIA COMO ESPAÇO DE TRANSFORMAÇÃO

A ideia de que a educação de infância seria um rito de iniciação pode ser considerada controversa e pouco comum. No entanto, o que aqui se pretende discutir e argumentar é que existem elementos, constituídos historicamente, da educação de infância que se assemelham ou podem se assemelhar a um rito de iniciação. Como vimos anteriormente, os documentos oficiais assinalam que a entrada na educação de infância marca uma transição significativa na vida de uma criança, em que elas aprendem e desenvolvem um conjunto de habilidades e conhecimentos que são importantes para a sua vida futura com o objetivo de preparar para a vida adulta. Tais práticas expressas no método (tempo, espaço, materiais e relação) e entendidas como disciplinares manifestam-se de diversas formas, como, por exemplo, através do estabelecimento de horários e rotinas, da imposição de regras e normas, da avaliação e classificação das crianças, da delimitação de espaços associados a atividades específicas, de materiais industrializados pensados para desenvolver competências, entre outros. Num certo sentido, essas práticas podem ser vistas como uma forma dupla de iniciação. Por um lado, ao processo formal de escolarização e, por outro, a um certo modo de se relacionar com a atividade infantil (os limites do que se pode e do que não se pode fazer) e o mundo que rodeia as crianças, iniciando-se na cultura e nos valores da sociedade de que fazem parte, aprendendo e apropriando-se de modos de ser conformes, disciplinados e obedientes. O rito de iniciação funciona, então, como uma espécie de ritual de passagem que marca o início do longo período de transição da infância para a vida adulta.

Nesse sentido, pensar uma educação de infância para além de um rito de iniciação, como um tempo e um espaço de transformação, é pensar uma educação que transforma o que pensamos, o que somos, o que fazemos, numa relação aberta e eticamente situada com a novidade dos novos, valorizando as suas diferenças e as suas múltiplas potencialidades (Deleuze, 2016). Trata-se de problematizar historicamente a nossa relação com as pessoas de pouca idade e imaginarmos uma educação que aumenta as possibilidades de escolher, escolher outros modos de existência (Deleuze, 1999).

## Bibliografia

ALMEIDA, Tiago. O governo da infância: o brincar como técnica de si. *Arquivos Brasileiros de Psicologia*, 70, spe, 2018a, pp. 152-66.

_____. Currículos e agenciamentos do devir: trânsitos ao redor de Deleuze na delimitação da infância a partir de Emílio de Rousseau. *FRACTAL Revista de Psicologia*, v. 30, n. 3, 2018b, pp. 302-9.

_____. Psicologia do desenvolvimento e a delimitação de modos de ser criança. Devir-adulto, devir-sujeito e a educação de infância. In: LEMOS, F.; NASCIMENTO, M. L. (orgs.). *Biopolítica e tanatopolítica*: a agonística dos processos de subjetivação contemporâneos. Paraná: Editora CRV, pp. 229-49, 2019.

ALMEIDA, Tiago; BOTO, Carlota. Agenciamento criança-arquétipo e o problema do por vir. Para um diálogo no interior do "novo sentimento da infância". In: BARZOTTO, Valdir Heitor et al. (orgs.). *Quando a pesquisa conta*: X Simpósio de Pós-Doutorado da FEUSP. São Paulo: Universidade de São Paulo, 2022.

A educação da infância como rito de iniciação

ALMEIDA, Tiago; Ó, Jorge R. A vida como acontecimento e a potência do indeterminado em tempos de pandemia para pensar a relação com a infância. *Revista Socidad e Infancias, 4*, 2020, pp. 185-8.

BOTO, Carlota. *A escola primária como rito de passagem:* ler, escrever, contar e se comportar. Coimbra: Edições Universidade Coimbra, 2012.

DAVIES, Bronwyn. *Listening to Children. Being and Becoming.* New York: Routledge, 2014.

DELEUZE, Gilles. O ato de criação (1987). Trad. José Marcos Macedo. *Folha de S.Paulo*, São Paulo, 17 jun. 1999, Caderno Mais!, 1999, pp. 4-5.

_____. *Diferença e repetição.* Lisboa: Relógio de Água, 2005.

_____. *Conversações (1972-1990).* São Paulo: Editora 34, 2008.

_____. *Dois regimes de loucos:* textos e entrevistas (1975-1995). São Paulo: Editora 34, 2016.

DELEUZE, Gilles; GUATTARI, Félix. *O que é a filosofia?* São Paulo: Editora 34, 1992.

_____. *Mil Planaltos:* capitalismo e esquizofrenia. 2. ed. Lisboa: Assírio Alvim, 2007.

DeLOACHE, Judy; GOTTLIEB, Alma. *A World of Babies. Imagined Childcare Guides for Seven Societies.* Cambridge: Cambridge University Press, 2000.

FOUCAULT, Michel. *A hermenêutica do sujeito.* São Paulo: Martins Fontes, 2006.

_____. *O nascimento da biopolítica.* Lisboa: Edições 70, 2010.

_____. *Vigiar e punir:* o nascimento da prisão. Lisboa: Edições 70, 2013.

_____. *Microfísica do poder.* São Paulo: Paz & Guerra, 2016. [1. ed. 1971.]

_____. *Dits et ecrits I.* Paris: Gallimard, 2017a.

_____. *Dits et ecrits II.* Paris: Gallimard, 2017b.

FROEBEL, J. H. *A educação do homem.* Passo Fundo: UPF Editora, 2001. [1. ed. 1826.]

HACKING, Ian. *Ontologia histórica.* Lisboa: Edições 70, 2001.

INGOLD, Tim. *Antropologia e/como educação.* São Paulo: Autêntica, 2017.

KOHAN, Walter. *Infância entre filosofia e educação.* Belo Horizonte: Autêntica, 2013.

NATIONAL ASSOCIATION FOR THE EDUCATION OF YOUNG CHILDREN. *NAEYC Standards for Early Childhood Professional Preparation*, 2009. Disponível em: https://www.naeyc.org/sites/default/files/globally-shared/downloads/PDFs/resources/position-statements/2009%20Professional%20Prep%20stdsRevised%204_12.pdf. Acessado em: 15 jan. 2023.

Ó, Jorge Ramos do. *O governo de si mesmo.* Modernidade pedagógica e encenações disciplinares do aluno liceal (último quartel do século XIX – meados do século XX). [s.l.]: Educa, 2006.

OCDE. *Education at a Glance: OECD Indicators* Paris: OECD Publishing, 2006. Disponível em: https://doi.org/10.1787/eag-2006-en. Acessado em: 15 jan. 2023.

OLSON, David. *Psychological Theory and Educational Reform:* How School Remakes Mind and Society. New York: Cambridge University Press, 2003.

PEREIRA, Edgar Nasi. *Mitos, feitiços e gente de Moçambique.* Lisboa: Caminhos, 1998.

PESTALOZZI, J. H. *How Gertrude teaches her children and an account of the Method.* London: Butler and Tanner, 1894. [1. ed. 1801.]

_____. *Letters on Early Education.* London: Sherwood, Gilbert, And Piper, 1827. [1. ed. 1818.]

POPKEWITZ, T. S. How the Alchemy Makes Enquiry, Evidence and Exclusion. *Journal of Teacher Education*, v. 53, n. 3, mai./jun. 2002, pp. 262-7.

ROSE, Nikolas. *Inventando o nosso self:* psicologia, poder e subjetividade. Petrópolis: Vozes, 2011.

ROUSSEAU, J. J. *Emílio, ou da educação.* São Paulo: Difel, 1979. [1. ed. 1762.]

SARMENTO, M. J.; PINTO, M. O campo da educação de infância: conhecimento, profissionalização e intervenção pública. *Educação e Pesquisa*, v. 35, n. 2, 2009, pp. 293-308.

TAYLOR, Affrica. *Reconfiguring the Natures of Childhood.* New York: Routledge, 2013.

UNICEF. Convenção sobre os direitos da criança. Artigo 29: Objetivos da Educação, 1989. Disponível em: https://www.unicef.pt/media/2766/unicef_convenc-a-o_dos_direitos_da_crianca.pdf. Acessado em: 15 jan. 2023.

VAN GENNEP, Arnold. *Os ritos de passagem.* 2. ed. Petrópolis: Vozes, 2011.

# A pandemia e as inovações na forma escolar

*Helena Singer*

> Este capítulo analisa pesquisas sobre as aprendizagens construídas entre estudantes, professores e famílias e as sistematizações sobre as inovações educacionais produzidas no Brasil durante a pandemia. A análise ressalta como a suspensão do funcionamento das escolas primeiro revelou os limites de sua forma, depois possibilitou a sua flexibilização e, com ela, a superação da fragmentação e do isolamento. Mas as aprendizagens e inovações construídas ameaçaram as forças mantenedoras do sistema, que reagiram.

Já faz algum tempo que sentimos a profunda conexão entre as urgências, potencialidades e destinos das diversas comunidades, povos e nações, a interdependência de todos os sistemas vivos do planeta. As revoluções tecnológicas da microinformática, da inteligência artificial e da engenharia genética afetam todas as dimensões de nossa vida. A pandemia provocada pelo coronavírus, o consequente distanciamento físico imposto pela maior parte dos países a bilhões de pessoas e a corrida mundial pelos testes, vacinas e suprimentos hospitalares só evidenciaram dramaticamente essa aceleração, interconexão e multidimensionalidade.

Sabíamos, sentíamos e nos afetávamos, mas muitos, talvez até a maioria, negavam-se a reconhecer essa nova realidade, transformar seus modos de vida, assumir sua potência e reponsabilidade pela construção de um mundo melhor. Essa negação em alguns grupos sociais se manifesta na busca insana por fazer o tempo voltar atrás, na tentativa violenta de reprimir as manifestações do novo. Em outros, a negação se manifesta no sentimento de impotência, na recusa em perceber que a revolução tecnológica também amplia dramaticamente a capacidade de cada um de nós produzir o novo mundo.

Esses sentimentos de negação e recusa manifestaram-se durante todo o período da pandemia, quando se insistia com a projeção da "volta à vida normal", em viver o presente como se fosse um momento passageiro, um momento em suspenso. Como disse o líder indígena e escritor Ailton Krenak, em debate sobre suas ideias para adiar o fim do mundo, nos primeiros meses da pandemia:

> O que a gente deveria fazer é viver cada dia. [...] Quando queremos saber quando vai ser a educação do futuro, já estamos sendo negacionistas: estamos negando o dia de hoje e querendo saber como será o dia de amanhã. Tem um livro meu que se chama *O amanhã não está à venda*. O que estou querendo [dizer] é que deveríamos ser capazes de viver o dia de hoje da maneira mais verdadeira possível, da maneira mais intensa, mais cheia de sentido para nós e para quem está ao nosso redor. Amanhã nós vamos descobrir o que a gente vai fazer. Tem uma ansiedade muito grande em todos os campos: os arquitetos querem saber como vai ser a cidade depois da pandemia, os engenheiros querem saber como vai ser a engenharia, os educadores querem saber sobre a educação. Na verdade, isso denuncia uma ansiedade tão grande que a gente já está querendo escapar do dia de amanhã. E não tem muita diferença do cara que quer escapar do planeta Terra e ir para Marte. Na verdade, nós estamos querendo escapar do lugar em que estamos por uma verdadeira insatisfação com a vida. (apud Lázaro, 2021: 58)

Uma vez superada a pandemia, há ainda os que insistem com a retomada do que havia antes, como se nada tivéssemos aprendido, inventado, construído ou destruído nos dois intensos anos em que convivemos com ela antes da vacinação em massa. Se negarmos todas essas experiências e aprendizagens, aprofundaremos as acirradas desigualdades, a degradação socioambiental e as diversas formas de autoritarismo que nos levaram até a pandemia. Em sentido contrário, se olharmos para o que foi construído sob os valores da solidariedade e da democracia, podemos fortalecer as experiências e os caminhos que levam a um mundo mais justo e orientado ao bem comum.

A pandemia será um vetor para as mudanças necessárias se o mundo que desabou, aquele marcado pelas hierarquias, burocracias, centralizações, departamentos, fronteiras e simplificações, ao invés de ser retomado, for superado por novas estratégias, plataformas e sistemas de colaboração que possibilitem a construção do bem comum.

É com essa perspectiva que analisaremos a seguir as referências e experiências que foram construídas na educação brasileira ao longo dos anos dominados pela crise sanitária. Para contextualizá-las, acompanharemos os principais momentos que marcaram os debates no campo e traremos dados de pesquisas feitas no período.

## OS LIMITES DA FORMA ESCOLAR EVIDENCIADOS

Logo que o fechamento das escolas foi decretado, em março de 2020, sem qualquer planejamento ou aviso prévio, as redes de ensino tanto do nível básico quanto superior foram reagindo à medida que o quadro da pandemia se desenvolvia. De início, pensou-se que o fechamento duraria um tempo bem mais limitado; algumas redes decretaram férias escolares, universidades ficaram à espera de que a situação se normalizasse. Aos poucos compreendeu-se que o chamado isolamento social seria bem mais duradouro. Nesse contexto, o principal ponto de atenção e debate foi para a possibilidade de se utilizar as tecnologias de informação e comunicação para retomar os processos de ensino-aprendizagem de forma remota, ou seja, com os estudantes e professores, cada um em suas casas. Foi então que três aspectos fundamentais da educação brasileira ficaram escancarados.

O primeiro aspecto é que a prioridade está sempre nas dimensões disciplinar e instrucional da educação escolar. O isolamento físico impediu o funcionamento dos prédios escolares e, com eles, as listas de chamada, as provas-sem-olhar-para-a-carteira-do-colega, as lousas carregadas de conteúdos, os cadernos verificados pelos professores, os ônibus escolares, as aulas presenciais, os corpos sentados nas carteiras enfileiradas.

Como continuar dando aulas, passar os conteúdos das matérias, verificar as aprendizagens sem toda a estrutura e os dispositivos escolares?

Eram essas as preocupações que orientavam os debates. Logo, o Conselho Nacional de Educação (CNE) e, na sequência, as Secretarias de Educação assumiram o comando das decisões burocráticas e gerenciais, baixando as normativas sobre a reorganização do calendário escolar e o cumprimento da carga horária mínima anual. Nada se falava sobre a escola como equipamento público da comunidade, sobre o papel que poderia desempenhar de apoio às famílias, ou mesmo como espaço de produção de conhecimentos sobre os impactos territoriais da pandemia, que poderiam orientar as ações públicas emergenciais localizadas.

O segundo aspecto da educação brasileira escancarado pela pandemia foram as profundas desigualdades que a atravessam. Especificamente em relação ao acesso às possibilidades de o ensino continuar acontecendo de modo remoto, as desigualdades se evidenciavam na conexão à banda larga, no tipo de aparelho utilizado e nas condições necessárias de espaço e conforto para atividades on-line em casa. Síntese de pesquisas realizadas por diversos institutos entre maio e outubro de 2020, feita pelo Nexo Políticas Públicas, mostra que enquanto 70% dos estudantes das escolas particulares realizavam as atividades em computadores ou notebooks, entre os estudantes das escolas públicas, esse número não passava de 30%. Isso se refletia no tipo de atividade realizada, sendo que 90% dos estudantes das escolas particulares tiveram aulas em plataformas digitais com mediação de professores, enquanto nas escolas públicas esse tipo de atividade estava disponível para 35% dos estudantes. As desigualdades são também regionais, sendo que 90% dos estudantes das regiões Sul e Sudeste relatavam receber algum tipo de atividade da escola, enquanto na região Norte eram 60% os que recebiam. Em relação à aprendizagem, segundo os professores, ela era baixa em todas as redes, mas melhor na rede privada, onde 45% dos professores afirmavam que os estudantes haviam aprendido o esperado, do que nas públicas, onde esse porcentual não passava de 20%.

A percepção da baixa aprendizagem, em geral, relaciona-se com o terceiro aspecto escancarado pela pandemia sobre a educação brasileira: o fato de que até o fim da segunda década do século XXI ela se mantinha consideravelmente alienada da revolução tecnológica. Em muitas escolas e instituições de ensino superior, onde foi possível estabelecer o ensino remoto, este se fez sobre os mesmos dispositivos de organização dos tempos e espaços da forma escolar. Os estudantes ficavam as mesmas horas diárias na frente do computador, assistindo com os mesmos colegas de classe, as aulas dos mesmos professores sobre as mesmas disciplinas. Os pais desses estudantes, de início, aliviados com a manutenção da rotina, depois de algum tempo, perceberam graves problemas associados a ela, como desmotivação, fadiga e frustração. Os estudantes, mais sensíveis aos limites da proposta, trataram logo de não ligar suas câmeras e, assim, manter algum nível de liberdade corporal e mental, mas acabaram por ampliar a angústia dos professores. Evidenciava-se, desse modo, a ausência de preparo e experiência das equipes docentes com o uso das tecnologias digitais para fins pedagógicos.

A revolução tecnológica alterou profundamente o modo como nos relacionamos com o conhecimento, especialmente entre as crianças, adolescentes e jovens. As novas gerações não só acessam como produzem conhecimento constantemente nas muitas e diversas redes sociais e plataformas que possibilitam o compartilhamento e a colaboração entre pessoas das diversas partes do mundo. Todo sistema escolar, inclusive sua dimensão instrucional que é tão valorizada, já deveria ter sido profundamente alterado neste novo contexto. Mas a pandemia deixou claro que isso de fato nunca aconteceu. Ao contrário, sempre houve muita desconfiança e resistência ao uso das novas tecnologias no contexto escolar, havendo, inclusive, em várias unidades da federação, leis que proibiam o uso dos celulares nas escolas. Muitas vezes se prioriza a demanda por transporte escolar, mesmo quando isso significa submeter as crianças a longas e arriscadas jornadas diárias para chegar à escola. Na Educação de Jovens e Adultos, os atrasos provocados pelo deslocamento entre trabalho e escola constituem grande causa da evasão escolar. No nível superior, há faculdades com turmas que funcionam de madrugada. Argumenta-se que nada substitui o contato físico entre professor e estudante na sala de aula, mas a realidade é que muitos professores sequer sabem os nomes de suas centenas de alunos.

A experiência dos mais de dois anos de pandemia teve algum impacto para a quebra das resistências às novas tecnologias nos processos pedagógicos, como veremos adiante. Em relação à infraestrutura, também houve progresso: comparando os dados do Censo Escolar de 2019 para 2022, observamos que a presença da internet e o seu uso para atividades pedagógicas saltou de 80,9% para 89,4% nas escolas federais, de 64% para 77% nas estaduais, de 29,6% para 48,5% das municipais e de 57,4% para 72,7% nas escolas privadas.

Uma vez superadas as desigualdades e atingida a universalização do acesso às tecnologias mais contemporâneas, a experiência vivida na pandemia pode trazer novas referências para os debates e as decisões em relação à gestão dos tempos, espaços e relações na educação, desde que também sejam superadas as visões burocráticas, instrucionistas e disciplinares que ainda dominam a gestão das redes e políticas. Isso porque, embora importantes, as tecnologias não garantem a essência do processo educativo.

A educação se dá na relação, na construção dos valores, no acompanhamento atento, qualificado e cuidadoso do desenvolvimento humano, nas conexões construídas, nas experiências compartilhadas. Esse aspecto fundamental da educação, no qual o professor ou educador é insubstituível, depende de outros modos de organizar os tempos, espaços, recursos (inclusive tecnológicos) e distâncias.

## FLEXIBILIZAÇÕES NA FORMA ESCOLAR

Passados os primeiros meses da pandemia, quando ficou evidente que o período de fechamento das escolas seria longo demais para ser tratado apenas como uma passagem, multiplicaram-se debates, balanços, propostas e polêmicas em torno de questões sobre "recuperar a aprendizagem", "aprovar ou reprovar automaticamente", "como diagnosticar a perda da aprendizagem". Posições mais extremistas alertavam para "danos irreparáveis". Um dos primeiros documentos a mencionar as "perdas da aprendizagem" foi o "Parecer" do CNE, de 7 de julho de 2020, com orientações para a realização de aulas e atividades pedagógicas presenciais e não presenciais no contexto da pandemia. A partir daí a narrativa da perda da aprendizagem foi incorporada por vários atores do campo educacional e da mídia, na conhecida visão "bancária" da educação tão bem caracterizada por Paulo Freire (2006). E como as perdas são cumulativas, em 2023, o Banco Mundial lançou relatório com o escandaloso nome de "Colapso e recuperação: como a pandemia de Covid-19 deteriorou o capital humano e o que fazer a respeito".

Esse modo de abordar a questão é condicionado pelos nossos processos de escolarização, que associam de forma absoluta o ato de aprender com a experiência de estar em sala fechada ao longo de várias horas por dia, ao lado de algumas dezenas de pessoas da mesma idade, assistindo aulas sobre conteúdos previamente preparados por professores especializados em certas disciplinas e, a cada bimestre, testando os aprendizados em provas.

Como vimos, a pandemia suspendeu abruptamente os grandes pilares dessa experiência. Como estávamos condicionados a só reconhecer a aprendizagem da sala de aula, imediatamente começamos a contabilizar as "perdas da aprendizagem" a partir dos dias em que os prédios escolares ficaram fechados.

À parte o processo de escolarização, sabemos por experiência, tradição e ciência que aprendemos desde o momento que nascemos, aprendemos em diversos lugares, nas muitas interações sociais vividas. Fora da condicionante da escolarização, estranhamos imediatamente a ideia de "perda da aprendizagem", utilizada apenas quando nos referimos a processos de demência.

Mas a suspensão abrupta da forma escolar possibilitou que fosse retomada perspectiva já delineada na Lei de Diretrizes e Bases da Educação (LDB) de 1996, até então quase totalmente esquecida. Em outubro de 2020, o CNE publicou parecer indicando a adoção de um *continuum* curricular das séries ou anos escolares, resgatando a previsão da LDB para a liberdade de "regimes diferenciados e flexíveis de organização curricular, mediante formas diversas de organização, sempre que o interesse do processo de aprendizagem assim o recomendar". Esta prerrogativa da flexibilidade e da diversidade da organização curricular garantida pela Lei há mais de 20 anos até a pandemia não havia sido suficiente para impedir que a quase totalidade das escolas brasileiras adotasse o mesmo regime curricular, estruturado sobre as séries ou anos.

Na esteira do parecer do CNE, as redes de ensino, em sua quase totalidade, decidiram por não reprovar, ou por aprovar automaticamente, os estudantes. Embora essa decisão tenha sido acertada no objetivo maior de evitar processos ainda mais acentuados de evasão, não enfrentou a mudança paradigmática necessária: romper com a estrutura seriada, que pressupõe processos homogêneos e contínuos de acúmulo de conhecimento e condiciona escolas e professores a repetirem anualmente os mesmos programas, alijando por completo os estudantes do seu processo de construção. Assim, tendo como parâmetro a estrutura curricular seriada, as avaliações nacionais e as chamadas avaliações diagnósticas simplesmente confirmaram a tese da "perda de aprendizado".

Em sentido contrário, se no lugar de aplicar provas com os conteúdos previstos para cada série as redes de ensino tivessem estimulado as escolas a perguntar a seus estudantes o que eles e elas estavam aprendendo, seguramente a visão e os debates seriam outros. Muitas aprendizagens aconteceram. Aprendemos todos, individual e coletivamente, e reconhecer esse processo é fundamental para a reinvenção da educação e da vida pós-pandemia.

## AS APRENDIZAGENS DA PANDEMIA

Além dos muitos aprendizados que todos tivemos sobre as imensas desigualdades brasileiras, as políticas de saúde pública, o comportamento dos vírus e as estratégias de imunização, aprendemos também muito sobre a capacidade das comunidades para enfrentar coletivamente os desafios colocados. Assim que teve início a pandemia, com insuficientes compromisso e agilidade dos poderes públicos, as comunidades se organizaram para arrecadar e distribuir alimentos, produzir equipamentos de proteção individual e fazer chegar a todos os gêneros de primeira necessidade. Como relatou a professora Lilia Melo, de Belém do Pará:

> Nesse período da pandemia, do combate da covid-19, **quem fez a diferença foram os coletivos de bairro**, não foi ação específica de governo, fomos nós mesmos, porque, quando a gente é de periferia – e eu enfatizo muito a periferia nesse sentido, porque é meu lugar de fala –, a gente tem aquele hábito de pedir a xícara com açúcar quando acaba nosso açúcar em casa, a gente fala por cima do muro, por cima do cercado: "Vizinha, por favor". Isso é uma corrente afetiva, isso é uma corrente colaborativa, e a gente tem muito isso na periferia. Então, foi assim que a gente fez: para sair do mundo da escola, para passar para a comunidade e sair da nossa comunidade para outras comunidades, foi essa ação colaborativa que ativou o senso de pertencimento dessa transformação. (apud Lázaro, 2021: 131)

É sobre as aprendizagens construídas no tempo da pandemia que se estruturam as possibilidades de transformação da educação. Algumas pesquisas feitas no período permitem ver as aprendizagens específicas de três atores centrais do sistema educacional: os estudantes, os professores e os responsáveis.

Começando pelos estudantes, o Atlas da Juventude, iniciativa do Conselho Nacional de Juventude (Conjuve) com Em Movimento e outros atores da sociedade civil, produziu três edições da pesquisa chamada "Juventudes e a pandemia do coronavírus". Na sua primeira edição, respondida de forma on-line por 33 mil jovens de 15 a 24 anos de idade, ela já mostrava que, quando ainda não havia vacinas e os mais velhos eram os mais vulneráveis, os jovens foram protagonistas nos processos mencionados anteriormente, de as comunidades se organizarem para cuidar dos mais vulneráveis: 70% dos jovens responderam que utilizaram as redes sociais para conscientizar os demais sobre a pandemia, 40% apoiaram alguém vulnerável para garantir seu bem-estar e 29% relataram ter realizado alguma doação.

O relato da professora Lilia Melo ilustra bem o tipo de atuação dos jovens na pandemia e como a sua escola a estimulou:

> Muito interessante foi essa formação de ordem prática que aconteceu. Por exemplo, a menina não tinha acesso à internet, mas tinha algum crédito. Ela disponibilizava esses dados móveis para orientar uma senhora com dificuldade de fazer cadastramento [para receber a renda emergencial]. A gente criou grupos de pessoas dentro do projeto de jovens para dar assistência a uma geração que ainda não está familiarizada com as novas tecnologias. Isso foi brilhante, porque a gente sabe que esses meninos dão a vida por uma conexão. Esse é o verdadeiro conceito de tu te importares com o outro, de alteridade, de empatia. Eu pensei: "A gente está exercitando isso na prática". E isso é educação.
>
> [...] A camisa do projeto, a logomarca que está nela... são os meninos que colocam a serigrafia lá, quem costura são mães que estavam desempregadas – 70% da comunidade da periferia trabalha no comércio, e agora, nesse período da pandemia, essas mulheres costuraram máscaras. **A gente tem aqui uma economia criativa e solidária, porque a gente mostra para o menino da periferia que a arte dele pode gerar um produto que traga renda para sua família.** O menino que antes estava

lá, embalando as compras do supermercado, hoje está fazendo um vídeo para divulgar a quitanda da tia Maria da feira, sabe, porque ela tem um perfil no Instagram. Ele está arranjando um troco para ele, e isso é muito importante. (apud Lázaro, 2021: 38 e 134)

O que aprenderam os jovens sobre desigualdade, solidariedade e bem comum? O que aprenderam sobre suas comunidades e sua própria capacidade de promover o bem? Essas perguntas deveriam estar no centro do planejamento do sistema educacional desde o primeiro ano da pandemia.

A terceira edição da pesquisa do Conjuve, realizada em 2022, foi respondida por pouco mais de 16 mil jovens. Perguntados diretamente sobre as aprendizagens e os hábitos adquiridos durante a pandemia, algumas respostas chamam a atenção: muitos passaram a verificar a veracidade das informações (60%), acompanhar as notícias (56%), a política (52%) e a expor a opinião sobre temas importantes (40%); 48% adquiriram o hábito da leitura; a maioria afirmou que os jovens estão encontrando soluções para melhorar seus contextos (81%); estão mais engajados em ações voluntárias e trabalhos sociais (76%); mais preocupados com a proteção ambiental (63%); em relação aos aprendizados específicos, mencionaram saúde mental (95%), prevenção e contágio de doenças (90%) e o valor da ciência (85%). Isso não quer dizer que eles não tenham se sentido prejudicados pela pandemia e, de fato, 81% afirmaram que assim se sentiam. Os aspectos ressaltados por eles em relação às maiores dificuldades foram: foco, organização, interação e falar em público.

A pesquisa também perguntou sobre os impactos da pandemia nos ambientes educativos, escolas e universidades, e vários aspectos positivos foram ressaltados: 66% afirmaram que agora se reconhecem diversas formas de aprender; 65% disseram que as tecnologias digitais são mais bem utilizadas; 60% mencionaram novas dinâmicas de avaliação; 42% entendem que os estudantes ganharam mais autonomia; e 34% disseram que acontecem mais rodas de conversa.

Outras pesquisas mostraram as intensas aprendizagens por que passaram os professores no período. A pesquisa "Educação, docência e a covid-19", realizada pelo grupo Cidades Globais do Instituto de Estudos Avançados da Universidade de São Paulo, criou um formulário respondido por 19.221 professores da rede estadual de São Paulo (quase 10%), residentes em 544 municípios (84% do total). Os professores relataram sentimentos relacionados a desafio, aprendizado e inovação no que se refere à educação mediada por tecnologia. No geral, 62% dos sentimentos citados foram classificados como positivos. Cerca de 80% afirmaram que sua atuação como docente iria mudar para melhor no período pós-pandemia e 68% que a educação em sentido mais amplo também iria melhorar.

Esses resultados confirmam os de outra pesquisa, "Sentimentos e percepção dos professores brasileiros nos diferentes estágios do coronavírus no Brasil", realizada em quatro rodadas ao longo do ano de 2020, com professores do Brasil todo, sendo que em cada rodada foram analisadas 2.400 respostas. Perguntados sobre o que estavam aprendendo na pandemia, professores mencionaram aspectos que passaram a valorizar: a tecnologia para o pedagógico (72%); a diversidade de formas e dinâmicas de estudar e aprender (55%); a acessibilidade (47%); os vínculos com os estudantes (45%); os vínculos com as famílias (42%).

Por fim, o terceiro ator do campo educacional, cujas aprendizagens são fundamentais para a transformação do sistema, são os pais e responsáveis. A pesquisa "Educação não presencial na perspectiva dos estudantes e suas famílias" foi realizada pela Datafolha em seis rodadas, com 1.021 pais ou responsáveis de estudantes das redes públicas municipais e estaduais do país. Na sua quinta rodada, em novembro de 2020, foram feitas perguntas sobre seus aprendizados. Dos entrevistados, 50% destacaram como aspectos mais importantes acompanhar e apoiar os estudantes na aprendizagem; 35%, estarem abertos a diferentes dinâmicas e tendências de ensino; e 29%, estarem em contato com os professores e com a direção da escola, além de estabelecer e acompanhar rotinas de estudos dos seus filhos.

No caso das crianças pequenas, os responsáveis foram envolvidos na mediação das relações entre professores e crianças. Entre os mais velhos, o intenso compartilhamento do espaço domiciliar aproximou os familiares do universo escolar. Aconteceu ainda o reconhecimento, por parte das equipes escolares, da situação de vida das famílias, obrigando os professores a desenvolver estratégias diversificadas para manter o contato com seus estudantes. Toda essa experiência deveria direcionar a reinvenção de uma escola muito mais próxima das famílias, que as inclua em seu projeto pedagógico, currículo e gestão.

## SUPERANDO A FRAGMENTAÇÃO E O ISOLAMENTO

O mundo que levou à pandemia é profundamente marcado pela desigualdade, pela degradação socioambiental e pelo autoritarismo de bases colonial, machista e racista. Como já sabemos desde Bourdieu, Illich, Foucault, entre vários outros pensadores, a escola disciplinar, com sua estrutura baseada nos anos letivos, nas salas de aula, no conhecimento fragmentado e nas provas, tem sua parcela de responsabilidade pela manutenção desse estado de coisas (Singer, 2010).

A pandemia ampliou as vozes dos que desde o século passado denunciam os limites da forma escolar. No ambiente dramático da contagem diária de mortos, nas redes sociais, nos meios de comunicação e nos muitos debates virtuais que se produziram no período, três aspectos centrais da forma escolar foram crescentemente questionados: o currículo, as salas de aula e o isolamento das unidades em relação aos demais agentes sociais. Para além da denúncia, a urgência do momento fez com que novas articulações se construíssem e, com elas, novas possibilidades foram elaboradas.

Em relação ao currículo, se ainda não estava claro que uma extensa lista de conteúdos fragmentados não engaja os estudantes em processos significativos de aprendizagem, com a longa suspensão das aulas, ganhou aderência a proposta de focar no que realmente importa. Os que se prendem ao paradigma bancário passaram a defender a redução do currículo a um mínimo porque "seria o possível naquele momento".

Em sentido oposto, muitos passaram a reconhecer que o currículo escolar deveria superar as aprendizagens instrumentais e tornar a escola um espaço de produção de conhecimentos voltado para o enfrentamento coletivo das questões que nos levaram à pandemia. Exemplar dessa perspectiva encontra-se no relato da professora da Universidade Federal de Alagoas, Laura Souza, ex-secretária estadual de educação:

> Não tem como você reproduzir um modelo de aulas de 50 minutos, seis aulas por dia, durante cinco horas na frente de um computador, de uma televisão. Entendemos que **é necessário um trabalho mais concentrado na manutenção do vínculo do estudante com sua escola e que as aprendizagens sejam construídas de modo mais ativo**, partindo de

uma reflexão do que é importante no contexto que aquele estudante e aquele professor estão vivendo. Então, fizemos uma proposta bem diferente do que a maioria das redes buscou. Trabalhamos com laboratórios de aprendizagem, com metodologias ativas e eliminamos esse conceito de componente curricular. Então, durante as atividades remotas na rede estadual de Alagoas não se fala mais em componente curricular, se fala em laboratórios de aprendizagem, espaços onde os professores vão trabalhar juntos, de forma interdisciplinar, por meio da proposição de roteiros de estudos para os estudantes. E o que enxergamos de positivo nisso? A possibilidade de os professores trabalharem de maneira colaborativa, um apoiando o outro, tanto do ponto de vista técnico-operacional, quanto do ponto de vista emocional; e esse vínculo com os alunos na busca de desenvolver conhecimentos e habilidades que façam sentido para o momento que ele está atravessando, naquele lugar em que ele está vivendo. (apud Lázaro, 2021: 35)

Além do currículo, a pandemia também demonstrou dramaticamente os limites da estrutura baseada em salas de aula com 30, 40 ou mais estudantes em prédios que reúnem centenas deles. Todos passaram a nomear essa formação de "aglomeração". Nada menos propício aos processos educativos. A educação necessita de uma estrutura que garanta a interação pessoal educador-estudante, o acompanhamento individualizado das aprendizagens e, ao mesmo tempo, a experiência coletiva da construção do bem comum, do diálogo, da convivência, do cuidado com o outro, da diversidade. Também ficaram evidentes as necessidades de exploração corporal e de convívio com a natureza.

Nesse aspecto, significativa contribuição foi dada pelo Instituto dos Arquitetos do Brasil (IAB), por encomenda do Sindicato dos Professores do Ensino Oficial de São Paulo (Apeoesp), ao sistematizar orientações para uma escola saudável. O manual técnico associa a qualidade da infraestrutura e do ambiente à gestão e ao currículo e orienta as equipes escolares e secretarias de educação a promoverem um diagnóstico coletivo das condições locais. Com base nesse diagnóstico, é possível construir a corresponsabilidade de todos com a nova definição dos tempos e espaços da escola e o cuidado compartilhado entre equipes, estudantes e comunidade com os recursos comuns.

Por fim, não menos importante, o drama sanitário, com suas consequências letais, tornou urgente o trabalho articulado de atores sociais e institucionais de diferentes setores para a constituição de uma rede de direito. Onde aconteceu a articulação dos agentes da educação, saúde, assistência social, foi possível garantir direitos fundamentais dos estudantes e suas famílias, como a segurança alimentar, a prevenção ao contágio do covid-19 e o acesso a recursos educacionais.

A esse respeito é muito significativo o manifesto "Ocupar as escolas, proteger as pessoas e recriar a educação", sistematizado pela Associação Brasileira de Saúde Coletiva (Abrasco), lançado em parceria com a Associação Nacional de Pós-Graduação e Pesquisa em Educação (Anped) e assinado por mais de 30 sindicatos, entidades nacionais da saúde e da educação e dezenas de outras de abrangência regional.

O manifesto propõe a formação de comitês especiais com a função de realizar diagnóstico de situação, definição de prioridades, estratégias e ações, bem como o monitoramento da pandemia, por escola, por município ou localidade, com representação da comunidade escolar, da saúde, da educação, da assistência social e também da sociedade que habita o território. Afirma ainda que movimentos sociais e organizações da saúde e da educação devem ser chamados a apoiar a população, promovendo reflexões e proposições intersetoriais, envolvendo atores da gestão pública que incluem educação, saúde, assistência social, transporte, planejamento, economia, esportes, cultura e segurança. Segundo o documento, é preciso integrar os sistemas educativos com os serviços do Sistema Único de Saúde (SUS), em seu território de atuação e de vigilância em saúde, mobilizando ações conjuntas em apoio às comunidades escolares.

O manifesto da saúde e da educação, assim como o guia produzido pelos arquitetos, longe de serem documentos datados, com interesse limitado ao contexto pandêmico, devem ser vistos como horizontes de possibilidade da recriação do sistema educacional, com olhares multidisciplinares e responsabilidades compartilhadas sobre o desenvolvimento das novas gerações.

Embora tenham sido produzidos na urgência, estruturam-se sobre os princípios da educação integral, que desde o início deste século vem se fortalecendo em experiências de bairros e comunidades e em políticas das três esferas do governo (Moll, 2012). A educação integral propõe a articulação dos diversos espaços e agentes de um território para garantir o desenvolvimento dos indivíduos em todas as suas dimensões – intelectual, afetiva, corporal, social e simbólica. Compreende-se que para tão complexa tarefa é necessária a integração de diversos atores em torno de um projeto comum, um projeto que possa transformar localidades em bairros que se educam. A escola tem papel primordial nesse processo, já que é a instituição social reconhecida por sua missão educativa e é, hoje, o equipamento público mais distribuído pelo território nacional. Mas, para que se integre às famílias e demais agentes educativos da comunidade, a escola precisa de um projeto político pedagógico transformador. Este projeto promove o desenvolvimento das capacidades das pessoas para transformar as realidades, buscando resolver os problemas sociais e as necessidades das comunidades. Segue o caminho aberto pela educação popular, de Paulo Freire, cujo ponto de partida são os saberes populares e o diálogo entre educador e educando. A partir da reflexão conjunta sobre a realidade, constroem-se as possibilidades para sua transformação.

## AS FORÇAS DO PASSADO

Durante todo o período da pandemia e após a sua superação, estiveram em disputa, de um lado, as propostas que reforçam o sistema anterior e, de outro, as que buscam alavancar as transformações necessárias.

A conquista do mundo em que todos podem ser agentes da transformação para o bem comum, o mundo em que não haja novas pandemias, depende de como nos apropriamos das aprendizagens proporcionadas e das inovações criadas durante a pandemia. Foram mais de dois anos de muitas perdas e tristeza, mas também com intensos processos de aprendizado e muitas inovações.

Em sentido oposto, reconhecendo o eminente risco de perderem seus alicerces de poder, as forças que causaram a pandemia, ou seja, as forças comprometidas com a degradação socioambiental, a desigualdade social e o autoritarismo, logo se mobilizaram para apresentar "soluções" para os problemas causados pela pandemia que mantêm o estado das coisas. Durante a fase do distanciamento social, essas "soluções" foram as que proporcionavam

**119**

acesso direto a dados de docentes e discentes por plataformas privadas, sem consulta prévia ou esclarecimento em torno da privacidade e uso de dados; plataformas de ensino que conformam o trabalho do professor e reduzem a atuação do estudante a respostas a itens; sistemas eletrônicos de controle de frequência e aproveitamento escolar usados para ranqueamento de escolas, fechamento de turmas, turnos e escolas. Assim, professores ameaçados de cortes salariais e perda de emprego foram transformados em entregadores de atividades remotas assíncronas.

Quando as escolas finalmente retomaram o presencial, isso se fez, em muitos lugares, sobre as bases da velha escola, com suas salas de aula, provas e séries. De início, inclusive, foi implementado um caminho híbrido, com os estudantes voltando em rodízio para salas de aula onde as carteiras estavam enfileiradas e o professor à frente, tendo a lousa às suas costas. Naquele formato, o professor não só tinha que expor o conteúdo para os estudantes nas carteiras, mas também para a outra parte deles, os que ficavam em casa e assistiam através das câmeras.

Aos poucos, as escolas foram recebendo a totalidade dos estudantes, mas, em vez de priorizar o acolhimento e a construção coletiva de novas formas de organizar tempos, espaços, grupos e relações, muitas redes priorizaram avaliações externas para "diagnosticar as perdas da aprendizagem".

O resultado de tudo isso foi o aumento intenso dos episódios de violência escolar. A pesquisa "Violência nas escolas", realizada pela *Nova Escola*, em julho de 2022, com 5.305 professoras e professores das redes pública e privada de todos os níveis de ensino constatou que 65,8% relataram aumento de violência nas escolas e 15% relataram a violência como um problema diário. Não se trata apenas de violência por parte dos estudantes, embora esses casos representassem a metade da amostra, seguidos dos casos de violência cometida pelos pais de alunos (25,65%), pelos gestores das escolas (11,4%) e por outros professores (9%).

Dados da Secretaria da Educação de São Paulo, onde a visão do retorno ao velho sistema educacional foi preponderante, revelaram aumento de 48,5% dos casos de agressões físicas nos dois primeiros meses de aula em 2022, em comparação a 2019. No período, houve registro de 4.021 casos (Basílio, 2022). Foram, em média, 108 casos de violência por dia letivo nas 5.500 escolas estaduais, de acordo com a Plataforma Conviva, onde são registradas as ocorrências escolares. Também houve aumento de ações violentas praticadas por grupos ou gangues, aumento dos casos chamados de *bullying* (77%) e ameaças (52%).

Além da violência, cresceram os casos de adoecimentos de estudantes. Mapeamento feito pela Secretaria Estadual de Educação de São Paulo com 642 mil estudantes apontou que 70% relatavam sintomas de depressão e ansiedade. Um em cada três afirmava ter dificuldades para conseguir se concentrar no que era proposto em sala de aula. No Recife, ganhou as manchetes dos jornais de todo o país o caso de um surto coletivo de 26 estudantes que passavam por uma semana de provas (Dias, 2022).

As forças comprometidas com a manutenção do estado de coisas crescem na ausência de projetos de futuro, crescem quando os que desejam mudar não têm propostas claras sobre como fazer. Na ausência de propostas, mantém-se o velho. Felizmente, na educação brasileira existem projetos e experiências de como fazer diferente e essas iniciativas se fortaleceram e multiplicaram durante a pandemia.

## REVIRAVOLTA DA ESCOLA

Durante a pandemia, organizações e redes que envolvem iniciativas inovadoras, comprometidas com a educação integral e transformadora, uniram-se em torno do projeto "Reviravolta da escola", com o objetivo de articular caminhos possíveis para se recriar a escola necessária para o mundo pós-pandemia. As experiências inovadoras mencionadas a seguir foram levantadas e sistematizadas por essa iniciativa.

Por inovações nos referimos às iniciativas de pessoas e comunidades criadas com base em pesquisa, com metodologia clara, sobre a realidade em que vivem para enfrentar os desafios sociais de seu contexto. Então, a inovação na educação são as metodologias e tecnologias criadas pelas organizações educativas para enfrentar os desafios e garantir que todos possam aprender e se desenvolver (Singer, 2019). Trata-se de experiências que traçam outras possibilidades, experiências de redes, escolas, organizações educativas comunitárias, educadores e estudantes que se estruturam sobre os princípios da democracia, da inclusão, da integralidade e da transformação e que conseguiram estabelecer novos parâmetros sobre como trabalhar na pandemia. Essas experiências podem, se conhecidas e apoiadas, alavancar as mudanças necessárias na educação.

Iniciando pelas redes públicas de ensino, devemos conhecer a experiência de Almirante Tamandaré, região metropolitana de Curitiba, onde a secretaria municipal de educação fomentou a criação de Casas Sementeiras, com mais de 300 pessoas que abriram suas casas para receber os materiais de alguma escola próxima e distribuí-los, quinzenalmente, para dez famílias cada que viviam no entorno. Quando recebiam os responsáveis para entregar os materiais, conversavam sobre como estavam todos, quais suas necessidades. As caixas continham roteiros de atividades e os recursos necessários para realizá-las. As propostas eram contextualizadas pelas características específicas do território e a rotina das famílias. Assim, enquanto para as crianças do berçário a proposta era uma observação sensorial durante o banho, para os estudantes da Educação de Jovens e Adultos (EJA) tratava-se de registrar as receitas feitas. Passados 15 dias, quando a família retornava à Casa Sementeira para pegar a nova caixa, deixava os registros realizados para serem encaminhados aos professores. Em relação ao trabalho dos professores, a reorganização também se baseava no coletivo, buscando-se que as escolas de um mesmo território atuassem conjuntamente. Assim, professores que atuavam com as mesmas faixas etárias formavam grupos de trabalho, que planejavam juntos as atividades pedagógicas remotas.

Várias outras redes de ensino também estimularam os cuidados entre as famílias, além de criarem estratégias para as escolas catalisarem os serviços de saúde e da assistência para apoiarem as famílias mais necessitadas. Outra invenção da pandemia feita pelas redes de ensino foi o mapeamento de espaços abertos adequados disponíveis para evitar que, ao retomar o presencial, estudantes e equipes escolares ficassem sob o risco dos ambientes fechados. Assim, praças, parques, centros esportivos foram integrados a rotinas e currículos. A suspensão da forma escolar presencial possibilitou também que várias redes reunissem professores de diferentes escolas para planejarem em conjunto, principalmente escolas dos mesmos territórios, que, assim, puderam refletir e organizar juntas os melhores caminhos para atender às necessidades específicas de seu público.

As escolas também criaram diversas possibilidades de atuar na pandemia. As que já possuíam um projeto político pedagógico transformador tiveram maiores condições de atuar, reinventando formas de manter os vínculos, organizar as atividades e conectar-se com as necessidades de suas comunidades. Um bom exemplo foi o da escola da rede municipal de São Paulo, a Infante Dom Henrique/Espaço de Bitita. O nome composto dessa escola já anuncia o caráter de seu projeto pedagógico: estando localizada no bairro onde vivia a escritora Carolina de Jesus, a escola pleiteou a mudança de seu nome, que homenageia uma figura da nossa tradição colonialista, para o nome da escritora negra, que se tornou referência literária a partir de sua narrativa sobre sua vida como catadora de materiais recicláveis. Não tendo obtido autorização para a mudança do nome, a escola adotou o nome composto, incluindo o apelido da escritora ao lado do nome do navegador.

Durante a pandemia, coerente com seu projeto comprometido com a comunidade em que está e o desenvolvimento integral de seus estudantes, a escola priorizou as rodas de conversa. Juntos, estudantes e professores conversavam sobre respeito ao outro, à diversidade, sobre as questões de convivência. Os temas surgiam do próprio grupo. O uso de ambientes externos, logo no começo do dia, para brincadeiras, rodas de conversas e momentos de leituras foi importante para estreitar laços entre os estudantes, professores e também para ajudá-los a se concentrar.

Nas turmas do fundamental 1, o foco era entender como os estudantes estavam concebendo a leitura, a escrita e as outras áreas do saber, como se identificavam no território, observavam e agiam no meio, em um trabalho interdisciplinar, envolvendo arte, corpo e movimento.

Na Espaço de Bitita, nos anos finais do fundamental, os estudantes aprendem por meio de roteiros de aprendizagem bimestrais que dialogam com os componentes curriculares a partir dos temas locais, como o rio que atravessa o território, a relação com a imigração, a história da moradia, o processo industrial e as fábricas de doce da região. Acompanhados pelo professor-tutor e por professores de cada área do conhecimento, os estudantes são responsáveis por conduzir seu processo de aprendizagem. Na pandemia, a questão da saúde mental foi o que mais concentrou a atenção da escola em relação aos adolescentes, especialmente no período do retorno gradual ao presencial. Os estudantes do fundamental 2, assim como os da EJA, foram distribuídos de modo que cada professor acompanhasse 16 jovens. Os professores apoiavam na organização da rotina de estudos, informando-se sobre as condições da família, tanto em relação ao acesso a internet e equipamentos, quanto em relação a questões básicas, como moradia, saneamento e alimentação.

Em processos semelhantes, outras escolas que também organizam o currículo por roteiros ou projetos, em abordagem interdisciplinar e integrando os estudantes por interesse, não por série, passaram a desenvolver estratégias que ultrapassam em muito os limites de aulas remotas, como indicação de filmes, obras de arte ou textos para serem lidos em família. As atividades passaram a envolver as pessoas e incorporar os recursos da casa como objetos de pesquisa. Mesmo escolas que ainda não inovavam narram como a pandemia, ao forçar a adaptação da vida para o ambiente remoto, possibilitou pela primeira vez reuniões de equipes com professores de diferentes turnos e aproximação com a famílias, que nunca podiam comparecer às reuniões escolares, além do uso de novos dispositivos de acompanhamento da aprendizagem que favorecem a autonomia, como portifólios e autoavaliação.

Lembrando que a educação não acontece somente na escola, as organizações educativas comunitárias, que muitas vezes tem mais facilidade para inovar, também criaram novas possibilidades na pandemia. A Fundação Casa Grande Memorial do Homem Kariri em Nova Olinda, no sul do Ceará, por exemplo, trabalha desde a educação infantil até a profissionalização de jovens, com conhecimentos ligados às áreas da arqueologia, gestão social, turismo comunitário, cultura e comunicação. Durante a pandemia encontrou nas lives e outras atividades remotas uma maneira de continuar difundindo o patrimônio cultural da chapada do Araripe. A visita aos museus orgânicos – erguidos dentro das casas dos mestres populares da região, onde as crianças e jovens aprendem sobre reisado, artesanato, entre outros saberes – continuaram acontecendo, só que virtualmente. Descobriram que as transmissões ao vivo possibilitam alcançar ainda mais pessoas e, por isso, decidiram continuar mesmo quando superada a pandemia.

A transformação necessária da educação também é produzida pelos jovens, que criam muitas possibilidades de engajar outros em processos qualificados de aprendizagem e transformação. Na pandemia, assim como tudo na vida, essas iniciativas precisaram se reinventar, mas se valeram da maior intimidade das juventudes com as tecnologias digitais para chegar a ainda mais pessoas. Uma dessas iniciativas, por exemplo, é Folhas que Salvam, criada por estudantes do ensino médio de Goiás com a missão de promover ações em prol do meio ambiente, como mutirão de plantio de árvores, coleta de lixo e palestras de conscientização. Divulgadas nas redes sociais, o alcance das ações expandiu-se a ponto de levar à criação do programa de embaixadores do projeto. A iniciativa convoca os voluntários a realizar missões em seus territórios, que vão desde produzir relatórios sobre as especificidades ambientais do local até pressionar o poder público por medidas. Hoje, são mais de 200 embaixadores presentes em todos os estados organizados em turmas que atuam juntas por três a seis meses.

Assim como esta, há muitas outras iniciativas lideradas por jovens no Brasil, que criam formas inovadoras de aprender, engajar voluntários em ações para o bem comum, integrar pessoas de diferentes gerações em processos de mentoria, gerar conteúdos de qualidade, democratizar o acesso a serviços, compartilhar informações e promover jornadas formativas.[1]

O que essas iniciativas – de redes, escolas, organizações comunitárias e jovens de todas as regiões do país, em contextos urbanos, rurais e de floresta – revelam são intensos processos de aprendizado e criação de inovações mobilizados pela pandemia, que fazem avançar a transformação necessária da educação.

## OS SENTIDOS DA MUDANÇA

Durante os anos dominados pela pandemia do coronavírus, as pessoas, organizações e sociedades aprenderam muito, como não podia deixar de ser. Também se organizaram de diferentes formas e criaram caminhos para enfrentar a doença e suas consequências sociais. Na educação, esse processo foi atravessado por disputas entre as forças comprometidas com a manutenção do estado de coisas, que, por isso mesmo, não podem deixar que se reconheçam as aprendizagens e inovações, e as forças comprometidas com a mudança. Este capítulo pretendeu contribuir com o segundo lado da disputa, a partir de uma leitura geral sobre o que foi aprendido e criado. Em síntese, a análise deste material aponta para quatro dispositivos predominantes nas inovações.

O primeiro é a solidariedade entre os jovens, as famílias, as comunidades, os educadores e as escolas. Um dispositivo tão urgente e evidente em situações extremas como as vividas na pandemia, mas tão ausente na gestão burocrática dos sistemas de ensino, na lógica competitiva da organização escolar e no modo de vida individualista que nos governa.

O segundo dispositivo é da integração: entre os agentes da educação, saúde, assistência social e do urbanismo em uma lógica intersetorial que supera a velha fragmentação dos serviços; integração entre os ambientes da escola e da casa, entre os tempos de aprender e viver, superando assim a fragmentação característica das grades horárias e muros escolares.

O terceiro dispositivo é da valorização do que historicamente tem sido negado pelo universo escolar, a valorização dos saberes, histórias e experiências das famílias e comunidades; a valorização da capacidade dos jovens de se organizar coletivamente e criar.

O quarto dispositivo é o dos vínculos: entre os profissionais das escolas, que de modo inédito, podendo se reunir com qualidade, passam a finalmente se constituir como equipe; entre a escola e a comunidade, tornando a primeira um equipamento a serviço da última, não a serviço da burocracia estatal; entre professores e famílias, na corresponsabilidade pela educação das novas gerações.

Estes quatro dispositivos indicam o sentido da mudança que pode ser alavancada pela pandemia.

## Nota

[1] Para conhecer mais as iniciativas lideradas por jovens na educação, veja a seção Juventudes do site do Movimento de Inovação na Educação (https://movinovacaonaeducacao.org.br/juventudes/).

## Bibliografia

ABRASCO; ANPED et al. Manifesto Ocupar Escolas, Proteger Pessoas, Recriar a Educação. Disponível em: 2020_10_26_manifesto_ocupar_escolas_proteger_pessoas_recriar_educa.pdf (cnte.org.br). Acessado em: 21 fev. 2023. Versão posterior, com mais assinaturas e uma alteração no nome consta do site da Abrasco, disponível em: https://www.abrasco.org.br/site/wp-content/uploads/2020/10/MANIFESTO-_OCUPAR-ESCOLAS-PROTEGER-PESSOAS-RECRIAR-A-EDUCACAO_2-1.pdf. Acessado em: 21 fev. 2023.

BASILIO, A. L. Retomada das aulas presenciais acirra a violência nas escolas. O que fazer para superá-la? *Carta Capital*, 8 maio 2022. Disponível em: https://www.cartacapital.com.br/educacao/retomada-as-aulas-presenciais-acirra-a-violencia-nas-escolas-o-que-fazer-para-supera-la/. Acessado em: 21 fev. 2023.

CIDADES GLOBAIS. Educação, docência e a covid-19. São Paulo: IEA-USP, 2020.

CNE. Parecer nº 11, de 7 de julho de 2020.

_____. Parecer CP nº 15, de 6 de outubro de 2020.

CONJUVE e parceiros. Pesquisa juventudes e a pandemia do coronavírus – 2020 (1ª ed), 2021 (2ª ed) e 2022 (3ª ed). Disponível em: https://atlasdasjuventudes.com.br/juventudes-e-a-pandemia-do-coronavirus/. Acessado em: 8 mar. 2023.

CREI, MIE e parceiros. Campanha reviravolta da escola. Disponível em: https://educacaointegral.org.br/especiais/reviravolta-da-escola/. Acessado em: 8 mar. 2023.

DIAS, P. E. Escola no Recife tem 26 alunos atendidos com crise de ansiedade. *Folha de S.Paulo,* 10 abr. 2022. Disponível em: https://www1.folha.uol.com.br/educacao/2022/04/escola-no-recife-tem-26-alunos-atendidos-com-crise-de-ansiedade.shtml. Acessado em: 8 mar. 2023.

FREIRE, P. *Pedagogia da esperança:* um reencontro com a pedagogia do oprimido. 13. ed. São Paulo: Paz e Terra, 2006.

FUTURA. Educação na pandemia: voltar ou não às aulas presenciais? 18 fev. 2021. Disponível em: https://www.futura.org.br/educacao-na-pandemia-maioria-dos-pais-ve-prejuizos-na-educacao-das-criancas-segundo-pesquisa-datafolha/#:~:text=Quinta%20Onda%20Em%20um%20per%C3%ADodo%20de%20sete%20meses,de%20alguns%20indicadores%20da%20educa%C3%A7%C3%A3o%20remota%20em%202020. Acessado em: 21 fev. 2023.

IAB. Manual técnico para escolas saudáveis. São Paulo, 2020. Disponível em: https://www.iabsp.org.br/iab_ape-osep_manual_escolas_saudaveis.pdf. Acessado em: 21 fev. 2023.

INEP. Censo escolar. Disponível em: https://www.gov.br/inep/pt-br/areas-de-atuacao/pesquisas-estatisticas-e-indicadores/censo-escolar. Acessado em: 21 fev. 2023.

INSTITUTO PENÍNSULA. Sentimentos e percepção dos professores brasileiros nos diferentes estágios do coronavírus no Brasil. Disponível em: chrome-extension://efaidnbmnnnibpcajpcglclefindmkaj/https://institutopeninsula.org.br/wp-content/uploads/2021/05/Pulso-Sentimentos_-dados-compilado.pdf. Acessado em: 8 mar. 2023.

LÁZARO, A. (org.). *Livro das lives:* reflexões para a educação pós-pandemia. São Paulo: Fundação Santillana, 2021.

LUNETAS. Educadores relatam aumento de violência nas escolas. O que fazer? 24 ago. 2022. Disponível em: https://lunetas.com.br/pesquisa-violencia-nas-escolas/. Acessado em: 8 mar. 2023.

MOLL, J. et al. *Caminhos da educação integral no Brasil:* direito a outros tempos e espaços educativos. Porto Alegre: Penso, 2012.

NEXO POLÍTICAS PÚBLICAS. As desigualdades na educação ressaltadas pela pandemia, 2021. Disponível em: https://pp.nexojornal.com.br/Dados/2021/04/29/As-desigualdades-na-educa%C3%A7%C3%A3o-ressaltadas-pela-pandemia. Acessado em: 8 mar. 2023.

SINGER, H. A inovação na educação. *Anais do II Seminário Inovação Pedagógica: formação acadêmico-profissional.* Unipampa, Uruguaiana, 2019, pp. 15-21. Disponível em: https://dspace.unipampa.edu.br/bitstream/riu/4582/1/ANAIS%20II%20SEMIN%C3%81RIO%20INOVA%C3%87%C3%83O%20PEDAG%C3%93GICA%20FINAL%202019.pdf. Acessado em: 9 mar. 2023.

_____. *República de crianças:* sobre experiências escolares de resistência. Campinas: Mercado de Letras, 2010.

# As tecnologias audiovisuais e a formação das crianças

*Ana Laura Lima*

> Este capítulo reflete sobre os efeitos das tecnologias audiovisuais na formação das crianças, a partir de uma análise de discursos de médicos, psicólogos e professores nos anos 1930 a 1980. Descreve como os especialistas avaliavam o potencial educativo do rádio, do cinema e da televisão, bem como as orientações e advertências oferecidas às famílias e aos professores sobre como empregá-los em casa e na escola, considerando tanto os seus benefícios como os seus riscos à saúde e à educação das crianças.

No período entre as duas grandes guerras mundiais, o educador Lourenço Filho manifestava a esperança de que o rádio, então uma nova tecnologia, ao permitir aproximar as pessoas, poderia contribuir para a união dos povos e a paz universal:

> A radiocomunicação, tão simples, tão econômica, de aplicações ainda mal entrevistas, é a verdadeira maravilha de nosso tempo. Ela realiza, de fato, a comunicação, isto é, torna comuns os homens, no pensar e no sentir, por isso que pode tornar comuns aos homens as mesmas dádivas do saber, do bem e da beleza. Em nossos dias, milhões de pessoas, de diferentes povos, dos mais estranhos costumes, nos mais diversos pontos da Terra, tendo em face uma pequenina caixa de madeira, dão a volta a um botão e se comunicam. Quer dizer: são levadas a pensar sobre os mesmos problemas, entendem-se, compreendem-se, junto se alegram ou se entristecem, anseiam junto e junto meditam... (Lourenço Filho apud Espinheira, 1934: 8)

No prefácio para o livro *Rádio e educação* (1934), de Ariosto Espinheira, Lourenço Filho antevia as possibilidades do rádio, mas tinha clara consciência de que "o rádio é um instrumento, não um programa". Para ele, como para muitos dos seus contemporâneos, era preciso que o rádio estivesse a serviço da educação. Não lhe ocorreria pensar que a educação devesse ser submetida às exigências do rádio.

Ariosto Espinheira, por sua vez, expressava já nas primeiras páginas do livro a percepção de que o rádio e o cinema eram tecnologias poderosas, de alcance internacional, cuja força era preciso saber orientar. Em suas palavras:

> Como a cinematografia, a radiofonia, em seu início, não pretendia senão distrair e recrear; mas verifica-se, claramente, a importância do papel social que desempenharão essas novas "potências internacionais", que impressionam o público com uma força sempre crescente e impossível de refrear. É preciso, pois, dirigi-las. (Espinheira, 1934: 11)

Atualmente, os educadores voltam a sua atenção para as novas possibilidades de acesso à informação e de interação entre as pessoas criadas pela internet, enquanto se perguntam sobre os seus efeitos na formação das crianças e dos adolescentes. Enquanto se aposta que as escolas, os professores e suas práticas de ensino devem ser inteiramente transformados para se adaptar às novas formas de disseminação da informação, de interação e de trabalho, ao mesmo tempo surgem preocupações relacionadas aos riscos que correm as crianças e os adolescentes entregues às redes sociais, aos vídeos, aos jogos de computador e tudo o mais que a internet lhes oferece. Problemas emocionais como baixa autoestima, ansiedade e depressão, comportamentos de risco como automutilação e até o aumento do suicídio entre os jovens já foram associados aos usos da internet. Pediatras, educadores, psicólogos, neurocientistas e outros especialistas dedicam-se a avaliar os benefícios e os riscos da utilização precoce e ampliada dos aparelhos eletrônicos pelas crianças, procurando ao mesmo tempo oferecer orientações às famílias sobre como administrar em casa o uso desses equipamentos. Contudo, a preocupação com os efeitos dos recursos audiovisuais e das novas tecnologias no desenvolvimento infantil não é nova.

No Brasil e em outros países, desde as primeiras décadas do século XX, surgiram iniciativas para a disseminação do rádio e do cinema e discutia-se o seu potencial educativo, enquanto, ao mesmo tempo, se advertia quanto aos perigos dos programas comerciais voltados ao entretenimento para a formação das novas gerações. Nos Estados Unidos, na Suécia e na França, foram criadas instituições para promover o cinema educativo já na década de 1910. Em 1933, foi criado o British Film Institute (Bohlmann, 2019). No Brasil, as iniciativas voltadas à introdução do rádio e do cinema nas décadas de 1920 e 1930 orientavam-se para o objetivo de instruir a população dispersa pelo seu vasto território, propagando a ciência e a cultura. Pretendiam ainda contribuir para a integração e a formação da identidade nacional. O Instituto Nacional do Cinema Educativo (Ince) foi criado no ano de 1937 e tinha como objetivo promover o cinema como recurso auxiliar para o ensino nas escolas e para a educação popular. Também os discursos da puericultura, da psicologia e da educação dedicados ao estudo das condições adequadas ao desenvolvimento infantil frequentemente se referiram aos efeitos desses recursos audiovisuais para a formação das crianças e dos adolescentes.

Este capítulo caracteriza o modo como esses discursos tratavam das possibilidades e dos benefícios potenciais, mas também dos riscos do rádio, do cinema e da televisão para o desenvolvimento e a educação das crianças. Tem como objetivo específico compreender como se procurou normalizar os usos desses recursos audiovisuais na educação e no lazer das crianças, dos adolescentes e suas famílias, a partir da veiculação de informações e recomendações formuladas por especialistas interessados no desenvolvimento infantil. Orienta-se por questões como as seguintes: como os autores dos livros de puericultura, psicologia educacional e pedagogia avaliavam os riscos e os benefícios do rádio, do cinema e da televisão para o desenvolvimento e o aprendizado das crianças? Que potencial educativo viam nesses recursos e quais orientações ofereciam às famílias e aos professores sobre como empregá-los em benefício da educação das crianças e dos adolescentes? Por outro lado, que advertências e restrições apresentavam ao seu uso em casa e na escola? Que riscos à saúde e à educação das crianças identificavam nos conteúdos veiculados pelo rádio, o cinema e a televisão?

A análise incide sobre 13 livros de puericultura, psicologia do desenvolvimento e educação publicados no Brasil entre 1930 e 1980, período caracterizado pelo ideário desenvolvimentista, pela disseminação dos princípios da Escola Nova e pela realização de investimentos na modernização do país, incluindo a criação de instituições e de estrutura material voltadas à disseminação de conteúdos e recursos audiovisuais de caráter educativo, dentre os quais a Confederação Brasileira de Radiodifusão, cujas atividades foram iniciadas em 1933 e no âmbito da qual se criaram a Comissão Rádio Educativa, o já mencionado Instituto Nacional de Cinema Educativo, de 1937, e a TV Educativa, que iniciou suas transmissões em 1975.

Escritos por autores reconhecidos como especialistas em crianças e destinados às famílias, em especial às mães e aos professores, os livros examinados apresentavam o que se considerava como sendo a verdade sobre os efeitos dos recursos audiovisuais no desenvolvimento das crianças, em alguns casos recorrendo a resultados de pesquisas realizadas sobre o tema. Além de informar, esses livros também tinham como objetivo oferecer recomendações aos pais e educadores relativas aos usos adequados do cinema e do rádio na rotina e na educação das crianças. Aconselhavam sobre como escolher filmes adequados à idade, como estabelecer limites ao tempo que elas assistiam à televisão, bem como, sobretudo, aos cuidados que se devia ter em relação aos filmes e programas considerados prejudiciais à formação moral e ao desenvolvimento psicológico, como se procura mostrar a seguir. Em suma, procuravam orientar pais e educadores sobre como evitar os perigos do rádio, do cinema e da televisão para as crianças e os adolescentes, bem como ensinar-lhes a transformá-los em recursos educativos.

A seguir, apresentam-se algumas informações que ajudam a compreender como se deu a introdução do rádio, do cinema e da televisão educativos no Brasil. Depois disso, analisam-se os discursos dos especialistas que expressam a sua percepção das possibilidades e dos riscos dessas tecnologias para a educação e o desenvolvimento das crianças.

## ASPECTOS HISTÓRICOS DA INTRODUÇÃO DO RÁDIO, DO CINEMA E DA TELEVISÃO EDUCATIVOS NO BRASIL

A criação do rádio, do cinema e da televisão educativos no Brasil segue-se à implementação de suas versões comerciais e são motivados por dois fatores fundamentais que serão analisados a seguir, a partir do exame dos discursos de educadores e outros especialistas. Por um lado, as novas possibilidades que esses recursos representavam para a educação, dentre as quais a de alcançar um vasto público, inclusive pessoas vivendo nas regiões distantes dos centros urbanos, e a de despertar o interesse e aproximar a realidade do público de uma maneira mais vívida do que os livros ou o discurso da professora poderia fazer. Por outro lado, havia a preocupação dos educadores em relação aos efeitos dos conteúdos do rádio, do cinema e da televisão comerciais sobre a formação das crianças e dos adolescentes.

Da década de 1920 em diante, a defesa do emprego do rádio e do cinema na escola com propósito educativo foi articulada à propagação dos princípios escolanovistas, incluindo a crítica ao ensino verbalista, continuamente associado à escola tradicional que se buscava superar. Especialmente as imagens em movimento produzidas pelo cinema apareciam como um recurso poderoso para capturar o interesse das crianças e aproximá-las das experiências do mundo real. A introdução do rádio e do cinema na escola passavam a representar a modernização das práticas de ensino, assim como um modo de fazer frente ao cinema voltado exclusivamente ao entretenimento, muitas vezes reprovado pelos educadores e outros intelectuais, como se verá adiante.

O Decreto n. 2.940, de 22/11/1928, assinado pelo educador Fernando de Azevedo, no período em que foi o diretor da Instrução Pública do Distrito Federal, já durante o governo Vargas, propunha uma reforma escolar na qual estava prevista a criação de uma sala de projeção nos edifícios projetados especialmente para funcionarem como escolas destinadas ao ensino primário, normal, doméstico e profissional. O decreto estabelecia que "O cinema será utilizado exclusivamente como instrumento de educação e como auxiliar do ensino que facilite a ação do mestre sem substituí-lo" (Farias e Cazetta, 2021: 7). Em trabalho sobre o cinema educativo em São Paulo, Ariadne Ecar e Fernanda Franchini afirmam que a mesma preocupação foi expressa, entre outros, por Lourenço Filho, em texto do número especial da revista *Escola Nova*, dedicado ao cinema educativo, publicado em 1931. Além disso, conforme as autoras (2020: 215),

> Para o educador paulista, além da instrução e da educação, o cinema contribuía para o cooperativismo escolar e para a projeção social da escola, dessa forma, os pais poderiam conhecer melhor o ambiente de aprendizagem formal dos filhos, aproximando-se de suas atividades.

Por intermédio do cinema educativo esperava-se influenciar os costumes no meio urbano por meio da apresentação de bons modelos de organização e decoração do lar, vestuário e boas maneiras. Tendo em vista essas possibilidades, no mesmo ano Lourenço Filho promoveu a Exposição Preparatória do Cinema Educativo, realizada no Instituto Pedagógico da cidade de São Paulo, que se seguia à 1ª Exposição de Cinematographia Educativa, organizada por Jonathas Serrano na Escola José de Alencar, no Rio de Janeiro, em 1929. De acordo com Ecar e Franchini (2020: 229), a propósito da exposição paulistana,

> [...] a finalidade do evento consistia em apresentar aos professores os tipos de aparelhos, telas e outros acessórios, bem como as fitas pedagógicas exibidas para orientação no assunto. Outro intuito era o de propagandear o cinema educativo para que fizesse parte do aparelhamento escolar.

Em 1932, Getúlio Vargas sancionava outro decreto promovendo o cinema no país. Tratava-se do Decreto n. 21.240, que destacava seu valor, em particular do "filme documentário, seja de caráter científico, histórico, artístico, literário e industrial" para a educação das massas, o qual alcançava inclusive os analfabetos (Farias e Cazetta, 2021: 8), ao mesmo tempo que regulava o serviço de censura da produção cinematográfica. Esse serviço seria desempenhado por uma comissão formada por um representante da Polícia, um do Juizado de Menores, o diretor do Museu Nacional e dois professores, um dos quais indicado pelo Ministério da Educação e outro represente da Associação Brasileira de Educação. Conforme o decreto, caberia a essa comissão julgar "a impropriedade dos filmes para menores [...] tendo em vista proteger o espírito infantil e adolescente contra as sugestões nocivas e o despertar precoce das paixões" (Brasil, 1932, apud Rosa, 2015). Os eventos e regulamentações anteriormente descritos são exemplos das iniciativas que culminaram na criação do Instituto Nacional do Cinema Educativo (Ince) no âmbito do Ministério da Educação e da Saúde, em 1936.

> Em suas três décadas de funcionamento, o Ince manteve-se vinculado ao Ministério da Educação e da Saúde, sendo responsável pela produção de aproximadamente 500 títulos, compondo um amplo acervo de cinema educativo. As temáticas abordadas giravam em torno da divulgação científica brasileira, as ciências da natureza, as artes e os filmes de divulgação e publicidade do governo federal, tais como inaugurações de obras públicas e cenas de atividades governamentais. (Farias e Cazetta, 2021: 9-10)

A propósito dessas iniciativas, é indispensável destacar o nome de Roquette-Pinto, intelectual brasileiro cujo interesse pelo cinema levou-o a iniciar já em 1910 uma filmoteca no Museu Nacional com o propósito de reunir registros de natureza científica. Ele foi também um dos principais responsáveis pela criação do Ince, onde permaneceu atuante até a sua aposentadoria em 1947 (Farias e Cazetta, 2021: 8). Além disso, foi o responsável pela criação da Rádio Sociedade do Rio de Janeiro, em 1923, bem como o criador da Rádio Escola Municipal do Distrito Federal e do Serviço de Radiodifusão Educativa do Ministério da Educação e Saúde. Protagonizou ainda um dos primeiros experimentos com a tecnologia da televisão no Brasil, em 1933, nos laboratórios da Rádio Sociedade do Rio de Janeiro (Rosa, 2015).

Foi Roquette-Pinto que idealizou a primeira proposta de rádio educativo de alcance nacional, publicada na revista *Electron* no ano de 1926. Sua formulação considerava o potencial desse veículo de transmissão, capaz de contribuir para a disseminação da cultura, da instrução elementar e do civismo, favorecendo assim o progresso. "A projeção era que o país possuía, naquele momento, cerca de 30 mil lares com receptores que atingiriam, em média, seis pessoas cada, chegando, assim, diariamente, a mais de 150 mil ouvintes" (Rosa, 2015: 45).

Mesmo que a tecnologia da televisão já estivesse disponível na década de 1930, sua ampla disseminação ocorreu apenas após a Segunda Guerra Mundial, inclusive na Alemanha, país precursor no desenvolvimento do novo meio de transmissão audiovisual. Enquanto as fábricas deixaram de produzir aparelhos televisores para se concentrar na fabricação de material bélico, as transmissões televisivas foram interrompidas, e o rádio permaneceu como o veículo mais importante de informações sobre o conflito. No Brasil, a televisão aberta foi, enfim, iniciada no ano de 1950, com a inauguração da TV Tupi Difusora de São Paulo. A televisão cresceu rápido no país. Já no ano seguinte contava-se com 11 mil televisores e, na década posterior à inauguração do primeiro canal, outros 21 surgiriam em várias cidades brasileiras (Rosa, 2015).

Assim como ocorreu com o rádio e o cinema, à implementação da televisão comercial seguiu-se a preocupação relativa aos seus efeitos na mentalidade do povo e na formação das crianças, e se passou a debater a conveniência e a necessidade de se promover a TV educativa. Em pesquisa sobre o tema, Rondon Rosa (2105) examinou o debate sobre a questão a partir do jornal *Correio da Manhã*, onde encontrou referências ao que já se discutia nos Estados Unidos da América sobre o potencial educativo da televisão, bem como a viabilidade de sua implementação.

> No dia 12 de setembro de 1950, na coluna intitulada Televisão e Educação, o periódico ressaltava que a nação americana é dividida entre duas opiniões sobre o assunto: uma que visualizava grandes contribuições para o ensino e outra que entende que os altos custos inviabilizariam sua disseminação. Por perceber a possibilidade do estudante ter a sensação de vivência de situações diversas, defendiam que os alunos poderiam "entender mais claramente o desenvolvimento de certos acontecimentos complicados", já que a abordagem das reportagens televisivas seria mais completa do que as da imprensa e do rádio. Os que calculavam o investimento alto para que fosse produtivo na educação do povo defendiam que "as películas cinematográficas e as fotografias podem ser utilizadas com maior vantagem que a TV porque podem ser repetidas tantas vezes quantas sejam necessárias". Isso daria maior controle ao professor, possibilitando a melhor adaptação às suas práticas. (Rosa, 2015: 51-2)

Como bem mostra o pesquisador, o percurso de implementação da televisão educativa no Brasil foi árduo e tortuoso. Não cabe aqui descrever demoradamente o processo, mas vale indicar que foi mais uma vez Roquette-Pinto quem elaborou o primeiro plano de implementação de uma televisão educativa no país, em 1952, o qual, contudo, não chegou a se efetivar. Foi apenas em 1967 que de fato se instalou a primeira "emissora plenamente educativa" do país, a TV Universitária de Pernambuco, a qual foi seguida de perto por outras iniciativas do gênero, de modo que em 1974 já havia mais oito em diferentes estados (Rosa, 2015).

## BENEFÍCIOS E RISCOS DO RÁDIO, DO CINEMA E DA TELEVISÃO PARA O DESENVOLVIMENTO DAS CRIANÇAS E DOS ADOLESCENTES, NA PERCEPÇÃO DOS ESPECIALISTAS

Como ficou registrado no tópico anterior, os intelectuais que se dedicaram a fomentar o rádio e o cinema no Brasil, procuraram promover as suas formas educativas, enquanto faziam restrições aos programas voltados a fins recreativos e comerciais (Costa e Paulilo, 2015). Esperavam, por meio da disseminação do cinema, promover a educação do povo disperso no território nacional e oferecer um novo recurso à educação escolar das crianças. Por isso mesmo, manifestavam preferência pelos documentários, considerando que esses mostravam a realidade, enquanto os filmes de ficção podiam ser enganadores. De acordo com Patrícia Costa e André Paulilo,

> No formato documentário, o cinema se inseria no ideário maior de transmissão de uma cultura, que perpassava principalmente pelos campos da ciência, da geografia e da história. Assim, poderia auxiliar na integração da nação, uma vez que possibilitaria aos brasileiros conhecimento de regiões distantes de sua moradia. Por outro lado, os intelectuais diziam que a película recreativa pouco contribuía para a educação, prejudicando aqueles que não tinham capacidade de discernir o que seria bom para a sua formação. (Costa e Paulilo, 2015: 44)

O potencial educativo do rádio e do cinema foi tema de debates e publicações organizadas no âmbito da Associação Brasileira de Educação (ABE), fundada em 1924 com a participação de intelectuais dedicados à introdução do cinema e do rádio em território nacional. A coleção pedagógica *Biblioteca de Educação*, voltada à formação e à atualização dos professores, publicou em 1930 o livro *Cinema e educação*, da autoria de Jonathas Serrano e Venâncio Filho, protagonistas da introdução do cinema educativo no país. Em 1934, publicou ainda *Rádio e educação*, de Ariosto Espinheira (Costa e Paulilo, 2015). A seguir, apresentam-se as considerações presentes nesses e outros livros sobre os efeitos do cinema e do rádio na educação das crianças.

No livro *Radio e educação*, Ariosto Espinheira referia-se à opinião mais comum entre os educadores sobre as aplicações pedagógicas do rádio. Segundo o autor, "Na hora presente, a maioria dos educadores afirma que, pela sua própria natureza, a radiodifusão não pode constituir senão um meio de ensino complementar e de emprego limitado" (Espinheira, 1934: 32). Na mesma página, o autor acrescentava ainda que

> Esse método, uniforme e de algum modo mecânico, suprime com efeito o contato pessoal do professor com seus alunos, e tende a fazer destes auditores por demais passivos, quando a educação consiste essencialmente no desenvolvimento das faculdades individuais dos alunos numa formação intelectual progressiva, e que implica na ação pessoal do professor que conheça as aptidões de cada um dos seus discípulos dos quais ele exige uma participação efetiva no ensino.

Na opinião da maior parte dos educadores, o rádio poderia ser aproveitado na educação como uma "fonte de informação suplementar", proporcionando aos alunos acesso a conteúdos produzidos por especialistas sobre temas relacionados às matérias curriculares. Também contribuiria para a integração cultural das escolas isoladas, rompendo o seu isolamento e estimulando o trabalho dos professores e alunos, ao trazer-lhes uma maior variedade de programas e temas para o estudo (Espinheira, 1934: 34).

Em *Cinema e educação*, Jonathas Serrano e Venâncio Filho referiam-se ao grande crescimento da indústria cinematográfica, em especial nos Estados Unidos, mas também na França, e afirmavam a sua influência nos costumes, levando em consideração tanto o seu potencial como os seus riscos. Consideravam de má qualidade cultural e moral a maior parte dos filmes disponíveis, muitos dos quais produziam medo, incitavam ao crime e encorajavam a desobediência das crianças.

Por outro lado, realçavam o potencial do cinema educativo para criar interesse e aproximar as crianças da natureza e da realidade, quando isso não fosse possível diretamente. Entendiam que o cinema permitia mostrar a realidade com mais fidedignidade do que os livros e as explicações do professor, quando se tratava do ensino de geografia e de ciências naturais. Não recomendavam, por outro lado, o uso do cinema para ensinar história, justificando que os filmes "de restauração histórica, não são aconselháveis. Por maior que seja o luxo de alguns, há sempre larga porção de fantasia, em que não é possível marcar a linha divisória da realidade. É essa a opinião da maioria dos especialistas de cinema e de história" (Serrano e Venâncio Filho, 1930: 79).

As tecnologias audiovisuais e a formação das crianças

Os autores lembravam ainda potencial do cinema para a educação dos pais: para ensinar sobre temas como higiene e saúde, a educação dos filhos sem castigos humilhantes etc. A propósito, no livro *Puericultura: higiene alimentar e social da criança* (1943), o pediatra Martagão Gesteira apresentava como exemplo o filme *A Futura Mamãe*, considerado interessantíssimo, organizado pelo puericultor francês Louis Devraigne, o qual havia sido adquirido pela Liga Baiana Contra a Mortalidade Infantil para instruir as mães. O pediatra lamentava que a cópia estivesse já muito estragada e relatava o seu esforço para adquirir outra fita no Instituto Nacional de Cinema Educativo (Ince), que pudesse ser aproveitada na Escola de Mãezinhas, instalada no Lar das Crianças do Instituto de Puericultura. Já na década de 1960, os autores do livro *Higiene e puericultura para os colégios normais* aconselhavam que se lançasse mão de recursos variados para a difusão dos preceitos da puericultura. Além do cinema, devia-se recorrer às exposições, palestras, cartazes, rádio e televisão (Coelho e Portugal, 1967).

No livro *Cuide de seu filho: palestras aos pais sobre os cuidados necessários às crianças de até seis anos de idade*, Ewaldo Mário Russo chamava atenção para os efeitos deletérios do cinema para a formação das crianças, referindo-se a uma pesquisa realizada com 200 crianças pela Dra. Mary Preston, de São Francisco, Califórnia, e publicada na *Journal of Pediatrics*. Conforme o estudo, as crianças que frequentavam assiduamente os cinemas e/ou ouviam programas de rádio de conteúdo impressionante eram mais nervosas e medrosas, tinham perturbações do sono e do apetite, eram mais distraídas na escola. Recomendava-se aos pais limitar a sua frequência ao cinema e proporcionar-lhes distrações mais sadias. O autor não recomendava, porém, a proibição, já que ela tendia a intensificar o interesse. Em vez disso, aconselhava os pais a conversarem sobre o conteúdo dos filmes com seus filhos, chamando atenção para os seus aspectos inverossímeis e ridículos. O autor observava ainda que eram os filmes para as crianças que formariam as plateias dos filmes para adultos, o que tornava ainda mais importante cultivar o seu senso estético por meio das boas produções.

Para o educador Odilon de Andrade (1947), era preciso considerar a idade das crianças, uma vez que o modo como a imaginação e a inteligência das crianças eram afetadas pelo filme variava em função do seu tempo de vida. As menores, sem poder compreender o enredo e a moral da história, guardavam apenas as impressões das cenas de violência e de amor. Verificara-se ainda que as cenas amorosas produziam efeitos mais intensos nos espectadores por volta de 16 anos, quando comparados aos adultos e às crianças menores. Tudo isso deveria ser considerado pelos pais, que, além de respeitar a censura indicada, deveriam ainda procurar assistir antes aos filmes para avaliar a sua adequação ou não aos seus próprios filhos, em vista do conhecimento que tinham sobre eles.

Já na década de 1960, os autores do livro *Mãe e filho: noções de puericultura* (1968) acrescentavam à preocupação com a influência dos programas em vista da idade das crianças a interferência que a televisão vinha tendo na rotina familiar, recomendando que os pais controlassem o tempo que as crianças podiam assistir aos programas infantis.

> Até os 4 anos poucas são as crianças que se interessam por televisão, mas a partir dessa idade começam a apreciar desenhos animados e programas cômicos. Será necessário que as mães controlem o tempo gasto a assistir televisão e o tipo de programas assistidos; muitos pré-escolares se impressionam com cenas violentas (tipo filmes de "*far-west*"), pois não distinguem o real do imaginário e podem tornar-se ansiosas, ter medo à noite etc. Outras se tornam "viciadas" em televisão e chegam a ficar duas ou três horas diárias em frente ao aparelho; com isso fazem menos exercício físico, não brincam com outras crianças e eventualmente mostram problemas de disciplina: não deixam de ver o programa na hora do jantar e alimentam-se rapidamente; assistindo à televisão, recusam-se a ir para a cama no horário estabelecido etc. É necessário, pois, que haja um "regulamento" quanto ao horário de assistir televisão, e que este seja estritamente obedecido. Para crianças de idade pré-escolar, uma hora diária de televisão já é o suficiente como recreação. (Alcântara, Marcondes e Machado, 1968: 172)

A essas ponderações, Heloisa Marinho, autora do livro *Vida e educação no jardim de infância*, acrescentava que se tornara comum crianças pequenas passarem horas assistindo com suas famílias a programas destinados aos adultos, inadequados à sua faixa etária. A educadora reconhecia, por outro lado, a contribuição que os recursos audiovisuais tinham a oferecer na educação das crianças, ao lado das excursões, conversas e aulas, para fixar, ampliar, completar e corrigir os conhecimentos obtidos a partir da experiência (Marinho, 1967: 185).

Para João de Sousa Ferraz, autor de *Psicologia da criança com aplicações educativas* (1962), a influência perigosa do cinema e outros veículos de comunicação ainda se intensificava quando as crianças estavam reunidas em bandos:

> Levadas pelas tendências naturais e imitando os exemplos que admiram nos cinemas, nos jornais ou nos romances, agregam-se as crianças muitas vezes para a prática de aventuras ou de crimes, como, por exemplo, as quadrilhas para a execução de furtos. São verdadeiras sociedades organizadas para o mal, quando o campo é favorável, como nas grandes cidades, e desenvolvem-se com facilidade, reclamando, por parte dos poderes públicos, medidas coercitivas adequadas. (Ferraz, 1962: 255)

No livro *Psicologia educacional*, Afro do Amaral Fontoura expressava preocupação semelhante sobre os efeitos dos meios de comunicação, incluindo o cinema, sobre a formação dos adolescentes: "Assistindo a tais lutas sem grandeza, vendo e ouvindo tais exemplos de destruição recíproca, diariamente contados pelos jornais, pelos cinemas, pelo rádio, pela televisão – que exemplos recebem os adolescentes de hoje?" (Fontoura, 1969: 147).

Finalmente, vale dizer que discursos como esses também foram veiculados nos jornais da época, como identificaram as pesquisadoras Ariadne Lopes Ecar e Fernanda Franchini a partir do exame do *Diário de Notícias*, onde era recorrente a expressão "cinema deseducativo". A propósito, as autoras se detêm em um texto de Cecília Meireles sobre o tema na coluna "Comentário" que ocupava a "Página de Educação" do periódico:

> O "Comentário", do dia 31 de outubro de 1931, tem como título "Cinema deseducativo". Cecília Meireles, iniciou seu texto tecendo elogios às películas "bem aproveitadas" pelos educadores em suas aulas, com o fito de oferecer aos alunos "novos horizontes" em assuntos diversos, permitindo a aquisição de cultura de forma mais rápida do que "nas letras numerosas e nem sempre vividas nos livros". Em sua visão, a escola sabia aproveitar o cinema como recurso imprescindível e de importância "cada vez mais comprovada", no entanto, o problema que a autora apresentava se relacionava ao cinema "fora da escola", com "aspectos nefastos [...] porque tudo quanto cá fora contradiz a escola é uma arma insidiosa devastando o trabalho árduo e sério dos professores conscientes. (Ecar e Franchini, 2021: 116)

A análise dos livros evidenciou que os especialistas apresentavam uma atitude ambivalente quando se tratava de pensar os efeitos dos recursos audiovisuais no desenvolvimento e na educação das crianças: enquanto admiravam-se de suas possibilidades, em especial a de prender a atenção das crianças e possibilitar o acesso a culturas, fenômenos e regiões distantes, por outro lado reprovavam grande parte do conteúdo exibido nos filmes e programas de televisão, que consideravam moralmente inadequados.

Atualmente, os trabalhos que se dedicam a pensar as relações entre cinema e educação observam que um fator importante a considerar é se os professores que utilizam o cinema em suas aulas possuem ou não alguma formação em cultura visual ou cinematográfica. Pondera-se ainda sobre as diferenças entre a experiência de ir ao cinema e participar de uma aula em que o filme é tratado como texto e se torna objeto de discussão intelectual (Zerpa, 2010).

Em uma pesquisa de 2011, realizada com o propósito de investigar a relação de estudantes de Pedagogia com o cinema e que contou com a participação de mais de 500 estudantes de seis universidades públicas e privadas da cidade de Porto Alegre, a pesquisadora Rosa Maria Bueno Fischer (2011) observou que a grande maioria das respondentes considerava que o cinema era um recurso valioso para o ensino, na medida em que permitia quebrar a rotina, tornar as aulas mais dinâmicas e atrativas para os alunos. Consideravam ainda que os filmes adequados para serem passados na escola eram aqueles que retratavam a realidade e/ou ilustravam o conteúdo das aulas.

É interessante perceber nas respostas das estudantes de Pedagogia da atualidade os mesmos argumentos em defesa do uso do cinema como recurso educativo empregado pelos intelectuais e os educadores que se pronunciavam a respeito do tema quando o cinema era uma novidade: como se diziam os educadores de meados do século XX, elas também entendem que o cinema pode tornar as aulas mais atraentes, sendo uma alternativa ao formato de aula tradicional e consideram que os filmes adequados à escola são aqueles que mostram a realidade e se relacionam com o currículo.

Para concluir, tendo em vista os discursos examinados, a percepção das atuais estudantes de Pedagogia e a minha própria experiência durante o ensino remoto e na volta ao ensino presencial, considero que as mudanças trazidas pelas novas tecnologias audiovisuais às escolas não podem ser nem impostas, nem impedidas. Os seus usos devem acontecer como respostas lúcidas às situações e às necessidades específicas vividas pelos alunos e os professores no mundo contemporâneo, dentro e fora da escola. Como já era evidente para os antigos especialistas lembrados aqui, as tecnologias, antigas e novas, são recursos poderosos para a educação, não são o horizonte da educação. Além disso, comportam novos riscos, que precisam ser considerados ao lado das suas possibilidades.

## Bibliografia

ALCÂNTARA, Pedro de; MARCONDES, Eduardo; MACAHADO, Dulce. *Mãe e Filho:* noções de puericultura. 3. ed. São Paulo: Saraiva, 1968.

ANDRADE FILHO, Odilon de. *Prepara teu filho para a vida.* São Paulo: José Olympio, 1947.

BOHLMANN, Julia. Finding Scotland's Cinema Factor: From "The Cinema in Education" (1925) to "The Film in the Classroom" (1933). *Visual Culture in Britain,* v. 20, n. 3, 2019, pp. 221-38.

COSTA, Patrícia Coelho da; PAULILO, André Luiz. Arautos do improvável, pioneiros da radiofonia e da cinematografia educacional no Brasil (1920-1930). *Educação em Revista.* Belo Horizonte, v. 31, n. 2, abr-jun, 2015, pp. 37-59.

ECAR, Ariadne; FRANCHINI, Fernanda. Esforços para uma educação nova em São Paulo: discursos e marcas na definição do cinema educativo (1920-1930). In: VIDAL, Diana Gonçalves; RABELO, Rafaela Silva. *Movimento internacional da educação nova.* Belo Horizonte: Fino Traço, 2020.

ESPINHEIRA, Ariosto. *Radio e educação.* São Paulo: Melhoramentos, 1934.

FARIAS, Bruno da Matta; CAZETTA, Valéria. Sociedade da aprendizagem, Instituto Nacional de Cinema Educativo (Ince) e TV Escola: governamento dos sujeitos via curtas-metragem de animação. *Revista Brasileira de Educação,* v. 26, 2021, p. e260044.

FERRAZ, João de Sousa. *Noções de psicologia da criança com aplicações educativas.* 6. ed. rev. e atual. São Paulo: Saraiva, 1962.

FISCHER, Rosa Maria Bueno. Cinema e pedagogia: uma experiência de formação ético-estética. *Revista Percursos.* Florianópolis, v. 12, n. 1, jan./jun. 2011, pp. 139-52.

FONTOURA, Afro do Amaral. *Psicologia educacional.* 1ª parte: psicologia da criança. 17. ed. Rio de Janeiro: Aurora, 1969.

GESTEIRA, Martagão. *Puericultura:* higiene alimentar e social da criança. Rio de Janeiro: Editora Pan-Americana, 1943.

LIMA, Ana Laura Godinho; CAZETTA, Valéria. *O ambiente escolar em transformação.* Campinas: Alínea, 2022.

MARINHO, Heloísa. *Vida e educação no jardim de infância.* 3. ed. Rio de Janeiro: Conquista, 1967.

ROSA, Rondon Marques. *Produção da verdade na mídia educativa brasileira para a produção do governo de si, dos outros e de estado.* Ouro Preto, 2015. Dissertação (mestrado em Educação) – Universidade Federal de Ouro Preto.

RUSSO, Ewaldo Mário. *Cuide de seu filho:* palestras aos pais, com relação aos cuidados necessários às crianças até seis anos de idade. São Paulo: Melhoramentos, s.d.

SANTOS, Theobaldo Miranda. *Noções de psicologia educacional.* São Paulo: Companhia Editora Nacional, 1949.

SERRANO, Jonathas; VENÂNCIO FILHO, Francisco. *Cinema e educação.* São Paulo/Rio de Janeiro, Melhoramentos, 1930 (Biblioteca de Educação, v. XIV).

ZERPA, Claritza Arlenet Peña. Cine y educación: una relación entendida? *Revista de Educación y Desarrollo.* 15, octubre-diciembre, 2010, pp. 55-60.

# Aulas na internet: o que isso tem a ver com comunicação científica?

*Natália Gil*

> A necessidade de adaptar as aulas de para o ensino remoto emergencial no contexto da pandemia de covid-19 foi um desafio vivenciado por toda uma geração de professores. Criar um canal no YouTube com conteúdos de História da Educação foi uma das respostas possíveis a esse desafio. Na urgência do momento, muitas reflexões puderam ser elaboradas tanto com relação à docência como no que se refere aos propósitos da comunicação científica. Este capítulo convida o leitor a partilhar tais reflexões.

Assumir a docência como prática reflexiva (Schön, 1997) implica engajar-se na permanente investigação sobre o que fazemos como professores, sobre o que mudamos ou mantemos em nossas aulas, sobre as razões para tais processo e suas consequências – para nós mesmos, para nossos colegas, para a instituição em que atuamos e para nossos estudantes. É um compromisso ético-profissional, mas é também, necessariamente, um fazer. Ou seja, para além de enunciar adesão à reflexão sobre a prática como atividade fundamental para professores (independentemente do nível em que atuamos), é preciso dedicar efetivamente algum tempo para o registro e sistematização dessa reflexão. Algumas circunstâncias potencializam esse processo e trazem a oportunidade desse exercício sistemático. Mudanças na vida profissional (trocar de escola, assumir uma nova disciplina ou turma de alunos, enfrentar uma mudança curricular, entre outros) e o convite para escrever sobre essas questões são duas dessas circunstâncias. Este capítulo se inscreve, assim, na confluência de dois eventos. Por um lado, o desafio vivido – em geral, e na área de educação, especificamente – pela ocorrência da pandemia de covid-19 e pela maneira como o governo federal, dado o modo irresponsável como conduziu a crise sanitária, tornou esse evento muito pior no Brasil. Desafio vivido em colaboração com colegas de trabalho e estudantes, permeado de perplexidade, perdas e variados tipos de sofrimento. Por outro lado, o convite generoso feito a mim por Carlota Boto para escrever sobre as implicações dessa experiência na reflexão sobre minha prática profissional como professora e pesquisadora em uma universidade brasileira.

Orientada pelo propósito de compartilhar parte da minha experiência docente e das reflexões realizadas, especialmente nos três últimos anos, organizei este capítulo do seguinte modo. Inicialmente, trago o relato acerca da adaptação das aulas de História da Educação na Universidade Federal do Rio Grande do Sul (UFRGS) para o formato de ensino remoto emergencial (ERE) e apresento as características do surgimento e desenvolvimento de um canal de vídeos com conteúdo de História da Educação como extensão universitária. Em seguida, discuto a questão da publicação da aula, inspirada pela noção de autoria docente, mas também atenta às muitas dificuldades em torno dessa ação. Por fim, defendo a importância de assumirmos pessoalmente e institucionalmente a comunicação científica como atividade relevante – e, talvez, inexorável – na prática profissional de professores que são também pesquisadores no campo acadêmico, em articulação com a docência e a pesquisa em si.

## O ENSINO REMOTO E A URGÊNCIA DE UM NOVO FORMATO DE AULA

No final de 2019, a Organização Mundial da Saúde (OMS) recebeu o alerta de que havia vários casos graves de gripe na cidade de Wuhan, na China. O vírus, ainda desconhecido, rapidamente se espalhou por outros países do mundo, comprovando a gravidade de uma doença altamente letal. Em 30 de janeiro de 2020, a OMS declarou estado de emergência de saúde pública de importância internacional, antevendo o quadro de aguda crise sanitária que pouco depois, em 11 de março de 2020, seria designado como pandemia de covid-19. No Brasil, o primeiro caso confirmado aconteceu em 26 de fevereiro de 2020, e em 16 de março daquele ano foram adotadas as primeiras medidas de restrição de circulação de pessoas e suspensão das aulas por alguns estados e municípios. Segundo o site *Coronavírus Brasil* do Ministério da Saúde, no país, até 1º de fevereiro de 2023, foram 697.200 óbitos confirmados em decorrência dessa doença.

A rapidez no avanço da situação impôs às instituições de ensino, na educação básica e no ensino superior, a adoção de medidas urgentes para preservação da saúde pública. Nos espaços escolares, a circulação de pessoas é intensa e o contato físico, sobretudo entre crianças e adolescentes, é parte integrante da aprendizagem. Nas universidades, acrescentava-se o fato de que as crianças e os adolescentes eram filhos de estudantes, docentes e trabalhadores de todos os setores e estavam com as aulas suspensas. Havia também um forte medo de algo que não se sabia bem o que era, mas que, infelizmente, logo se revelou um medo fundamentado. Diante disso, rapidamente, em todo o Brasil, as instituições suspenderam suas atividades presenciais. Na UFRGS, em 17 de março de 2020, a Portaria 2.286 estabeleceu a suspensão das atividades presenciais de ensino, e a Portaria 2.291 orientou sobre o funcionamento das demais atividades da universidade em trabalho remoto. Em 16 de junho de 2020, o Ministério da Educação (MEC) autorizou em caráter excepcional a substituição das aulas presenciais por aulas em meios digitais enquanto durasse a pandemia. Algumas universidades logo se reorganizaram para atender à nova orientação, mas a UFRGS, embora tenha regulamentado o funcionamento do ensino remoto emergencial (ERE) em 27 de julho de 2020, só retornou às atividades de ensino em 19 de agosto de 2020.

Naquele momento, portanto, o primeiro semestre letivo de 2020, que tinha sido iniciado em formato presencial, precisou ser adaptado em pouco tempo para o formato ERE. O desafio era enorme pela dificuldade no uso da tecnologia on-line disponível, pela insuficiência de recursos on-line e restrições de conexão à internet de alguns professores e muitos estudantes, pelas circunstâncias emocionais específicas de um período de muito medo e luto, pelos limites do que é possível fazer à distância em termos de ensino-aprendizagem. Na área de História da Educação da UFRGS, que integra o Departamento de Estudos Básicos e à qual estou vinculada, éramos seis professores[1] e optamos por trabalhar em colaboração nesse processo de adaptação das aulas. Fizemos várias reuniões on-line para planejar um novo cronograma adaptado às circunstâncias, partilhar saberes sobre os recursos tecnológicos disponíveis, discutir as estratégias de aula que considerávamos que poderiam surtir bons resultados e tentar prever alguns dos problemas que enfrentaríamos (para anteciparmos a busca de soluções e/ou para nos prepararmos emocionalmente para situações difíceis).

Dentre as questões que me pareciam, naquele momento, mais difíceis estavam especialmente duas. Eu imaginava que muitos alunos não iriam acessar aulas sincronamente,[2] pelas dificuldades de conexão à internet e pela complexidade de estarem em casa, em espaços mal adaptados para o trabalho e para a aula, convivendo e dividindo esses espaços com outras pessoas. Além disso, me preocupava o fato de que seria muito desmotivador para os estudantes ficarem sozinhos em atividades de ensino que, dada a quase impossibilidade de realização de aulas expositivas dialogadas, representariam um acréscimo de leituras. Sendo realista, eu considerava que, se as atividades que envolvem leitura já costumavam ser difíceis com a existência de mediação em aulas presenciais, no ERE havia poucas chances de sucesso. Essas preocupações, acrescidas de outras que foram ponderadas em grupo, nos levaram a decidir por reorganizar o cronograma da disciplina, evitando a simples transposição para o meio digital daquilo que se passa em uma sala de aula presencial e, portanto, diversificando recursos didáticos. Daí que, para além dos textos, buscamos alternativas, como a visita ao Museu Virtual da Escola Catarinense,[3] e vídeos disponíveis na internet, como o material produzido pela Universidade Virtual do Estado de São Paulo (Univesp) sobre o movimento escolanovista no Brasil.[4] Também decidimos fazer, cada um de nós, vídeos sobre temas usualmente no cronograma de aulas e que são mais próximos das nossas pesquisas. Assim, todos nós usaríamos em nossas aulas vídeos feitos por nós mesmos e pelos colegas de área.

É nesse contexto que se insere a iniciativa que deu início ao canal de vídeos no YouTube.[5] Como já mencionei, eu supunha que seria muito difícil ter que dar aulas expositivas on-line porque já imaginava que poucos estudantes estariam presentes e que a maioria não abriria as câmeras. Além disso, me preocupava o fato de que as aulas dirigidas aos meus estudantes pudessem ser redirecionadas e assistidas por outras pessoas em outros contextos. Isso me fez refletir muito sobre o que seria adequado dizer em aulas gravadas e como seria possível minimizar o risco de que um trecho deslocado do contexto pudesse ser portador de uma mensagem distorcida. Então, concluí que seria necessário um roteiro cuidadoso e bem pensado, à luz dessas preocupações. Era importante também que as informações fossem precisas e verificadas previamente. Em aula presencial funciona mencionar alguma data aproximada ou esquecer o nome de algum personagem histórico; em aulas gravadas, isso não poderia acontecer. O fato é que daria muito mais trabalho – um outro tipo de trabalho – preparar as aulas para serem gravadas, e, portanto, decidi que faria de modo a tornar acessível não apenas para meus estudantes, mas para quem tivesse interesse.

Os primeiros vídeos que fiz eram aulas que eu já estava acostumada a dar presencialmente. Um deles tratava da história da educação da população negra no Rio Grande do Sul e outro versava sobre a escola democrática, a meritocracia e a seletividade na história da educação brasileira. Nas aulas presenciais, no entanto, os temas eram abordados a partir de um roteiro básico expositivo que se ajustava, em termos de ritmo e de sequência, às intervenções dos estudantes. Ou seja, presencialmente, o tratamento do tema toma a cada vez um rumo diferente porque aula, efetivamente, é aquilo que se realiza no encontro e na interação – e que conduz à aprendizagem pela preparação inicial do que vai ser abordado, mas também pela mediação que o professor faz no momento da aula. Logo, portanto, me dei conta de que a transposição das aulas para o formato de vídeo não resultava em uma aula propriamente, mas em materiais audiovisuais que poderiam ser úteis em processos de ensino-aprendizagem solitários (como, em geral, o contexto da pandemia determinou) ou partilhados. Isso me deu uma compreensão precisa sobre os limites do ERE e, por outro lado, me motivou a continuar produzindo vídeos que pudessem ser úteis em variados contextos e para diferentes circunstâncias.

Para começar a fazer os meus, assisti a muitos vídeos que estavam disponíveis na internet. Havia material de História da Educação e, inclusive, já havia canais especificamente destinados a esse tema. No entanto, a oferta não era muito grande e parte significativa do que existia naquele momento tinha pouca qualidade, seja em termos técnicos ou, o que me pareceu um grave problema, em termos de qualidade das informações fornecidas. Isso me encorajou a produzir material que, embora fosse artesanal (porque eu não tenho nenhuma formação em audiovisual), seria pautado em pesquisas acadêmicas recentes e de qualidade.

O retorno que recebi de colegas pesquisadores da área de História da Educação e de meus próprios estudantes foi muito positivo e me animei a continuar produzindo para além daquilo que eu precisava para minhas próprias aulas. Nesse sentido, fiz alguns vídeos que organizam informações históricas básicas e que podem ser úteis não apenas nas aulas de História da Educação como também em aulas de colegas de outras áreas. É o caso dos que apresentam a história da organização dos níveis de ensino no Brasil e sobre os locais e os saberes na formação de professores na história da educação brasileira. Esse esforço me pareceu relevante, mas também me permitiu identificar quão difícil era essa tarefa. Isso porque para cada vídeo é necessário um longo tempo de preparação – além do tempo dispendido na edição final – e, quanto mais eu me distanciava dos temas da minha especialidade como pesquisadora, mais tempo era necessário na busca de informações corretas e precisas.

Essas dificuldades me levaram, então, a optar por fazer vídeos que estivessem diretamente relacionados com meus temas de pesquisa. Desse modo, passei a produzir conteúdos que decorressem de artigos acadêmicos de minha autoria. A ideia de divulgar também o que vêm sendo realizado pelas estudantes vinculadas ao meu grupo de pesquisa se articula a essa opção, que foi estabelecendo o canal menos como um repositório de materiais para aulas – embora não deixe de ser – e mais como um veículo de comunicação científica. Assumida essa característica e acreditando na importância de manter uma atividade desse tipo na universidade, em 2021, registrei o canal no YouTube como uma ação de extensão universitária destinada a apresentar resultados das pesquisas que realizo.

## PUBLICAR A AULA E A AUTORIA DOCENTE

Nelson de Luca Pretto (2012: 95) sublinha a importância de "pensar em uma educação baseada na criação, na participação e, essencialmente, no compartilhamento". O autor está se referindo à urgência em discutirmos os recursos educacionais abertos, cuja licença em formatos livres permita que os professores atuem em redes colaborativas em que a autoria docente, a colaboração na produção e correção dos materiais pedagógicos e seu compartilhamento sejam basilares. Embora o autor se refira, fundamentalmente, aos professores da educação básica, considero apropriado estender suas análises ao contexto da docência no ensino superior. A potência dessa reflexão, no meu entendimento, é permitir pautar a questão dos materiais didáticos no ensino superior sem cair no reducionismo engessante do livro didático. É o professor que cria a aula, utilizando os recursos que lhe parecerem adequados. Não é, portanto, o material didático que comanda o professor. Assim, considero adequado que se possa alterar e adaptar recursos disponíveis para a criação de uma aula em que o professor seja autor. Desse modo, qualquer material pode ser constituído como didático no processo de criação da aula. Pretto (2012: 97-8) ressalta que

> [...] não pensamos nos materiais didáticos ou educacionais como definidores dos percursos formativos, mas sim como elementos que contribuem para a construção do que denomino ecossistema pedagógico – que será formado pela escola, com toda a comunidade escolar, envolvida com e através das redes de informação e comunicação. Assim, todos os produtos científicos e culturais disponíveis na humanidade passam a ser didáticos no momento que professores qualificados os utilizam nos processos formativos.

Nas aulas de História da Educação em nível de graduação nas mais prestigiosas universidades brasileiras não tem sido comum o uso de livros didáticos. Por outro lado, o texto, seja um artigo acadêmico ou um capítulo de livro proveniente de variadas publicações, acaba muitas vezes instituído como o material que dá suporte à aula. Contudo, a aula, em nenhum caso, limita-se à mera reprodução do que está no texto e, portanto, é pertinente perguntar: que processo fazemos para tornar um texto acadêmico um material didático? Ou ainda: que outros recursos associamos ao texto para criar as condições de aprendizagem? Sei de muitos colegas que levam fotos, materiais antigos ou objetos da escola de outro tempo. Como constituímos esses objetos em recursos pedagógicos? E quais são as condições para partilharmos entre os pares essas práticas e os próprios recursos que produzimos para nossas aulas? Essas questões me parecem fundamentais, mas vão muito além do que proponho discutir neste capítulo. Aqui meu foco é apenas ressaltar que produzir vídeos para minhas aulas que pudessem ser mobilizados por outros docentes em suas aulas constituiu-se como ocasião de refletir sobre a autoria docente e o compartilhamento de materiais. Essas preocupações me levaram a prestar atenção quanto à escolha do tipo de direito autoral estabelecido para os vídeos. Assim, embora o material esteja publicado no YouTube, tenho optado pela licença Creative Commons (e não pela licença padrão do YouTube). Isso é importante porque o propósito é efetivamente o compartilhamento. Essa opção possibilita que qualquer pessoa possa usar esses vídeos e, inclusive, customizá-los, ou seja, ajustá-los às necessidades de sua própria aula, devendo atribuir a mim apenas a propriedade intelectual.

Ao publicar a aula – ou, mais precisamente, materiais úteis para a aula –, ganham importância também outras questões referentes à publicação. Quero destacar uma delas, que diz respeito às métricas que pretendem avaliar o impacto ou a recepção. A questão fundamental nesse sentido é: quem acessa (lê ou assiste) o que foi publicado? Esse tem sido um ponto de crescente interesse no âmbito das revistas acadêmicas e é mais acentuado no universo das redes sociais. No YouTube, as medidas de recepção do que foi publicado são centrais e minuciosamente descritas. A primeira e mais evidente quantificação corresponde ao total de visualizações, medida que fica indicada logo abaixo do título do vídeo e opera junto ao público como uma marca de qualidade ou, no mínimo, de interesse. Quanto mais visualizações, mais chances existem de alguém querer ver o vídeo e mais vezes o próprio YouTube vai sugerir esse vídeo aos seus consumidores. A lógica que organiza essa mecânica é que, se mais gente assistiu, deve valer a pena, deve ser um bom vídeo.

No meu caso foi importante refletir sobre essa expectativa de visualizações porque no YouTube esses números podem ser avassaladores e eu poderia desanimar diante dos modestos valores que se apresentam para os meus vídeos. Foi preciso, assim, assumir que não se trata de conteúdo de entretenimento e que o objetivo não era alcançar amplos públicos, e sim produzir material para minhas próprias aulas (e para interlocuções acadêmicas) que pudesse ser eventualmente acessado por quaisquer pessoas em função de interesses diversos. A partir de 30 visualizações eu já considerava que o trabalho todo tinha valido a pena. Afinal, é preciso reconhecer que na universidade, de modo geral, o que fazemos tem pouco alcance. Quantas pessoas assistem a uma palestra? Quantos estudantes temos em uma sala de aula? Quantas pessoas leem os artigos acadêmicos que escrevemos? Ao longo do tempo, no entanto, fui percebendo que a visualização dos vídeos cresce modestamente, mas de forma contínua. Isso faz sentido, pois não são temas de interesse passageiro, não são assuntos do momento. Os vídeos tendem a interessar ainda por longo período.

Dos recursos que o YouTube disponibiliza para avaliação da recepção dos vídeos, há dois que considerei especialmente útil conhecer. O primeiro deles é o indicativo de retenção de cada vídeo. Isso corresponde à aferição do percentual de pessoas que acessaram (visualizaram) o conteúdo e continuaram assistindo. Tais gráficos permitem ver os pontos em que há queda de retenção; ou seja, os pontos em que grande parte das pessoas param de assistir. É comum, pela lógica de uma rede social como essa, que muitas pessoas entrem no vídeo e saiam ao longo do primeiro minuto. Isso pode ser decorrente do desinteresse pelo tema ou pelo formato (quando a pessoa clica para ver o que é, para ver se interessa, conclui que não era o que buscava e logo sai) ou porque inicia o vídeo pela curiosidade da novidade, se interessa pelo conteúdo, mas deixa para assistir depois (por exemplo, porque está em um momento de lazer e o conteúdo é de estudo). A análise dos gráficos de retenção publicados até janeiro de 2023 evidencia que, após uma brusca queda inicial, a retenção é constante na continuidade dos vídeos. Ou seja, quem não se interessa sai logo, e quem fica costuma ficar até o final. Interessante notar que isso independe do tamanho das produções, já que tanto vídeos curtos, de 15 minutos, como os mais longos, com duração maior que 30 minutos, têm comportamento semelhante nesse aspecto. O que parece indicar uma diferença importante que incide no percentual de retenção é a origem do tráfego. Aqui, a segunda métrica que considerei interessante analisar.

A pergunta que cabe fazer nesse caso é: de onde vem o público que assiste aos vídeos? A resposta não é surpreendente e explica também o fato de que alguns conteúdos tenham muitas visualizações e bom percentual de retenção: entre 20% e 40% das pessoas assistem até o final. Os vídeos mais bem-sucedidos são efetivamente aqueles indicados como material de estudo por professores em instituições de ensino superior; muitas vezes indicados por mim mesma para meus próprios estudantes. Os gráficos sugerem que, nesses casos, muitos estudantes assistem ao vídeo completo. Faz todo sentido e é condizente com a proposta. A análise das informações sobre a origem de quem assiste me permite afirmar que, além de mim mesma, outros professores têm indicado alguns dos vídeos do canal em suas aulas. Dois são os indícios. O primeiro deles diz respeito ao fato de que alguns vídeos têm fluxo significativo proveniente da UFRGS, mas não são os que eu indique nas minhas próprias aulas. É o caso do vídeo "É possível quantificar a qualidade do ensino?". O segundo indício é que há, em alguns vídeos, um fluxo oriundo de outras instituições de ensino, como IFRS e UERJ, por exemplo.

Já os vídeos que não foram incluídos como material didático em alguma disciplina têm menos visualizações e menor retenção. Ou seja, o público em geral pode eventualmente ser conquistado pelo tema, mas raramente vai assistir a uma aula até o final. Nesses casos, o público realmente interessado tende a ser bem menor e possivelmente restrito aos pesquisadores do campo temático específico.

## O DESAFIO DA COMUNICAÇÃO CIENTÍFICA

Quem conhece as pesquisas que fazemos? Essa indagação tem recebido maior atenção no campo acadêmico nos últimos anos, embora ainda prevaleça o foco em aumentar a quantidade de artigos publicados, e não, propriamente, em conhecer e fazer circular os resultados de pesquisa. Assume-se que, ao publicarmos artigos em importantes periódicos acadêmicos, está garantida a circulação do conhecimento produzido nas instituições de pesquisa científica. A ênfase dada aos artigos acadêmicos também se atrela à lógica do *publish or perish* (publique ou pereça), cuja atenção esteve inicialmente direcionada à defesa de que a quantidade de artigos publicados seria uma medida adequada para aferição da qualidade do trabalho de um pesquisador. Se no espaço acadêmico anglo-saxão esse parâmetro incide diretamente sobre a empregabilidade dos pesquisadores, ocorre que, quando utilizado largamente em outros contextos ao redor do globo, sofre deslocamentos de sentido que devem ser observados (Alcadipani, 2017). A tentativa de imitar, no espaço acadêmico brasileiro, o que fazem os pesquisadores situados nos mais prestigiosos centros de pesquisa do hemisfério norte tem produzido algumas distorções e vem agudizando o *produtivismo*. Ou seja, há "uma ênfase exacerbada na produção de uma grande quantidade de algo que possui pouca substância, o foco em se fazer o máximo de uma coisa 'enlatada', com pouco conteúdo e consequente valorização da quantidade como se fosse qualidade" (Alcadipani, 2011: 1.174). Esse quadro tem ampliado a preocupação em aferir se essa produção chega a ser lida e por quem, se o aumento da produção de artigos tem significado correlato incremento do conhecimento científico, se a publicação de artigos pode ser ação suficiente para garantir a circulação dos resultados de pesquisa. Considero esse um ponto importante, dado o risco de estarmos vivendo um "faz de conta" acadêmico – em que o que produzimos não serve para nada, a não ser para que possamos dizer com orgulho que produzimos – e, principalmente, porque a ciência no Brasil é produzida majoritariamente com dinheiro público e, portanto, seus resultados têm que ser acessíveis a um público mais ampliado. Nesse sentido, defendo a importância de assumirmos, como pesquisadores, não apenas o compromisso com o rigor científico na produção do conhecimento, mas também o compromisso com a comunicação científica.

O movimento Ciência Aberta (Open Science) tem colocado em debate esse conjunto de preocupações, entre outras, com o objetivo de tornar o conhecimento científico, o compartilhamento e a discussão das pesquisas acessíveis à comunidade científica de diferentes países do mundo e à sociedade em geral. Ao lado de aspectos como a transparência dos processos de avaliação de artigos para publicação e a disponibilização dos dados de pesquisa em repositórios abertos, tem feito parte das discussões o desafio que representa a comunicação científica. Assumindo que a circulação dos resultados de pesquisa não é decorrência direta da publicação de artigos acadêmicos, têm sido pensadas estratégias para fazer tais resultados chegarem ao conhecimento dos demais pesquisadores da área de origem da pesquisa, a outros pesquisadores e ao público em geral. As dificuldades são de vários tipos. Uma delas diz respeito à discussão sobre a quem cabe a tarefa da comunicação científica. Sabine Righetti, ao participar do webinário "A Ciência Aberta nas Humanidades", promovido pelo SciELO nos dias 17 e 18 de maio de 2022,[6] argumenta que é necessário institucionalizar e profissionalizar esse trabalho:

> A gente só vai conseguir fazer ciência aberta, na minha perspectiva da divulgação, [fazer] chegar à sociedade e debater ciência com a sociedade e a sociedade ter conhecimento, ter interesse, ter engajamento pela ciência, a gente só vai conseguir fazer isso se a gente institucionalizar e se a gente profissionalizar a comunicação social da ciência. (Righetti, 2022)

Em sua perspectiva, no entanto, isso não significa que o pesquisador deixe de ter um papel a desempenhar nesse sentido. Ao contrário, sua defesa é que a construção das condições de eficácia da comunicação científica passa por criar equipes especializadas nas instituições de pesquisa que possam preparar os pesquisadores para serem capazes de comunicar suas pesquisas não apenas aos pares, mas também a outros públicos.

Esse aspecto remete ao compromisso das universidades com a indissociabilidade da pesquisa, do ensino e da extensão. Sem pretender reduzir o escopo de cada uma dessa dimensões, é possível identificar um ponto de entrecruzamento em que os resultados das pesquisas realizadas possam ser transpostos em formatos adequados às aulas e/ou à comunicação com o público em geral. Uma das dificuldades, no meu entendimento, tem sido a tendência em assumirmos, no âmbito das universidades, essa articulação como tarefa individual. Cada professor isoladamente daria conta das atividades de aula, pesquisa e extensão. Ainda que eu concorde que é preciso que cada professor se engaje nos três tipos de atividade, penso ser pouco realista que isso se faça, adequada e suficientemente, sem uma ação institucional, sem estabelecer redes, sem suporte profissional. Nesse sentido, concordo com Righetti (2022) que é preciso assumir essa tarefa institucionalmente, afastando-se o quanto possível do formato amador e artesanal. Uma das questões diz respeito à transposição necessária em termos de linguagem para que o conhecimento especializado de uma área possa ser compreensível para outros públicos. É preciso reconhecer que ser pesquisador doutor em um dado tema não nos garante o conhecimento necessário para comunicar sobre esse tema a quem não tenha domínio semelhante ao nosso. Esse problema tem se feito notar desde sempre tanto nas aulas como na (in)capacidade de os pesquisadores falarem sobre suas pesquisas com o público leigo. É preciso, portanto, no meu entendimento, que o pesquisador esteja disposto a reconhecer seus limites, engajar-se em processos de formação continuada e assumir o compromisso de participar em equipes constituídas para tais finalidades.

As equipes de comunicação científica estabelecidas de forma institucional nos centros de produção de pesquisa são importantes também pelo fato de que nem sempre um bom pesquisador será também, necessariamente, um bom comunicador. Assim, mesmo estando engajado e tendo sido preparado para falar sobre suas pesquisas a um público mais ampliado, não me parece que deva sempre ser o próprio pesquisador a falar em diferentes veículos de comunicação sobre suas pesquisas. Considero importante pensarmos em variados formatos comunicacionais. Aqui também se apresenta a questão problemática do produtivismo midiático e performático (Zuin e Bienchetti, 2015).

Tem sido cada vez mais recorrente que, ao publicar um artigo acadêmico em revista científica, sejamos solicitados a fazer um vídeo de três ou cinco minutos resumindo o que desenvolvemos no artigo ou a participar de uma live de lançamento da publicação. A demanda tende a ser mal recebida dado que estamos preparados para analisar documentação de pesquisa, estudar a produção acadêmica e escrever artigos, mas não nos sentimos em condições – ou, no mínimo, não ficamos imediatamente confortáveis – com a ideia de falarmos em vídeo sobre essa produção. A condição para desempenhar bem ou não essa tarefa tem dependido do quanto cada pessoa/pesquisador tem familiaridade com a sociedade da cultura digital. Nesse contexto, visibilidade e performatividade são alçados a critérios primordiais para o sucesso acadêmico. A chance de um artigo ser lido e citado aumenta em função das estratégias de visibilidade da publicação, e não necessariamente pela originalidade e relevância de seu conteúdo. Por um lado, é verdade que não é possível escaparmos ao fato de que "a própria publicação acadêmica fenece caso não seja divulgada pelas redes sociais" (Zuin e Bianchetti, 2015: 746). Por outro lado, é preciso estarmos atentos aos riscos de "uma cultura que determina a hegemonia da aparência em relação à substância, a ponto de mitigar a força da reflexão ética sobre as fronteiras entre as esferas pública e privada e, portanto, das próprias consequências de determinados comportamentos" (Zuin e Bianchetti, 2015: 744). Um dos aspectos que me parece problemático aqui é a imposição de desenvoltura do próprio pesquisador na comunicação do resultado de suas pesquisas como condição para que sua produção circule, seja lida e possa contribuir efetivamente para a ampliação do conhecimento sobre determinado tema. Aqui também, portanto, considero que seja fundamental enfrentarmos o problema constituindo redes de colaboração, ampliando a estrutura institucional e profissionalizando as equipes de comunicação científica.

Na minha experiência pessoal, o canal de vídeos foi uma iniciativa individual e segue de modo artesanal, sem suporte técnico institucional e sem apoio profissional especializado em audiovisual. Isso se deve ao contexto atípico em que a ideia surgiu e se relaciona a características do meu modo pessoal de interagir nos espaços acadêmicos. As dificuldades e os limites desse formato, no entanto, são evidentes e busquei explicitar alguns deles ao longo deste capítulo. O fato de que esse tenha sido o percurso trilhado por mim não significa que eu defenda esse formato, menos ainda que eu defenda que cada pesquisador deva seguir por uma trilha semelhante. Há alguns exemplos bem-sucedidos no campo acadêmico da educação de inciativas articuladas em rede e com apoio profissional que merecem ser observadas (como o Projeto Pensar a Educação, Pensar o Brasil e a Rede Comunica Educação).[7] Penso que nossas universidades podem avançar bem mais nesse sentido. Mais do que uma compreensão sobre a questão, esse é um anseio.

## Notas

[1] Além de mim, Dóris Bittencourt Almeida, Edison Luiz Saturnino, Jorge Alberto Rosa Ribeiro, Maria Aparecida Bergamaschi e Simone Valdete dos Santos.

[2] Na UFRGS, ficou regulamentado que os alunos não estavam obrigados à participação síncrona nas aulas, que deveriam ser gravadas para que eles pudessem acessar depois.

[3] Disponível em http://mesc.tourvirtual360.com.br/.

[4] Vídeos disponíveis na internet: https://www.youtube.com/watch?v=f6LTmh7Vn04 e https://www.youtube.com/watch?v=Ybp6pzgLyQ8.

[5] Disponível em https://www.youtube.com/c/nataliagil.

[6] Disponível em https://www.youtube.com/watch?v=pB7U2lzhNjU e https://www.youtube.com/watch?v=WIk-o_a53Aw&t=15s.

[7] Ver: http://pensaraeducacao.com.br/ e https://www.youtube.com/@redecomunicaeducacao1485/about.

## Bibliografia

ALCADIPANI, Rafael. Resistir ao produtivismo: uma ode à perturbação acadêmica. *Cadernos EBAPE*, v. 9, n. 4, 2011, pp. 1.174-8.

_____. Periódicos brasileiros em inglês: a mímica do publish or perish "global". *Revista de Administração de Empresas*, v. 57, n. 4, jul.-ago. 2017, pp. 405-11.

PRETTO, Nelson De Luca. Professores-autores em rede. In: SANTANA, Bianca; ROSSINI, Carolina; PRETTO, Nelson De Luca (Orgs.). *Recursos educacionais abertos:* práticas colaborativas e políticas públicas. Salvador: Edufba; São Paulo: Casa da Cultura Digital, 2012, pp. 91-108.

RIGHETTI, Sabine. Comentário da mesa "Divulgação/Visibilidade". *A ciência aberta nas humanidades* (17/05) [Webinar]. SciELO, 2022.

SCHÖN, Donald A. Formar professores como profissionais reflexivos. In: NÓVOA, António (Org.). *Os professores e a sua formação*. 3. ed. Lisboa: Publicações Dom Quixote/Instituto de Inovação Educacional, 1997, pp. 77-91.

ZUIN, Antônio A. S.; BIANCHETTI, Lucídio. O produtivismo na era do "publique, apareça ou pereça": um equilíbrio difícil e necessário. *Cadernos de Pesquisa*, v. 45, n. 158, out.-dez. 2015, pp. 726-50.

# DEMOCRACIA, SOFRIMENTO DOCENTE E RESILIÊNCIA

# Democracia como principal critério de qualidade da educação

*Elie Ghanem*

> Muitas vozes colocam a qualidade da educação como condição para a democracia. Mas o que significa educação de qualidade? A própria democracia pode ser o principal critério. Aqui se apresentam concepções de democracia que têm servido de referência nas disputas por estabelecer um padrão predominante de qualidade. Após destacar a visão insuficiente de educação apenas como universo escolar, apontam-se movimentações para superar essa estreiteza e atuar em dois pontos de fragilidade da escola: o do fortalecimento do sujeito pessoal e o da atuação sociopolítica.

Na linguagem corrente, na ação política e nas políticas educacionais tem predominado uma visão reduzida tanto de democracia quanto de educação. Se adotarmos uma concepção ampla para ambas, precisaremos reconhecer que democracia precisa ser o principal critério de qualidade na educação.

Chamemos a atenção para o fato de que a noção de qualidade – assim como a de educação e a de democracia – não é fixa como muitas vezes se supõe, variando não somente segundo formulações teóricas, mas também conforme os interesses dos atores sociais, que disputam o seu significado.

Disseminou-se uma imagem de democracia definida por critérios quantitativos, mas, desde suas abordagens na Antiguidade clássica, como ressaltou Rosenfield (1994), foi posto o seu caráter de forma de governo, indo além da sobrevivência ou do bem-estar material para centrar-se na liberdade política como um modo de vida, virtuoso e justo. Portanto, como uma cultura, a democracia não é algo que possa ser reduzido à soberania popular, embora a requeira como indispensável.

Analogamente ao que ocorre com democracia, a Unesco, por exemplo, assinala que a qualidade da educação implica grande diversidade de significados, atribuídos por diferentes atores, ligada que está a um juízo de valor sobre a educação pretendida para um tipo de pessoa e de sociedade (Unesco, 2007). Remete, portanto, aos fins da educação. Num sentido, diz Gusmão (2010), uma educação de qualidade seria a que cumpre com os seus objetivos, mostrando-se eficiente, mas pode ser vista como de má qualidade quando seus fins são tidos como inadequados.

Apresentarei a seguir as que eu considero como grandes concepções de democracia que têm servido de referência nessas disputas, detalhando aquela que emerge da sociologia da ação. Passarei, então, a destacar a insuficiência de lidarmos com educação apenas como universo escolar, mas ressaltando neste a importância da democratização do acesso à escola, da democratização do ensino, da democratização da gestão educacional e da formação de personalidades democráticas. Todos esses são aspectos que demandam a alteração do modelo predominante de educação escolar.

Assim, para realizar uma educação compatível com a democracia distingo também sistema escolar de sistema educacional, pensando neste último como muito mais amplo e que inclui o primeiro.

Finalmente, aponto movimentações práticas que, de maneiras muitas vezes tateantes, vêm procurando concretizar esse sistema educacional no caminho de superar a estreiteza do sistema escolar e atuar em dois pontos de ausência ou debilidade da educação escolar: o do fortalecimento do sujeito pessoal e o da atuação sociopolítica.

## QUALIDADE NA EDUCAÇÃO ABARCA MUITAS VISÕES

Não é necessário muito esforço para notar a impossibilidade de haver uma noção de qualidade na educação que seja singular. A ideia de educação mesma é sujeita a enorme variação ao longo do tempo e no interior de cada época.

Por exemplo, é bem conhecida na área da Sociologia a definição de educação feita por Durkheim (1952), que restringe o uso do termo *educação* apenas para designar a ação que os adultos exercem sobre as crianças e adolescentes, excluindo a influência dos membros de uma mesma geração uns sobre outros ou a influência das coisas sobre os seres humanos.

Uma conceituação restritiva como essa é recebida com grande estranhamento, talvez por ter-se generalizado a associação entre educação e aprendizado. Uma vez que se observam pessoas de uma mesma faixa etária e de diferentes faixas etárias a interagir proporcionando aprendizado a variados atores, tende-se cada vez mais a ver educação em praticamente todas as relações sociais. Isso para não falar dos desenvolvimentos acelerados no campo da inteligência artificial, que acentuam a possibilidade de pessoas se educarem pela atuação de máquinas e, mais ainda, apontam para o aprendizado das próprias máquinas (Ludermir, 2021).

Mas Durkheim tinha seus motivos para definir educação de modo tão específico. Sua preocupação de fundo era explicar como uma sociedade continua a existir sendo que seus integrantes perecem e os novos seres que surgem não carregam de imediato – como ocorre com a hereditariedade biológica – os estados físicos, intelectuais e morais reclamados pela sociedade em que nascem. Ele delimitou, então, a educação como o meio para essa persistência. Ou, se quisermos, para essa reprodução.

Trata-se de uma visão certamente conservadora e otimista de educação. Contrasta com tendências dos discursos atuais, que a caracterizam como chave de transformação social, noção que, aliás, assume também múltiplos significados. Mas são igualmente discursos muito entusiastas.

Várias proposições de Durkheim podem nos ser úteis para refletir, concordemos ou não com o cerne do seu enfoque. Uma de suas formulações é a de que cada sociedade possui um sistema de educação que se impõe aos indivíduos de modo geralmente irresistível. A afirmação é oportuna não pelo seu fatalismo, mas porque o pensador estava se referindo a qualquer sociedade existente em qualquer tempo e lugar, ou seja, incluídas as sociedades nas quais não há ou não havia escolas.

O proveito dessa abordagem ampla está em alertar para as recorrentes tentativas de tratar de educação, aí sim, por um ângulo muito limitado.

Pois, especialmente quando se fala de política educacional, costuma-se ter em mente exclusivamente a educação escolar.

A esta altura, estando patente que as concepções de educação são muito variadas, isso em consequência se desborda na variabilidade do entendimento quanto à qualidade da educação. Vê-la como de boa ou má qualidade, como tendente a piorar ou a melhorar, depende muito visivelmente das diferentes características de quem a avalia. Pode ser um grupo social que, assim como os demais, tem interesses próprios, nos quais às vezes pesam mais as suas inclinações culturais, outras vezes as suas necessidades econômicas e outras ainda as suas linhas de ação política. Pode ser também um indivíduo a avaliar a qualidade da educação, que a julgará segundo ele esteja mais na condição de aprendiz do que na de educador. É frequente essa disparidade de julgamentos: uma/um aluna/o pode considerar inútil e irritante o que uma/um professora/r pensa ser indispensável e libertador.

Aquela aprendiz poderá, ainda, comparar a educação na qual está envolvida com a que vê acontecendo com outras pessoas. Ou avaliará a educação de que participa ou a de que as outras participam de acordo com a sua própria biografia e suas necessidades subjetivas.

O que essas constatações (que parecem óbvias) podem nos dizer a respeito das relações entre qualidade na educação e democracia?

## CONCEPÇÕES DE DEMOCRACIA

Essas constatações podem pelo menos nos advertir de que a educação, como talvez qualquer fenômeno social, não admite um padrão único de qualidade e que a educação efetivamente praticada resulta de disputas por estabelecer um padrão predominante. O que importa sublinhar é que, nessas disputas, os diferentes interesses e inclinações não se confrontam entre iguais, mas entre grupos e indivíduos com diferentes recursos de poder, o que nos aproxima do caráter político da educação, portanto, do tema da democracia.

Trata-se da forma como se estabelecem padrões de qualidade na educação, quem os estabelece e por quais meios e processos. Essa forma pode ser mais ou menos democrática e até puramente autoritária ou autocrática, como em geral tem sido feito.

Antes de examinarmos alguns aspectos da educação no Brasil, tendo como referência a sua qualidade no que diz respeito à sua maior ou menor afinidade com a democracia, façamos algumas necessárias delimitações quanto ao que se pode entender por democracia.

Dentre as inúmeras conceituações de democracia, para além das mais antigas, que assentaram a visão mais difundida definindo-a como governo de muitos, há que se distinguir contemporaneamente ao menos três grandes vertentes.

A primeira é um enfoque liberal, com seus muitos matizes. Concentra-se na abstração da igualdade formal. Tem uma importância grande embora seja insuficiente. Mesmo liberais de esquerda como Norberto Bobbio (1986) se prendem nesse ponto: "uma defesa das regras do jogo". Possivelmente é a acepção mais propagada de democracia, com sua exigência de haver a regra da maioria, eleições livres, voto universal, alternância de ocupantes nos postos governamentais. Não se pode atualmente admitir como democrático um regime que não incorpore esses requisitos.

No entanto, não foi sem razão que o movimento operário, movimento social central da sociedade industrial desde a segunda metade do século XIX, constituiu sua expressão política na Europa em partidos que se denominaram social-democratas. O acréscimo do termo social a qualificar a democracia decorreu do reconhecimento do caráter insatisfatório da igualdade formal e, pois, da necessidade de agir contra a desigualdade real, reivindicando do Estado a distribuição da riqueza produzida exatamente pelos estratos que dela menos se apropriavam. De fato, quem se disporia a morrer apenas pela "defesa das regras do jogo"? Ademais, o jogo eleitoral se mostra viciado uma vez que a alternância de governantes raramente modifica os grupos que exercem poder de fato.

A terceira vertente proeminente de concepções de democracia é a das autodenominadas democracias populares. Resultantes de processos revolucionários que foram vitoriosos ao procurar romper sistemas políticos fechados (ditaduras impermeáveis e sanguinárias), instauraram imediatamente uma ordem social assegurada por um poder político absoluto. Não se podem entender tais regimes como expressão de democracia. O Estado originado da revolução vitoriosa é o oposto do caráter democrático do movimento revolucionário que lhe dá origem. Assim tem sido por toda parte. O momento seguinte da Revolução Francesa foi o Reinado do Terror, o que ocorreu analogamente na Rússia de 1917, na China de 1949, em Cuba de 1959 e em muitos outros lugares e períodos históricos.

Uma concepção de democracia, que não se fixa nessas vertentes mais cristalizadas e que tem suas raízes na sociologia da ação (Touraine, 1996), contempla os conflitos sociais como constitutivos de uma ordem social e não como seus destruidores. Quer dizer, é uma concepção tão crítica do pensamento liberal quanto da tradição revolucionária.

Essa perspectiva é uma baliza possível e, do meu ponto de vista (Ghanem, 2004), necessária para entender como a educação vem se relacionando com a democracia, no Brasil inclusive, seja se afastando, aproximando-se ou sendo equidistante ou indiferente a ela.

O regime democrático é aqui apreendido como o que reconhece os indivíduos e as coletividades como sujeitos, protegendo-os e estimulando sua vontade de dar sentido à sua própria experiência. Ultrapassando sua definição como sendo um apanhado de procedimentos, esse regime decorre do objetivo moral de aumentar a liberdade de cada um, portanto, de limitar as tentativas de poder absoluto, seja do mercado, do Estado, de comunidades ou de igrejas.

A democracia é, assim, tanto uma cultura quanto um sistema institucional em que está baseada a ação do sujeito, os quais constituem um esforço para garantir que o sistema combine a unidade própria da racionalidade técnica (o campo da objetividade) com a multiplicidade das identidades étnicas, sexuais, nacionais, religiosas ou locais (o campo da subjetividade). A democracia como espaço público de liberdade possibilita o trabalho do sujeito sobre si mesmo, exercendo um papel de criador e produtor, não somente de consumidor. Nessa abordagem, três dimensões interdependentes constituem a democracia: o respeito pelos direitos fundamentais, a cidadania e a representatividade dos dirigentes.

A representatividade dos dirigentes significa atores sociais cujos agentes políticos sejam seus instrumentos. A cidadania requer cidadãos que se consideram cidadãos, assumem-se como parte corresponsável de um conjunto, o que dá sentido à livre escolha dos governantes, pois os governados que se sentem pertencentes apenas a uma família, uma categoria profissional, etnia ou confissão religiosa não se interessam pelo governo. Os direitos fundamentais, por sua vez, limitam o poder dos governantes, o das igrejas, o das famílias ou o das empresas.

Pertencer a um Estado nacional significa manter solidariedade a deveres, ao passo que o exercício da cidadania fundamenta o direito de participar na gestão da sociedade, que é ao mesmo tempo um apelo à corresponsabilidade. Nessa visão de democracia estabelece-se uma lógica que vai de baixo para cima, da sociedade civil para o sistema político e deste para o Estado. O sistema político administraria as relações entre sociedade civil e Estado, combinando a pluralidade dos interesses com a unidade da lei.

O que assistimos mundialmente é a desconexão dos agentes políticos tanto em relação ao Estado quanto em relação à sociedade civil. Assim, grande parte do sistema político se volta para si mesma e para o aumento do seu próprio poder, destrói a livre escolha dos dirigentes pelos dirigidos, sobretudo usando recursos que asseguram sempre a vitória de alguns candidatos às eleições.

Sendo uma cultura e um sistema institucional, a democracia existe no equilíbrio instável entre os centros em que se tomam as decisões políticas e as realidades sociais das identidades coletivas. É um regime que se encarrega tanto das demandas da sociedade quanto das obrigações do Estado.

Distinguem-se, assim, três dimensões constitutivas da democracia: a liberdade, correspondente à diversidade social; a igualdade, correspondente aos direitos humanos; e a cidadania, pela qual todos podem controlar a sociedade, produzi-la, utilizá-la, administrá-la e legislar.

## EDUCAÇÃO, ESCOLA E DEMOCRACIA

O tema da relação entre educação e democracia tem sido tratado pela identificação exclusiva da educação com a escola, o que conduz a própria educação escolar a becos sem saída. Compreende-se essa focalização intensa tanto pela dimensão que a escola assumiu na vida dos indivíduos, nas estratégias dos grupos sociais e nas agendas dos governos quanto pelas possibilidades que a escola abre para a defesa, a afirmação e o aperfeiçoamento da democracia.

Por esse prisma, deve-se considerar que a aspiração de democratizar a educação requer alterar o modelo predominante de escola, que a reduz a uma agência especializada em transmitir saberes tomados sempre como legítimos e indispensáveis, embora sua seleção e manejo tornem esses saberes frívolos e alheios às vivas necessidades dos indivíduos e dos grupos sociais.

Já por esse motivo a compatibilidade entre educação e democracia exigiria, mas não decorreria apenas da oferta da escola atual para todos: a chamada democratização do acesso. Essa foi a justa prioridade dos movimentos democráticos por educação que atravessaram a maior parte do século passado e que ainda hoje não completou a sua meta.

Soma-se a essa prioridade o que se intitula muitas vezes de democratização do ensino, que apresenta duas frentes. Uma se refere a incluir uma maior proporção de desprivilegiados nos graus superiores de escolarização, equacionar o problema da "pirâmide" do sistema escolar condicionada pela origem social, familiar, de renda e níveis de escolaridade, ou pela existência de cursos mais ou menos prestigiados.

A outra frente colocada pela democratização do ensino é a das relações de poder entre professor/a e alunos/as, para as quais a proposta freireana de educação como empreendimento de conhecimento conjunto de educador/a e educando/a é especialmente frutífera.

As relações entre educação e democracia são, ainda, tratadas em termos de formação de personalidades democráticas. Esse enfoque também se bifurca. Um de seus caminhos articula educação e uma ética que concorre para dar corpo a uma cultura democrática.

A outra vereda é a da democratização da gestão educacional, que pode constituir uma atuação propriamente educacional, embora geralmente seja concebida e praticada como um formalismo inócuo ou como uma estratégia de gestão estritamente escolar de governos neoliberais que reduzem os investimentos necessários ao setor educacional.

Sendo o sistema escolar uma organização de administração burocrática, são de sua essência as limitações para um funcionamento democrático. Portanto, a democratização do sistema exige alterar a própria natureza dessa organização.

Diante do problema da qualidade da educação, a **democratização do acesso à escola**, a **democratização do ensino** e a **formação de personalidades democráticas** não serão totalmente consequentes se não se questionar o modelo de educação escolar concebido como máquina de transmissão e como ambiente apartado do restante da realidade social.

Mantendo intocado o modelo de educação escolar, as tentativas de subordinar o ensino ao objetivo de multiplicar a aprendizagem tiveram e têm caráter positivo, mas também é perceptível a sua limitação. Essas tentativas decorreram do espírito republicano, associado ao Iluminismo e a uma concepção exclusivamente racionalista do ser humano e da sociedade. Geraram uma necessária massificação, pois não há democracia sem uma sociedade de massas, embora seja possível haver sociedade de massas sem democracia. Mas a massificação trouxe também consigo exigências impessoais que pesam sobre a ação, os projetos e preferências individuais, que requerem a multiplicação dos espaços e processos de decisão.

A capacidade de ação racional demanda a luta contra a aliança da razão com o poder para construir a aliança da razão com a liberdade. Uma construção que combina espírito crítico e inovação, consciência da própria particularidade (tanto em termos de sexualidade quanto de memória histórica) e o reconhecimento dos outros – indivíduos e coletividades – enquanto sujeitos.

Essa combinação impõe a reorientação da relação entre as gerações maduras e as imaturas. São mundos estanques que precisam se comunicar, de modo que docentes e familiares, além de ser agentes da razão, ajudem crianças e jovens a constituir sua própria identidade.

A liberdade do sujeito pessoal contida nessa ideia de democracia confere também à família um papel formador essencial. Nesse sentido, a vida privada não se opõe à vida pública. A formação da identidade que a família venha a exercer contribuirá com a resistência do sujeito aos dominadores, e não com a sua reafirmação como integrante de uma passiva massa de consumidores.

Essa ideia de democracia outorga respectivamente um critério de qualidade à educação. Uma educação adequada à democracia deveria contribuir para a realização daquelas dimensões aludidas anteriormente e, ainda, para a estreita conexão entre as três.

Uma é a liberdade, a limitação do poder do Estado pelo respeito aos direitos fundamentais, reclamando uma educação que alcance todas as pessoas como um direito social, cuja própria efetivação contemple a expressão da diversidade da sociedade civil.

Na dimensão da representatividade dos governantes, uma educação de qualidade deve contribuir para a constituição de atores sociais fortes, com clara definição de interesses, reivindicações e projetos. Deve possibilitar uma arguta compreensão das relações sociais, a identificação de aliados e adversários sociais e o emprego de saberes com os quais as demandas sociais se convertam em ação e se expressem bem politicamente.

Quanto à dimensão da cidadania, além de as práticas educacionais incluírem toda a variedade de indivíduos e categorias sociais, é indispensável que acentuem a corresponsabilidade pelo conjunto sociopolítico, formando personalidades democráticas de modo a maximizar a transformação de indivíduos e grupos em sujeitos.

## CONDIÇÕES PARA REALIZAR UMA EDUCAÇÃO COMPATÍVEL COM A DEMOCRACIA

Cada vez mais a escola faz parte da história de vida e do cotidiano de inúmeras pessoas. Utiliza-se na linguagem comum a palavra *escola* como sinônimo de educação e se fala em sistema educacional como o mesmo que sistema escolar.

Esse mimetismo é tão intenso que se deixa de lado a multiplicidade de formas e práticas sociais nas quais as pessoas se educam, num vasto campo que ultrapassa enormemente o ambiente circunscrito da escola. Desconsidera-se a grande abrangência que as variadas relações familiares e outros grupos primários, a pluralidade de experiências de trabalho e as diferentes interações promovidas pelos meios de comunicação de massa conferem ao termo *educação*.

Uma tal redução já estava presente na Declaração Universal dos Direitos Humanos de 1948, no seu artigo 26º, sobre direito à educação. Muitas leis a acompanham. A Lei de Diretrizes e Bases n. 9.394 de 1996, por exemplo, no artigo 1º, reconhece que a educação "abrange os processos formativos que se desenvolvem na vida familiar, na convivência humana, no trabalho, nas instituições de ensino e pesquisa, nos movimentos sociais e organizações da sociedade civil e nas manifestações culturais". Mas por seu parágrafo 1º, a Lei disciplina apenas a educação escolar.

Assim, consolidou-se o entendimento de que política educacional se resume somente a uma política escolar e, em geral, se restringe à rotina administrativa de alocar insumos para o funcionamento dos estabelecimentos: construção de prédios, contratação de pessoal, destinação de transporte, uniformes, merenda e material didático. E as escolas seguem como universos confinados, alheios ou estranhos ao ambiente externo em que atuam.

Mas os sistemas escolares, inclusive reconhecendo-se a sua enorme importância, precisariam ser apenas um dos ocupantes do centro de um sistema educacional, que representasse o esforço coordenado de uma imensa variedade de agentes educativos.

## HÁ UM PROCESSO EM ANDAMENTO

É nessa perspectiva que em parte se colocam, ainda tímida e segmentadamente, os movimentos pela elaboração de planos municipais, estaduais e nacional de educação, em especial a Campanha Nacional pelo Direito à Educação (https://campanha.org.br/).

Mas essa é uma linha de incidência que não encontra ainda articulação com outras importantes iniciativas no leito da chamada educação integral. São diversos grupos tais como a Conferência Nacional de Alternativas para a Nova Educação (Conane; https://www.conane.com.br/), o Movimento de Inovação na Educação (MIE; https://movinovacaonaeducacao.org.br/) e mais recentemente o programa Escolas2030 (https://escolas2030.org.br/).

A Campanha mobiliza estabelecimentos escolares e não escolares que têm experiência acumulada ou se iniciam com vivo interesse na busca inovadora de formas de realizar educação integral e transformadora. Entre outras características, são práticas que valorizam muito a expressão de educandas e educandos e a forte interação com os territórios de grande vulnerabilidade social nos quais se situam as unidades educacionais.

Além desses traços sintonizados com as demandas de uma educação que combate desigualdades e fortalece o sujeito pessoal, o programa faz frente a um ponto nevrálgico do caráter autoritário das políticas públicas, incluídas as educacionais. Estas são historicamente resultantes de decisões tomadas por um pequeno círculo de governantes, que contratam e se servem de um diminuto círculo de especialistas.

Um grande desafio das experiências inovadoras está em dar sequência ao fortalecimento do sujeito pessoal, compreendendo-o tanto em seus aspectos individuais quanto coletivos, isto é, equilibrar o conhecimento e a atuação do indivíduo sobre si com a aprendizagem que só pode ocorrer na atuação sociopolítica, por definição remetida à mobilização de coletividades.

Mas está posta uma fragilidade crucial do trabalho orientado tanto para a personalidade quanto para a atuação sociopolítica ou para o equilíbrio entre esses dois focos: a formação do pensamento racional. Esta diz respeito ao domínio da língua falada e escrita, condição ligada diretamente aos conhecimentos das chamadas ciências humanas ou naturais. Não há motivo para tais conhecimentos estarem dissociados da autoexpressão, seja como ocorre no modelo predominante de escola, seja como muitas vezes acontece nas tentativas de inovação. Sem a atenção a essa desafiadora combinação, as buscas no sentido de uma educação integral não passarão de simulações, ou mesmo de dissimulações de uma educação débil e, portanto, alheia ou contrária à democracia.

Para realizar a ideia de qualidade que foi exposta, muitas providências precisam ser tomadas em variadas frentes. Destaco duas apontadas pelo programa Escolas2030, que emergiram como recomendações a partir dos debates das organizações educativas que fazem parte daquele programa. Uma das propostas é que o Ministério da Educação e as secretarias responsáveis pela oferta da educação básica forneçam apoio técnico especializado, financeiro e institucional (particularmente horas de trabalho de profissionais) para que se elaborem e realizem projetos de pesquisa de unidades educacionais sobre suas próprias práticas. Dessa forma, as pessoas que as protagonizam terão melhores condições para refletir sobre o que fazem, produzindo coletivamente conhecimento que embase atividades educacionais e processos de avaliação.

Outra recomendação é que as secretarias responsáveis pela oferta da educação básica mapeiem, apoiem e difundam nas suas redes procedimentos e instrumentos de avaliação desenvolvidos pelas unidades educacionais e que abrangem aprendizagens necessárias ao pleno desenvolvimento da pessoa, como empatia, colaboração, autoconhecimento, criatividade e protagonismo. Junto com a difusão desses procedimentos e instrumentos reivindicam-se processos de formação contínua para a sua qualificada implementação. Aquelas são aprendizagens relativas às variadas dimensões do ser humano, mas não constam dos sistemas governamentais de avaliação, embora a Constituição fixe como objetivos da educação o pleno desenvolvimento da pessoa, seu preparo para o exercício da cidadania e sua qualificação para o trabalho. Metas que não se atingem meramente com jornadas de período integral em escolas.

Talvez os motivos que apresentei aqui para que consideremos a democracia como o principal critério de qualidade na educação sejam tidos como aceitáveis por muitas pessoas. Resta saber como interpretamos o que devemos fazer para materializar essa ideia e qual capacidade demonstramos para fazê-lo.

## Bibliografia

BOBBIO, Norberto. *O futuro da democracia:* uma defesa das regras do jogo. Trad. Marco Aurélio Nogueira. Rio de Janeiro: Paz e Terra, 1986.

DURKHEIM, Émile. Definição de educação. In: *Educação e sociologia*. 3. ed. Trad. Lourenço Filho. São Paulo: Melhoramentos, 1952, pp. 29-32.

GHANEM, Elie. *Educação escolar e democracia no Brasil*. São Paulo: Ação Educativa; Belo Horizonte: Autêntica, 2004.

GUSMÃO, Joana Borges Buarque de. *Qualidade de educação no Brasil:* consenso e diversidade de significados. São Paulo, 2010. Dissertação (Mestrado) – Universidade de São Paulo. Disponível em: http://www.teses. usp.br/teses/disponiveis/48/48134/tde-22062010-135357/. Acessado em: 5 mar. 2023.

LUDERMIR, Teresa Bernarda. Inteligência artificial e aprendizado de máquina: estado atual e tendências. *Estudos Avançados*, v. 35, n. 101, jan-abr. 2021, pp. 85-94.

ROSENFIELD, Denis Lerrer. *O que é democracia?* São Paulo: Brasiliense, 1994.

TOURAINE, Alain. *O que é a democracia?* Trad. Guilherme João de Freitas Teixeira. Petrópolis: Vozes, 1996.

UNESCO. *Educação de qualidade para todos:* um assunto de direitos humanos. Brasília: Unesco/Orealc, 2007.

# A invenção pedagógica
# do sofrimento docente

*Leandro de Lajonquière*

> Supõe-se a incidência de um "sofrimento docente" derivado de uma espécie de estado doentio privativo à docência encarnado no docente e cuja emergência reclama um esclarecimento científico, a fim de evitarmos o seu desenvolvimento, a sua propagação e/ou a sua instalação endêmica. No entanto, essa forma sanitarista de entender o padecimento de alguns docentes no trabalho constitui um obstáculo epistemológico que merece ser desconstruído graças ao pensamento psicanalítico.

Há algum tempo, particularmente no Brasil, mas não apenas, fala-se com certa soltura do "sofrimento docente". Dependendo de quem fala, o tal do sofrimento docente passa a ser uma entidade diferente de sua congênere. Isso não nos surpreende. O que chama a atenção é que a imensa maioria, seja no campo da pesquisa universitária, no interior mesmo das escolas, nos sindicatos profissionais e na imprensa para o grande público, acorda em torno da ideia da existência do "sofrimento docente". Este não se reduz ao fato de que um docente bem pode sofrer como qualquer mortal disto ou daquilo outro, mas de um sofrimento intimamente ligado à docência e cuja manifestação reclama uma resposta da ciência para frear seu desenvolvimento e sua disseminação, como se o sofrimento se tratasse de uma doença contagiosa qualquer. Assim sendo, o debate, preso ao modelo sanitarista, resume-se ao estabelecimento, por um lado, de quais seriam os fatores, de diversos calibre e natureza, que se fazendo presentes produziriam o tal estado doentio do "ser docente", responsável pelo sofrimento ressentido por diversos profissionais da educação. Por outro lado, o debate às vezes se limita à simples mensuração de se o "sofrimento docente" é mais ou menos expressivo do que qualquer outro tipo eventual de sofrimento profissional.

O nosso raciocínio, no entanto, não avança nessa direção consensual. Essa forma de pensar constitui, relembrando Gaston Bachelard, um obstáculo epistemológico, ou seja, trata-se de uma forma de pensar que não dá lugar a nenhuma novidade intelectual, é quase um não pensamento. Nesse sentido, pretendo, neste capítulo, abater essa espécie de "árvore que não deixa ver o bosque", conforme reza a nossa língua portuguesa. A meu entender e a despeito de que este ou aquele docente bem possa sofrer pelo fato de exercer um ofício que não lhe convém pessoalmente, bem como por manter um matrimônio no qual o desejo acabou se esvaindo ou que talvez nunca tenha entrado na contabilidade, o dito sofrimento docente, assim como o "sofrimento amoroso" não são a expressão de nenhuma doença suscetível de ser contornada pela aplicação de cataplasmas diversas.

* * *

De que sofrem os docentes? Certamente de tudo e mais um pouco, como qualquer mortal. Mas não creio ser isso o que têm em mente os que falam o tempo todo do "sofrimento docente". A vaga ideia que fazem do sofrimento docente parece exprimir uma certa singularidade que precisamente sempre acaba escapando ao clássico raciocínio fatorialista usado no intuito de vir a destrinçá-la. Os ditos fatores produtores do estado doentio do qual o sofrimento seria um sinal – assim como a febre pode sê-lo da gripe – são os baixos salários, o estado precário das escolas, o caráter mais ou menos insensato das exigências institucionais ou das demandas das famílias, assim como de uma série de situações curiosamente expressas de forma negativa como, por exemplo, o fato de as crianças não serem mais como as de antes, de enquanto professores não terem sido bem formados ou preparados para enfrentar diversas situações, de não conseguirem os resultados que pretendem... Mas será que é dessa listagem, mais ou menos longa, que um docente pode vir a sofrer? Sim, não, tudo depende de como entendemos o que está em jogo na docência.

Os docentes, em particular os brasileiros do setor público de ensino, se dizem desanimados por realizar um trabalho mal remunerado, num ambiente arquitetônico não muito aconchegante, com poucos recursos pedagógicos, com certos tipos de lousas, livros e cadernos, num contexto de demandas contraditórias e insensatas de diversos calibres. Em suma, se dizem desanimados do lugar pouco prestigiado que ocupam no imaginário social. Mas isso não deve nos surpreender. Afinal, quem gosta de vender sua força de trabalho manual ou intelectual por pouco? Quem gosta de edifícios mal conservados? Quem gosta de escrever na lousa sem ter giz para tanto? Quem gosta de ouvir todo tipo de asneira de seu chefe? Quem gosta de fazer um trabalho não reconhecido socialmente? O curioso disso tudo é que há especialistas em educação que se dedicam a calibrar "cientificamente" quanto deste ou daquele "fator" contribuiria ao "sofrimento docente", para depois ponderarem sobre as cataplasmas a serem administradas aos docentes "doentes".

Todas essas reclamações dizem, a meu entender, de condições de trabalho que não devem ser toleradas pelo simples fato que elas expressam a injustiça que anima a vida nacional. É inaudita qualquer justificação dos sabidos baixos salários brasileiros pelo fato de que eficácia profissional alguma correlaciona-se mecanicamente com o aumento salarial outorgado pelo governo de plantão. Também é insuportável ter que aturar a nomeação de ministros ou secretários de educação com currículos adulterados, que não sabem se exprimir na língua nacional ou que sequer conseguem garantir uma merenda escolar correta a um preço também correto. Assim como também é insuportável ser submetido a ganhar uma espécie de bônus de produtividade em virtude do rendimento escolar, dando a entender que ensinar uma criança a ler e a escrever é como soprar e fazer garrafas. Não, não o é! O aprendizado ou o não aprendizado do que quer que seja não é o efeito linear e mecânico daquilo que um professor faz ou deixa de fazer com os seus alunos. Quem pensa assim, a meu entender, não só não pensa como também dá a ver aos outros, de forma escancarada, que não reúne as condições para tal cargo de responsabilidade política. E isso não é sem consequências. Imaginemos por um instante que, sentados a uns quantos metros de altura acima do mar, o comandante nos informa que nada sabe e que está a ler o manual do avião, com o intuito de campear a tempestade. Certamente o leitor há de concordar que a confissão do piloto semeia no instante uma grande confusão a bordo. Pois é, essa mesma desordem é a que se produz no interior da comunidade educativa quando os responsáveis atestam ignorar o que está em pauta na experiência escolar para os docentes e para as crianças.

Toda e qualquer situação absurda assim como toda e qualquer injustiça são moralmente injustificáveis, reclamando sua correção política, independentemente do que a ciência venha ou não a dizer sobre o seu peso ponderado na produção desse suposto estado doentio responsável pelo tal sofrimento docente.

Não devemos transformar em "sofrimento docente" o que é da ordem da denúncia de injustiças e/ou de determinadas situações que bem poderiam ser cômicas se não fossem o que são – as marcas de uma triste chacota nacional em matéria educativa. Tampouco devemos fazer do fato de alguém vir a sofrer por estar preso numa situação que não lhe convém existencialmente, um sofrimento chamado docente. A docência, aliás, como o matrimônio e/ou a maternidade ou a paternidade, não é para qualquer um pela simples razão que cada uma dessas condições existenciais convoca o sujeito sempre na sua singularidade. Porém, aqueles que supõem haver um instinto matrimonial, materno e/ou paterno não conseguem entender que alguém com nome e sobrenome acabe descobrindo que qualquer dessas situações lhe excede subjetivamente. Embora ninguém proponha considerarmos a escolha de ser docente o indício da ação de um instinto docente, hoje impera a ideia de que qualquer um "banca" ser docente. Assim, se antes imperava a ideia de que o exercício da profissão era uma espécie de resposta a um apelo existencial singular – uma vocação – hoje em dia considera-se que o docente é um indivíduo intercambiável, "um ninguém" (Fanizzi, 2023) capaz de exercer um ofício reduzido a um simples "fazer" isto ou aquilo outro com as crianças.

Nesse sentido, proponho diferenciar os justos reclamos, bem como o fato de que um docente singular descobre estar a fazer algo que não lhe convém subjetivamente, daquilo que poderia vir a ser nos dias atuais um sofrimento intimamente ligado ao exercício do magistério.

\* \* \*

Hoje em dia é curioso constatar que até no grande ducado de Luxemburgo, porém pequeno Estado da União Europeia, onde um professor primário ganha o dobro do que um professor universitário titular francês, estuda dentre outras coisas o latim e o grego, aprende a tocar um instrumento musical e dispõe de prédios impolutos, fala-se também do tal sofrimento docente. Alguém poderia dizer em bom português que esses professores "reclamam de barriga cheia". No entanto, é curioso constatar que os nossos irmãos luxemburgueses em nada mudam o seu raciocínio quando ficam sabendo da situação brasileira: eles continuam achando que sofrem e pronto. Dessa forma, bem podemos dizer que todo mundo hoje "bota fé" no sofrimento docente, assim como ao menos uma boa metade dos cristãos ainda consideram que Maria concebeu Jesus virgem. Como sabemos, o culto mariano levou muitos séculos para se instalar no mundo cristão, até acabar perdendo a hegemonia alguns séculos mais tarde. Assim, a ideia do sofrimento docente vem se impondo rapidamente nestes últimos decênios, independentemente das condições concretas de existência – como numa época era hábito dizer – até passar a vingar de forma singular e mais ou menos hegemonicamente dependendo das latitudes. A tal crença no sofrimento docente tornou-se pandêmica, embora a "doença" acabe adquirindo fisionomias nacionais. O sofrimento docente apresenta-se como uma ameaça ao exercício profissional para além deste ou daquele docente singular, neste ou naquele país.

Sigmund Freud nunca abriu mão de uma afirmação feita no início da saga inventora: o neurótico sofre de reminiscências. Com essa simples sentença, o pai da psicanálise deixava de lado todo tipo de ponderação sanitarista corriqueira sobre a natureza sofredora da dita realidade da vida cotidiana, marcando o passo de uma maneira de entender a condição humana. A tese freudiana implica que nenhum sujeito sofre de fatos presentes ou passados, isto é, dos fatos, do que passou ou de que se está a passar, embora isso possa ser um sapo truculento de engolir. As reminiscências das quais se trata não constituem lembranças mais ou menos vagas de fatos suscetíveis de serem enumerados também por terceiros. As reminiscências freudianas estão mais próximas daquelas platônicas, sem por isso serem equivalentes. O neurótico sofre da presença ou da insistência no presente do que não aconteceu ou, em outras palavras, da insistência de uma ausência. Em suma, o sofrimento neurótico não é o sinal de uma doença biopsicossocial, mas diz do embaraço experimentado por um sujeito em se realizar como sujeito, ou seja, de ele dizer a que veio ao mundo dos homens. O desenvolvimento dessa ideia foge ao escopo deste texto. No entanto, a tese freudiana sobre a neurose possibilita tomarmos distância da forma sanitarista hegemônica embutida na ideia de sofrimento docente. Sofrimento algum não é o indício de uma doença, mas da insistência de um sujeito em se dizer enquanto tal (de Lajonquière, 2019b, 2022) ou, conforme afirma Fanizzi (2023), o sinal de que um "alguém" impõe resistência à desertificação da experiência escolar promovida pelo cientificismo pedagógico.

Nesse sentido, cabe perguntar-se de que sofrem os humanos quando exercem nos dias de hoje o ofício da docência? Ou, noutras palavras, o que na docência ameaça com um quinhão de sofrimento a todo aquele que a exerce?

A docência se converteu nestas últimas décadas, a julgar pelas ponderações expertas de todo tipo e calibre, num ofício supostamente muito complexo cujo desempenho exigiria uma série de competências mais ou menos pessoais ou técnicas a serem aprimoradas de forma continuada ao longo da vida profissional. Assim, desponta no horizonte a figura de um docente homem-orquestra sem descanso, submetido a uma performance crescente. Essa natureza orquestral do docente atual exprimiria a complexidade sempre crescente do ofício, derivada por sua vez da necessidade de se atender ao desenvolvimento integral da criança de hoje cuja natureza infantil ultrapassaria em complexidade aquela de ontem, seja porque o mundo não é mais o mesmo ou porque os cromossomos não são mais os que eram. Essa forma hegemônica de não pensar produz efeitos deletérios no interior da educação, tanto para as crianças quanto para os adultos docentes ou não. Deixando de lado o que tange às crianças, que não constitui o objeto de nossa reflexão nesta oportunidade, essa forma reducionista de entender a educação condena o docente a trabalhar sem rumo algum, convertido no personagem do filme *Tempos modernos* (1936), de Charles Chaplin.

\* \* \*

Do sem-número de coisas que os docentes dizem ou deixam de dizer no que tange ao seu ofício, há uma que chamou nossa atenção há 25 anos e que talvez seja o caso de retomá-la aqui para avançarmos na reflexão. Afirmávamos naquele texto (de Lajonquière, 1998), em que o sintagma sofrimento docente não compareceu uma única vez, que os docentes experimentavam um certo desânimo ou insatisfação no ofício para além da magnitude dos resultados concretos obtidos ou não com seus alunos. Uma situação do tipo daquele melancólico incapaz de se satisfazer na contabilidade de qualquer realização: qualquer feitio carece de valor à sombra do que espera. Chamei essa insatisfação enraizada no ofício docente de "mal-estar pedagógico". Naquela oportunidade não podia imaginar que um dia escutaria docentes luxemburgueses invadidos pelo mal-estar pedagógico se dizerem ressentidos por fazerem um trabalho sem fim, de resultados impalpáveis.

Nesse sentido, cabe perguntarmos: o que de infindável há na espera docente? Mais ainda, o que ensombrece ou melancoliza o ofício da docência?

Toda experiência educativa, como aliás qualquer experiência humana, é atravessada por imponderáveis. Sempre se espera isto, mas obtém-se aquilo outro. Quando se trata do registro da fabricação – ora a produção industrial de bugigangas, ora a cozinha doméstica –, toda diferença na produção pode ser corrigida com maior ou menor trabalho atento. Já no caso da experiência, o saber reflexivo elaborado *a posteriori*, embora acumulado, nunca se traduz no controle do que virá a acontecer ou deixar de acontecer na hora "h".

As vicissitudes que singularizam a experiência constituem tanto uma felicidade quanto uma infelicidade. Nesse sentido, Freud (1929) afirmava que a experiência da vida junto a outros não pode não implicar um quinhão de mal-estar. Ou seja, no laço social estamos sempre mais ou menos malparados, pisando em terra movediça. Esse "mal-estar na cultura" ou "na civilização" exige ser reconhecido, caso contrário o sujeito passa a "dar murros em ponta de faca" na experiência, conforme o dito popular português. Reconhecer a natureza dupla e paradoxal de toda experiência humana implica contabilizar um quinhão de banal infelicidade. Já nada querer saber disso empurra inevitavelmente o sujeito para a miséria do sofrimento neurótico. Nesse sentido, a cura psicanalítica, afirmava Freud (1909), consiste na transformação da miséria neurótica numa infelicidade corriqueira.

Toda experiência educativa, seja ou não a da docência profissional, confronta o adulto a não saber de antemão os efeitos de sua ação. Ele não só está condenado a saber *a posteriori*, mas também a fazer face a um saber incapaz de formatar a falta de controle com a qual ele deverá se haver novamente no lance seguinte. A grande maioria considera isso uma menos-valia a ser contornada tecnicamente, graças aos aportes de saberes expertos em educação. Porém, na esteira dos estudos psicanalíticos na educação que venho desenvolvendo há pouco mais de 30 anos, devo dizer que é precisamente essa impossibilidade que todo adulto deve testemunhar para a criança, caso estime que toda educação entranha para uma criança a conquista de um lugar de palavra singular numa história em curso. Nesse sentido, a impossibilidade em causa na experiência educativa exige ser reconhecida tanto como uma felicidade quanto como uma infelicidade, ou seja, como uma infelicidade banal sem a qual não há experiência que se preze.

No entanto, o ideário pedagógico hoje hegemônico se estrutura em torno de uma operação de recusa da impossibilidade de se controlar os destinos da experiência. Ele se autoafirma na ilusão de saber de antemão, embora não seja mais do que em termos probabilísticos, sobre os efeitos buscados ou aqueles a serem evitados da ação adulta junto à criança. Assim, o cientificismo pedagógico não é mais do que a ciência dos consertos que não dão certo em matéria educativa, ou seja, uma simples elucubração neurótica que não seria mais do que uma anedota engraçada, não fosse pelo fato de que ela empurra os adultos para a impostura perante a criança, bem como dá vida ao "mal-estar pedagógico". A impostura adulta instala as chances de que a educação de uma criança se torne um fato de difícil acontecimento (de Lajonquière, 1997, 1999, 2020). Por outro lado, o mal-estar pedagógico, assim como a criatura do Dr. Frankenstein, acaba se rebelando contra seus criadores sob a forma de "sofrimento docente". Este melancoliza o ofício docente, chegando a fazer um professor perder o rumo na experiência ou até também na própria vida.

A insistência em nada querer saber sobre a impossibilidade de controle em matéria educativa amarra o discurso pedagógico hegemônico em torno de uma ilusão, isto é, de uma crença animada por um desejo. Crença de que é tanto possível quanto necessário adaptar ou ajustar a ação adulta ao suposto estado biopsicossocial da criança com vistas a que nada venha a restar na experiência. A possibilidade de adaptação ou complementação reside na suposição de que tanto conhecemos o estado da criança quanto detemos o controle dos efeitos da nossa intervenção adulta junto a ela. Embora essa crença seja refutada pela interminável série de reformas e métodos educativos, todos igualmente incapazes do controle almejado, os sujeitos continuam a "botar fé" nela, numa espécie de *credo quia absurdum*. O desejo dá força à crença ilusória. Mas que desejo anima a *ilusão (psico)pedagógica* (de Lajonquière, 1997, 1999, 2020)? Trata-se de um desejo de suturar a diferença entre a criança de carne e osso que participa da experiência educativa e a criança imaginária que o adulto tem em mente – *A-Criança* (de Lajonquière, 2008, 2020) –, que não faz mais do que desnortear sua ação educativa. O desejo de apagamento dessa diferença é um desejo de não desejar. Um desejo de sutura ou de morte do mesmíssimo desejo, espalhador de efeitos deletérios no seio da experiência educativa para o sofrimento de grandes e pequenos.

O desejo de sutura que atravessa a educação nos dias de hoje não deve ser confundido com o voto conservador embutido em toda demanda educativa. Toda educação implica um voto conservador, pois pede-se à criança para manter vivo um laço com o passado do mundo, aprendendo os conhecimentos e costumes dos adultos. Essa demanda endereçada pelos adultos às crianças não pode não acabar se revelando impossível de ser satisfeita na sua totalidade. Toda criança, estrangeira a respeito do mundo no qual acabou de chegar, emplacará, ao tempo que ficar grande aprendendo o ensinado, uma diferença no mundo de antanho, embora o mundo volte a ficar velho

Cultura digital e educação

para a próxima criança a chegar. Os adultos sempre souberam, a despeito do narcisismo ferido, dessa tensão entre continuidade e descontinuidade no seio da experiência. Entretanto, parece ter havido no tempo uma mudança nessa aceitação adulta da diferença entre o passado do mundo e o futuro da história ainda por vir. Essa simples diferença que cai em toda demanda educativa é considerada sob o império da *ilusão (psico)pedagógica* tanto o resultado contingente de uma pedagogia ineficaz quanto uma funesta desgraça que reclama uma e outra vez ser corrigida, graças a um método educativo supostamente mais científico.

\* \* \*

A docência ou o exercício do magistério é ao nosso entender algo bem mais singelo, embora isso não deva ser tomado à ligeira no sentido de que qualquer um, ou seja, pouco importa quem, pois todos são igualmente intercambiáveis, poderia suportar a arte de professar, como já alertamos. A docência implica professar verdades, aquelas da *episteme* que o docente diz ensinar, mostrar ao olhar mais ou menos ávido das crianças interpeladas pela oferta escolar a responder como alunos sempre prontos. Assim sendo, o docente deve ser capaz de distinguir o joio do trigo no seu domínio de conhecimento. Ou seja, deve saber dizer se está a ensinar o certo conforme um domínio disciplinar ou, ao contrário, simples *fake news*. Por outro lado, a verdade exige daquele que a professa a sua implicação subjetiva. De fato, como costumamos dizer, a verdade nos toca. Por isso, não é por acaso que um docente escolhe professar as verdades da física, assim como um outro as do grego clássico. Tampouco é sem consequências falar delas para uma criança. Algo da condição adulta do docente se diz na docência para a criança recalcada no aluno. Por isso, a docência entranha a educação, o laço adulto-criança. Em certa medida, estou a reiterar uma velha tese, aquela que afirma que toda educação que se preze implica a indissociabilidade entre *conhecimento* e *saber* (de Lajonquière, 1992, 1997, 1999).

A criança não se engaja na experiência escolar com o intuito de conhecer isto ou aquilo. Se os números ou as letras gregas merecem ser

186

conhecidas é porque elas já contam na vida do professor que, por sua vez, conta para a criança, pois ela supõe no professor o saber ser grande que a ela faz falta. Não devemos esquecer que toda criança no início da escolarização almeja ficar grande frequentando a escola. Em certo sentido, o costumeiro reclamo docente que as crianças não querem "aprender por aprender" é descabido. A criança aprende por amor àquele suposto saber ser grande, assim como o docente ensina por dever, costumo afirmar (de Lajonquière, 1997, 1999). Essa espécie de algoritmo é válida independentemente da idade dos personagens da experiência. Todo discípulo deseja receber em troca de seu amor o saber suposto ao mestre. No entanto, este não outorga o pedido, pois embora possa testemunhar da sua implicação no professar verdades disciplinares, ele não dispõe de nenhum saber transmissível sobre a experiência de ser gente grande mais ou menos versada no assunto. No entanto, a criança que aprende passa a ficar tão ocupada com os conhecimentos construídos para si e por si que esquece de cobrar do professor o saber suposto e impossível de se entregar.

O magistério exige do docente um certo *saber viver* ou um saber compartilhar uma experiência com as crianças, cujo destino não está escrito de antemão em lugar algum. O magistério não implica um *saber fazer* mais ou menos técnico com a criança. Criança alguma "tem que ser trabalhada", como costuma-se ouvir à esquerda e à direita. Não se trata tampouco que o docente ignore o que professar, pois deve conhecer os números e as letras a serem ensinados.

Como é possível para um adulto compartilhar com a criança a experiência de professar verdades disciplinares? Haveria uma formação técnica adequada para tanto?

Formar professores é mais ou menos como formar padeiros, o que, por sinal, não é também muito diferente de se formar médicos ou até psicanalistas. Sempre um deles pode vir a duvidar de seu fazer profissional e, na sequência, por exemplo, decidir fazer outra coisa na/com (a) vida, evitando assim sofrer por ter o "desejo preso". Mas nunca vi a categoria dos padeiros, dos médicos e dos psicanalistas duvidarem neuroticamente sobre o "seu papel". No entanto, no Brasil, a grande questão existencial que toma conta da turma de alunos prestes a se formar nos cursos de Pedagogia é "qual o papel do professor?". Como tal coisa é possível no momento da formatura? É como se as tropas duvidassem ao uníssono no momento mesmo de se lançarem à batalha!

Reduzir o magistério ao registro de um *saber fazer* mais ou menos solipsista é, embora não privativo, a marca por excelência do ideário pedagógico brasileiro.

Toda formação que se preze implica *autorizar-se de si mesmo e também de alguns outros*, como lembrava Lacan a propósito dos analistas. Ele sabia disso não só por ter se tornado psicanalista, mas também médico quando jovem, embora o agir do médico e do psicanalista não sejam obviamente a mesma coisa. Vejamos. Quando Lacan efetuou o juramento de médico, o fez sob o espectro de Hipócrates, de todos os médicos já falecidos, bem como sob o olhar de seus professores. Pois bem, para além da questão imaginária de o hábito fazer o monge, para se tornar médico todo candidato deve se autorizar a conquistar um lugar numa tradição de médicos. Isto é, todo discípulo deve pagar o preço simbólico exigido por toda e qualquer filiação que se preze para poder advir num lugar de suposta mestria. O autorizar-se de si mesmo é indissociável dos outros mortos e vivos que nos precederam na singela experiência de habitarmos um lugar de palavra numa história em curso de ser narrada.

Mas o mesmo é também válido quando dos padeiros se trata. Ser padeiro na França tampouco é para qualquer um, para um "ninguém", como diria Caroline Fanizzi (2023). Em princípio, é para todo aquele que se autorizou a aprender a fazer pães junto a outros. Um diploma certifica o término da formação que todo padeiro pendura na padaria à vista de todos, assim como também pode vir a exibir todos os prêmios que porventura possa ter recebido em situações diversas. Por exemplo, aquele que ganhar a melhor baguete do ano coloca – em tamanho grande – o anúncio do recebimento da distinção na vitrine, bem como adquire o direito de fornecer o pão para o *Palais de l'Élysée*. Os presidentes franceses comem, então, o pão que o padeiro premiado pela confraria dos padeiros amassou. Os motivos existenciais pelos quais o candidato a padeiro engajou-se na saga *boulangère* não entram na conta. O importante é que todo padeiro aceita ser um *mais um* na tradição de padeiros.

Entretanto, o ideário pedagógico hoje hegemônico, no Brasil ou no grande ducado de Luxemburgo, reduz as condições do magistério a uma série de competências mais ou menos técnicas que nada dizem de docentes singularmente implicados como sujeitos a uma tradição profissional no professar verdades disciplinares perante crianças – herdeiras de uma ideia de nação – no interior de uma história em curso de ser narrada.

O cientificismo pedagógico que toma conta de diferentes imaginários sociais não produz ao dizer de Fanizzi (2023) uma mesma "desertificação" da experiência escolar (de Lajonquière, 2019a). Tudo depende da resistência que as tradições pedagógicas nacionais e os docentes que nela se reconhecem consigam impetrar. Dessa diferença dependerá também a presença do tal sofrimento docente.

## Bibliografia

DE LAJONQUIÈRE, Leandro. *De Piaget a Freud: para repensar as aprendizagens.* Petrópolis: Vozes, 1992.

_____. Dos "erros" e em especial daquele de renunciar à educação. *Estilos da Clínica,* São Paulo, v. 2, n. 2, 1997, pp. 27-43. Disponível em: https://doi.org/10.11606/issn.1981-1624.v2i2p27-43. Acessado em: 18 maio 2023.

_____. A psicanálise e o mal-estar pedagógico. *Revista Brasileira de Educação,* n. 8, 1998, pp. 92-8. Disponível em: https://www.anped.org.br/sites/default/files/rbe/files/rbe_08.pdf. Acessado em: 18 maio 2023.

_____. *Infância e ilusão (psico)pedagógica*: escritos de psicanálise e educação. Petrópolis: Vozes, 1999.

_____. Niños extraños. *En Cursiva. Revista Temática,* Buenos Aires, v. 4, abr. 2008, pp. 41-6.

_____. Quando o sonho cessa e a ilusão psicopedagógica nos invade, a escola entra em crise. Notas comparativas Argentina, Brasil, França. *Revista ETD – Educação Temática Digital,* v. 21, n. 2, 2019a, pp. 297-315. Disponível em: https://doi.org/10.20396/etd.v21i2.8651506. Acessado em: 18 maio 2023.

_____. Des réminiscences, de la vérité... et de l'histoire chez Freud. *Analyse Freudienne Presse,* n. 26, 2019b, pp. 49-60. Disponível em: https://doi.org/10.3917/afp.026.0049. Acessado em: 18 maio 2023.

_____. Por uma escola inclusiva ou da necessária subversão do discurso (psico)pedagógico hegemônico. *Política & Sociedade. Revista de Sociologia Política,* v. 19, n. 46, 2020, pp. 39-64. Disponível em: https://doi.org/10.5007/2175-7984.2020.e73724. Acessado em: 18 maio 2023.

_____. Sobre a irremediável educação. *Estudos de Sociologia,* Araraquara, v. 27, n. esp. 2, 2022, p. e022018.

FANIZZI, Caroline. *O sofrimento docente*: apenas aqueles que agem podem também sofrer. São Paulo: Contexto, 2023.

FREUD, Sigmund. Cinco lições de psicanálise. In: *Edição standard brasileira das obras psicológicas completas,* v. 11. Rio Janeiro: Imago, 1970. [1. ed. 1909.]

_____. O mal-estar na civilização. In: *Obras completas* (1930-1936), v. 18. São Paulo: Companhia das Letras, 2010. [1. ed. 1929.]

# Sobre a nossa tristeza
# fora da sala de aula

*Vivian Batista da Silva*

> A tristeza de professores e alunos tem sido um dos temas mais evocados, e o difícil contexto da pandemia da covid-19 intensificou o problema, prolongando desafios já existentes. Com o fechamento das escolas entre 2020 e 2021, perdemos espaços, tempos, práticas e artefatos com os quais organizávamos nossa vida. Esse desafio conduz este capítulo a uma discussão sobre o lugar da aula e de suas apropriações no ambiente digital.

A tristeza e o sofrimento de professores e alunos têm sido um dos temas mais evocados no cotidiano das escolas, bem como nas notícias que a grande imprensa e os periódicos educacionais vêm veiculando nos últimos tempos (Fanizzi, 2019; 2022). Não raro, conhecemos casos de afastamentos de professores e de evasão de estudantes que se encontram deprimidos ou que, embora continuem nas escolas, convivem com esse problema, cujas origens estão muitas vezes relacionadas aos seus próprios ofícios. As preocupações com essa questão não são novas e, certamente, o difícil contexto da pandemia da covid-19 intensificou o problema, prolongando desafios já existentes (Nóvoa e Alvim, 2021). Neste capítulo, não se quer tratar o sofrimento do ponto de vista psíquico ou como uma questão de saúde pública, embora essas sejam vertentes inegavelmente relevantes. O olhar proposto aqui vincula-se mais às questões do ensino, da profissionalização docente e da história da educação, sinalizando a aula como um aspecto que merece atenção. Entre 2020 e 2021, quase dois anos sem poder ir às escolas, é praticamente unânime entre alunos e professores a falta que se sentiu de crianças e docentes reunidos, da lousa escrita, das explicações, dos exercícios, das conversas, das dúvidas, dos cadernos sendo preenchidos, enfim, de todos os artefatos e práticas aí envolvidos.

O sofrimento é entendido aqui como uma "infinita tristeza" que decorreu do fechamento das salas de aula durante os difíceis períodos de pandemia, como assinala Roger Chartier numa bonita entrevista intitulada "O mundo pós-pandemia", concedida em 2020. O "mal-estar" dos professores pode ser associado à ideia de "sofrimento social" discutida por vários sociólogos, desde aqueles mais clássicos, como Durkheim e Weber. Interessa-nos especialmente o ponto de vista discutido por Pierre Bourdieu na obra que dirigiu sobre *A miséria do mundo* (2008). Este livro resultou de amplos, complexos e ricos "estudos de caso", magistralmente realizados por uma equipe de pesquisadores a partir de depoimentos de homens e mulheres acerca de sua "dificuldade de viver". Ao apresentar o livro, Bourdieu (2008) assinala o objetivo de examinar os efeitos de lugares ditos "difíceis", onde, em alguns casos, pode-se até imaginar que não haja razão para sofrimento.

> A peça de Patrick Süskind, *O contrabaixo*, oferece uma imagem particularmente feliz da experiência dolorosa que podem ter do mundo social todos aqueles que, como o contrabaixista no meio da orquestra, ocupam uma posição inferior e obscura no interior de um universo prestigioso e privilegiado, experiência tanto mais dolorosa sem dúvida porque este universo, do qual eles participam justo o suficiente para provar seu relativo rebaixamento, está situado mais alto no espaço social. (Bourdieu, 2008: 12-3)

Pensando especificamente no fechamento das escolas durante a pandemia, talvez não seja exagerado supor que o sofrimento atingiu a todas, desde aquelas contando com condições de funcionamento muito precárias, onde a já conhecida exclusão e o fracasso dos alunos acentuaram-se, até os colégios mais bem estruturados que puderam contar com meios de funcionar e, de alguma forma, conectarem-se com seus estudantes. Sem desconsiderar as múltiplas histórias e experiências envolvidas nessa situação, o fechamento das escolas foi dramático pelo isolamento, pelo medo e pelas perdas do momento. Em outras palavras, todas as escolas foram impactadas, com os desdobramentos que, diferentemente, impuseram-se em cada espaço. Em *A miséria do mundo*, Bourdieu (2008: 13) assinala uma ordem social que "diferenciando-se, tem também multiplicado os espaços sociais [...] que têm oferecido as condições favoráveis e um desenvolvimento sem precedentes de todas as formas da pequena miséria".

Em suas perspectivas mais abrangentes, "estar fora das salas de aula" representou a perda de espaços, tempos, práticas e artefatos com os quais organizávamos a nossa vida escolar. Perdemos também muitos de nossos vínculos. Foi uma espécie de "miséria cotidiana" da qual não pudemos escapar com o isolamento social. Essa privação nos causou mal-estar porque produziu um distanciamento quase intransponível (em alguns casos, um distanciamento definitivo) entre alunos e professores. Como sugere o sociólogo, há que se perceber e compreender toda uma parte de sofrimento característico de uma ordem escolar que historicamente vem produzindo desigualdades e que, com quase dois anos sem atividades presenciais na escola, conduziu a um desenvolvimento sem precedentes de muitas formas de exclusão e fracasso, sobretudo daqueles grupos sem acesso à internet e demais tecnologias necessárias ao acesso às aulas, seus professores e colegas de classes. Em outras palavras, ficaram "desconectados" de um lugar muito conhecido, como evidenciam estudos de Dussel e Caruso (2003):

> Se uma pessoa pergunta espontaneamente na rua o que é uma escola, pode receber muitas respostas. Em algumas delas, pode aparecer a sala dos professores, a biblioteca, os pátios; em outras, a diretora, o porteiro. Se pensarmos em uma escola rural, talvez a figura da diretora seja ao mesmo tempo a da professora, o pátio talvez seja o campo ao redor e a biblioteca, uma reivindicação pendente há anos. *Entretanto, podemos quase garantir que em todas as respostas aparecerá um lugar que todos conhecemos e que surge como o núcleo o elemento insubstituível da escola: a sala de aula.* (Dussel e Caruso, 2003: 29, grifos dos autores)

Jamais nos esqueceremos que ficamos fora das salas de aula. Em 2021, a Unesco (2021) identificou que, para conter a proliferação da covid-19, mais de 1,6 bilhão de alunos teriam que ficar sem aulas presenciais no mundo. O Brasil foi um dos países onde essas atividades permaneceram suspensas por mais tempo. De acordo com o Inep (2020), o número de dias com as escolas fechadas entre nós chegou à média de 279 no primeiro ano da pandemia; em outros dois países da América Latina, o Chile e a Argentina, esse número correspondeu a 199. No vasto e diverso território brasileiro, o fechamento das escolas teve efeitos variados, a depender das regiões, redes de ensino e suas condições sociais, econômicas e culturais. Em São Paulo, por exemplo, o Conselho Estadual de Educação decretou o fechamento das escolas entre março de 2020 e outubro de 2021.

Não há dúvidas de que essa situação causou a todos um incomensurável estranhamento. Como bem afirmam Inês Dussel e Marcelo Caruso (2003), ao construírem a história e genealogia da sala de aula, ela está entranhada em nós.

> Todos passamos por ela, e, como professores atuais ou futuros, continuaremos a fazê-lo, e não apenas uma vez; pelo contrário, estivemos e estamos na sala de aula pelo menos quatro horas por dia, cinco dias por semana, nove meses por ano, durante muitos anos. Assim como acontece com uma pessoa que passa grande parte de sua vida em um hospital, a instituição, com sua estrutura, seus costumes e seus hábitos, torna-se "natural" e marca nosso caráter. (Dussel e Caruso, 2003: 29)

Se não fosse a necessidade de isolamento social, sequer aventaríamos essa possibilidade, pois não imaginávamos nem queríamos sair de um lugar já tão entranhado em nós como "O" lugar onde se ensina e se aprende os mais diversos saberes previstos e não previstos pelos currículos oficiais. Há muitas gerações, participamos da criação e consolidação da sala de aula como o núcleo da escola. Ou seja, construímos num longo processo histórico normas que disciplinam professores e alunos, estabelecem horários próprios, lições determinadas, feitas com o uso de artefatos como a lousa, os cadernos, as carteiras e cadeiras, enfim, toda uma arquitetura que determina os rituais do método simultâneo de ensino e, em última instância, da modernidade escolar (Boto, 2017).

Essa modernidade vem instituindo práticas racionalizadas para otimizar tempos e espaços, como uma espécie de *máquina de ensinar e aprender* (Hamilton, 1989).

Desde o século XIX (no caso brasileiro, a nossa primeira Lei do Ensino data de 1827), a escola integra um projeto mundialmente difundido de homogeneização cultural e criação de uma cidadania nacional. Nesse período, o desenvolvimento da *escola de massas*, ou seja, aquela que é organizada pelo Estado para ser destinada a todos de maneira pública, obrigatória e gratuita, fixa regras, muitas delas conhecidas até hoje, numa espécie de *via única de fazer escola* (Nóvoa, 2000; Tyack, 1974). Ainda hoje, vemos a escola com os alunos agrupados de maneira relativamente homogênea, com idades próximas, frequentando a mesma série. Nosso modelo é o da escola graduada, onde os professores atuam individualmente com seus estudantes, em horários rigidamente estabelecidos, saberes organizados em disciplinas escolares, com espaços estruturados de ação. "A força deste modelo mede-se pela sua capacidade de se definir não como o *melhor sistema*, mas como o único aceitável ou mesmo imaginável" (Nóvoa, 2000: 27; grifos do autor). Isso significa que se formos convidados a descrever a escola, nós não nos esqueceremos das salas de aula. É lá que professores e alunos trabalham, com tempos definidos de entrada, saída, troca de aulas e pausas para o intervalo. Algumas escolas, por razões adversas, até podem abrir mão de quadras, salas de leitura, podem ter pátios reduzidos, mas uma escola sem sala de aula é inimaginável.

Os tempos, espaços, rituais, artefatos e personagens da sala de aula, portanto, assumem formas que atravessam mais de um século. Ela vem abrigando aquilo que se considera o mais precioso da escola ou, como diria, Novaski (2009: 11) o "momento privilegiado em que se processam o ensino e a aprendizagem, confronto de ideias entre professor e alunos, entre alunos e alunos". Recuperando a etimologia da palavra, o autor lembra que educar significa "levar de um lugar para outro", o que conduz a pensar a sala de aula enquanto lugar de vivências que podem ser "encontros":

> [...] quando há um mútuo "levar de um lugar para outro", quando meu interlocutor me leva para sua perspectiva e eu a trago para a minha, há

um enriquecimento de informações, de aprendizagem. [...] Creio que é por aí que vai o Rubem Alves, ao dizer que o saber precisa ter sabor. Eu diria que às vezes até amargo, mas sabor. (Novaski, 2009: 11-2)

Assim como Novaski (2009), Carlos Brandão (2009) remete ao "amargo" da sala de aula, reconhecendo "relações e oposições importantes e, no entanto, esquecidas por não serem possivelmente tão visíveis" (Brandão, 2009: 105), especialmente as que são vividas pelos ditos *maus* alunos. Até a ocupação das carteiras na sala de aula pode evidenciar disputas e exclusões. O autor conta que nas escolas por onde passou a escolha pelo lugar onde se sentar poderia ser aleatória, mas que, em geral,

> [...] aqueles [alunos] em que a vocação do prazer costumava ser maior do que o desejo do estudo reuniam-se pelas últimas carteiras, às vezes individuais, outras vezes duplas. Ficavam então as "primeiras" para os alunos "sérios" e estudiosos, a quem a proximidade sagrada do professor e do quadro negro era absolutamente indispensável. Curioso que em alguns colégios este costume de distribuição espacial tornava-se a regra. Os "bons alunos" eram convocados à esfera olímpica da intimidade com o professor e os "outros" eram forçados a distribuírem-se da metade para trás. (Brandão, 2009: 112)

As facetas mais perversas da sala de aula vêm sendo objeto de críticas e tentativas de reformulação há algum tempo. Vinculado ao intuito de superar situações intoleráveis de desigualdade e fracasso escolar, o lema da inovação pedagógica é um consenso antigo entre os teóricos da educação (Aquino e Boto, 2019). Desde o início do século XX, clama-se pela valorização dos estudantes e de sua autonomia, bem como por práticas de ensino que possam favorecer mais as aprendizagens.

Hoje, sobretudo com a pandemia, boa parte dessas reivindicações tornam-se incontornáveis. Como diriam A. Nóvoa e I. Alvim (2021: 2), "tudo mudou":

> [...] terminou o longo *século escolar*, iniciado 150 anos antes. A escola, tal como a conhecíamos, acabou. Começa, agora, uma outra escola. A era digital impôs-se nas nossas vidas, na economia, na cultura e na sociedade, e também na educação. Nada foi programado. Tudo veio de supetão. Repentinamente. Brutalmente.

De acordo com os autores (Nóvoa e Alvim, 2021), o fechamento das escolas corre o risco de alimentar discursos que limitam o ensino ao uso de tecnologias ou a um recurso a ser vendido. Para eles, não se pode perder de vista que a escola precisa ser fortalecida como um espaço comum público de educação. E nesse sentido a sala de aula pode ser um lugar de "encontro", pois a relação pedagógica é social em sua essência. Ninguém aprende sozinho. Mesmo os autodidatas precisam dos outros. "O que sabemos depende, em grande parte, do que os outros sabem. É na relação e na interdependência que se constrói a educação" (Nóvoa e Alvim, 2021: 8).

A "pedagogia do encontro" delineada por Nóvoa e Alvim (2021) permite valorizar importantes dimensões destacadas por P. Meirieu (2006) quando ele discorre sobre o "acontecimento pedagógico". Em suas palavras, na sala de aula:

> Alunos aprendem, compreendem, progridem quando ninguém mais esperava por isso. A gente acaba conseguindo o que nem mesmo as preparações mais sofisticadas poderiam supor. A gente se entusiasma. A situação escapa ao controle, e, ao mesmo tempo, o saber passa a ocupar completamente as palavras que trocamos... O professor passa então a sentir tanta alegria em ensinar quanto o aluno em aprender [...] e o êxito comum dá à sua presença na sala de aula uma espécie de evidência que afasta de um golpe todos os fardos cotidianos e todos os problemas institucionais. (Meirieu, 2006: 14)

Essa espécie de "essência" do ofício de instruir, que tem lugar na sala de aula, depende de tudo. Como diria Anne-Marie Chartier (2000), ela depende dos alunos, do momento do ano, dos pais, do lugar, da matéria, do professor. A aula exige o "exercício prático do julgamento", discernir o que, aqui e agora, é exigível de cada um, da classe, do professor: nem muito, nem muito pouco. É aquilo que a autora chama de "empenho na justa medida". Segundo P. Perrenoud (2001), a aula com todas as situações que pode mobilizar, previstas ou imprevistas, requer do professor "agir na urgência, decidir na incerteza".

> Do ponto de vista da sociologia do trabalho, o ensino pertence às profissões que lidam cotidianamente com situações: pouco definidas e nas quais os contextos da ação são pouco estruturados: pensamos em situações

Cultura digital e educação

> pouco habituais para as quais não foram previstos procedimentos ou eles não podem ser aplicados sem controle. Nesse caso, é preciso mobilizar *savoir-faire* que permitirá definir o que deve ser feito, analisar o contexto, reelaborar o objetivo a ser alcançado, organizar a ação no seio de um grupo. (Perrenoud, 2001: 16)

O urgente e o incerto fazem parte do magistério de múltiplas maneiras. Nem todos os professores agem permanentemente de forma precipitada ou em face a decisões difíceis; as circunstâncias variam; algumas turmas são mais "tranquilas" do que outras; há dias em que imprevistos acontecem; alguns ambientes são mais desafiadores; os objetivos de cada docente também mudam (Perrenoud, 2001: 15). Ensinar compreende enfrentar a complexidade, construindo uma espécie de "inteligência ao vivo" (Cifali, 1996) ou "inteligência profissional" (Carbonneau e Hétu, 1996).

A aula exige que os professores mobilizem saberes variados e complexos, pois ela coloca em jogo uma série de conhecimentos, formas de relação e condições de trabalho. Como explica M. Tardif (2000), os "saberes profissionais dos professores" são plurais, heterogêneos e formam uma espécie de amálgama no exercício do magistério. Eles remetem para teorias da aprendizagem, para aquilo que sabemos do conteúdo e dos modos como ele pode ser ensinado na escola, além do repertório que formamos ao longo de nossas experiências de alunos e professores. Por isso, seria equivocado tomar o magistério como um trabalho monótono e repetitivo, desprovido de inteligência e de imaginação ou reduzido à mera aplicação de planos e tecnologias de ensino.

Em *Na sala de aula*, Antonio Candido (1984) traz um Caderno de análise literária. Ao apresentar os conhecimentos aí produzidos, ele explica não se tratar de um conjunto de ensaios, mas, sim, de um "instrumento de trabalho" para o magistério. Os escritos foram sendo reunidos durante um longo tempo, compondo várias versões desde quando o autor ensinava Literatura Brasileira na Faculdade de Filosofia de Assis, em São Paulo, entre 1958 e 1960. O Caderno reúne seis análises de poemas, através das quais se quer sugerir a outros professores e estudantes possíveis maneiras de se trabalhar os textos. "À medida que as utilizava nas aulas [...], elas iam sendo acrescidas e modificadas (Candido, 1984: 6). Elas foram construídas,

198

em boa parte, em aula. A sua leitura ajusta-se "melhor à sala de aula, onde [como bem assinala Antonio Candido] tudo ganha mais clareza devido aos recursos do gesto e da palavra falada, com o auxílio do fiel quadro-negro e seu giz de cor" (Candido, 1984: 6).

Segundo Pedro Monteiro, a aula é "forma". Em suas palavras:

> [...] penso naquilo que Adorno chamou de "ensaio como forma". A "forma", no caso, não é indiferente e prévia a um "conteúdo" que, separado dela, viveria em si mesmo. É "na forma", ou pela forma, que algo pode significar e respirar. Wittgenstein falava em signos que "respiram" no seu uso. Pensemos assim: como respiramos na primeira aula? Qual o primeiro alento que nos leva, que conduz a voz e com ela nos move? Em que instante não estamos mais apenas movendo, mas "comovendo"? Quando se "embarcou", de verdade, num curso? Quando não é mais a profissão fria e burocrática que nos movimenta, mas é já a profissão de fé que nos move – aquela que tem a ver com a entrega, com o deixar-se ir? (Monteiro, 2014: 18)

Ficar fora das salas de aula na pandemia, de toda riqueza e complexidade desse lugar, levou a rever, às vezes radicalmente, "os signos que nele respiram", os gestos e as noções que historicamente associamos ao ensino. Não raro, professores expressaram sua "tristeza" numa sala de aula "virtual"; sentiram-se inseguros sobre como manteriam a privacidade da aula em ambientes virtuais que poderiam ser vistos, invadidos, gravados ou editados; sobre como ficaria a circulação de nossa imagem e a contextualização da aula; sobre como propor e avaliar exercícios ou como medir a presença dos alunos. Perguntas como essas fizeram emergir com maior vigor questionamentos acerca do grau e natureza das transformações operadas nas relações pedagógicas, frutos do incremento inaudito dos meios digitais no saber fazer escolar. Era como se os professores e alunos sentissem brutalmente a diminuição das possibilidades dos "encontros" e do próprio "acontecimento pedagógico". Nisso reside uma das grandes razões de suas tristezas.

Mesmo que compensem de alguma forma as atividades presenciais, as práticas digitais podem gerar frustração. Elas instauram uma falta porque, por mais sofisticadas que sejam, as tecnologias não são equivalentes aos encontros, ao cotidiano e à proximidade, tampouco substituem as emoções

(Chartier, 2020). Quando fomos obrigados ao isolamento social e levamos o espaço da sala de aula para o Google Meet, por exemplo, não dispúnhamos mais dos gestos, objetos, tempos que estavam tão entranhados em nós. Quão estranho foi dar aula sem ver os rostos de dúvida, atenção ou até mesmo a inércia de certos alunos... sem ver o que os alunos anotavam... sem vistar os seus cadernos...

Talvez uma das lamentações mais presentes entre os professores após a abertura das escolas, em 2021, foi o fato de que os alunos pareciam ter esquecido das regras básicas da sala de aula e da escola. Entre outras coisas, muitos precisaram retomar suas práticas com os artefatos impressos da aula, em especial, reaprender a usar os livros e cadernos escolares. Uma das práticas que mais se perderam na pandemia, quando apenas o ensino remoto era possível, foram as consultas aos livros didáticos, as anotações das aulas, copiadas da lousa ou a partir da fala do professor. Mesmo fazendo registros com dispositivos eletrônicos, que podem ser mais ágeis, coloridos e visualmente dinâmicos, os impressos e os manuscritos fizeram falta. Talvez não seja exagerado supor que alguns objetos, ainda que considerados antiquados, são necessários e precisam ser recompostos após a abertura das escolas.

As páginas dos cadernos dos estudantes, preenchidas à mão, com a nossa própria letra, são também uma espécie de extensão da nossa subjetividade. Elas captam "pontos altos da aula" sob a caligrafia dos alunos, seguindo o ritmo das lições professadas, com todo incremento que cada um pode colocar ao escolher cores de canetas, marcas que transformam a oralidade da aula ou a cópia da lousa, do livro didático ou de outro recurso que o professor faça uso em sua aula. Os manuscritos dos alunos são "objetos autorais", talvez aqueles mais próximos daquilo que tomamos como "aprendizagens efetivas", no sentido sugerido por Philippe Meirieu (2006).

Entre as prescrições oficiais do currículo, os conteúdos previstos e seu detalhamento nos livros didáticos, essas anotações expressam aquilo "que fica" para os estudantes e se configuram como apoio para o estudo da prova. Remontam a práticas muito antigas. Em artigo publicado nos anos 1940, na *Revista Brasileira de Estudos Pedagógicos*, Fernando de Azevedo (1945) discorre sobre as técnicas de ensino e aprendizagem de alunos e professores e, para isso, conta o caso das "sebentas". Elas correspondiam às anotações que os alunos da Universidade de Coimbra, já no século XVIII, faziam durante as aulas, registrando as lições e explicações dos professores. A nós essa prática pode parecer banal, mas para aqueles estudantes ela representava o meio mais poderoso de "sobrevivência" na universidade. Imagine uma época em que os livros eram caríssimos, acessíveis apenas a um seleto grupo de leitores afortunados, com títulos contando com um número limitado de exemplares. Além de razões econômicas, isso se deve também a limitações de ordem técnica. Os estudantes tinham poucos materiais e sua maior referência era a explicação do professor feita oralmente. Assim tinha "o mestre [...] uma autoridade imensa que revestia de uma força dogmática e doutrinal todas as suas afirmações" (Azevedo, 1945: 333-4). O que significa fazer uma prova ao final do curso contando apenas com o que se lembra das aulas? As mais bem feitas anotações das aulas dos estudantes de Coimbra eram litografadas, ou seja, passavam por uma técnica de reprodução em que as páginas demoravam a secar. Essas páginas costumavam passar de mão em mão e tudo isso conferia a elas um aspecto sujo, de sebo: daí o nome pejorativo com o qual eram chamadas pelos professores da universidade.

As sebentas chamam a atenção para a permanência de uma prática cujas origens e causas podem ser mais bem compreendidas. Os livros didáticos e os cadernos de alunos e professores inserem-se nessa história e configuram-se como um dos artefatos mais presentes da "escola moderna". Há regras específicas para sua utilização, que precisam ser aprendidas pelas crianças (Gvirtz, 1997), regras essas que dizem respeito ao universo escolar e sua cultura. As suas leituras, as suas produções registradas com suas próprias letras manuscritas são aquilo que os alunos têm de mais pessoal. Fazer de próprio punho é construir apropriações da aula.

Além dos cadernos dos alunos, a escola também instituiu seus impressos específicos. Nesse conjunto, já se mencionaram aqui os livros, manuais, compêndios, apontamentos, apostilas. Eles contam com uma longa história e evidenciam a permanência de uma prática cujas origens e causas podem ser mais bem compreendidas. Talvez assim possamos escapar das armadilhas das interpretações segundo as quais livros como esses são, inexoravelmente, atrasados, prejudiciais ou funestos para a escola, os professores e os alunos.

María del Mar del Pozo Andrés (2002), ao introduzir o volume da revista *Paedagogica Historica* dedicado ao tema "Livros e Educação: 500 anos de leitura e aprendizagem", oferece um panorama dos projetos de pesquisa levados a efeito nos últimos vinte anos e evidencia o significado que os livros escolares tiveram para os historiadores da educação ao longo do tempo. Um dos aspectos mais relevantes notados pela autora é a multiplicidade de palavras (livros-texto, manuais e livros escolares) usadas nas investigações para referirem a uma mesma categoria, a dos textos escritos para a educação formal. Gabriela Ossenbach e Miguel Somoza (2001) também notam certa "ambiguidade terminológica" para denominar o objeto de pesquisa em pauta, o qual é referido nos trabalhos de diversas formas: livros escolares, livros de texto, livros para crianças, manuais, almanaques, cartilhas, livros de cópias, catecismos, obras de autores determinados, como Walter Benjamin, Comenius, Rousseau e Mary Somerville e até livros infantis. Essa variedade de termos conduz a afirmar a necessidade de se construir um "consenso acadêmico" sobre a denominação e categorização desse objeto (Andrés, 2002), embora não haja dúvidas quanto à importância dos livros como elementos centrais na história do currículo e como fontes fundamentais para entender o funcionamento das disciplinas e das práticas escolares, das quais podem ser vistos como "símbolo" e "emblema".

Os textos escolares representam também fontes para conhecer a economia das publicações editoriais, incluindo-se aí as modalidades de impressão ou a semiologia da imagem. Nesse sentido, os educadores concordam que os impressos utilizados por alunos e professores permitem conhecer o cotidiano das salas de aula. Isso porque essa bibliografia organiza os conteúdos escolares mais "legítimos" (Apple, 1995). No entender de Jean-Claude Forquin (1993), a elaboração desse conjunto supõe uma seleção do patrimônio humano construído ao longo de gerações e, ainda, uma reelaboração dos tópicos escolhidos em nome de propósitos didáticos. Tal imperativo obriga a emergência de modos de pensamento tipicamente escolares, constituindo uma espécie de cultura própria.

Segundo Choppin (2000), os manuais são objetos complexos nos quais são disponibilizados aos estudantes saberes, valores morais, religiosos e políticos. Para o corpo docente, esse material auxilia o ensino, destacando algumas informações e sugerindo a adoção de determinados métodos e técnicas de sua transmissão. Além dessa multiplicidade de aspectos, o autor ainda assinala outras razões para explicar a riqueza dos manuais escolares como fonte e objeto de estudo. Uma delas refere-se ao fato de que esse gênero é produzido a partir de prescrições dos programas oficiais e, portanto, orienta o ensino que efetivamente ocorre durante as aulas de forma mais detalhada do que essas instruções (Correia, 2001). Tal repertório, no intuito de tornar os seus escritos acessíveis ao leitor, constitui um *corpus* relativamente homogêneo, o que permite construir métodos comparativos de análise. É possível, ainda, empreender estudos seriais, acompanhando ao longo do tempo a aparição e o desenvolvimento de uma noção científica, de um método pedagógico em vários títulos, por exemplo, ou, ainda, as variações tipográficas apresentadas por eles.

Com efeito, pode-se dizer que tanto o livro quanto o caderno escolar são resultados e, ao mesmo tempo, produtores da forma como professores e alunos exercem seus ofícios (Silva, 2018). Com esses e outros artefatos, a escola forma, informa e conforma, inscrevendo suas ações num corpo de saberes, de valores e de fazeres que lhes são próprios (Chervel, 1990). Quando as escolas estiveram fechadas, cadernos e livros escolares fizeram falta, sinalizando a necessidade de recomposição das práticas que os corporificam.

Ao reconhecermos suas origens e sua longevidade na história do ensino e da escola, talvez possamos escapar das armadilhas das interpretações segundo as quais as anotações manuscritas e os impressos usados nas aulas estão condenadas ao esquecimento, já que dispomos de outras tecnologias (tablets, celulares com câmeras que tiram fotos da lousa, xerox etc.). Nos dois últimos anos, os encontros remotos, os Google Forms, o uso de tablets e outras tecnologias digitais compuseram um cenário onde os cadernos e os livros escolares não precisavam mais ser usados com tanta frequência. O que sobreviveu deles fora das salas de aula?

Recentemente, Lívia Tagliari (2022) defendeu sua dissertação de mestrado junto à Faculdade de Educação da USP. A pesquisa versou justamente sobre os cadernos analógicos e digitais, discorrendo sobre os usos e desusos dos suportes de escrita no espaço escolar. Investigou-se, então, se quando estão inseridas na escola, as tecnologias digitais apenas substituem o uso dos cadernos ou se acrescentam inovações e potencialidades a esse suporte de escrita ou ainda se são utilizadas concomitantemente aos cadernos analógicos. Para tanto, realizou-se uma pesquisa de campo, durante o segundo semestre de 2019, em uma renomada escola particular da cidade de São Paulo. Verificou-se que os cadernos analógicos ainda se fazem presentes numa escola que possui tablets como material obrigatório dos alunos e que, independentemente de se ter um contexto escolar completamente virtual no segundo momento da realização da pesquisa, foi possível observar isto: alguns estudantes aderiram aos cadernos digitais, outros transitaram, fazendo seus registros de aula em cadernos analógicos e anotações pessoais nos tablets; outros, ainda, usaram exclusivamente cadernos de papel.

Pesquisas como essas dão luzes que nos ajudam a ponderar sobre o sofrimento que sentimos fora das salas, sem os aparatos com os quais estávamos acostumados. Talvez possamos aqui nos beneficiar da arguta análise feita por Caroline Fanizzi (2019, 2022) acerca do tema, recorrendo a referências da filosofia e da psicanálise. Tal como ela explica, uma das grandes razões do sentimento de dor dos professores está na valorização de conhecimentos que não são produzidos por eles, mas lhes são impostos como técnicas a serem reproduzidas. Com a desvalorização dos saberes produzidos pelos professores, "esvazia-se a possibilidade de aquele que ensina fazer-se como um sujeito a quem é permitida a enunciação em nome próprio, em nome de algo talhado na tradição e na experiência essencialmente humana" (Fanizzi, 2019). Não seriam os cadernos e os impressos escolares produtos do cotidiano escolar e de sua história? Abdicar deles significa deixar cair no esquecimento partes importantes da cultura de alunos e docentes.

Outro aspecto importante a ser assinalado aqui é que o sofrimento assim gerado tem um sentido, tal como deixa entrever a tese de doutorado de Caroline de Fanizzi (2022), cujo título é *O sofrimento docente: apenas aqueles que agem podem também sofrer*. A epígrafe com a qual a tese se

Sobre a nossa tristeza fora da sala de aula

inicia é igualmente sugestiva. Assinada por Hannah Arendt (2009: 267), vale a pena transcrevê-la aqui: "precisamente porque sofremos nas condições do deserto é que ainda somos humanos e ainda estamos intactos; o perigo está em nos tornarmos verdadeiros habitantes do deserto e nele passarmos a nos sentir em casa". O sofrimento, ao contrário do que se pode imaginar, alimenta o ato educativo. É fruto do desejo que, do ponto de vista psicanalítico, se relaciona ao dever de ensinar aquilo que um dia foi aprendido e, assim, faz parte de uma herança reconhecida e valorizada pelos professores (de Lajonquière, 1997). É nessa ampla dimensão que podemos entender as razões e os efeitos da "nossa infinita tristeza fora das salas de aula".

Ancorado nessas interpretações, o presente capítulo é uma apologia descarada em favor da aula e das anotações manuscritas que dela fazem seus alunos. É também uma discussão sobre o lugar da aula e de suas apropriações no ambiente digital que se tornou uma realidade essencial da vida escolar. A pandemia intensificou e acelerou essa experiência, fazendo-a incontornável. Evitando deplorar os modos eletrônicos de comunicação, quer-se aqui explorar as possibilidades de aliá-los ao poder desencadeado nas universidades medievais, nas práticas jesuíticas de catequização, na consolidação do método simultâneo em nossas escolas. Assim, convém perguntar: o que o Google Classroom, o Google Meet, o Google Forms, a aula presencial, seus cadernos, os livros e os impressos têm em comum? Que vantagens mútuas conectam lousas, cadernos, carteiras e os recursos disponíveis à internet?

Essas perguntas tomam forma concreta no fazer cotidiano de professores e alunos, bem como daqueles envolvidos na indústria da comunicação – designers, webmasters, advogados, financistas, editores e um número respeitável de leitores (professores e alunos). Nesse rescaldo da pandemia, estamos convencidos de que, sem as tecnologias digitais, nossas perdas teriam sido muito maiores. Sem elas, quais chances teríamos tido de encontrar nossos alunos, tão distantes que estávamos em nossos isolamentos? Criamos artefatos de registro das lições, para além dos livros impressos e das anotações manuscritas que os alunos fazem nos cadernos, ocupamos ambientes virtuais para organizar as lições e avaliar os alunos.

205

A bem da verdade, esses meios digitais já vinham sendo usados antes da pandemia (Nóvoa e Alvim, 2021). Enxergamos as mudanças de comportamento que eles trazem, uma geração de alunos "nascida no digital" ou que começou sua vida escolar em casa, no ensino remoto, conversa o tempo todo por celulares, troca lições em mensagens instantâneas e participa de redes virtuais onde seus colegas de classe compõem grupos. Os alunos podem estar dentro da escola ou sentados na sala de aula e, mesmo assim, estar tão absortos vendo celulares ou tablets que parecem nem estar ali. É como se funcionassem de um modo diferente ao que fazíamos quando tínhamos a idade deles. Nós usávamos mais os lápis, os papéis, gostávamos dos cheiros e formas dos materiais escolares.

Em suas "Memórias de livros", João Ubaldo Ribeiro lembra sua infância nos idos de 1940, 1950 e conta que

> Nada, porém, era como os livros. Toda a família sempre foi obcecada por livros e às vezes ainda arma brigas ferozes por causa de livros [...] A circulação entre os livros era livre (tinha que ser, pensando bem, porque eles estavam pela casa toda, inclusive na cozinha e no banheiro), de maneira que eu convivia com eles todas as horas do dia, a ponto de passar tempos enormes com um deles aberto no colo, fingindo que estava lendo e, na verdade, se não me trai a vã memória, de certa forma lendo, porque quando havia figuras, eu inventava as histórias que elas ilustravam e, ao olhar para as letras, tinha a sensação de que entendia nelas o que inventara [...]. (Ribeiro, 2011: 106)

O autor ainda lembra uma conversa de seu pai e de sua mãe sobre o fascínio de Ubaldo pelos livros:

> – Seu filho está doido – disse ela, de noite, na varanda, sem saber que eu estava escutando. – Ele não larga os livros. Hoje ele estava abrindo os livros daquela estante que vai cair para cheirar. – Que é que tem isso? É normal, eu também cheiro muito os livros daquela estante. São livros velhos, alguns têm um cheiro ótimo. – Ele ontem passou a tarde inteira lendo um dicionário. – Normalíssimo. Eu também leio dicionários, distrai muito. Que dicionário ele estava lendo? – O Lello. – Ah, isso é que não pode. Ele tem que ler o Laudelino Freire, que é muito melhor. Eu vou ter uma conversa com esse rapaz, ele não entende nada de dicionários. Ele está cheirando os livros certos, mas lendo o dicionário errado, precisa de orientação. (Ribeiro, 2011: 110)

Alguns de nós guardam histórias parecidas. Além de passear por prateleiras das bibliotecas, aprendemos a sintonizar os canais de TV ou rádio girando botões. Nossos filhos resolvem isso com a ponta dos dedos, tocando telas. Como explica Robert Darnton (2010: 13) em reflexões sobre o passado, presente e futuro dos livros, "a diferença entre girar e tocar pode ser trivial, mas deriva de reflexos localizados em áreas profundas da memória cinética". A tecnologia, seja ela a caneta ou o celular, penetra nossos corpos e almas. O quadro-negro, por exemplo, vem sendo acusado de ser obsoleto desde a década de 1950, como escreveu Luiz Alves de Mattos num livro intitulado *O quadro-negro e sua utilização no ensino* (1954) e que se destinou a professores em formação (Silva e Vieira, 2020). Em documentário lançado há pouco tempo pela *Folha de S.Paulo* sobre experiências de alunos e professores de diferentes lugares do Brasil, onde estiveram *Desconectados* (2022) das aulas durante a pandemia, uma das cenas mais marcantes é a de uma professora numa sala de aula improvisada numa casa, com os materiais disponíveis, poucos. Um deles era uma pequena lousa de ardósia.

Cenas como essas nos conduzem a desconfiar de afirmações muito comuns hoje em dia, a de que estaríamos assistindo ao fim das aulas presenciais, do uso do quadro-negro, dos cadernos.

> Já estamos assistindo ao desaparecimento de objetos antes familiares: a máquina de escrever [...]; o cartão postal [...]; a carta manuscrita [...]; o jornal diário [...]; a livraria local, substituída por redes, por sua vez ameaçadas por distribuidores on-line como a Amazon. (Darnton, 2010: 15-6)

Os objetos mais "tradicionais" da escola, por sua vez, contam com uma permanência inegável, são mais perenes. Quem de nós ainda não se encanta com um caderno escolar novo, pronto para ser preenchido com as nossas marcas? É isso que nos leva a crer que "o presente é um momento de transição, onde modos de comunicação impressos e digitais coexistem e novas tecnologias tornam-se obsoletas rapidamente" (Darnton, 2010: 15).

Outra pergunta que podemos nos fazer é: se estamos convencidos da importância de determinados artefatos e práticas, como é o caso da lousa, dos cadernos e das anotações dos alunos, por que não continuarmos a usá-los? Se acabamos deixando esses materiais de lado durante a pandemia, podemos voltar a fazê-lo, até reaprendermos se for o caso. As aulas podem acomodar artefatos impressos, digitais ou manuscritos. Escritas à mão, impressas em papel ou armazenadas em servidores, as lições corporificam o saber e sua autoridade deriva de algo que excede a mera tecnologia que os tornou possíveis. Devem sua autoridade aos professores e aos encontros feitos nas aulas. Podem ser usados de forma a tornar as aprendizagens mais efetivas. É justamente esse "acontecimento pedagógico" o maior desafio que se coloca para o nosso tempo.

## Bibliografia

ANDRÉS, Maria. Introduction. *Paedagogica histórica*. XXXVII, 1, fev. 2022, pp. 9-17.

APPLE, Michael. *Trabalho docente e textos*. Porto Alegre: Artes Médicas, 1995.

ARENDT, Hannah. *A promessa da política*. 2. ed. Rio de Janeiro: Difel, 2009.

Azevedo, Fernando de. As técnicas de produção do livro e as relações entre mestres e discípulos. *Revista Brasileira de Estudos Pedagógicos*. v. IV, n. 12, jun. 1945, pp. 329-45, Brasília, 1945.

AQUINO, J. G.; BOTO, C. Inovação pedagógica: um novo-antigo imperativo. *Educação, Sociedade & Culturas*. Porto, n. 55, 2019, pp. 13-20.

BOTO, Carlota. *A liturgia escolar na Idade Moderna*. Campinas: Papirus, 2017.

BRANDÃO, Carlos. A turma de trás. In: MORAIS, Regis de. *Sala de aula: que espaço é esse?* São Paulo: Papirus, 2009, pp. 105-22.

BOURDIEU, Pierre. *A miséria do mundo*. Rio de Janeiro: Vozes, 2008.

BRASIL. Covid-19 – Painel Coronavírus. Brasília: Ministério da Saúde, 2021. Disponível em: https://covid.saude.gov.br. Acessado em: 28 nov. 2022.

CANDIDO, Antonio. *Na sala de aula*. Caderno de análise literária. São Paulo: Ática, 1984.

CIFALI, Mireille. Démarche clinique, formation et écriture. In: PARQUAY, L.; ALTET, M.; CHARLIER, E.; PERRENOUD, P. (dir.). *Former des enseignants professionnels. Quelles stratégies? Quelles compétences?* Bruxelles: De Boeck, 1996, pp. 119-35.

CARBONNEAU, M.; HÉTU, J. Formation pratique des enseignants et naissance d'une intelligence professionnelle. In: PARQUAY, L.; ALTET, M.; CHARLIER, E; PERRENOUD, P. (dir.). *Former des enseignants professionnels. Quelles stratégies? Quelles compétences?* Bruxelles: De Boeck, 1996, pp. 77-96.

CHARTIER, Anne-Marie. Fazeres ordinários da classe: uma aposta para a pesquisa e para a formação. *Educação e Pesquisa*, São Paulo, v. 26, n. 1, jan./jun. 2000, pp. 157-68.

Chartier, Roger. O mundo pós-pandemia. Entrevista concedida ao Sesc-SP em junho de 2020. Disponível em: https://www.sescsp.org.br/online/artigo/14356_MUNDO+POSPANDEMIA. Acessado em: 7 jan. 2020.

CHERVEL, André. História das disciplinas escolares. *Teoria e Educação*, 6, 1990, pp. 117-229.

CHOPPIN, Alain. Los manuales escolares de ayer a hoy. *Historia de la Educación*, Universidad de Salamanca, n. 19, 2000, pp. 13-36.

CORREIA, António Carlos. A alquimia escolar. Comunicação ao Seminário de Estudos, São Paulo: Feusp, 2001 (mimeo).

DARNTON, Robert. *A questão dos livros*. São Paulo: Companhia das Letras, 2010.

DE LAJONQUIÈRE, L. Dos erros e em especial daquele de renunciar à educação. *Estilos da Clínica*, São Paulo, n. 2, 1997, pp. 26-43. Disponível em: https://doi.org/10.11606/issn.1981-1624.v2i2p27-43. Acessado em: 18 maio 2023.

DUSSEL, I.; CARUSO; M. *A invenção da sala de aula*. São Paulo: Moderna, 2003.

FANIZZI, Caroline. *O sofrimento docente:* apenas aqueles que agem também podem sofrer. São Paulo, 2022. Tese (doutorado em Educação) – Faculdade de Educação da USP.

_____. A docência sob a hegemonia da dimensão técnica e metodológica do discurso educacional. *Educação e Sociedade*, Campinas, v. 40, 2019, pp. 1-16.

FOLHA DE S.PAULO. *Desconectados* – documentário sobre educação na pandemia. 2022.

GVIRTZ, Silvina. *Del curriculum prescripto al curriculum enseñado*. Una mirada a los cuadernos de clase. Buenos Aires: Aique, 1997.

HAMILTON, D. *Towards a Theory of Schooling*. London: Falmer, 1989.

INEP – Instituto Nacional de Estudos e Pesquisas Educacionais Anísio Teixeira. Resultado do Questionário Resposta Educacional à Pandemia de Covid-19 no Brasil. Brasília, 2020. Disponível em: https://download. inep.gov.br/censo_escolar/resultados/2020/apresentacao_pesquisa_covid19_censo_escolar_2020.pdf. Acessado em: 18 maio 2023.

MONTEIRO, Pedro. *A primeira aula*. São Paulo: Itaú Cultural, 2014.

MEIRIEU, Philippe. *Cartas a um jovem professor*. Porto Alegre: Artmed, 2006.

NOVASKI, Augusto. Sala de aula: um aprendizado do humano. In: MORAIS, Regis de. *Sala de aula:* que espaço é esse? São Paulo: Papirus, 2009, pp. 11-6.

NÓVOA, A. Uma educação que se diz nova. In: CANDEIAS, A.; NÓVOA, A.; FIGUEIRAS, M. (Org.). *Sobre a educação nova*. Lisboa: Educa, 2000, pp. 25-41.

_____; ALVIM, Yara. Os professores depois da pandemia. *Educação e Sociedade*, 42, 2021, pp. 1-16. Disponível em: https://doi.org/10.1590/ES.249236. Acessado em: fev. 2023.

PERRENOUD, Philippe. *Ensinar:* agir na urgência, decidir na incerteza. Porto Alegre: Artmed, 2001.

RIBEIRO, João Ubaldo. Memórias de livros. In: *Um brasileiro em Berlim*. Rio de Janeiro: Objetiva, 2011, pp. 105-12.

SILVA, Vivian Batista da. *Saberes em viagem nos manuais pedagógicos*: construções da escola em Portugal e no Brasil (1870-1970). São Paulo: Editora Unesp, 2018.

_____; VIEIRA, Keila da Silva. Luiz Alves de Mattos e suas redes: viagens e conexões no campo educacional (1917-1990). In: VIDAL, Diana (org.). *Sujeitos e artefatos:* territórios de uma história transnacional da educação. Belo Horizonte: Fino Traço, 2020.

TAGLIARI, Lívia. *Os cadernos escolares em tempos digitais*. São Paulo, 2022. Dissertação (mestrado em Educação) – Faculdade de Educação da USP.

TARDIF, Maurice. Saberes profissionais dos professores e conhecimentos universitários. *Revista Brasileira de Educação*, n. 13, jan/fev/mar/abr. 2000, pp. 5-24.

TYACK, D. *The One Best System:* a History of American Urban Education. Cambridge: Harvard University Press, 1974.

UNESCO – Organização das Nações Unidas para a Educação, a Ciência e a Cultura. O estado da crise global da educação: um caminho para a recuperação. Nova York, 2021 Disponível em: https://documents1.worldbank.org/curated/en/383711638854600820/pdf/Executive-Summary.pdf. Acessado em: 15 mar. 2022.

# Resiliência e bem-estar em professores

*Francisco Peixoto*
*José Castro Silva*

> Neste capítulo é apresentado um modelo teórico que relaciona o bem-estar e a resiliência em professores. São apresentadas duas pesquisas sobre os fatores que promovem a resiliência e é descrito um programa de intervenção ("Educação Positiva") e os seus efeitos no bem-estar e na resiliência dos docentes. Por último, uma quarta pesquisa explora os fatores que contribuem para o bem-estar docente. O capítulo termina com uma reflexão sobre as principais conclusões das pesquisas apresentadas.

Um pouco por toda parte se constata uma diminuição do moral e do bem-estar dos professores, um aumento do estresse e do esgotamento, o que resulta em elevados níveis de desgaste dos membros dessa classe profissional. Essa situação foi agravada pela pandemia do covid-19, que aumentou ainda mais os níveis de estresse e ansiedade, impactando negativamente suas vidas pessoais e profissionais (Billett, Turner e Li, 2022; Fray et al., 2022; Hascher, Beltman e Mansfield, 2021b; Lizana et al., 2021; Meinck, Fraillon e Strietholt, 2022; Robinson et al., 2022). Nesse contexto, o conceito de resiliência poderá ser uma variável a ser considerada para se compreender a variabilidade de respostas possíveis a uma mesma situação. O conceito de resiliência provém da Física e da Engenharia e está associado à resistência dos materiais, mas que a Psicologia "pediu emprestado" para se referir à ideia de resistência à adversidade. Desse modo, a resiliência pode ser considerada como uma resposta positiva face a situações de desafio/adversas, não se constituindo uma caraterística inata ou imutável, antes se distinguindo pelo seu desenvolvimento constante. No conceito de resiliência está contemplada a ideia de que esta resulta de um conjunto de aptidões e competências individuais e fatores de natureza contextual que interagem entre si. Nas palavras de Gu e Day (2013: 26), a resiliência tem a ver com "a capacidade de manter o equilíbrio e um sentido de compromisso e proatividade nos contextos em que os professores ensinam". Esta ideia de capacidade e processo em contínua interação com o meio está também expressa na definição de resiliência adotada pelo projeto ENTREE (acrônimo para *Enhancing Teachers Resilience in Europe*), o qual refere:

> A resiliência em professores é entendida como o processo ou capacidade para uma adaptação positiva e para um compromisso e crescimento contínuo perante circunstâncias desafiantes. Neste sentido, é constituída por características individuais, contextuais e situacionais que se inter-relacionam de uma forma dinâmica, podendo assumir-se quer como fatores de risco (desafiantes) quer de proteção (suporte). Segundo esta perspectiva, os professores, com base nos seus recursos pessoais, profissionais e sociais, para além de reagirem às situações desafiantes, são capazes de crescer pessoal e profissionalmente, encontrando satisfação no trabalho, crenças pessoais positivas, bem-estar pessoal e um compromisso contínuo com a profissão. (ENTREE, 2013: 3)

Nessa definição, a resiliência é concebida como um processo dinâmico e multidimensional, levando em conta uma multiplicidade de fatores, como os fatores profissionais, sociais, motivacionais e emocionais (Mansfield et al., 2012). Isto é, o professor resiliente possui um conjunto de caraterísticas que estão compreendidas em: i) uma dimensão social, como a capacidade para estabelecer relações com outros ou construir redes de suporte; ii) uma dimensão motivacional, que tem a ver com o propósito da própria profissão, a confiança em si próprio, o envolvimento nas tarefas de ensino; iii) uma dimensão relacionada com a profissão, que contempla, nomeadamente, o sentido de reflexão, o sentido de organização e a ideia de ser um solucionador de problemas; e, por último, iv) uma dimensão emocional, que engloba os aspetos associados, por exemplo, à gestão das emoções ou à gestão do estresse.

O projeto ENTREE (2013) parte dessa ideia de multidimensionalidade para construir um modelo que considera a resiliência a partir de diferentes níveis de análise (Figura 1).

**Figura 1 – Modelo de resiliência em professores**

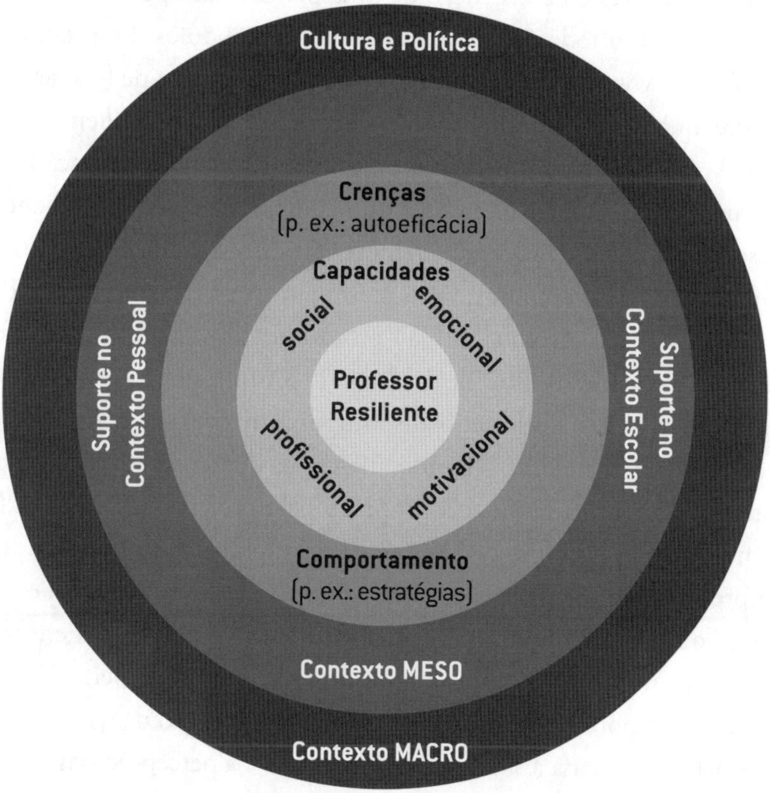

Fonte: ENTREE, 2013.

Um primeiro nível considera as competências/capacidades do professor na tal perspectiva multidimensional, as quais interagem com as suas experiências e crenças. Por sua vez, essa interação ocorre num contexto específico, no qual as relações com os pares, o suporte que o professor sente que tem nessas interações com os colegas e lideranças da escola (lideranças de topo e intermediárias), influenciam o seu comportamento. Por fim, em um nível macro, as políticas educativas e as decisões nesse nível acabam, também, por condicionar o comportamento do professor e a sua maior ou menor satisfação com a profissão.

Com base nesse modelo, o projeto ENTREE (Castro Silva et al., 2018; ENTREE, 2013; Peixoto et al., 2018) teve como principal objetivo permitir aos professores desenvolver a sua capacidade de resiliência face às crescentes exigências de ambientes escolares em rápida mudança. Esse objetivo foi concretizado através da construção de uma plataforma constituída por uma ferramenta de autorreflexão, de um conjunto de módulos de aprendizagem on-line (http://www.entree-online.eu/) e de um programa de formação para professores que visava à promoção das suas competências de resiliência (Castro Silva et al., 2018). Esse projeto possibilitou, igualmente, a realização de um estudo para compreender os fatores que contribuíam para a resiliência de professores em início de carreira e para tentar discernir quais aspectos eram comuns e quais diferiam em quatro países europeus (Peixoto et al., 2018). A pesquisa envolveu um total de 764 professores, dos quais 235 professores alemães, 154 irlandeses, 262 de Malta e 113 professores portugueses que responderam a um questionário disponibilizado on-line, constituído por uma diversidade de medidas visando abarcar os diferentes níveis do modelo de conceitualização da resiliência proposto pelo projeto (ENTREE, 2013). Esse questionário permitiu avaliar a resiliência (global e multidimensional), o compromisso com a profissão, a autoeficácia docente, vários aspectos do contexto social – percepção das condições oferecidas pela escola em termos de cuidados e suporte, percepção do suporte providenciado pelas lideranças, percepção do suporte fornecido pelos colegas e percepção das condições fornecidas pela escola para a satisfação no trabalho, e a percepção das perturbações introduzidas pelas exigências político-administrativas (para detalhes das medidas utilizadas e das suas propriedades métricas, ver Peixoto et al., 2018).

As análises de regressão realizadas permitiram constatar que a autoeficácia docente emergiu como o fator mais importante para a resiliência do professor e que as variáveis sociocontextuais (percepção das condições oferecidas pela escola em termos de cuidados e suporte, o envolvimento na comunidade escolar e a percepção de apoio dos colegas) eram aquelas que, em seguida, mais contribuíam para o sentimento de resiliência global dos professores. Permitiram ainda mostrar que apesar de, globalmente, a autoeficácia ser a variável com a associação mais forte com a resiliência, no caso dos professores de Malta, era a segunda atrás dos aspectos relacionados com a vida pessoal, o mesmo sucedendo com os professores portugueses, em que a dimensão emocional era o fator mais importante para a resiliência. Os resultados desse estudo permitiram consolidar a ideia da resiliência enquanto construto multidimensional, que leva em conta os seus componentes sociais, profissionais, motivacionais e emocionais (Mansfield et al., 2012, 2016). Por outro lado, permitiu evidenciar a resiliência como um processo dinâmico que inclui fatores individuais e contextuais: autoeficácia, compromisso (Gu e Day, 2013; Kitching, Morgan e O'Leary, 2009), necessidade de envolvimento ativo na comunidade escolar e de apoio no contexto profissional (Day e Gu, 2014).

Na sequência desse estudo, realizou-se um outro cujo principal objetivo foi, uma vez mais, testar o modelo proposto pelo projeto ENTREE e analisar se os diferentes níveis considerados pelo modelo teriam um impacto diferente na resiliência dos professores (Figura 2). Para essa pesquisa, 365 professores portugueses ($n = 168$) e alemães ($n = 197$) responderam às mesmas medidas utilizadas no estudo anterior.

**Figura 2 – Variáveis incluídas no modelo a ser testado**

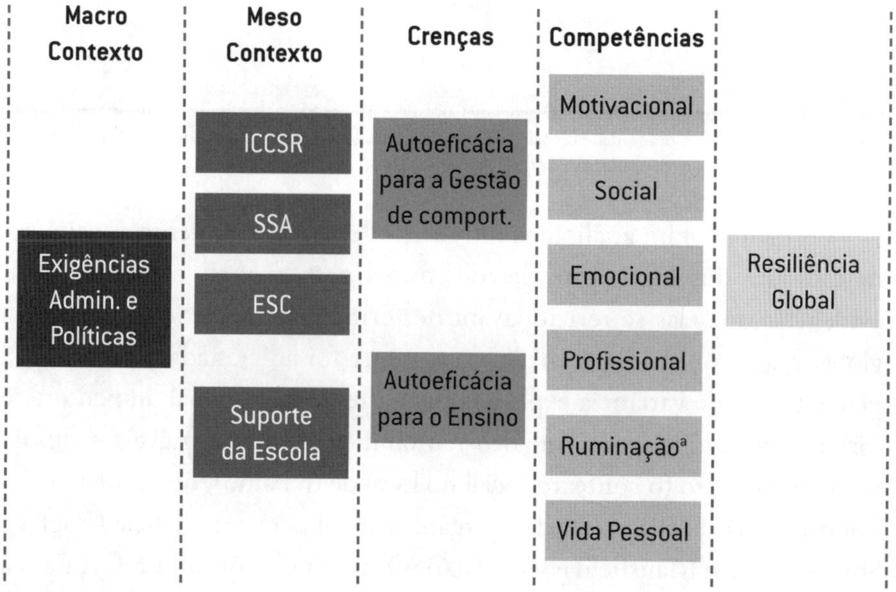

Fonte: Elaboração própria.

ICCSR – Condições Institucionais para Relações de Cuidado e Apoio; SSA – Apoio da Administração Escolar; ESC – Envolvimento na Comunidade Escolar.

[a] Ruminação são pensamentos recorrentes e repetitivos sobre acontecimentos negativos. Neste caso, considera-se como competência a ausência da ruminação.

Cultura digital e educação

**Figura 3 – Resultados da *path analysis*
utilizada para testar o modelo de resiliência proposto**

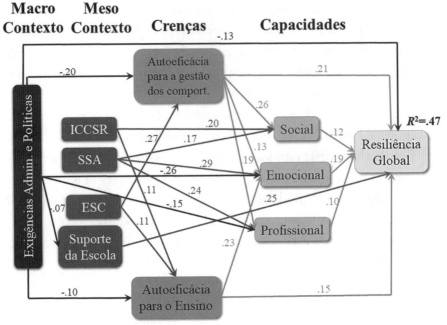

Fonte: Elaboração própria.

ICCSR – Condições Institucionais para Relações de Cuidado e Apoio; SSA – Apoio da Administração Escolar; ESC – Envolvimento na Comunidade Escolar. No modelo, foram excluídas as variáveis que não se relacionavam de forma significativa com nenhuma das outras.

Os dados foram analisados introduzindo sequencialmente as variáveis de cada um dos níveis considerados numa *path analysis*, o que permitiu evidenciar que elas se relacionavam de forma diferente com a resiliência global e que, quando a autoeficácia docente foi adicionada ao modelo, a percentagem de variância explicada para a resiliência global aumentou de forma significativa. Foi o que ocorreu também com as variáveis incluídas no mesocontexto (o contexto social no local de trabalho), que evidenciou a importância do contexto social e organizacional para a resiliência (Bogler e Somech, 2004; Mansfield et al., 2016). Os resultados obtidos reforçaram a ideia da autoeficácia docente enquanto indicador importante da resiliência dos professores e deram suporte à concepção da resiliência como resultado de um processo dinâmico de interação entre fatores individuais e contextuais (Gu, 2014; Mansfield et al., 2016; Peixoto et al., 2018).

## BEM-ESTAR E RESILIÊNCIA

O bem-estar é um daqueles muitos construtos da Psicologia que padece do problema de, muitas vezes, não ser definido porque todos parecem saber do que se trata e, por isso mesmo, torna-se difuso e indeterminado. Por outro lado, as definições proliferam devido ao interesse crescente de diferentes disciplinas com diferentes abordagens metodológicas (Hascher, Beltman e Mansfield, 2021a). Nas mais variadas concepções de bem-estar poderemos distinguir entre o bem-estar subjetivo e o bem-estar psicológico. O primeiro enquadra-se numa perspectiva hedonista e considera que o bem-estar é constituído por uma dimensão cognitiva, a satisfação com a vida, e uma dimensão afetiva, resultante do balanço entre os afetos positivos e negativos (Diener, 1984; Diener, Lucas e Suh, 2002). O estudo do bem-estar psicológico enquadra-se numa perspectiva eudemônica enquanto indicador de saúde mental, reportando-se ao desenvolvimento humano numa perspectiva de superação dos desafios existenciais. Considera-se habitualmente que o bem-estar psicológico é constituído por diferentes facetas associadas ao funcionamento mental (Keyes, Shmotkine e Ryff, 2002; Ryff, 1989), entre as quais podemos citar a percepção de competência, a estabilidade emocional, o otimismo, as relações positivas com os outros, a autonomia, o propósito de vida, a resiliência, a autoestima ou o crescimento pessoal (Huppert e So, 2013; Ryff, 1989). Independentemente da perspectiva, o interesse pelo estudo do bem-estar e, particularmente, do bem-estar dos professores tem aumentado nos últimos anos (Emerson et al., 2017; Hascher, Beltman e Mansfield, 2021a; Huppert e So, 2013)

No que tange às relações entre resiliência e bem-estar, é comumente aceito que se trata de constructos diferentes apesar de partilharem alguns aspectos comuns (Hascher, Beltman e Mansfield, 2021a). Numa revisão sistemática de estudos em que os constructos de resiliência e bem-estar eram utilizados simultaneamente, Hascher e colaboradores (2021a) verificaram que um primeiro grupo de pesquisas tratava os dois constructos como similares; um segundo grupo considerava-os como sendo parte um do outro, isto é, que o bem-estar seria um constituinte da resiliência ou como a resiliência fazendo parte do bem-estar; um terceiro grupo de estudos presumia o bem-estar como um fator importante para o desenvolvimento da resiliência; e, por último, um quarto grupo considerava a resiliência como uma peça-chave para a manutenção e desenvolvimento do bem-estar em professores. Na sequência dessa revisão sistemática de literatura, as autoras propõem o modelo AWaRE (acrônimo para *Aligning Wellbeing and Resilience in Education*), um modelo dinâmico e situacional que considera a resiliência como um processo de resposta aos desafios que vão ocorrendo entre experiências de bem-estar. Nesse modelo, bem-estar e resiliência influenciam-se mutuamente.

Tendo em conta a definição de resiliência anteriormente apresentada, decorre a ideia de que esta pode ser desenvolvida e nutrida (Beltman et al., 2018; Mansfield et al., 2016). Nesse sentido, desenvolveu-se o programa Educação Positiva – Promoção do Bem-estar e da Resiliência nos Professores (Fernandes et al., 2019, 2020), que teve como ponto de partida o programa de formação desenvolvido no âmbito do projeto ENTREE (Castro Silva et al., 2018). A estes módulos foi acrescentado um novo, designado de Educação para o Bem-estar, que se constituiu como módulo nuclear do programa de formação (Figura 4; para mais informação sobre o programa ver Fernandes et al., 2020).

Esse programa foi objeto de um estudo cujo principal objetivo centrou-se em analisar os seus efeitos em variáveis associadas à resiliência e ao bem-estar. Nesse estudo, participaram 94 professores divididos por 2 grupos experimentais (GE1 $n = 17$, GE2 $n = 18$) e um grupo de controle ($n = 59$). Esses professores lecionavam desde o 1º ciclo do ensino fundamental até o ensino médio e provinham todos de escolas do conselho de Cascais. Utilizou-se um *design* quase-experimental, com uma avaliação antes do início do programa e uma avaliação no final do programa. Os grupos experimentais foram submetidos ao programa com 18 horas de duração, distribuídas por 9 sessões, de duas horas cada, uma vez por semana. O grupo experimental 1 teve a aplicação do programa no primeiro e segundo trimestres do ano letivo, e o grupo experimental 2, durante o terceiro trimestre. Algumas das medidas utilizadas foram as mesmas dos estudos anteriores descritos (p. ex., resiliência global, dimensão motivacional da resiliência, compromisso profissional, autoeficácia docente e suporte escolar). Para além destas, foram utilizadas também medidas de balanço afetivo (positivo e negativo), bem-estar no trabalho e importância do trabalho (para detalhes sobre as medidas e os resultados do estudo, ver Fernandes et al., 2019).

**Figura 4 – Estrutura modular do programa Educação Positiva**

Fonte: Adaptado de Fernandes (2021).

Os resultados permitiram evidenciar efeitos positivos do programa em todas as variáveis consideradas, à exceção do compromisso com a profissão e da percepção de suporte da escola. Um dos efeitos importantes verificados foi o aumento dos sentimentos de autoeficácia dos professores, nomeadamente no que concerne à autoeficácia relacionada com a gestão de comportamentos. Esse resultado, por um lado, realça a relação estreita entre resiliência e autoeficácia já expressa em investigações anteriores (Benard, 2004; Peixoto et al., 2018), por outro lado, é um resultado interessante e promissor, tendo em conta que algumas investigações apontam as crenças sobre a gestão de sala de aula como um potencial fator de risco para os professores (Beltman, Mansfield e Price, 2011; Gu e Day, 2013). Desse modo, programas de formação e de desenvolvimento profissional que levem em conta este tipo de competências poderão ser uma forma de promover a resiliência em professores. Apesar de o programa ter incidido sobretudo nos fatores individuais associados à resiliência, os resultados obtidos enfatizam a importância da motivação, autoeficácia e resiliência para o bem-estar dos professores. Considerando que algumas pesquisas apontam a resiliência como um componente importante para manter os professores na profissão (Day e Gu, 2014; Gu e Day, 2013), a utilização de programas desse tipo na formação inicial de professores poderá ser uma via para que isso se concretize.

## EXIGÊNCIAS DO TRABALHO, RECURSOS E BEM-ESTAR DOS PROFESSORES

Como já foi referido, a profissão docente é uma profissão altamente exigente a nível intelectual, físico e emocional (Day e Gu, 2010), o que pode desencadear baixa autoeficácia e depressão e levar a processos de insatisfação no trabalho, pouco compromisso e desmotivação (Collie, Shapka e Perry, 2012; Hakanen, Bakker e Schaufeli, 2006; Skaalvik e Skaalvik, 2011, 2015). As exigências colocadas pelo contexto laboral podem ser compensadas pelos recursos que o indivíduo tem à disposição (Demerouti et al., 2001; Schaufeli e Taris, 2014). O modelo de exigências-recursos no trabalho (*job demands-resources model* – JD-R) propõe que o equilíbrio entre os recursos à disposição do trabalhador e as exigências colocadas pelo trabalho irão afetar o seu bem-estar (Bakker e Demerouti, 2014, 2017; Demerouti et al., 2001; Schaufeli e Taris, 2014). Esse modelo contempla as caraterísticas do ambiente de trabalho que podem ser consideradas quer como exigências do trabalho, quer como recursos. As exigências do trabalho remetem aos aspetos físicos, psicológicos, sociais ou organizacionais do trabalho, que requerem esforço ou *skills* físicos e/ou psicológicos e que, por essa via, impactam negativamente no bem-estar do trabalhador (Bakker et al., 2003; Bakker e Demerouti, 2017;

Demerouti et al., 2001). Os desafios estão associados a determinados custos fisiológicos e/ou psicológicos (p. ex., carga/excesso de trabalho, conflito de papéis, desafios emocionais). Por seu turno, os recursos referem-se aos aspectos positivos do ambiente laboral que podem ser mobilizados para fazer face às exigências colocadas pelo trabalho. Desse modo, os recursos incluem os aspectos físicos, psicológicos, sociais ou organizacionais que são funcionais para atingir os objetivos: reduzir os desafios do trabalho e os custos fisiológicos e psicológicos associados; promover a aprendizagem e o crescimento pessoal (p. ex., oportunidades de carreira, supervisão e suporte, autonomia). No caso dos professores, algumas pesquisas mencionam as relações positivas com os colegas, com as estruturas de gestão da escola e crenças elevadas de autoeficácia como recursos que podem ser mobilizados pelos professores para lidarem com a pressão e estresse cotidianos da profissão (Acton e Glasgow, 2015; Garbett e Thomas, 2020; Skaalvik e Skaalvik, 2018).

Nesse contexto, desenvolvemos uma investigação com 319 professores portugueses que lecionavam do primeiro ciclo do ensino básico até o ensino médio, com o objetivo de testar o modelo de exigências-recursos no trabalho. O estudo foi realizado através de um questionário on-line que incluiu medidas que avaliam recursos e exigências no trabalho docente e de bem-estar.

Para avaliar os recursos, utilizamos a escala de recursos de suporte à profissão docente (Skaalvik e Skaalvik, 2011), que contempla medidas de suporte dos colegas, suporte das lideranças da escola, autoeficácia coletiva, cultura coletiva, consonância de valores e autonomia. Para a avaliação das exigências utilizamos a escala sobre os desafios da profissão docente, a qual incluía medidas relativas a problemas disciplinares, diversidade dos estudantes, pressão do tempo, conflitos com os colegas, falta de suporte e confiança das lideranças e dissonância de valores (Skaalvik e Skaalvik, 2016). Para avaliar o bem-estar, utilizamos a escala de Sadick e Issa (2017), a qual avalia o bem-estar em três dimensões: sentimentos de ligação social na escola, sentimentos de reconhecimento de realização e bem-estar físico. Todas as medidas revelaram uma confiabilidade aceitável, com o alfa de Cronbach variando entre 0.69 e 0.92.

A testagem do modelo de exigências-recursos no trabalho foi realizada através de modelagem por equações estruturais. Começamos por testar os três modelos de medida (um para os recursos, outro para as exigências do trabalho e o terceiro para o bem-estar). Essas análises permitiram verificar que, tanto para a escala dos recursos de suporte à profissão docente como para a escala de bem-estar, um modelo com um fator de ordem superior se adequava bastante bem aos dados. No entanto, para a escala sobre os desafios da profissão docente, verificou-se que o modelo com um único fator de ordem superior não se ajustava aos dados, havendo necessidade de o reformular. Desse modo, testamos um novo modelo, com dois fatores de ordem superior correlacionados, um agrupando as dimensões relacionadas com os colegas e o outro, as dimensões relacionadas com os estudantes (Fig. 5).

**Figura 5 – Modelos de medida de cada uma das escalas utilizadas**

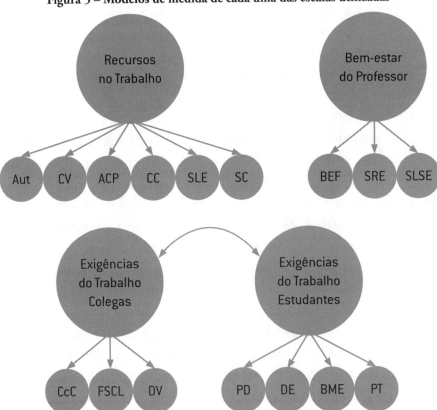

Fonte: Elaboração própria.

Aut – Autonomia; CV – Consonância de valores; ACP – Autoeficácia coletiva dos professores; CC – Cultura coletiva; SLE – Suporte das lideranças da escola; SC – Suporte dos colegas; BEF – Bem-estar físico; SRE – Sentimentos de reconhecimento de realização; SLSE – Sentimentos de ligação social na escola; CcC – Conflitos com colegas; FSCL – Falta de suporte e de confiança das lideranças; DV – Dissonância de valores; PD – Problemas de disciplina; DE – Diversidade de estudantes; BME – Baixa motivação dos estudantes; PT – Pressão do tempo.

Os resultados permitiram evidenciar, por um lado, uma relação positiva entre os recursos à disposição dos professores (p. ex., suporte dos colegas) e o bem-estar. Por outro lado, a relação entre as duas dimensões das exigências colocadas aos professores (colegas e estudantes, p. ex., conflitos com colegas ou baixa motivação dos estudantes) revelou-se negativa, sendo a associação entre o bem-estar e as exigências relacionadas com os colegas bem mais forte do que a associação com as exigências relacionadas com os estudantes. Esses resultados corroboram os de outras pesquisas, evidenciando que as exigências colocadas aos professores diminuem o seu bem-estar, enquanto os recursos o incrementam (Bakker e Demerouti, 2014, 2017; Collie, Shapka e Perry, 2012; Skaalvik e Skaalvik, 2016, 2018). Por último, testamos um modelo de mediação, verificando que os recursos mediavam a relação entre as exigências relacionadas com os colegas e o bem-estar, mas não a relação entre as exigências relacionadas com os estudantes e o bem-estar, cuja relação é direta (Fig. 6). Desse modo, os recursos à disposição do professor, como o suporte dos colegas ou a autonomia, parecem atuar como uma espécie de almofada, que amortece o impacto negativo das exigências relacionadas aos colegas (p. ex., conflitos entre colegas, falta de suporte ou dissonância de valores).

**Figura 6 – Modelo de relações entre as exigências colocadas ao professor, os recursos e o bem-estar**

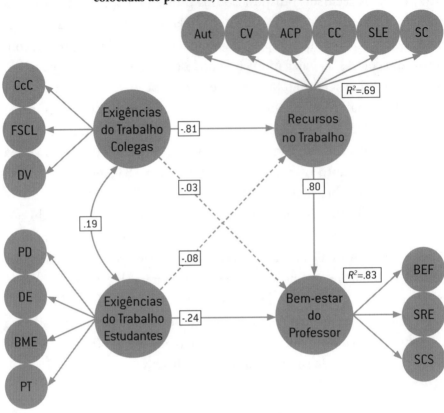

Fonte: Elaboração própria.

Linhas tracejadas representam relações não significativas e linhas contínuas, relações significativas. CcC – Conflitos com colegas; FSCL – Falta de suporte e de confiança das lideranças; DV – Dissonância de valores; PD – Problemas de disciplina; DE – Diversidade de estudantes; BME – Baixa motivação dos estudantes; PT – Pressão do tempo; Aut – Autonomia; CV – Consonância de valores; ACP – Autoeficácia coletiva dos professores; CC – Cultura coletiva; SLE – Suporte das lideranças da escola; SC – Suporte dos colegas; BEF – Bem-estar físico; SRE – Sentimentos de reconhecimento de realização; SCS – Sentimentos de ligação social na escola.

\* \* \*

A partir da análise dos diferentes estudos apresentados que levam em conta a resiliência ou o bem-estar do professor, há várias conclusões que devem ser relembradas. A primeira é a necessidade de considerar a resiliência enquanto construto multidimensional envolvendo uma relação dinâmica entre fatores pessoais e contextuais (Mansfield et al., 2012, 2016). Os dois primeiros estudos enfatizaram precisamente essa contribuição e esta dinâmica, realçando a importância de fatores pessoais como a autoeficácia, vida pessoal a competência profissional ou a componente emocional ao lado de fatores sociais como o suporte dos colegas ou o apoio das lideranças. Além disso, a investigação realizada com a escala de resiliência multidimensional (Peixoto et al., 2020), apesar das correlações relativamente elevadas entre as diferentes dimensões, dá suporte a uma concepção multidimensional da resiliência.

Em segundo lugar, deve-se realçar a relação entre as crenças de autoeficácia docente e a resiliência. Três dos estudos apresentados colocaram em destaque essa relação, no entanto, o caráter transversal e correlacional dos estudos apresentados impede qualquer conclusão sobre sua direcionalidade. Da mesma forma que muita literatura proclama a autoeficácia como o principal componente da resiliência (Beltman, Mansfield e Price, 2011; Gu e Day, 2013; Kitching, Morgan e O'Leary, 2009; Peixoto et al., 2018) – no sentido de que se o professor se sentir mais autoconfiante terá, provavelmente, maior resiliência –, também poderemos conceber a relação inversa, afirmando que o professor se sente autoconfiante porque é resiliente. Desse modo, é importante que a pesquisa leve esse aspecto em consideração através da realização de estudos longitudinais em que um nexo temporal possa ser estabelecido, permitindo discernir as influências recíprocas entre resiliência e autoeficácia.

Em terceiro lugar, referir que a formação dos professores assente em aspetos como a resiliência e o bem-estar pode ser uma via importante para o seu desenvolvimento profissional (Fernandes et al., 2019, 2020), principalmente através de formação que utilize metodologias ativas e possibilite aos professores refletir sobre a sua prática (Avalos, 2011; Leroux e Théorêt, 2014; Ping, Schellings e Beijaard, 2018). Os efeitos positivos encontrados no terceiro estudo devem-se, também, às estratégias utilizadas, as quais se centraram majoritariamente na utilização de estratégias de aprendizagem colaborativas reflexivas e interativas, visando ao desenvolvimento de competências questionadoras e críticas por parte dos professores (Fernandes et al., 2019, 2020). Por outro lado, e como já foi referido, é importante começar a considerar a inclusão da perspectiva multidimensional da resiliência na formação inicial de professores como meio de os capacitar para as dificuldades com que irão se deparar na futura profissão (Gu e Day, 2013; Le Cornu, 2009).

Por último, deve-se relembrar a importância do ambiente de trabalho para a resiliência e bem-estar dos professores. Três dos trabalhos apresentados evidenciaram inequivocamente a importância do contexto laboral (p. ex., suporte dos colegas e das lideranças), quer para a resiliência, quer para o bem-estar dos professores. Essas evidências sustentam uma visão da resiliência atrelada ao contexto em que os professores atuam, em vez de enfatizar as características individuais (autoeficácia, motivação, experiências positivas), para não cair numa visão "hiperindividualizada" da resiliência (Johnson e Down, 2013). Salientam, também, a importância do estabelecimento de parcerias colaborativas para delinear intervenções no ambiente escolar, que deem suporte à resiliência dos professores (Ebersöhn et al., 2015), criando aquilo que Gu (2018) refere como escolas resilientes. Como a autora diz: "As escolas resilientes são locais onde professores e alunos aspiram à sua própria aprendizagem e desenvolvimento e onde um propósito moral é partilhado, valorizado e integrado na vida quotidiana da escola" (Gu, 2018: 25). Para a criação desses espaços, não basta apenas o trabalho árduo dos professores. Por um lado, são necessários o compromisso e o suporte das lideranças locais, regionais e nacionais no fornecimento de recursos para que os elementos da comunidade educativa possam realizar o seu desenvolvimento pessoal e profissional. Por outro lado, é necessário que as lideranças escolares se empenhem na construção de culturas organizacionais promotoras da resiliência e bem-estar de todos os membros dessa comunidade (Gu, 2018).

## Bibliografia

ACTON, R.; GLASGOW, P. Teacher Wellbeing in Neoliberal Contexts: a Review of the Literature. *Australian Journal of Teacher Education*, v. 40, n. 8, 2015, p. 99-114.

AVALOS, B. Teacher Professional Development in Teaching and Teacher Education over Ten Years. *Teaching and Teacher Education*, v. 27, n. 1, jan. 2011, pp. 10-20.

BAKKER, A. B. et al. Job Demand and Job Resources as Predictors of Absence Duration and Frequency. *Journal of Vocational Behavior*, v. 62, n. 2, 2003, pp. 341-56.

BAKKER, A. B.; DEMEROUTI, E. Job Demands-Resources Theory. In: CHEN, P. Y.; COOPER, C. L. (Eds.). *Wellbeing:* a Complete Reference Guide. Chichester: Wiley, v. III, 2014, pp. 37-64.

_____. Job Demands-Resources Theory: Taking Stock and Looking Forward. *Journal of Occupational Health Psychology*, v. 22, n. 3, 1 jul. 2017, pp. 273-85.

BELTMAN, S. et al. Using Online Modules to Build Capacity for Teacher Resilience. In: WOSNITZA, M. et al. (Eds.). *Resilience in Education:* Concepts, Contexts and Connections. Charm: Springer, 2018, pp. 237-53.

BELTMAN, S.; MANSFIELD, C.; PRICE, A. Thriving Not Just Surviving: a Review of Research on Teacher Resilience. *Educational Research Review*, v. 6, n. 3, pp. 185-207, 2011.

BENARD, B. *Resiliency:* What We Have Learned. San Francisco: WestEd, 2004.

BILLETT, P.; TURNER, K.; LI, X. Australian Teacher Stress, Well-Being, Self-Efficacy, and Safety During the Covid-19 Pandemic. *Psychology in the Schools*, 2022. Disponível em: https://onlinelibrary.wiley.com/doi/10.1002/pits.22713. Acessado em: 19 maio 2023.

BOGLER, R.; SOMECH, A. Influence of Teacher Empowerment on Teachers' Organizational Commitment, Professional Commitment and Organizational Citizenship Behavior in Schools. *Teaching and Teacher Education*, v. 20, n. 3, abr. 2004, pp. 277–289.

CASTRO SILVA, J. et al. Enhancing Teacher Resilience Through Face-to-Face Training: Insights from the ENTREE project. In: WOSNITZA, M. et al. (Eds.). *Resilience in Education:* Concepts, Contexts and Connections. Charm: Springer, pp. 255-74, 2018.

COLLIE, R. J.; SHAPKA, J. D.; PERRY, N. E. School Climate and Social-Emotional Learning: Predicting Teacher Stress, Job Satisfaction, and Teaching Efficacy. *Journal of Educational Psychology*, v. 104, n. 4, nov. 2012, pp. 1.189-204.

DAY, C.; GU, Q. *The New Lives of Teachers*. Abingdon: Routledge, 2010.

_____. *Resilient Teachers, Resilient Schools:* Building and Sustaining Quality in Testing Times. Abingdon: Routledge, 2014.

DEMEROUTI, E. et al. The Job Demands-Resources Model of Burnout. *Journal of Applied Psychology*, v. 86, n. 3, 2001, pp. 499-512.

DIENER, E. Subjective Well-Being. *Psychological Bulletin*, v. 95, n. 3, 1984, pp. 542-75.

DIENER, E. et al. Looking up and Looking Down: Weighting Good and Bad Information in Life Satisfaction Judgments. *Personality and Social Psychology Bulletin*, v. 28, n. 4, 2002, pp. 437-45.

EBERSÖHN, L. et al. In-Service Teacher Training to Provide Psychosocial Support and Care in High-Risk and High-Need Schools: School-Based Intervention Partnerships. *Journal of Education for Teaching*, v. 41, n. 3, 27 maio 2015, pp. 267-84.

EMERSON, L. M. et al. Teaching Mindfulness to Teachers: a Systematic Review and Narrative Synthesis. *Mindfulness*, v. 8, n. 5, 1 out. 2017, pp. 1.136-49.

ENTREE. *Conceptual Framework for the ENTREE Project (Portuguese Version).* [s.l: s.n.], 2013.

FERNANDES, L. *Educação positiva:* promoção do bem-estar e da resiliência nos professores. Lisboa, 2021. Tese (Doutorado em Educação) – ISPA, Instituto Universitário, Universidade Nova de Lisboa.

FERNANDES, L. et al. Fostering Teachers' Resilience and Well-Being Through Professional Learning: Effects from a Training Programme. *Australian Educational Researcher*, v. 46, n. 4, 15 set. 2019, pp. 681-98.

_____. "Positive Education": A Professional Learning Programme to Foster Teachers' Resilience and Well-Being. In: MANSFIELD, C. F. (Ed.). *Cultivating Teacher Resilience*. Charm: Springer, 2020, pp. 103-24.

FRAY, L. et al. Under Pressure and Overlooked: the Impact of Covid-19 on Teachers in New Public Schools. *The Australian Educational Researcher*, 7 abr. 2022. Disponível em: https://pubmed.ncbi.nlm.nih.gov/35431405/. Acessado em: 19 maio 2023.

GARBETT, D.; THOMAS, L. Developing Inter-Collegial Friendships to Sustain Professional Wellbeing in the Academy. *Teachers and Teaching:* Theory and Practice, v. 26, n. 3-4, 18 maio 2020, pp. 295-306.

GU, Q. The Role of Relational Resilience in Teachers Career-Long Commitment and Effectiveness. *Teachers and Teaching:* Theory and Practice, v. 20, n. 5, 3 set. 2014, pp. 502-29.

_____. (Re)conceptualising Teacher Resilience: A Social-Ecological Approach to Understanding Teachers' Professional Worlds. In: WOSNITZA, M. et al. (Eds.). *Resilience in Education:* Concepts, Contexts and Connections. Charm: Springer, 2018, pp. 13-33.

GU, Q.; DAY, C. Challenges to Teacher Resilience: Conditions Count. *British Educational Research Journal*, v. 39, n. 1, fev. 2013, pp. 22-44.

HAKANEN, J. J.; BAKKER, A. B.; SCHAUFELI, W. B. Burnout and Work Engagement Among Teachers. *Journal of School Psychology*, v. 43, n. 6, jan. 2006, pp. 495-513.

HASCHER, T.; BELTMAN, S.; MANSFIELD, C. Teacher Wellbeing and Resilience: Towards an Integrative Model. *Educational Research*, v. 63, n. 4, 2021a, pp. 416-39.

_____. Swiss Primary Teachers' Professional Well-Being During School Closure Due to the Covid-19 Pandemic. *Frontiers in Psychology*, v. 12, 12 jul. 2021b, p. 687512.

HUPPERT, F. A.; SO, T. T. C. Flourishing Across Europe: Application of a New Conceptual Framework for Defining Well-Being. *Social Indicators Research*, v. 110, n. 3, 1 fev. 2013, pp. 837-61.

JOHNSON, B.; DOWN, B. Critically Re-Conceptualising Early Career Teacher Resilience. *Discourse*, v. 34, n. 5, dez. 2013, pp. 703-15.

KEYES, C. L. M.; SHMOTKIN, D.; RYFF, C. D. Optimizing Well-Being: the Empirical Encounter of Two Traditions. *Journal of Personality and Social Psychology*, v. 82, n. 6, 2002, pp. 1.007-22.

KITCHING, K.; MORGAN, M.; O'LEARY, M. It's the Little Things: Exploring the Importance of Commonplace Events for Early-Career Teachers' Motivation. *Teachers and Teaching: Theory and Practice*, v. 15, n. 1, fev. 2009, pp. 43-58.

LE CORNU, R. Building Resilience in Pre-Service Teachers. *Teaching and Teacher Education*, v. 25, n. 5, jul. 2009, pp. 717-23.

LEROUX, M.; THÉORÊT, M. Intriguing Empirical Relations Between Teachers' Resilience and Reflection on Practice. *Reflective Practice*, v. 15, n. 3, 2014, pp. 289-03.

LIZANA, P. A. et al. Impact of the Covid-19 Pandemic on Teacher Quality of Life: a Longitudinal Study from Before and During the Health Crisis. *International Journal of Environmental Research and Public Health*, v. 18, n. 7, 1 abr. 2021, pp. 3764.

MANSFIELD, C. F. et al. "Don't Sweat the Small Stuff": Understanding Teacher Resilience at the Chalkface. *Teaching and Teacher Education*, v. 28, n. 3, abr. 2012, pp. 357-67.

_____. Building Resilience in Teacher Education: an Evidenced Informed Framework. *Teaching and Teacher Education*, v. 54, 1 fev. 2016, pp. 77-87.

MEINCK, S.; FRAILLON, J.; STRIETHOLT, R. *The Impact of the Covid-19 Pandemic on Education:* International Evidence from The Responses to Educational Disruption Survey (Reds) (Revised Edition). Paris: Unesco; International Association for the Evaluation of Educational Achievement (IEA), 2022.

PEIXOTO, F. et al. A Multidimensional View on Pre-Service Teacher Resilience in Germany, Ireland, Malta and Portugal. In: WOSNITZA, M. et al. (Eds.). *Resilience in Education:* Concepts, Contexts and Connections. Charm: Springer, 2018, pp. 73-89.

_____. The Multidimensional Teachers' Resilience Scale: Validation for Portuguese Teachers. *Journal of Psychoeducational Assessment*, v. 38, n. 3, 1 jun. 2020, pp. 402-8.

PING, C.; SCHELLINGS, G.; BEIJAARD, D. Teacher Educators' Professional Learning: a Literature Review. *Teaching and Teacher Education*, v. 75, 1 out. 2018, pp. 93-104.

ROBINSON, L. E. et al. Teachers, Stress, and the Covid-19 Pandemic: a Qualitative Analysis. *School Mental Health*, 2022, pp. 78-89.

RYFF, C. D. Happiness Is Everything, or Is It? Explorations on the Meaning of Psychological Well-Being. *Journal of Personality and Social Psychology*, v. 57, n. 6, 1989, pp. 1.069-81.

SADICK, A. M.; ISSA, M. H. Occupants' Indoor Environmental Quality Satisfaction Factors as Measures of School Teachers' Well-Being. *Building and Environment*, v. 119, 1 jul. 2017, pp. 99-109.

SCHAUFELI, W. B.; TARIS, T. W. A Critical Review of the Job Demands-Resources Model: Implications for Improving Work and Health. In: BAUER, G. F.; HÄMMIG, O. (Eds.). *Bridging Occupational, Organizational and Public Health:* a Transdisciplinary Approach. New York: Springer Science + Business Media, 2014, pp. 43-68.

SKAALVIK, E. M.; SKAALVIK, S. Teacher Job Satisfaction and Motivation to Leave the Teaching Profession: Relations with School Context, Feeling of Belonging, and Emotional Exhaustion. *Teaching and Teacher Education*, v. 27, n. 6, ago. 2011, pp. 1.029-38.

_____. Job Satisfaction, Stress and Coping Strategies in the Teaching Profession-What Do Teachers Say? *International Education Studies*, v. 8, n. 3, 2015, pp. 181-92.

_____. Teacher Stress and Teacher Self-Efficacy as Predictors of Engagement, Emotional Exhaustion, and Motivation to Leave the Teaching Profession. *Creative Education*, v. 07, n. 13, 2016, pp. 1785-99.

_____. Job Demands and Job Resources as Predictors of Teacher Motivation and Well-Being. *Social Psychology of Education*, v. 21, n. 5, 1 nov. 2018, pp. 1.251-75.

# INVESTIGAÇÃO NA INTERNET E DESAFIOS ACADÊMICOS DA PANDEMIA

# E-investigação
# em História da Educação

*Patricia Tavares Raffaini*
*Diana Gonçalves Vidal*

> A pesquisa em História da Educação se transformou completamente nas últimas décadas. Com a digitalização de imensos acervos documentais, o advento da internet e o desenvolvimento de softwares e ferramentas de buscas, o trabalho do historiador ganhou uma amplitude e uma dimensão que não poderiam ser imaginadas antes. Neste capítulo[1] pretendemos fazer um breve histórico de como isso aconteceu, além de analisar e problematizar algumas dessas mudanças nas formas de produção historiográfica em educação e sua divulgação.

Desde meados da década de 1990, o fazer histórico tem se transformado devido, sobretudo, à popularização do uso de computadores pessoais; ao crescimento de acervos nato-digitais e digitalizados; às tecnologias de busca associadas a esses documentos; e à revolucionária conexão de todo esse universo digital pela rede mundial de computadores. A produção de conhecimento em História e em História da Educação vem se modificando com impactos significativos para a pesquisa, escrita e disseminação. Problematizar esses impactos é o objetivo deste capítulo, ancorado em questionamentos acerca das especificidades dessa nova prática historiográfica. Qual a amplitude e os limites das coleções documentais disponibilizadas on-line? Como funcionam os mecanismos na localização de dados? Abundância documental implica necessariamente uma maior riqueza de análise? Quais os riscos de se naufragar nesse oceano de informações? Afinal, como diria o filósofo estoico Sêneca: "Se você não sabe em que porto quer chegar, não há ventos favoráveis".

A rede mundial de computadores e os mecanismos de busca ou rastreadores de página, como o Google, dão a impressão – não só ao público de forma geral, mas também a pesquisadores experientes – de que apresentam todo o conhecimento, de que tudo pode ser encontrado, conhecido com um leve apoiar dos dedos em um teclado ou tela vítrea. Em poucos segundos temos à nossa disposição dezenas ou até centenas de páginas para consulta. Essa facilidade proporciona uma sensação de que tudo está disponível, levando a acreditar que lendo um texto em minutos, ou assistindo um vídeo curto, se possa saber tudo, ou quase tudo, a respeito de um determinado assunto. No dizer de Elias Saliba, podemos estar formando uma geração que "não sabe que não sabe" (Saliba, 2021). Contrariamente, a base de uma investigação científica, em qualquer área do saber, é o sentimento de lacuna, de uma falta a ser preenchida, transitória e provisoriamente, que move o pesquisador (De Certeau, 1982).

Para discorrer sobre o tema, organizamos este capítulo em quatro partes, além desta introdução. Na primeira, o intuito é circunstanciar o surgimento das Humanidades Digitais e oferecer uma definição, ainda que precária, para a área de conhecimento. A seguir, a linguagem digital assume o foco da escrita. Ela se interliga ao terceiro apartado, no qual discorremos sobre levantamentos documentais e gerenciamento da informação da pesquisa em História da Educação. Comentários finais enfeixam o texto.

## UMA BREVE HISTÓRIA

Como campo de conhecimento transdisciplinar, as Humanidades Digitais emergiram em meados do século XX, mais especificamente em 1949, quando o acadêmico jesuíta Roberto Busa, em colaboração com a IBM, desenvolveu uma forma de acesso e cruzamento de informações totalmente automatizada, por meio de cartões perfurados, para trabalhar com a extensa obra de São Tomás de Aquino. Por mais de 30 anos, a equipe coordenada por Roberto Busa analisou, catalogou e relacionou os diversos termos, resultando na publicação de 56 volumes impressos denominados *Index Thomisticus*, que hoje podem ser consultados na página http://www.corpusthomisticum.org/.

Se essa foi a primeira vez que textos foram analisados com auxílio de uma máquina, nas décadas seguintes vimos crescer as iniciativas que utilizaram programas de computadores em ciências humanas. Arqueólogos, historiadores, linguistas, especialistas em teoria literária e história da arte, entre outros, passaram a construir seu conhecimento por meio de recursos digitais. Durante as décadas de 1960 e 1970 surgiram as primeiras associações e revistas especializadas ligadas a esse campo do conhecimento, sendo uma das primeiras a *Computers and the Humanities,* em 1966. Nas décadas seguintes, o desenvolvimento e aprimoramento de linguagens e protocolos, como o *extensible markup language* (XML) e o *hypertext markup language* (HTML), possibilitaram as marcações ou tagueamento dos textos e a construção dos bancos de dados e páginas na web, ampliando o universo da produção em Humanidades Digitais (Rosenzweig, 2022).

No entanto, foi somente com a popularização do acesso à internet, em meados da década de 1990, que um enorme contingente de documentos digitalizados e nato-digitais tornou-se disponível para consulta on-line em diversas plataformas, transformando definitivamente a pesquisa nas ciências humanas e mais especificamente em História da Educação. Um exemplo de iniciativa responsável por uma grande mudança nessa prática de pesquisa é a Hemeroteca Digital Brasileira. Concebido pela Biblioteca Nacional do Rio de Janeiro, e lançado em 2006, esse portal dá acesso a mais de 11 milhões de páginas digitalizadas de periódicos de todo o país. As buscas podem ser feitas pelos metadados: informações sobre os periódicos como período, local, título, autoria, mas também por um sistema de busca de palavras-chaves, que utiliza a tecnologia de reconhecimento ótico de caracteres (*optical character recognition* – OCR), permitindo encontrar termos nos textos digitalizados com um alto grau de confiabilidade. Essas ferramentas de busca no interior de textos de periódicos dos séculos XIX e XX ampliaram a capacidade de sondagem de historiadores, algo praticamente inviável de ser feito anteriormente, devido ao tempo necessário para sua realização em acervos físicos, antes da existência do portal (Brasil e Nascimento, 2020).

Podemos também incluir neste breve histórico de grandes transformações das últimas décadas o uso de computadores pessoais, oferecendo aos pesquisadores o acesso a uma tecnologia de produção e armazenamento de textos que revolucionou a escrita, transformando-os em criadores de páginas de internet, usuários de hiperlinks e editores de conteúdo intertextual (texto e imagem associados) (Chartier, 2002).

Da mesma forma, a disseminação de smartphones permitiu alterar os modos de comunicação das equipes de trabalho, a localização on-line de informações, assim como a captura de imagens e a digitalização de documentos consultados *in loco*. Esses pequenos aparelhos portáteis se tornaram essenciais, armazenando documentos digitalizados a serem posteriormente analisados, compartilhados e reproduzidos, reduzindo o tempo de consulta presencial e facultando ao pesquisador voltar ao documento sem ter que retornar ao arquivo, museu ou à biblioteca. Nesse sentido, modificaram profundamente a prática de pesquisa em História da Educação e a relação dos pesquisadores com as instituições de guarda, tal como narrado no belo livro de Arlete Farge (Farge, 2022).

Por ser uma área em constante transformação, nem sempre é fácil definir o que são as Humanidades Digitais. Mas, para tentar uma aproximação ao campo, podemos pensá-las como um conjunto de práticas que permitem a produção e a divulgação do conhecimento em ciências humanas por meio da tecnologia digital, que inclui o uso de diversos hardwares e softwares, plataformas na web, modelagem 3D, criação e análise de jogos, entre muitas outras ferramentas digitais. Nessa concepção não deixamos de ressaltar que, assim como qualquer outra tecnologia, a digital não somente amplia, mas transforma o que pode ser investigado, possibilita novas perguntas a serem feitas e permite outras análises. Feita de forma colaborativa e aberta, essa construção do conhecimento redefine as fronteiras entre as humanidades, as ciências sociais, as artes e áreas como as da ciência da informação e computação.

No entanto, ao caracterizarmos o campo somente por suas práticas estaríamos deixando de lado uma parcela importante do conhecimento ligado a ele, que é a de fazer uma análise aprofundada de como o universo digital funciona, de seu impacto na construção do conhecimento e na sociedade como um todo. Este é o objeto do próximo item.

## A LINGUAGEM DIGITAL: PROBLEMATIZAÇÕES

A linguagem digital utilizada para a construção e divulgação desse conhecimento se distancia da tradicionalmente usada na produção acadêmica, em que o escrito e o papel tiveram um lugar central. Nos impressos e manuscritos, a materialidade é estável. Depois de publicado, um livro não pode mudar; deve esperar uma outra edição para que isso aconteça. Isso não quer dizer que as apropriações por parte dos leitores não sejam diversas, como demonstraram Roger Chartier, Robert Darnton e Michel de Certeau (Chartier, 2002; De Certau, 1982; Darnton, 2010), ou que o impresso não guarde as marcas de leituras ou revisões sob forma de marginálias. Coisa semelhante se passa, talvez como maior intensidade, com o manuscrito, onde podem estar sinalizados os erros e as correções da escrita no momento de sua elaboração ou *a posteriori*. Esses registros tornam os documentos únicos e sua perda, inestimável. Mantêm na forma a estabilidade inicial e os traços das alterações feitas ao longo do tempo.

No universo digital, as intervenções feitas no suporte são mais invisíveis. São necessários conhecimentos de informática para recuperar arquivos apagados ou alterados; ter acesso a códigos-fontes e a ferramentas sofisticadas para perceber mudanças em publicações on-line ou localizar conteúdos que foram tirados do ar. A velocidade das transformações e os imperativos técnicos inibem, muitas vezes, a apreciação da cadeia de custódia dos documentos (Brasil e Nascimento, 2020). O próprio caráter multimídia da rede internacional de computadores, com sua avalanche de imagens estáticas ou em movimento, sons, músicas e textos, potencializa a fragmentação da leitura, multiplicando modos de trânsito por meio de hiperlinks. Por outro lado, intensifica o compartilhamento, a cocriação e o trabalho em equipe, como evidenciado por plataformas como a Wikipedia e a Heritage Helpers.

Apesar dessa especificidade e divergência com o universo do impresso e do manuscrito, podemos dizer que há ainda nas páginas disponíveis na web resquícios de formas de organização da escrita encontrados nesses suportes. Em alguns casos, os menus se assemelham aos índices; a editoração do texto e a disposição de imagens e vídeos têm semelhanças com o que acontece na página impressa (Drucker, 2010). Em outros, especialmente potencializados com a introdução dos smartphones, a diagramação remete ao modelo de códex, com barras de rolagem que sugerem um conhecimento infinito (Chartier, 2002).

O caráter fluido, efêmero, instável do conhecimento digital emerge na linguagem que utilizamos para nos referir a alguns dos mecanismos usados nesse universo. Por exemplo, o termo "virtual" aparece com frequência associado ao digital. No entanto, de fato, nada no mundo digital é virtual; tudo o que lá está é codificado e armazenado em artefatos construídos para isso. O uso da palavra "nuvem" para situar o local onde os dados estão preservados pode sugerir que determinado arquivo é etéreo. O termo encobre a realidade material do universo digital. As "nuvens" consistem em enormes computadores, servidores eficientes que guardam os dados a um custo importante, tanto para sua aquisição quanto manutenção. Há, ainda, autores que utilizam o termo intátil, ou imaterial, para nomear o universo digital, obscurecendo a tatilidade específica por ele demandada e que consiste em, pela ponta dos dedos, a um toque, acessar uma quantidade gigantesca de dados (Burdick et al., 2020).

A denominação desse universo, assim, revela muito de suas características intrínsecas. Proveniente do latim *digitus*, que significa dedo, remete ao que pode ser contado, numerado, calculado. A informação, para ser processada de forma rápida e eficiente, passa por uma transformação: palavras, imagens, sons tornam-se numeração binária processável pela máquina. Simultaneamente, as informações são acessadas por meio das pontas dos dedos, das digitais, em computadores pessoais, em smartphones, em uma gama de artefatos que atualmente se tornam disponíveis ao uso por meio de reconhecimento de digital.

Apoiando-se em Heidegger, Byung Chul Han discorre sobre o trabalho manual e sobre como a mão caracteriza o humano em oposição à ponta dos dedos.

> Heidegger diferencia a mão expressamente dos dedos. A máquina de escrever, da qual participam apenas a ponta dos dedos, "retira do ser humano o âmbito essencial da mão" [...] a máquina de escrever é uma percursora do computador. Ela transforma a palavra em informação. Ela se aproxima do aparelho digital. A mão não conta nem calcula. Ela representa o não contável, o não calculável. O "singular puro e simples, que na sua singularidade, é unicamente o uno unificador, antes de todo número". (Han, 2022: 122)

A tela plana, em vidro, fria e brilhante, tanto de smartphones quanto de tablets, assim como o teclado dos computadores pessoais nos levam a ter uma experiência tátil diferente da de outros artefatos construídos pelos seres humanos. Da mesma maneira, o metal e o plástico, produzidos em escala industrial, componentes desses objetos, nos afastam dos elementos que estão na base da sua criação. Não percebemos neles os elementos naturais que possibilitaram sua existência, e assim não vemos também os vestígios do trabalho humano necessário para que eles pudessem existir. Em que medida essa materialidade interfere no uso desses equipamentos? Como as informações acessadas por smartphones, tablets e computadores se diferenciam das que acessamos em seu suporte original?

Reflexões sobre a materialidade dos artefatos nos incitam a pensar sobre a materialidade do documento que é digitalizado. Qual seria a diferença entre ler uma carta enviada por Anísio Teixeira a Fernando de Azevedo em seu original manuscrito, transcrita em um livro ou em sua versão digitalizada? As propriedades organolépticas de cada uma dessas versões afetam nossa recepção trazendo limitações e também possibilidades. Ao serem digitalizados, os documentos, de quaisquer tipologias ou suportes, como cartas, fotografias, jornais, tecidos, entrevistas orais, dentre outros, não perdem sua materialidade. Ao contrário, são rematerializados (Vynck, 2016). Deixam o suporte original para estarem fisicamente acondicionados sob a forma de bytes em servidores, conectados a outros computadores por meio de uma rede de cabos.

Por certo, os documentos digitalizados foram imprescindíveis para o ofício de historiadores em um momento que os arquivos e bibliotecas estavam fechados em decorrência do isolamento social no contexto da pandemia da covid-19. No entanto, se ao serem digitalizados os documentos permitem os recursos de *zoom in* e *out*, facilitando a leitura de trechos ou o deciframento da escrita, e, após ocerizados, abrem-se às ferramentas de busca por palavra e de gerenciamento de informação, por outro, escondem relações importantes como a dimensão humana do suporte, odores, sabores e, mesmo, texturas. Nesse sentido, lidar com a documentação original, quando isso é possível, traz também elementos importantes para a pesquisa que não podem ser desprezados. Além do contato direto com o suporte, a consulta presencial pode fomentar questões que surgem pela contiguidade dos documentos quando acondicionados em uma mesma pasta ou prateleira e pela chance de encontrar o inesperado e o acaso.

Como destaca Roger Chartier,

> A leitura diante da tela é geralmente descontínua, e busca, a partir de palavras-chave ou rubricas temáticas, o fragmento textual do qual quer apoderar-se (um artigo em um periódico, um capítulo em um livro, uma informação em um website), sem que necessariamente sejam percebidas a identidade e a coerência da totalidade textual que contém esse elemento. (Chartier, 2002: 23)

No caso dos documentos nato-digitais, considerações sobre a relação forma e fundo, como as propostas por Johanna Drucker (2010), merecem atenção. Para a autora, a separação entre forma e fundo altera nossa percepção da informação. A informação, portanto, não pode ser destacada da maneira em que é apresentada, pois essa experiência estética é constitutiva da comunicação. Assim,

> [...] os *templates* que utilizamos também produzem efeitos de sentido no conteúdo acessado nas redes. A relação com imagens, a seleção dos tipos gráficos, a disposição do texto na página, ou seja, as práticas de edição e diagramação acionadas combinam-se à informação na produção do documento, com impactos em sua difusão e recepção. Por outro lado, funcionam também como dispositivos de contenção, ou seja, práticas de leitura e escrita variam conforme a plataforma utilizada, seja ela Facebook, Twitter, Blogspot, Wordpress ou Scielo. (Vidal, 2022: 8)

## LEVANTAMENTOS DOCUMENTAIS E GERENCIAMENTO DA INFORMAÇÃO DA PESQUISA EM HISTÓRIA DA EDUCAÇÃO

Antes do advento dos catálogos on-line de bibliotecas, arquivos e museus e da popularização da internet, o levantamento documental era trabalhoso e demorado, por vezes, inclusive, caro. Afinal, envolvia o deslocamento físico do pesquisador até o local de guarda e o manuseio de catálogos, fichários e inventários, elaborados por lógicas que raramente correspondiam aos temas de pesquisa. *Thesaurus* pretendiam facilitar a localização de informações por meio de vocabulários controlados, de modo a restringir a proliferação de palavras-chave. Pesquisas por palavra no interior de documentos textuais e livros pareciam um sonho impossível.

Atualmente, as ferramentas de ocerização de documentos digitalizados e nato-digitais tornaram esse empreendimento factível. Utilizando-se de um buscador, em um milésimo de segundo, o pesquisador dispõe de uma imensa massa de dados, correndo o risco de perder-se como Teseu no Labirinto do Minotauro. Qual seria então o fio de Ariadne a guiá-lo em tamanha massa? Como ter acesso ao que importa e ter qualidade para ser lido e contribuir para a pesquisa? Os mecanismos de busca de fato revelam nas primeiras páginas o que seria mais relevante? Que tipos de documentos estão disponibilizados? Quais critérios guiam a publicação na internet? Como identificar as cadeias de custódia?

São todas questões pertinentes quando mergulhamos no universo on-line para realizar a investigação acadêmica. Talvez a precaução mais imediata é ter em conta que, para o caso dos documentos textuais, ainda são muito precárias as ferramentas de ocerização de manuscritos, o que nos coloca diante de uma massa documental fundamentalmente datilografada ou impressa. Mesmo nesses casos, falhas de digitalização, erros de escrita ou perdas de suporte podem levar a não localização de termos por meio de buscadores. Ou seja, é importante ter em mente que os resultados das buscas não são relativos apenas aos modos como interpelamos a massa documental, problemática importante sobre a qual discorreremos a seguir. Eles também decorrem das ações anteriores que permitiram que um dado documento chegasse a ser disponibilizado na internet.

Há vários elementos a considerar que são de natureza diversa. Se nos interrogamos sobre as bases de dados construídas pelo Google, na plataforma Google Livros, por exemplo, é importante saber que elas se estruturam a partir de convênios estabelecidos pelo Google com bibliotecas em vários países do mundo, com peso significativo para os anglófonos, restringindo-se à digitalização de obras em domínio público e que se encontram em bom estado de conservação (Mounier, 2018). Portanto, mesmo para as bibliotecas conveniadas, não se disponibiliza todo o acervo, mas o que atende aos critérios mencionados.

No caso das instituições de guarda, como museus, bibliotecas e arquivos, temos constrangimentos semelhantes, o que torna mais corrente a publicação de catálogos on-line, inventários ou banco de dados. Todo documento que dispõe de direitos autorais só pode ser consultado presencialmente. No entanto, contrariamente ao efetuado pelo Google, as instituições tendem a digitalizar os suportes mais frágeis para evitar o manuseio frequente, o que não implica que poderão ser acessados remotamente. Outras considerações sobre a capacidade de armazenamento, bem como sobre as plataformas utilizadas e as equipes mobilizadas para alimentar e manter os recursos informáticos, interferem na publicização. Problemas que se somam aos tradicionais enfrentados por essas instituições de acondicionamento físico adequado e de recursos humanos qualificados e suficientes para o tratamento e processamento da documentação. Novamente, o que se encontra na rede mundial de computadores passou por uma seleção, sendo apenas um fragmento do existente nas bibliotecas, arquivos e museus.

Essas são questões sobre as quais os pesquisadores não têm controle, mas devem estar no seu campo de visão, enquanto importantes condicionantes dos resultados obtidos por meio dos buscadores. Instituições confiáveis de guarda, entretanto, tendem a explicitar os critérios de seleção utilizados e, com isso, permitem ao pesquisador dimensionar as características da amostra, seus limites e potencialidades, no que concerne ao objeto de investigação.

Há aspectos, entretanto, que estão mais ligados à prática de pesquisa on-line. O primeiro deles refere-se à definição dos termos de busca. Termos muito amplos revertem em uma enxurrada de dados. Por outro lado, termos muito específicos podem se revelar frustrantes ou reduzir significantemente os resultados obtidos. Nesse sentido, vale a criatividade para tentar circunscrever o mais possível a consulta, tendo em consideração os alertas de Michel de Certeau de que as categorias são sempre históricas e, portanto, um termo corrente nos dias atuais pode ser inexistente em tempos pretéritos. Tomemos o caso de uma investigação sobre relações sociais de gênero em educação no século XIX. Se os termos forem apenas "gênero", "educação" e "século XIX", os resultados estarão resumidos a trabalhos realizados nos últimos 50 anos, com ênfase para os anos mais recentes. Dificilmente, clássicos ou obras mais antigas ou documentos acerca do tema serão localizados, salvo se tenham sido indexados posteriormente. O recurso, por exemplo, ao termo "mulheres" ou a busca por um nome específico pode servir de auxílio e a dar início à composição de uma rede de terminologias referidas na documentação localizada.

Manter uma postura crítica com relação aos sites é imprescindível, o que implica estar atento para a autoria das informações, sejam elas textuais ou audiovisuais. Quem assina? É um pesquisador respeitado na área? Construiu seu conhecimento por meio de trabalho junto a instituições acadêmicas? As páginas estão ligadas a universidades, grupos de pesquisa? Expõem os critérios de seleção utilizados? Estão datadas? Incorporam referências bibliográficas? Qual sua confiabilidade? Não é impossível, por meio do processo de rematerialização, alterar documentos originais; tampouco não é inviável descontextualizar uma afirmação, tornando-a falsa.

Há plataformas acadêmicas, como a base Scielo, que oferecem acesso aberto a vários periódicos científicos. A produção nela disponibilizada passou por etapas de certificação da validade dos conteúdos, tendo sido analisada por avaliadores, editores, pareceristas, membros da comunidade acadêmica, responsáveis pela qualidade e autenticidade do que está sendo publicado. Da mesma forma, cada vez mais as instituições de guarda, como museus, arquivos e bibliotecas, têm criado suas bibliotecas digitais, dando acesso aberto ao acervo. Nesse caso, bibliotecários, arquivistas, museólogos, além de pesquisadores, trabalham na descrição e digitalização de documentos, atestando sua fidedignidade com os originais e conferindo confiabilidade ao material publicado na rede mundial de computadores.

Para o tratamento dos dados produzidos pela pesquisa, o uso de softwares gerenciadores de referências bibliográficas pode ser de grande auxílio. Esses softwares não só reúnem dados sobre a bibliografia, que serão necessários para gerar as notas e referências, como também podem guardar anotações e trechos selecionados, sendo uma ferramenta eficaz no momento da escrita. Muitos deles têm versões gratuitas disponíveis na internet. Oferecem ainda a possibilidade de automaticamente alterar as normas de padrão bibliográfico.

Outra ferramenta muito útil para pesquisa em Humanidades Digitais são os softwares que analisam dados qualitativos, os chamados CAQDAS (*computer assisted qualitative data analysis software*). Tanto em textos digitalizados quanto em nato-digitais, essas ferramentas permitem a realização de buscas por palavra, a codificação de assuntos em uma determinada fonte ou conjunto de documentos, assim como constroem gráficos, tabelas e relatórios, em que se podem identificar e visualizar relações, padrões, exceções, facilitando as análises de grandes *corpora* documentais. No entanto, cabe lembrar o alerta de Byung Chul Han sobre os *big data*:

> Os *big data* sugerem um conhecimento absoluto. As coisas revelam suas correlações secretas. Tudo se torna calculável, previsível e controlável. Toda uma nova era de saber está sendo anunciada. Na realidade, estamos lidando com uma forma bastante primitiva de saber. A mineração de dados expõe correlações. De acordo com a lógica de Hegel, a correlação é a forma mais elementar de saber. [...] Com a correlação, não se sabe por que acontece dessa maneira. É simplesmente assim. (Han, 2022: 78-9)

É ao pesquisador que cabe, a partir da leitura das fontes, colocar as questões que motivam a investigação do corpo documental. Tendo em mãos os resultados fornecidos pela ferramenta, sondar por que as correlações acontecem de tal modo e valer-se de quadros teóricos para a interpretação. Como nos diz Vinícius Monção: "embora os softwares em geral possam realizar diversas tarefas que aceleram e facilitam processos que tendem a ser demorados e cansativos, somente a expertise do historiador pode identificar (inter)relações e (re)construir significados dos dados analisados" (Monção, 2021: 95).

Vale ainda recordar, como o fazem Eric Brasil e Leonardo Nascimento (2020), que as ferramentas de busca auxiliam na localização do que sabemos existir. Ou seja, respondem ao que perguntamos, mas não encontram o que desconhecemos. Há aqui uma significativa questão epistemológica que merece ser evidenciada. Fazer pesquisa é fundamentalmente deparar-se com o inusitado, o inesperado, o incógnito. Não se realiza uma investigação para confirmar uma hipótese, mas para testar sua pertinência, pois somente pelo exercício da crítica se avança no conhecimento científico. O alerta nos conduz a considerar a relevância da combinação entre uso de ferramentas digitais e frequência física a instituições de guarda documental.

A preocupação se associa a outra questão epistemológica enunciada por Elias Tomé Saliba:

> Na voragem do universo digital fica difícil, senão impossível, distinguir um acontecimento de sua apreensão e, assim, os três níveis de percepção temporal – passado, presente, futuro – diluem-se, perdem quaisquer distâncias e modificam completamente sua percepção. Esta nova lógica do instante eliminaria do nosso horizonte o passado e o futuro atingindo a própria espessura da historicidade e da memória. (Saliba, 2021: 28)

Contornar o peso do anacronismo é uma tarefa inescapável do historiador. Ela pode se esconder tanto nessa lógica da atemporalidade do presente a que Elias Saliba se refere quanto no descuido em perceber as categorias como históricas, do modo que distingue Michel de Certeau.

Ao mesmo tempo que a investigação em História da Educação foi revolucionada pelas novas ferramentas, a escrita também se transformou. Proliferaram as formas de divulgação do conhecimento histórico por meio da criação de sites, construção de verbetes em plataformas colaborativas e cocriação de conhecimentos. Páginas como o Slave Voyages, Heritage Helpers e Wikipedia abriram uma nova perspectiva à propagação do saber histórico, bem como ampliaram o alcance da prática historiográfica, envolvendo novos atores, não necessariamente ligados às instituições acadêmicas, e estreitando laços entre História da Educação, História Digital e História Pública. De modo similar, passaram a oferecer significativo suporte ao combate a *fake news*.

\* \* \*

A História assim como a História da Educação são filhas do seu tempo. A afirmação implica em que dizer que tanto os objetos de investigação quanto os quadros teóricos utilizados pelo historiador estão em sintonia com as questões vividas na sua contemporaneidade. Assim, não há como negar que a expansão da comunicação humana – trazida pela popularização da rede internacional de computadores, do uso de e-mails e, mais recentemente, dos aplicativos de mensagens, das plataformas de videoconferência que possibilitam que reuniões e aulas sejam feitas a distância – ampliou os recursos anteriores providos pelos rádios, telefones, televisores e cartas.

Não é surpresa, portanto, que tenham aumentado os estudos sobre redes de sociabilidades, envolvendo diversos intelectuais, bem como impulsionado a história transnacional. Essas iniciativas parecem estar associadas à intensificação do trabalho intelectual, suscitadas pelo crescente apelo à internacionalização da ciência, materializado por meio de redes sociais, congressos internacionais e viagens transcontinentais. Da mesma forma, não há como elidir que o isolamento social, observado por praticamente dois anos, em virtude da pandemia da covid-19, teve impactos relevantes para a oficina historiográfica.

Nosso intuito, neste capítulo, entretanto, não foi abordar as novas tendências que se colocam para a produção do conhecimento histórico em educação, em termos de temas e enquadres teóricos. Pretendemos, outrossim, oferecer alguns alertas e construir horizontes que colaborem com os enfrentamentos dos novos desafios que se apresentam à prática historiográfica em tempo digitais, ou, como preferimos nomear, à e-investigação em História da Educação.

## Nota

[1] Este texto tem origem na pesquisa de pós-doutorado de Patricia Raffaini, realizada no IEB-USP, com apoio do Projeto Integrado de Pesquisa em Áreas Estratégicas (PIPAE) da Pró-Reitoria de Pesquisa da Universidade de São Paulo (PRP-USP), sob supervisão de Diana Vidal, e intitulada *Humanidades digitais: estudo piloto a partir do fundo Fernando de Azevedo do Instituto de Estudos Brasileiros*. Integra a reflexão constante do projeto "E-história da educação: uma abordagem crítica das humanidades digitais", realizado por Diana Vidal junto ao Instituto de Estudos Avançados (IEA-USP) em ano sabático.

## Bibliografia

ARMITAGE, D.; GULDI, J. *Manifesto pela História*. Trad. Modesto Florenzano. Belo Horizonte: Autêntica, 2018.
BRASIL, E.; NASCIMENTO, L. História digital: reflexões a partir da Hemeroteca Digital Brasileira e do uso de CAQDAS na reelaboração da pesquisa histórica. *Estudos Históricos*, v. 33, n. 69, 2020, pp. 196-219.
BURDICK, Anne et al. Um breve guia para as humanidades digitais. Trad. Isabel Jungk. *TECCOGS – Revista Digital de Tecnologias Cognitivas*, n. 21, jan./jun. 2020, pp. 69-98.
CANCLINI, Nestor G. *O mundo inteiro como um lugar estranho*. Trad. Larissa Lacoselli. S. Paulo, Edusp, 2017.
_____. *Leitores, espectadores e internautas*. Trad. Ana Goldberger. São Paulo, Iluminuras/Itaú Cultural, 2008.
CHARTIER, Roger. *Os desafios da escrita*. São Paulo: Ed. Unesp, 2002.
COELHO, Teixeira. *eCultura, a utopia final:* inteligência artificial e humanidades. São Paulo: Iluminuras, 2019.
CRARY, Jonathan. *24/7:* o capitalismo tardio e os fins do sono. Trad. Joaquim Toledo. São Paulo: CosacNaif, 2014.
DARNTON, Robert. *A questão dos livros*. Passado, presente e futuro. São Paulo: Companhia das Letras, 2010.
DE CERTEAU, Michel. *A escrita da história*. Rio de Janeiro: Forense Universitária, 1982.

DRUCKER, Johanna. *Tecnologies of text:* from printed page throught digital age. 2010. Disponível em: https://www.youtube.com/watch?v=wwFs6S4kS68. Acessado em: 22 maio 2023.

ECO, Umberto. *Pape Satan Aleppe:* crônicas de uma sociedade líquida. Trad. Eliana Aguiar. Rio de Janeiro: Record, 2017.

EDELSTEIN, Dan et al. Historical Research in a Digital Age: Reflections from the Mapping the Republic of Letters Project. *The American Historical Review*, v. 122, issue 2, abr. 2017, pp. 400-24. Disponível em: https://doi.org/10.1093/ahr/122.2.400. Acessado em: 22 maio 2023.

FARGE, Arlete. *O sabor dos arquivos*. São Paulo: Edusp, 2022.

GINZBURG, Carlo. A história na era Google. In: SCHULLER, Luis; WOLF, Eduardo. (orgs.). *Pensar o contemporâneo*. Porto Alegre: Arquipélago, 2014.

HAN, Byung-Chul. *Não-coisas*. Reviravoltas do mundo da vida. Petrópolis: Vozes, 2022.

HUMANIDADES DIGITAIS. Manifesto das humanidades digitais. Escrito e divulgado originalmente na THATCamp – The Humanities and Technology Camp, Paris, 2010. Disponível em: https://humanidadesdigitais.org/manifesto-das-humanidades-digitais/. Acessado em: 22 maio 2023.

LUCCHESI, Anita. Por um debate sobre história e historiografia digital. *Boletim Historiar*, n. 2, 2014, pp. 45-57. Disponível em: https://seer.ufs.br/index.php/historiar/article/view/2127. Acessado em: 22 maio 2023.

MAGALHÃES, Lívia Borges Souza; XAVIER, Lúcia Furquim Werneck. "Can machines think?": por uma paleografia digital para textos em língua portuguesa. In: LOSE, Alícia Duhá; MAGALHÃES, Lívia Borges Souza; MAZZONI, Vanilda Salignac (orgs.). *Paleografia e suas interfaces*. Salvador: Memória & Arte, 2021, v. 2.

MIEDEMA, John. *Slow Reading*. Trad. Cristina Cupertino. São Paulo: Octavo Sello, 2011.

MONÇÃO, Vinícius de Moraes. Uso de software na pesquisa em história da educação: a revista *The New Era* sob a ótica da história digital. In: RABELO, Rafaela Silva; VIDAL, Diana Gonçalves. *Escola nova em circuito internacional:* cem anos da New Education Fellowship. Belo Horizonte: Fino Traço, 2021.

MOUNIER, Pierre. Pour une critique "humanistique" du numériques. In: *Les humanités numériques*. Paris: FMSH Éditions, 2018, pp. 97-120.

QUINTARELLI, Stefano. *Instruções para um futuro imaterial*. Trad. Marcela Couto. São Paulo: Elefante, 2019.

RICOEUR, Paul. *A memória, a história, o esquecimento*. Campinas: Ed. Unicamp, 2007.

ROSENZWEIG, Roy. *Clio Conectada*. O futuro do passado na era digital. Belo Horizonte: Autêntica, 2022.

_____; COHEN, Daniel. Digital History: a Guide to Gathering Preserving and Presenting the Past on the Web. Disponível em: http://chnm.gmu.edu/digitalhistory&gt. Acessado em: 22 maio 2023.

SALIBA, Elias Thomé. Teoria da história em tempos digitais. In: GONÇALVES, Marcia (org.). *Teorizar, aprender e ensinar história*. Rio de Janeiro: Editora da FGV, 2021.

SIBILIA, Paula. *Redes ou paredes: a escola em tempos de dispersão*. Trad. Vera Ribeiro. Rio de Janeiro: Contraponto, 2013.

_____. *O show do eu:* a intimidade como espetáculo. Rio de Janeiro: Contraponto, 2016.

TÜRCKE, Christoph. Cultura do déficit de atenção. *Serrote*, n. 19, São Paulo: IMS, 2015, pp. 51-61.

VIDAL, Diana. Humanidades digitais e cultura material escolar. *History of Education in Latin America – HistELA*, 5, e30136, 2022. Disponível em: https://periodicos.ufrn.br/histela/article/view/30136. Acessado em: 15 fev. 2023.

VINCK, D. *Humanités numériques:* la culture face aux nouvelles technologies. Paris: Le Cavalier Bleu, 2016.

# Internet na estante, cadê o livro impresso?

*Cynthia Greive Veiga*

O texto analisa questões sobre as repercussões do uso da internet na pesquisa histórica, levando em consideração o precedente histórico dessa discussão, desde a prensa de Gutenberg (1400-1468). Demonstra que, apesar das diferenças dos impactos da escrita impressa e da internet na produção e difusão do conhecimento, elas se aproximam pelo fato de historicamente terem concorrido para alterar os nossos mecanismos de memória, da percepção do mundo, seus espaços e tempos, da elaboração da subjetividade e especialmente da imaginação histórica.

Algumas das questões relativas aos usos da internet na pesquisa, atualmente em evidência, possuem precedentes históricos de longa data, mais precisamente, desde a prensa de tipo móvel de Gutenberg (1400-1468).[1] Em que pesem as diferenças do impacto, de uma ou de outra tecnologia, nos processos de produção e de difusão do conhecimento, elas se aproximam pelo fato de historicamente terem concorrido para alterar os nossos mecanismos de memória, da percepção do mundo, seus espaços e tempos, e da elaboração da subjetividade. Neste capítulo, pretendo abordar especificamente as mudanças na pesquisa histórica e problematizar a questão da interferência do impresso e da internet no estabelecimento de uma razão única universalizada. Não se trata aqui nem de enaltecer, nem de depreciar tecnologias, mas contribuir com algumas reflexões acerca de seus usos.

A prensa de Gutenberg foi fundamental para a consolidação da escrita impressa como primeira mídia de massa (Rodrigues, 2012) e desde o início gerou muitas controvérsias. Tomo como inspiração a advertência do arcediago Frollo, personagem de Victor Hugo (1802-1885), sobre os efeitos do impresso no século XV: "Isto matará aquilo. O livro matará o edifício" (Hugo, 2013: 213).[2] O temor do clérigo voltava-se para o pressentimento de que estava em curso uma profunda mudança na forma e na expressão do pensamento humano. Sua suspeita se fez realidade – o impresso, entre tantas outras implicações, consagrou a escrita como fonte de uma razão única universalizada. O livro impresso estabeleceu "redes de racionalidade" (Certeau, 1999: 236), por sua vez, a história se legitimou como texto escrito e impôs determinada concepção de tempo e de espaço, especialmente devido à abordagem eurocêntrica dos processos históricos frente à diversidade epistêmica presente nas variadas geografias e tempos humanos. Passados quatro séculos, a internet surgiu como outro recurso tecnológico de produção e difusão do conhecimento, largamente utilizado.

Não obstante, se o uso de tecnologias no ensino e na pesquisa não é recente, ressaltamos que, nos anos 2020-2021, durante a pandemia da covid-19, uma nova experiência de sua aplicação se fez. Nesse contexto, o mundo digital se fortaleceu como novo *modus operandi* – a vida on-line: a escola remota, o trabalho remoto etc., não apenas como possibilidade, mas agora praticamente consolidado como parte das nossas rotinas. No auge da pandemia, professores, pesquisadores e estudantes têm plena lembrança da fundamental importância de se ter a "internet na estante": seja para preparar e assistir às aulas; para levantar e selecionar documentos, buscar livros e artigos; escrever projetos, dissertações e teses etc.

Especificamente na pesquisa histórica, com o fechamento dos arquivos devido à norma de distanciamento social, muitas das vezes o uso de arquivos/acervos digitais disponíveis acabou se impondo como suporte único de pesquisa, em geral, realizada sem a necessária discussão de sua especificidade metodológica. Pergunto-me se, na ausência de uma discussão teórico-metodológica crítica e consistente sobre os usos dos meios digitais e digitalizados para a pesquisa histórica, não corremos o risco de reforçar ainda mais a perspectiva de uma razão única universalizada, tal como foi possibilitado pela escrita impressa.

Este capítulo pretende desenvolver algumas das questões aqui apresentadas, e para tal está organizado em duas partes. A primeira reflete sobre as consequências da consolidação do registro escrito e do impresso como suportes para a difusão de uma razão/história única eurocêntrica. Por extensão, problematiza os usos do recurso digital/internet na pesquisa histórica como suporte único, alertando para suas limitações, bem como para a importância da ética e do rigor metodológico na crítica documental. No segundo item, na contramão da escrita/digitalização da história única, são demonstradas as amplas possibilidades, também presentes desde o impresso, de se ter acesso a diversidade e pluralidade humanas oportunizadas pelo meio digital/internet. Esse item é desenvolvido a partir do relato sobre a minha experiência da escrita do livro *Subalternidade e opressão sociorracial: questões para a historiografia da educação latino-americana* (Veiga, 2022), no auge da pandemia, literalmente com a internet na estante, onde foi possível ter acesso simultâneo a vários tipos de documentos digitalizados e às bibliotecas virtuais de 11 países. Mais do que o registro impresso, a era digital permitiu uma democratização do acesso ao saber sem precedentes, e isso temos que comemorar, pois as possibilidades de se romper com uma história única, eurocentrada em seus objetos, temas e abordagens, na perspectiva de uma história global, nunca foi tão promissora.

São evidentes as consequências do uso de tecnologias na produção e difusão do conhecimento histórico, e passo aqui a discutir de que modo a escrita impressa e o recurso digital interferiram na consolidação de uma razão/história única eurocêntrica.

Tempos atrás, quando escrevia minha tese de doutorado na máquina de escrever e sem internet, lendo a antologia de Françoise Choay (1979) sobre o urbanismo, me deparei com a transcrição de um trecho do livro escrito por Victor Hugo, em sua oitava e definitiva edição de 1832,[3] e já sob o título *O corcunda de Notre Dame*. O trecho refere-se à reflexão de um clérigo, o personagem Claude Frollo: "Isto matará aquilo. O livro matará o edifício". Nunca mais me esqueci dessa frase instigante, que novamente me inspira.

Hugo era um apaixonado pela arquitetura gótica e ardoroso defensor da preservação da arquitetura medieval de Paris. Quando escreveu o livro havia vivenciado a experiência de saques, vandalismos e demolições de igrejas, iniciado desde a época da Revolução Francesa. Na introdução, ele comenta sobre o desaparecimento de escritas nas paredes das igrejas por mutilações e/ou destruição e comenta: "O padre pinta, o arquiteto raspa e depois vem o povo e as destrói" (Hugo, 2013: 16); e na nota sobre a edição de 1832 lamenta novamente os acontecimentos de demolições de edificações em Paris, "cidade letrada, cidade da imprensa, da palavra, do pensamento" (2013: 20).

Sua história se passa em 1482, quando ele dedica dois capítulos para descrever a catedral, e, de acordo com Choay, acabou por fazer uma filosofia da arquitetura ao tomá-la como linguagem – a cidade como um livro de pedra. O que o personagem Frollo queria dizer na sua advertência – o livro matará o monumento? É o próprio autor quem intervém, indicando para duas situações: num primeiro momento, o clérigo manifestava seu temor diante da imprensa, pois Gutenberg havia criado a máquina de impressão com tipos móveis por volta de 1439, por isso "A cátedra e o manuscrito, a palavra falada e a palavra escrita [estavam] se alarmando com a palavra impressa" (2013: 213), pois, no seu entendimento, era uma potência a destronar outra.

Mas, segundo Hugo, havia um receio ainda mais pujante, não exclusivo de um clérigo, mas comum a todos os artistas e estudiosos, qual seja:

> Tratava-se do pressentimento de que o pensamento humano, *mudando de forma, mudaria de modo de expressão;* a ideia capital de cada geração não se escreveria mais no mesmo suporte, nem da mesma maneira, e o livro de pedra, tão sólido e tão durável, cederia vez ao livro de papel, ainda mais sólido e mais durável. (Hugo, 2013: 213; grifos meus)

Nas reflexões de Hugo, as edificações foram as primeiras formas de escrita do gênero humano, expressões de seu domínio sobre a natureza e de sua inteligência, e, em uma belíssima analogia entre os monumentos e as palavras, escreveu:

A arquitetura começa como toda escritura. Ela foi de início alfabeto. Plantava-se uma pedra em pé, tinha-se uma letra. E cada letra era um hieróglifo, e sobre cada hieróglifo repousava um grupo de ideias como o capitel sobre a coluna. Assim fizeram as primeiras raças, por toda a parte, ao mesmo tempo, sobre a superfície do mundo inteiro. Encontra-se a pedra levantada dos [desde os] celtas na Sibéria asiática; [aos nos pampas da América. Mais tarde fizeram as palavras. Puseram pedra sobre pedra, juntaram essas sílabas de granito, o verbo experimentou algumas combinações [...] Algumas vezes mesmo, quando se tinha muita pedra e uma vasta praia, escrevia-se uma frase [...]. Finalmente fizeram-se livros. (Hugo, 2013: 214)

De acordo com o autor, a arquitetura, até o século XV, foi o principal modo de registro do pensamento para preservar a espécie humana e reproduzir as gerações, qualquer ideia poderia se tornar um edifício, "nada se pensou de importante que não fosse escrito/lapidado na pedra" (2013: 218). Por sua vez, o manuscrito em papel era frágil, vulnerável a todo tipo de destruição, já para demolir a "palavra construída", somente com uma revolução. Não obstante, para ele, após Gutenberg tudo muda:

O pensamento humano descobre um meio de se perpetuar, não somente mais durável e mais resistente que a arquitetura, mas também mais simples e mais fácil. A arquitetura perde o trono. Às letras de pedra de Orfeu sucedem-se as letras de chumbo de Gutenberg. *O livro matará o edifício.* (Hugo, 2013: 219; grifo do autor)

Por quê? Os argumentos de Hugo são vários. Para ele, até então, a imprensa se apresentava como a maior revolução da história, pois o pensamento humano, sob a forma impressa, se tornava imperecível, indestrutível, volátil, misturava-se no ar, se apresentava como um "bando de pássaros, se espalha aos quatro ventos e ocupa, ao mesmo tempo, todos os pontos do ar e do espaço" (2013: 219). Além do mais, a escrita impressa era um modo muito mais simples de perpetuar o pensamento, basta papel e tinta, e não uma montanha de pedras. Assim, a arquitetura se tornara uma arte como outra qualquer no século XIX; a Paris do século XV, que ele denominou como uma "crônica de pedra", não existia mais, tornara-se uma "coleção de amostras". E conclui:

> Que ninguém se engane, a arquitetura está definitivamente morta, morta pelo livro impresso, morta por durar menos, morta por custar mais [...]. Um livro se faz tão rápido, custa tão pouco e pode ir tão longe [...] a arquitetura não será mais a arte social, a arte coletiva, a arte dominante. *O grande poema, o grande edifico, a grande obra da humanidade não será mais construída, será impressa.* (Hugo, 2013: 221-22; grifos meus)

Quando eu li pela primeira vez o romance de Victor Hugo, no início da década de 1990, a argumentação sobre a revolução do impresso era ainda perfeitamente contemporânea. Contudo, em poucos anos, uma outra revolução se fez, a escrita manuscrita e a impressa adquiriram a forma digitalizada, sendo que a maioria dos textos já surge digital. Novamente, pelo meio digital, um "bando de pássaros se espalha aos quatro ventos e ocupa, ao mesmo tempo, todos os pontos do ar e do espaço" (Hugo, 2013: 219). A própria arquitetura é digitalizada em 3D, os livros estão nas telas dos computadores, os documentos, armazenados em bibliotecas, acervos e repositórios digitais: livros de época, jornais, revistas, legislação, relatórios de governo, atas, necrologias, cartas, iconografia variada, bordados, desenhos etc. E, como nos tempos de Gutenberg, parece repetir-se o pressentimento de Frollo, na interpretação de Hugo, de que mais uma vez "o pensamento humano, se mudasse de forma, ia mudar também seu modo de expressão". Entre tantas possibilidades para debatermos essa questão, me proponho a pensar aqui um tema em particular: qual o impacto do impresso para consagrar a escrita como fonte de uma razão/história única universalizada? De que modo o meio digital pode reforçar ou romper com essa perspectiva?

Na herança eurocêntrica, desde a Antiguidade clássica (definido como o marco fundacional do Ocidente) com Tucídides (ca. 460-400 a.C.), a história escrita se apresentou como possibilidade de verdade, ainda que, desde então, tenham sido produzidas variadas concepções e críticas historiográficas. Por sua vez, a partir de 1470, o "arquivo moderno", com reunião de eruditos, bibliotecas e das práticas arquivísticas, se aliou à imprensa (Certeau, 1982: 82).

Acresce-se que, a partir do século XVIII, aumentou significativamente o número de livros de História impressos, inicialmente consumidos como erudição, depois se popularizando na disciplina escolar (Carbonell, 1981). As histórias nacionais editadas nos livros didáticos consagraram o princípio de existência da história escrita como razão única, "arma contra o fanatismo e superstições", conforme as palavras de Voltaire, em 1756 (apud Le Goff, 1984: 195). Os relatos do passado dos chamados povos sem escrita ou dos povos de tipo de escrita não ocidental, em seus diferentes formatos, foram interpretados como lendas e mitos.

O entendimento da centralidade na escrita, como referência de superioridade humana, está presente em inúmeros autores e é até naturalizada, especialmente porque os argumentos são contrapostos às "sociedades sem escrita". Por exemplo, o historiador Carbonell (1981) afirma que a ausência da escrita torna a memória pobre, "tal como em algumas tribos africanas". Para esse autor, nesses grupos há pouco o que se conservar: "O tempo cíclico do eterno retorno das estações e o tempo imutável de um mundo em equilíbrio decretam o *vazio da história*" (1981: 10; grifo meu). De acordo com o autor, além de pobre, a memória oral é confusa, pois, ao invés de buscar a história da evolução do grupo, se perde na sua origem, é mítica; de mais a mais, é frágil, pois vulnerável ao esquecimento. Na visão eurocêntrica, foi a história escrita que rompeu com esses supostos limites.

No século XX, o campo de estudos da história se expandiu, tanto do ponto de vista metodológico quanto do aparecimento de novos temas e objetos de pesquisa. A escrita da história dos povos nomeados como "sem história/sem escrita" tornou-se possível pela união entre a História e a Antropologia, o que inclusive favoreceu novos olhares sobre as próprias sociedades de cultura escrita e também para uma consciência quanto a um certo desconforto com o eurocentrismo, ou etnocentrismo histórico. Enquanto alguns historiadores fazem a crítica de modo severo (por exemplo, Said, 2007; Lander, 2005; Goody, 2008; Fontana, 2005), outros, apesar de tratarem da temática, de certo modo, mantêm a hierarquia entre o relato oral e o escrito, como balizamento do grau de racionalidade.

Por exemplo, o historiador Jacques Le Goff (1924-2014) afirma haver, pelo menos, duas histórias, a da memória coletiva (história humana) e a dos historiadores (história científica), esta última não podendo ser confundida com recordações históricas. No cerne da discussão do autor o principal objetivo da escrita da história: "[...] como o de todas as ciências, é atingir o universal, o geral, o regular (Le Goff, 1984: 169). Há de se problematizar o quão complexas são as consequências da universalização da centralidade na cultura escrita, para analisar as sociedades humanas em sua diversidade, pois, em geral, a experiência da oralidade é inferiorizada.

Entretanto, o autor relativiza, ao afirmar que "[...] a história, se tem como etapa decisiva a escrita, não é anulada por ela, pois não há socieda-de sem história" (Le Goff, 1984: 182). Para exemplificar essa afirmação, ele descreve as discussões sobre as possibilidades ou não da Índia ter uma "história", citando autores do século XIX, como Hegel e Marx, que contestam, e o autor contemporâneo Louis Dumont (1911-1998), que defendem. Nesse caso, Le Goff (1984) afirma: "Não tenho competência para discutir as ideias de Louis Dumont. Contento-me em assinalar que a sua tese não nega a existência duma história indiana, *embora lhe reivindique especificidade*" (1984: 183, grifos meus). Essa questão da especificidade se estende para a escrita da história das nomeadas "sociedades pré-históricas e primitivas", ou seja, a argumentação do autor nos leva a inferir sobre a predominância de um padrão de história/escrita europeia, uma vez que a escrita de outras histórias, não ocidentais, precisariam levar em conside-ração suas "especificidades".

Curioso observar que, mesmo constatando a existência da prática arquivística e de escrita da história em sociedades existentes antes da Europa, como é o caso da China, do povo hebreu, do Império Islâmico e da África, Le Goff (1984) sempre recorre a uma relativização. Por exemplo, no caso da China, admite a anterioridade da história escrita, porém completa, "Mas estes escritos não têm função de memória, mas sim uma função ritual, sagrada, mágica. São meios de comunicação com as potências divinas [...]. O documento não é feito para servir de prova, mas para ser um objeto mágico, um talismã (1984: 187). Noutro exem-plo, apesar de dar destaque à obra *Muqaddimah* (Introdução à história universal) de 1377, escrita pelo árabe Ibn Khaldün (1332-1406), ratifica a opinião de outros historiadores de que ele era uma exceção, ou um gênio excepcional (1984: 201).

Fico me indagando se, caso Le Goff tivesse tido o conhecimento da escrita maia, com mais de 5 mil anos, povo que teve suas bibliotecas, livros e códices destruídos pelos colonizadores, qual seria a argumentação para deslegitimar a escrita da história maia? Ou mesmo o uso dos *quipus* pelos incas como sistema de contagem e de escrita para registro de suas histórias e cantos em língua quéchua?

Le Goff concorda com perspectiva de Georges Lefebvre de que "[...] a história, como quase todo o nosso pensamento, foi criada pelos Gregos" (1984: 185). Na tradição eurocêntrica, a história nasceu com os gregos com proposito de distinguir civilizados de bárbaros, ou seja, "A concepção de história está ligada à civilização (1984: 188). Não obstante, o próprio Le Goff já anunciava os limites do eurocentrismo: "Há um alargamento do horizonte histórico que deve trazer uma verdadeira revolução da ciência histórica, pela necessidade de pôr fim ao etnocentrismo e de deseuropeizar a história" (1984: 239).

Como exemplo, o autor apresenta as reflexões de Roy Preiswerk e Dominique Perrot em obra de 1975, *Ethnocentrisme et histoire. L'Afrique, l'Amérique indienne et l'Asie dans le mannuels occidentaux*, para romper com o eurocentrismo, tais como: necessidade de rever conceito único de civilização, de evolução linear e única da história; de repensar o uso do alfabetismo como critério de superioridade e do Ocidente como modelo; de rever a legitimação da opressão colonial, a transferência de conceitos europeus para outros povos, a centralidade na temporalidade ocidental e o uso de imagens com referência na cor das pessoas (Le Goff, 1984: 239-40).

Contudo, na conhecida trilogia organizada e publicada em 1974 por ele e Pierre Nora, *Historiografia: novos problemas, novas abordagens e novos objetos* (Le Goff e Nora, 1995), o entendimento da existência de povos que viviam numa pré-história "sem escrita" é presente em dois capítulos. Dois textos abordam esses sujeitos, "Os caminhos da história antes da escrita", de André Leroi-Gourhan (1995), que ratifica a associação entre a ausência da cultura escrita e um tempo pré-histórico, e o texto de Henri Moniot, "A história dos povos sem história" (Moniot, 1995). Nesse texto, Moniot critica a exclusão de populações não europeias na historiografia desenvolvida na Europa, sobretudo devido à tradição oral; contudo destaca para as iniciativas de romper com esse silêncio, naquele contexto dos anos de 1970, autores da "escola etnológica" alemã e estadunidense. O autor ressalta ainda as lutas anticoloniais na África como impulsionadoras de um outro olhar sobre a exclusão e o aparecimento de pesquisadores africanos desde os anos de 1950, mas, mesmo assim, insinua a tradição oral como inferior à cultura escrita do tipo europeia. Afirma também que, na arqueologia, o vestígio material "é o melhor fiador dos progressos da história dos povos sem história" (1995: 107). Em que pese a importância da contribuição desses autores, é fundamental problematizarmos a lógica histórica que intenciona escrever a história do "outro".

Esse tema vem sendo explorado por vários historiadores; tomo como exemplo a historiografia inglesa, conhecida por privilegiar a história vinda de baixo (*history from bellow*). Em análise sobre "a outra história", Hobsbawm afirma:

> A história feita pelo povo, por conseguinte, torna-se importante para e como parte da história que era escrita tradicionalmente – a história das grandes decisões e eventos políticos – apenas a partir do momento em *que o povo comum se torna um fato constante na tomada de tais decisões ou fatores nesses eventos*. (Hobsbawm, 1990: 19; grifos meus)

Mas, de certo modo, também a escrita da "outra história" acabou sendo absorvida no modelo eurocêntrico. Isso contribuiu para que historiadores de lugares como o Brasil, por um bom tempo, não problematizassem a história dos afrodescendentes para além da escravidão, ou a história dos povos originários, bem como o lugar de América Latina no progresso da Europa, reforçando a concepção histórica de o país ser um apêndice do Ocidente. Hobsbawm, na citação em destaque, dá uma pista ao afirmar que o avanço de historiadores europeus na discussão da "história vinda de baixo", "história popular", "história de gente comum", se tornou importante na medida em que também o povo passou a participar do corpo político das nações. E em países como o Brasil? Pretos e indígenas faziam parte do corpo político da nação? Eram gente comum? Eram povo? É bastante conhecido o debate dos anos iniciais da República, onde se afirmava "Povo, propriamente, não temos".[4] No âmbito da perspectiva de uma história única, ainda que em crítica à escrita da história tradicional, em meio aos debates da "nova história", pode-se incorrer no erro de manter a ideia de um "vazio de história".

Portanto, há de se questionar se as alterações e os questionamentos metodológicos, vindos de Europa, realmente romperam com a perspectiva eurocêntrica ou continuaram mantendo hierarquias historiográficas. A escritora nigeriana Chimamanda Ngozi Adichie, em conferência de 2009, de modo magistral relatou sua experiência como leitora e ouvinte de uma história única e os impactos vivenciados pelo contato com outras histórias não eurocêntricas. Vejamos:

> Eu amava aqueles livros americanos e britânicos que lia. Eles despertaram minha imaginação. Abriram mundos novos para mim, mas a consequência não prevista foi que *eu não sabia que pessoas iguais a mim podiam existir na literatura. O que a descoberta de escritores africanos fez por mim foi isto: salvou-me de ter uma história única sobre o que são os livros.* Eu gostaria de terminar com esta ideia: quando rejeitamos a história única, quando percebemos que *nunca existe uma história única sobre lugar nenhum,* reavemos uma espécie de paraíso.[5]

Na crítica de Josep Fontana (2005 [1994]: 129) ao eurocentrismo, ele afirma:

> O pior foi que os povos não europeus acabaram aceitando, com as falsas identidades com que haviam sido designados, *a ficção para a qual elas haviam sido criadas: a visão linear da história.* Renunciaram assim a seu próprio passado, substituindo-o por uma revisão crítica do que lhes haviam designado os europeus, sem perceber que isto os impedia de ver a verdadeira natureza de seus problemas. Não era suficiente transformar a velha epopeia do progresso na vergonhosa história da exploração. Com isto se modificava a caracterização dos personagens, mas se mantinha o cenário e o substancial do argumento.

Sem dúvida a escrita impressa consolidou definitivamente a visão eurocêntrica de mundo e a marginalização de outros modos de guardar e contar história, presente em povos de diversas geografias. Essa não é uma temática nova, mas está sempre nos rondando, nunca é demais perguntar quais exclusões e silenciamentos foram necessários para o estabelecimento de uma história única escrita, ou seja, a história única impressa nos livros, nas enciclopédias e livros didáticos.

Evidentemente não se pretende aqui questionar o trabalho de historiadores e antropólogos do chamado Ocidente ou a ciência histórica, mas problematizar, ainda que de modo muito simplificado, as exclusões e silenciamentos que foram necessários para o estabelecimento de uma história única escrita. Ainda que tantos avanços na pesquisa histórica tenham ocorrido nas últimas décadas, vários autores, especialmente indianos, africanos e latino-americanos, continuam ampliando a problematização do eurocentrismo na escrita da história, oriunda dos vínculos entre escrita, impresso e razão.

No questionamento do historiador de origem indiana Sanjay Seth, em "Razão ou raciocínio? Clio ou Shiva?", ele afirma: "Nós, modernos, estamos acostumados a acreditar que somente o Ocidente desenvolveu uma tradição de historiografia, enquanto a maioria das culturas teria mitos, épicos e lendas no lugar da escrita da história" (Seth, 2013: 174). Assim, para os povos que não são considerados do Ocidente, mais especificamente os povos da América Central, da América do Sul e da África, o entendimento e o sentido da história na organização de suas sociedades se viram colonizados por outras experiências de conhecimento e registro escrito do passado, do tempo e do espaço. O impresso, no modelo eurocêntrico, foi a tecnologia vitoriosa e universalizada para o registro dos acontecimentos humanos no tempo, ainda que às custas do apagamento de outros modos de registro e de escrita. Mesmo levando-se em consideração a chamada "revolução documental" dos anos 1960 – quando os historiadores ocidentais descobriram que é possível fazer história também com imagens, folhas, tecidos, fontes orais etc. (o que outros povos já faziam milenarmente) –, essa perspectiva se fez sob o crivo da racionalidade escrita.

E o que dizer dos vínculos entre escrita, meio digital e razão? É possível incorrermos nos mesmos limites verificados na perspectiva da história, como escrita/impresso de razão única, com os recursos da mídia digital? Retomado as palavras de Frollo "O livro matará o edifício", perguntamos: e o digital? Matará o impresso? O livro/documento impresso, tão sólido e tão durável, cedeu lugar para o livro/documento digitalizado, ainda mais sólido e mais durável? Há a possibilidade de avanços no descarte do impresso, por ser considerado um recurso ultrapassado? E ainda, outra vez pensando com Victor Hugo (2013: 324), ao mudar a forma do pensamento humano, mudaremos também a sua expressão?

No passado, o livro impresso se apresentou como o meio de reformar as sociedades, de transformar hábitos e costumes; hoje o recuso digital é que se impõe. O que reforça a necessidade de também problematizarmos os riscos de se fazer uma história única, agora numa outra perspectiva, estruturada apenas na documentação digitalizada disponível, ou mesmo em documentos digitais. Ou seja, é preciso questionar pesquisas centradas apenas em acervos digitais acessíveis, e, por isso, mais cômodos, em detrimento da consulta em arquivos físicos e do contato com a materialidade das fontes. Essa questão, embora noutra dimensão, também não é nova.

Em fins do século XIX e início do XX, na concepção positivista, a veracidade de um fato histórico somente poderia ser comprovada por meio de documentos escritos, em geral oficiais (Le Goff, 1984: 95). O que foi válido para a Europa se impôs para outras localidades. Contudo, a abertura da historiografia para outras abordagens e problemas, como vimos, demandou uma profunda revisão na concepção de documento. Nas palavras de Lucien Febvre, em publicação de 1949:

> A história faz-se com documentos escritos, sem dúvida. Quando estes existem. Mas pode-se fazer, deve-se fazer sem documentos escritos, quando não existem. Com tudo o que a habilidade do historiador lhe permite utilizar para fabricar o seu mel, na falta das flores habituais. Logo, com palavras. Signos. Paisagens e telhas. Com as formas do campo e das ervas daninhas. Com os eclipses da lua e a atrelagem dos cavalos de tiro. Com os exames de pedras feitos pelos geólogos e com a análises de metais feitas

> pelos químicos. Numa palavra, com tudo o que, pertencendo ao homem, depende do homem, serve o homem, exprime o homem, demonstra a presença, a atividade, os gostos e as maneiras de ser do homem. (apud Le Goff, 1984: 98)

Portanto, não é possível perder de vista os importantes avanços na pesquisa histórica das últimas décadas, relativos à redefinição da concepção de documento. Como já sinalizado aqui, há tempos, parte dos historiadores não mais se atém apenas aos documentos escritos/impressos para a investigação histórica, pois tem-se privilegiado o cruzamento de fontes não somente feito com o mesmo tipo de tecnologia, mas também com outras, tais como as fontes orais, além de objetos, panos, iconografia etc., o que propiciou grandes avanços na imaginação historiográfica. É certo que, nos dias atuais, todas elas podem ser digitalizadas, entretanto, assim como no passado positivista, corremos o risco de serem categorizadas como os novos documentos oficiais, reafirmando a prioridade do meio digital. No questionamento de Brasil e Nascimento:

> Existem diferenças substanciais entre as fontes digitais e/ou digitalizadas e as fontes "tradicionais" em papel? O uso de ferramentais digitais na prática de pesquisa é capaz de modificar os processos, a percepção, a intuição e a interpretação da história? *Por fim, estariam as tecnologias digitais proporcionando algum tipo de mudança na prática de pesquisa do historiador e de sua imaginação e escrita historiográfica?* (Brasil e Nascimento, 2000: 200; grifos meus)

Esses autores nos convidam a fazer uma reflexão já posta no passado sobre a história escrita, mas presentemente sobre a história digital. No meu entendimento, a principal questão posta por eles está na alteração da imaginação histórica, pois a modificação da materialidade da fonte muda também o modo de tratar o conteúdo nela contido, ou seja, a perda de características do documento, somente percebidas pelo manuseio físico, sem dúvida interfere na imaginação do historiador. Brasil e Nascimento (2020) alertam para a importância da observância da fidedignidade da cópia digital e a relevância de se buscar os metadados. Além disso, questionam os limites do uso de palavras-chave para realizar as consultas, uma vez que elas impedem a leitura mais alargada e abrangente das fontes, o que pode alterar os rumos da pesquisa.

Portanto, faz-se necessário perguntar como a pesquisa histórica pode ser afetada pelo não contato com a materialidade dos documentos e a ida presencial aos arquivos e bibliotecas. O contato com a materialidade dos documentos é, para mim, como um abraço: muda tudo. Assim foi, por exemplo, quando encontrei, durante pesquisa no acervo do Arquivo Público Mineiro (APM), em meio a vários papéis insossos, a escrita do menino Antônio num papel desenhado com flores coloridas; o trabalho de crochê de uma moça como quesito para concurso de professora de instrução elementar em fins do século XIX; e restos de areia na dobra de um mapa de frequência.[6] A certeza de que ali tinha gente ampliou significativamente minha imaginação no tempo histórico em estudo.

Destaco ainda a necessidade de rigor tanto no uso de documentos digitais como na escolha de acervos de peças digitalizadas; estou me referindo aqui à necessidade da crítica documental, da análise das condições de produção e do rigor metodológico necessário para a transformação do documento digital ou digitalizado em fonte de investigação histórica. Na verdade, o uso de arquivo digital pelos historiadores demanda os mesmos rigores metodológicos do arquivo físico, que muitas vezes não aparecem nos procedimentos de pesquisa e nos dão a falsa impressão de que seus resultados são provenientes de contato físico com as fontes, em leitura corrente (Brasil e Nascimento, 2020). Precisamos refletir, portanto, que, caso não ampliemos os debates sobre os usos do meio digital na pesquisa, o documento digitalizado (diferentemente de fonte digital) pode ser também transformado em documento oficial, compondo uma nova historiografia tradicional.

De qualquer modo, é inegável que a existência da tecnologia digital, do mesmo modo que a impressa, não apenas indicou uma nova mudança de forma, mas também de expressão do pensamento humano. O rápido acesso a vários tipos de informação simultaneamente nos possibilita ir de uma época a outra, de uma geografia a outra, em segundos. Na tela do computador, inclusive, podemos abrir várias janelas ao mesmo tempo, ou seja, virtualmente é possível experimentar uma simultaneidade de tempos e espaços, o que também aguça nossa imaginação, ainda que numa outra dimensão.

Em pesquisa recente, essa experiência foi algo inédito na minha formação de historiadora – a um toque de dedos me conectei com acervos e hemerotecas digitais, visitei 11 países de América Latina, além de Portugal e Espanha. Tive acesso a manuscritos, livros, legislação, jornais, revistas e iconografia variada, do século XVI ao início do XX, bem como a bibliografia contemporânea de história dos países latino-americanos. Esse processo se fez inicialmente on-line, no contato apenas com o acervo de revistas digitalizadas do Ibero-Amerikanisches Institut (IAI),[7] acessado para a escrita do projeto "Representações estéticas de crianças negras, indígenas e mestiças em revistas de cultura latino-americanas (1900-1930)", quando foi feito o levantamento das revistas e dos países a serem investigados por meio de palavras-chave, que se mostraram insuficientes embora tenham possibilitado a seleção prévia de revistas com algum potencial de pesquisa da temática.

Em seguida tive uma estadia física de três meses no IAI e contato também com revistas ainda não digitalizadas, o que foi fundamental para a redefinição do objeto de pesquisa. Aos poucos fui me dando conta da total ausência daquelas crianças nas revistas, em contraponto à abundância de imagens de crianças brancas das "boas famílias", e resolvi, então, problematizar o ocultamento das crianças de outras cores nos impressos. A alteração do objeto de pesquisa demandou pensar o tema em outro recorte temporal, numa longa duração histórica, desde o início do processo colonizador. Acrescento que já vinha, há algum tempo, estudando os teóricos da abordagem decolonial e críticos do eurocentrismo, fundamental para problematizar aquele silêncio. Quero reforçar que a possibilidade de redimensionar o problema da pesquisa somente foi possível na combinação entre a pesquisa no acervo de revistas digitalizadas e a pesquisa das revistas não digitalizadas, o que me possibilitou ampliar o acesso a um conjunto maior de *corpus*, bem como ter contato com a materialidade das revistas, em seus formatos variados, suas semelhanças, nas edições de cada país. Pesquisa que se fez numa lentidão necessária, longe das palavras-chave, onde é possível manusear as páginas, folhear de todos os modos, estimulando, em muito, nossa imaginação histórica.

Por sua vez, o meu precário conhecimento da história dos povos originários e da população afrodescendente de América Latina me levou a outras prateleiras contendo livros de história de autores latino-americanos publicados recentemente. Em seguida realizei uma seleção de capítulos de livros, de imagens e de artigos das revistas não digitalizadas, e todo o material foi escaneado e arquivado num pen-drive. De volta ao Brasil, o pen-drive ficou na gaveta por quase um ano, estava com dificuldades de organizar tanta informação. Em fins de 2019, tive a grata e honrosa proposta de apresentar um livro para iniciar a coleção da Sociedade Brasileira de História da Educação (SBHE), era tudo o que eu precisava para me incentivar a retomar as fontes selecionadas, as referências bibliográficas e as imagens arquivadas. As fontes previstas para o projeto inicial foram bastante ampliadas durante a estadia no IAI e posteriormente, durante a escrita, bem como o conhecimento da história latino-americana, assim a temática avançou no sentido de problematizar a historiografia da educação latino-americana e os processos de subalternização e opressão sociorracial das crianças pretas, indígenas e mestiças. Iniciei a escrita em junho de 2020, auge da pandemia, quando tudo virou remoto. Na época, eu era chefe de departamento aprendendo a lidar com as reuniões, as aulas e orientações on-line. Nunca a internet se fez tão presente em nossas vidas.

A escrita desse livro foi uma experiência incrível, inesquecível e muito emocionante. Ao reler as revistas de época, junto aos livros contemporâneos, detectei a necessidade de investigar outras fontes, buscadas nos acervos e bibliotecas digitais dos países pesquisados. A pesquisa simultânea de vários documentos digitalizados, tais como cartas, crônicas, documentos oficiais, legislação, jornais, livros de época, imagens, revistas dos vários países, desde o período colonial, me possibilitou uma importante ampliação das problematizações a serem feitas em diálogo com os historiadores contemporâneos e teóricos. Entre as muitas descobertas, a presença de população afrodescendente escravizada, em locais que primavam por afirmar que *Aqui no hay negro*; a escravização intensa e o massacre de povos originários; as várias táticas de submissão e inferiorização das populações originárias e

Cultura digital e educação

afrodescendentes; as disputas internas entre as nações latino-americanas, no período pós-independência, com a interferência covarde das elites dos EUA, França e Espanha na tomada de territórios e assassinatos; o processo de invenção de América Latina e apropriação da identidade de americano pelos estadunidenses (discutido em congressos de história do início do século XX); a subserviência das elites do Brasil aos EUA; as tensões com a imigração branca; a prática de internação em massa de crianças indígenas, que foram sequestradas de suas famílias, em instituições "educacionais" direcionadas por religiosos; a intensa exploração do trabalho infantil de crianças pretas, mestiças ou das indígenas, seja no campo, em trabalhos domésticos e/ou industriais; a exclusão radical da população afrodescendente e indígena de suas terras, do direito à escola regular e até do censo populacional etc. A principal emoção foi que o contato simultâneo com variadas fontes, de diversos países latino-americanos, além de Portugal e Espanha, me possibilitou pensar, escrever e viver a história numa perspectiva global e registrar o processo histórico opressor ao qual populações inteiras foram submetidas.

Estou falando de uma história global, tal qual proposta por autores como Subrahmanyam; Edward Said; Homi Bhabba; Aníbal Quijano, Walter Mignolo; Edgardo Lander, Santiago Castro-Gómez e tantos outros. A perspectiva desenvolvida por esses autores não trata apenas da consciência da globalização ou mesmo das interconexões econômicas, culturais entre povos/ sociedades/nações, mas da problematização de aspectos e sujeitos locais que foram profundamente subvertidos/destruídos por processos históricos globais, com crítica aos paradigmas eurocêntricos.

Ressalto que essa experiência teria sido praticamente impossível sem a "internet na estante", pois como me deslocar para tantos países, arquivos e bibliotecas em pouco espaço de tempo e com poucos recursos? Por sua vez, o necessário rigor metodológico foi principalmente possível pelo cruzamento das fontes, sejam digitalizadas ou não, mas também no esforço da leitura dos documentos na íntegra.

Passando para as considerações finais, me inspiro na história contada por Alberto Manguel (1997) sobre um certo grão-vizir da Pérsia, que era um leitor voraz e ciumento, por isso carregava sua biblioteca quando viajava, acomodando-a em 400 camelos treinados para andar em ordem alfabética.

264

Atualmente, podemos acondicionar tudo e mais um pouco num pen-drive. Sempre que olho para essa peça me pergunto sobre as inúmeras possibilidades abertas pela internet e pela digitalização dos impressos. Atualmente posso carregar no bolso até 2 mil gigas de memória, ou então armazenar nas nuvens.

É que se a popularização da escrita impressa e do ensino da leitura foi bastante lenta, coisa de dois séculos, o mesmo não aconteceu com a tecnologia digital. Com impressionante velocidade, em torno de 20 anos, a escrita digital e o texto digitalizado foi popularizado, ainda que haja desigualdade do seu acesso. De certo modo, já estamos exercendo a prática de dividir a população planetária, não mais em povos com escrita e sem escrita, mas em povos com internet e povos sem internet. De maneira similar à desqualificação das pessoas e povos não alfabetizados no modo ocidental da escrita, estaria ocorrendo a dos "povos sem internet"?

Ainda assim, compreendo que a era digital permitiu uma democratização do acesso ao saber sem precedentes, e isso temos que comemorar, pois as possibilidades de se romper com uma história única, eurocentrada em seus objetos, temas e abordagens, nunca foi tão promissora. E é nisso que eu aposto para uma outra historiografia da educação.

## Notas

[1] Gutenberg não foi o primeiro nem o único a usar a prática de impressão, mas o tipo móvel de metal por ele inventado teve ampla aceitação e um alcance estupendo devido à eficiência e economia (Chartier, 2001; Briggs e Burke, 2006).

[2] A edição de 2013 aqui utilizada foi escaneada e disponibilizada para leitura pela Le Livros. As páginas indicadas são do PDF.

[3] A primeira edição intitulada *Notre Dame de Paris, 1482* é de 1831 e foi a público com três capítulos a menos, entre eles, os dois referentes à Catedral de Notre Dame. A alteração do título se fez a partir da tradução inglesa (Hugo, 2013, nota do tradutor).

[4] Marlos Bessa da Rocha (2019) faz importante reflexão do tema ao analisar o livro organizado por Licínio Cardoso, *À margem da história*, publicado em 1924.

[5] Disponível em: http://www.ted.com/talks/chimamanda_adichie_the_danger_of_a_single_story?language=pt-br.

[6] A areia era usada como um enxugador da tinta no papel que escorria da pena, numa peça conhecida como areeiro ou mata-borrão. O mapa de frequência era confeccionado trimestralmente pelo professor, de modo a comprovar a presença das crianças na escola e, assim, receber o seu salário (Veiga, 2007).

[7] Essa instituição, localizada em Berlim, possui um acervo com vastíssimo material digitalizado e não digitalizado, desde livros, revistas de todo tipo, documentos, mapas, cartas, manuscritos, objetos, iconografia etc., de toda a América de língua espanhola, de Portugal e do Brasil.

# Bibliografia

BRASIL, Eric; NASCIMENTO, Leonardo Fernandes. História digital: reflexões a partir da hemeroteca digital brasileira e do uso de CAQDAS na reelaboração da pesquisa histórica. *Estudos Históricos*, Rio de Janeiro, v. 33, n. 69, jan.-abr. 2020, pp. 196-219. Disponível em: https://www.scielo.br/j/eh/i/2020.v33n69/. Acessado em: 24 maio 2023.

BRIGGS, Asa; BURKE, Peter. *Uma história social da mídia.* Rio de Janeiro: ECO/UFRJ, 2006.

CARBONELL, Charles-Olivier. *Historiografia.* Lisboa: Teorema, 1981.

CHARTIER, Roger. *Cultura escrita, literatura e história.* Porto Alegre: ARTMED, 2001.

CERTEAU, Michel de. *A invenção do cotidiano:* 1 artes do fazer. Petrópolis: Vozes, 1999.

_____. *A escrita da história.* Rio de Janeiro: Forense Universitária, 1982.

CHOAY, Françoise. *O urbanismo:* utopias e realidades, uma antologia. São Paulo: Perspectiva, 1979.

FONTANA, Josep. *A Europa diante do espelho.* São Paulo: Edusc, 2005.

GOODY, Jack. *O roubo da história:* como os europeus se apropriaram das ideias e invenções do Oriente. São Paulo: Contexto, 2008.

HOBSBAWN, Eric. A outra história. In: KRANTZ, Frederick (org). *A outra história:* ideologia e protesto popular nos séculos XVII a XIX. Rio de Janeiro: Zahar, 1990.

HUGO, Victor. *O corcunda de Notre Dame.* Rio de Janeiro: Zahar, 2013. Disponível em: https://lelivros.digital/. Acessado em: 24 maio 2023.

LANDER, Edgardo. Ciências sociais: saberes coloniais e eurocêntrico. In: _____ (org.). *A colonialidade do saber:* eurocentrismo e ciências sociais. Perspectivas latino-americanas. Buenos Aires: CLACSO, 2005. Disponível em: https://www.clacso.org.ar/libreria-latinoamericana/inicio.php. Acessado em: 24 maio 2023.

LE GOFF, Jacques. *Historia.* Enciclopédia Einaudi, v. 1. Lisboa: Casa da Moeda, 1984.

LE GOFF, J.; NORA, P. *História:* novos problemas. Rio de Janeiro: Francisco Alves, 1995.

LEROI-GOURHAN, André. Os caminhos da história antes da escrita. In: LE GOFF, J.; NORA, P. *História:* novos problemas. Rio de Janeiro: Francisco Alves, 1995.

MANGUEL, Alberto. *Uma história da leitura.* São Paulo: Companhia das Letras, 1997.

MONIOT, Henri. A história dos povos sem história. In: LE GOFF, J.; NORA, P. *História:* novos problemas. Rio de Janeiro: Francisco Alves, 1995.

ROCHA, Marlos Bessa. *Matrizes da modernidade republicana:* cultura política e pensamento educacional no Brasil. 2. ed. revisada. São Paulo: Autores Associados, 2019.

RODRIGUES, Marcos Henrique Camargo. Gutenberg e o letramento do Ocidente. *Revista Educação e Linguagens*, Campo Mourão, v. 1, n. 1, ago./dez. 2012, pp. 188-201. Disponível em: https://periodicos.unespar.edu.br/index.php/revistaeduclings. Acessado em: 24 maio 2023.

SAID, Edward W. *Orientalismo:* o oriente como invenção do Ocidente. São Paulo: Companhia de Bolso, 2007.

SETH, Sanjay. Razão ou raciocínio? Clio ou Shiva. *História da Historiografia*, Ouro Preto, n. 11, abr. 2013, pp. 173-89. Disponível em: https://www.historiadahistoriografia.com.br/revista/article/view/554. Acessado em: 24 maio de 2023.

VEIGA, Cynthia Greive. *História da educação.* São Paulo: Ática, 2007.

_____. *Subalternidade e opressão sociorracial:* questões para a historiografia da educação latino-americana. São Paulo: Unesp, 2022.

# A pandemia na pesquisa educacional brasileira: o ano de 2020

*Julio Groppa Aquino*

> Este capítulo almeja perspectivar os efeitos da pandemia de covid-19 sobre a racionalidade educacional brasileira, com base na produção acadêmica sobre o tema consubstanciada em 150 periódicos educacionais em 2020. A par da migração das atividades presenciais para o formato remoto emergencial, três grandes tensões discursivas foram observadas, oportunizando uma experiência amiúde saturante: crise *versus* mudança; desigualdade *versus* inclusão; e tradicionalismo *versus* inovação do ensino.

Com este texto ensejo uma imersão crítica aos modos como a pandemia, por ocasião de sua emergência, foi abordada na pesquisa educacional brasileira.[1] O mote geral das ideias que pretendo explorar faz eco a uma breve passagem de uma crônica publicada durante a crise sanitária pelo escritor angolano José Eduardo Agualusa (2021: 285): "Sim, sobreviveremos à pandemia. Mas sobreviveremos ao que vem depois?".

Um esboço de resposta a essa questão, tal como me foi possível vislumbrar, está contido nas reflexões finais deste capítulo. Antes, relembro que, logo no início da pandemia, uma referência tornou-se capital para, presumo, a imensa maioria de nós: o livro *A cruel pedagogia do vírus*, da lavra de Boaventura de Sousa Santos (2020).

Entre várias reflexões sobre aquele presente aflitivo, o autor português recomendava certa cautela analítica, uma vez que ainda não dispúnhamos de parâmetros para estabelecer teorizações seguras sobre as implicações da pandemia nas diferentes práticas sociais, diferentemente de outros pensadores contemporâneos que logo se apressaram em oferecer prognósticos sombrios, no mais das vezes. Foi o caso da *Sopa de Wuhan* (Agamben et al., 2020), obra bastante mobilizada à época, igualmente.

Mediante a agitação cognitiva daquele momento, fazia-se necessário exercer certa temperança investigativa, o que exigia apropriar-se do fenômeno pelas bordas à medida que ele fosse se dando e sempre de modo particular, sem generalizações para outros domínios. É o que o estudo que relato parcialmente aqui tentou realizar no que se refere ao campo educacional.

Para tanto, optei por trabalhar com uma fonte documental extensiva: 150 periódicos da área educacional brasileira, subdivididos entre 133 periódicos ligados aos programas de pós-graduação *stricto sensu* ou às instituições que os sediavam e outros 17 periódicos sob a responsabilidade de associações, fundações, institutos e assemelhados.

A escolha por enveredar por esse montante de periódicos (boa parte deles sem, digamos, grande expressão acadêmica) reside no fato de que o interesse todo se voltou para a circulação das ideias, e não para a arbitragem seletiva delas. A ideia não era privilegiar estes ou aqueles textos, mas observar seus movimentos discursivos em conjunto. Assim, o desafio teórico-metodológico do estudo voltou-se ao manejo de um arquivo ao mesmo tempo denso e díspar.

O resultado da compilação: 231 artigos em 2020. Em 2021, o montante passou para 506. Bem mais que o dobro, portanto. Mostra, talvez, de uma aquilatação da temática pelo campo, ainda que se trate de um fenômeno em movimento, sobretudo se levarmos em consideração os efeitos educacionais dessa espécie de *covid longa*, como os especialistas têm nomeado o prolongamento e a cronificação de determinados sintomas da síndrome, eles também, presume-se, de alcance social.

As reflexões que apresento aqui atêm-se ao que foi publicado em 2020, quando as atividades presenciais se encontravam interrompidas.

Relembro também que, à época, sequer havia previsão da criação de vacinas. Foi também o tempo em que imagens chocantes sobre o manejo da doença povoaram a mídia nacional. Um tempo de grande insegurança, de medo quanto ao futuro e, não por menos, de especulações distópicas. Não posso deixar de registrar também a conjuntura histórica dramática que fez cruzar dois acontecimentos funestos: a pandemia e o governo Bolsonaro. Sem dúvida, o capítulo mais sombrio e doloroso da história recente do país.

Uma mirada transversal ao material da pesquisa revela, de pronto, que a tematização prevalente naquela altura foi a da migração das atividades presenciais para o *ensino remoto emergencial* (algumas vezes nomeado *ensino on-line*): iniciativa até então desconhecida pela imensa maioria dos profissionais da educação brasileira, à exceção dos praticantes e defensores da educação a distância, os quais passaram a ter destaque nas discussões do campo como um todo, até mesmo com vistas a demarcar as diferenças entre a estratégia remota e a modalidade a distância, esta em geral valorada como producente, inclusiva, democratizante etc. e, portanto, apta para enfrentar não apenas as circunstâncias então presentes, mas também as vindouras.

Para além da busca de resolutividade quanto à reorganização das práticas – boa parte dos textos consistiu em relatos ou exames de iniciativas específicas de escolas ou redes de ensino –, no vácuo veridictivo produzido pelo advento da pandemia uma série de discussões foi se instaurando na forma de tensões ou, no limite, paradoxos. Mais especificamente, três embates discursivos de fundo, embora nada originais, puderam ser observados, o que leva a crer que a pandemia não parece ter suscitado ideias propriamente inéditas no campo. Ao contrário, ela apenas acelerou discussões que, por diferentes vias, já se anunciavam aos educadores, só que, dessa vez, com uma força persuasiva não antevista.

A primeira dessas tensões é o embate *crise versus mudança*. A noção de crise foi uma invariante, advinda da associação imediata entre a crise sanitária e sua correspondente educacional, esta associada a outra crise mais ampla, agora de cunho político e social, ocasionada sobretudo pelo governo federal e sua gestão calamitosa do setor educacional. Por outro lado, argumentou-se que a crise aguda pela qual a educação passava figurava como oportunidade estratégica para a implementação de mudanças sempre postergadas.

E essas eram incontáveis. Elas deveriam ser paradigmáticas, estruturais, comportamentais, atitudinais, operacionais e incrementais. Mudanças também das concepções, dos significados, das expectativas, do *habitus* pedagógico, das políticas e do sistema educacional, do papel e da prática docente, das rotinas de trabalho, do ambiente escolar, do seu entorno e, por fim, da sociedade.

Conjugadas, as ideias de crise e seu contraponto imaginário, a de mudança, sinalizavam um movimento pendular de desqualificação e, imediatamente, de requalificação saneadora das práticas escolares – as públicas, claro, já que a escola da elite era tomada quase sempre como avesso especular da educação dos outros segmentos sociais; à moda da grama sempre mais verde do vizinho.

Se partirmos do pressuposto rodriguiano de que a educação *como ela é* é o que, de fato e de direito, ela é, ou seja, que educar não se faz nem além nem aquém das possibilidades fáticas da geração momentaneamente encarregada de fazê-lo, por que então insistir no refrão de que a escola pública nacional careceria de um pouco de tudo e de tudo um pouco?

Qual a razão de ser dessa espécie de prontidão para atribuir carência, defasagem ou distorção onde o que há, convenhamos, são apenas excessos, desproporções de todas as ordens, devires infinitos?

Vê-se assim que a pandemia só veio se somar a uma extensa lista de supostos agravantes da conjuntura escolar pública, já em situação alegada de vulnerabilidade crônica, conforme grande parte dos atores sociais exógenos ao campo.

Mas até quando suportar o fato de que em uma cidade brasileira de porte médio, por exemplo, possam coexistir pacificamente aulas de cuidados de higiene pessoal para os filhos dos empregados e, de outro, aulas de robótica avançada para os filhos dos patrões desses mesmos empregados sendo ministradas simultaneamente, às vezes nas mesmas imediações?

Restaria indagar, ainda, onde de fato residiriam a força motriz e o fator de coesão, mesmo claudicante, da educação nacional, computados todos os seus contrassensos. Tenho comigo a impressão de que todos sabemos a resposta de cor a isso, e ela remete a esse personagem – hoje em desuso, eis minha hipótese – chamado professor.

A segunda tensão pontilhando os discursos analisados é aquela que descreve o par *desigualdade versus inclusão*. Isso significa que era moeda corrente, de um lado, a denúncia das iniquidades educacionais em curso no país expressas no desnível abismal de acesso às tecnologias digitais por parte de um grande contingente do alunado e, de outro, o clamor pela universalização da inclusão digital como parte fundamental da garantia do direito à educação.

Ora, o que aparecia como um desfecho benfazejo – embora impraticável – para a equalização das graves disparidades educacionais do país, se perspectivado deste outro ponto de vista, revela, mais uma vez, a renitente atribuição retórica à escolarização de terra prometida, com vistas à emergência de uma sociedade mais justa, mais democrática, mais humana, enfim.

Convenhamos que a escolarização *per se* das camadas pobres da população figura como condição necessária, porém longe de ser suficiente no que se refere ao projeto de uma sociedade genericamente mais igualitária ou menos desigual. Escolas não são espaços de correção nem de redenção da sociedade. Bem o contrário. Nelas, todas as mazelas sociais persistem e se atualizam, queiramos ou não, embora se trate, em última instância, do único espaço – no caso da escola pública – em que se atesta um esforço genuíno de inclusão social.

Do mesmo modo, não me parece plausível que o acesso às tecnologias digitais seja sinônimo de qualquer espécie de benefício pedagógico.

Desnecessário dizer que destrezas tecnológicas são, no limite, apenas um meio possível, jamais um fim da formação oferecida em uma escola. Ali, há milhares de outros afazeres mais significativos, mais rudimentares aliás, que acabam por ser eclipsados por essa espécie de bravata das benesses das tecnologias para as práticas pedagógicas.

Pergunto, então: seria possível termos em mente uma escola em cujo interior pudéssemos sequestrar culturalmente o alunado, por algumas horas do dia apenas, isolando-o do assédio tecnológico que assombra os modos de vida contemporâneos de ponta a ponta?

Em vez de nos aliarmos imaginariamente ao usufruto pedagógico dos apetrechos eletrônicos, que tal nos desconectarmos de todos eles, apenas por um intervalo de tempo determinado? No fim das contas, convenhamos, trata-se apenas de engenhocas que podem ser ligadas momentaneamente e então desligadas. E se trago à baila a ideia de desconexão temporária do mundo digital é porque julgo que ela é perfeitamente viável. Bastaria alguma coragem educativa.

A terceira e mais contundente tensão que foi possível observar atravessando os discursos em circulação naquele momento remete ao clássico dilema *tradicionalismo versus inovação do ensino.*

A título de defesa de um tipo de experiência educacional em que, por exemplo, se chegou às raias de sugerir que as tais redes sociais se convertessem em mediadores pedagógicos, o que se pode constatar é um temor reverencial entre os profissionais da educação a qualquer coisa que se apresente como novidade, modernização, progresso.

Em uma ambiência institucional fragilizada por descréditos múltiplos, os/as operadores/as da educação, incluídos os/as pesquisadores/as, tornam-se presas fáceis do discurso prometeico da inovação tecnológica, cujo efeito imediato parece ser não a atualização, mas a erosão daquilo que sabíamos fazer nas escolas e que vem sendo paulatinamente abandonado, na esteira da acusação generalizada de obsolescência e, no limite, de desgoverno. Acostumamo-nos, é fato, a essa espécie de desclassificação dos saberes docentes ordinários ao permitirmos que nossas existências sejam subalternizadas em relação a outras supostamente mais produtivas, mais exuberantes, mais antenadas ao contemporâneo. A vida que temos não nos basta?

Mas o problema maior talvez nem seja a permissividade, mas seu oposto: o adesismo a determinados clichês pedagógicos correntes. Vide a aclamação das tais *metodologias ativas*, consideradas o epicentro do *zeitgeist* pedagógico.

E se as refiro aqui isso se deve ao simples fato de que tudo que cheire a inovação em educação parece estar invariavelmente atrelado a essa noção bastante controversa, não obstante já sacralizada, sobretudo, entre os profissionais da educação privada, aqueles da grama mais verde.

Constituem a tipologia básica das tais metodologias ativas: a *aprendizagem baseada em problemas; a aprendizagem por gamificação; a sala invertida; a aprendizagem baseada em projetos; a aprendizagem baseada em equipes*, dentre outras. Soma-se uma tal pedagogia baseada em *projetos de vida*.

Devo dizer que esses ativismos todos me parecem um pesadelo sem fim. E acabo tendo uma espécie de pena da nova geração de professores, condenada a recitar essa espécie de credo empresarial crasso travestido em bom-mocismo pedagógico.

A meu ver, já é hora de darmos um basta a essa inflação discursiva que assola os afazeres escolares. Que os professores sejam cônscios de e responsáveis por seus deveres básicos, já me parece o bastante.

Na esteira da fórmula proposta por Umberto Eco (1970), não se trata aqui de ser nem *apocalíptico*, nem *integrado*, mas apenas abstinente. Um trânsfuga, se se quiser, desse presente demasiado demandante.

E isso dá forma àquilo que, sem o mínimo ensejo prescritivo, eu gostaria de propor: o minimalismo pedagógico como resposta à volúpia programática da escola contemporânea e, sobretudo, a tudo ali que se pleitear inovador ou renovador. Adicione-se certa vagareza que necessariamente acompanharia esse tipo de afinidade eletiva. Em suma, ensinar poucas coisas, devagar e suficientemente bem – o oposto diametral da lógica digital, portanto – sem apego a nenhum artifício que não seja a própria potência narrativa de um professor.

Em um texto que assinei com a colega Carlota Boto (Aquino e Boto, 2020), após cotejarmos os discursos em circulação na gênese da Escola Nova e a aclamação contemporânea do ensino dito inovador, concluímos que o afã da inovação educacional, além de contar com pouca originalidade em termos históricos, finda por engrossar o coro de uma onda novidadeira e, a rigor, inócua.

No caso da discursividade em circulação nos textos analisados, o tradicionalismo renitente dos profissionais, tido como o mal maior da educação nacional, impõe-se como o negativo do mantra da inovação. Por exemplo, o termo *tradicional* e seu plural apareceram nada menos que 266 vezes nos textos compilados pela pesquisa que relatei aqui.

Mas onde, de fato, habitaria esse ente fantasmático se não há uma viva alma no mundo pedagógico que aceitaria de bom grado a designação *tradicional*?

A propósito, Paulo Freire foi a referência teórica mais empregada nos textos, tendo sido citado explicitamente em nada menos que 70 artigos, ou seja, 30% do total. O estranho, aqui, é o fato de que ele vem sendo tomado como uma espécie de salvo-conduto para a validação de tudo que se proclame autonomizante, emancipatório e quetais, sem que haja a mínima chance para o contraditório. Vale então perguntar: qual seria o ponto de convergência possível entre a liberdade freireana e a subscrição a modelos de organização escolar ditos livres baseados, no caso da escola privada, na imagem de parque de diversão para os ricos e, no da escola pública, na de arena de contenção antropológica para os pobres?

Ora, parece-me estar em curso aí uma inversão deletéria no que diz respeito à noção de prática da liberdade. Tida canonicamente como um ponto de chegada possível da experiência formativa, a liberdade – agora ressignificada como um bem pessoal intransitivo – converteu-se, salvo melhor juízo, em um pré-requisito do processo pedagógico. Mais especificamente, alardeia-se certa associação retórica entre educação e liberdade de expressão do alunado que, contraditoriamente, nos vem tornando cada vez mais prisioneiros de uma tagarelice ensurdecedora, alavancada por voluntarismos opinativos típicos daquilo que oportunamente o filósofo sul-coreano Byung-Chul Han (2018) intitulou *enxame digital*.

Daí que acabo crendo que tudo que se arrogue de véspera a chancela de *livre* ou *libertador* precisaria passar antes e obrigatoriamente por um crivo interpelante, qual seja: são os professores a linha de frente desses projetos ditos emancipatórios? Ou apenas caberia a eles abdicar de seu posto, dando voz e passagem a outras forças catalisadoras dos processos pedagógicos, tal como advogam as pedagogias centradas na livre iniciativa de aprendizes empreendedores? Teriam os professores se convertido em subscritores convictos da utopia da autoeducação? Teriam eles se conformado à condição de prestadores de serviços a crianças e jovens proativos, aguerridos defensores de seu direito irrestrito de expressão, sem haver a necessária contrapartida da escuta alheia e, portanto, a chance de algum silêncio meditativo?

Encurralados, de um lado, por uma direita tão néscia quanto vociferante e, de outro, por uma esquerda canceladora e policialesca, aos professores parece ter restado apenas uma oratória asséptica encoberta por um faz de conta participativo. Curiosa inversão da fórmula clássica moderna: o *vigiar e punir* parecem estar agora a cargo do alunado.

Tal como tive a oportunidade de afirmar em outra ocasião, no que se refere ao alastramento cotidiano da lógica neoliberal,

> [...] os enfrentamentos em torno da escolarização tenderão a se multiplicar, em diferentes e conflitantes direções. Estamos assistindo, parece-me, ao nascimento de uma nova forma de contratualização social entre as instituições e os cidadãos, a qual abarcará não apenas a customização dos processos de aprendizagem, mas, sobretudo, a judicialização das relações escolares – seja à direita, seja à esquerda, aliás. Daí as práticas do direito como reguladoras do mundo em sua versão democrático-neoliberal, inclusive no quadrante educacional. (Saraiva e Aquino, 2020: 299)

Assim é que as três grandes tensões encarnadas no período pandêmico conduzem, cada qual a seu modo, a uma problemática que julgo ser o foco prioritário da atenção para o pensamento educacional corrente: a inquietante questão da *liberdade acadêmica* ou *de cátedra*, sem que ela seja confundida, na nomenclatura em voga, com mais um *lugar de fala*, uma vez que não se trata de uma prerrogativa do sujeito professor, mas de uma incumbência pública inerente ao seu ofício; independentemente do nível de ensino, aliás.

Se o continente fático da ação de um professor é o da voz, cabe indagar: o que falam os professores? Quando falam? E quem os escuta?

Convertidos em caixeiros-viajantes digitais fustigados por um venerável público entediado, posto que adicto das peripécias infocomunicacionais do mundo telemático, foi para as telas de seus próprios computadores que os professores falaram durante a pandemia. Falaram sozinhos, ou melhor, falaram a interlocutores ausentes senão na totalidade, ao menos na maior parte do tempo.

Perturbadora imagem esta, cujos ecos se fazem sentir em certa percepção partilhada, hoje, de um desencaixe radical entre aquilo que, mal ou bem, os professores faziam nas escolas e o que, pela força das circunstâncias, se viram obrigados a fazer. Fora de seu habitat, eles se tornam corpos estranhos em um mundo que a tudo contém, mas que não hesita em expelir de pronto qualquer gesto que se assemelhe ao agir moroso de um professor. O gênero aula não pertence, de fato, ao universo digital e, decerto, nunca pertencerá. Ali, uma nova estirpe de professores já atende pelo nome de *influencers*.

Nessa perspectiva, tenho comigo que a experiência pandêmica consistiu em um ponto de inflexão da profissionalidade docente, responsável por um esvaziamento radical, já em curso antes da pandemia, daquilo que é, simultaneamente, a matéria e o expediente únicos de sua ocupação do território escolar: a palavra. Uma palavra outra, quero dizer, capaz de refundar destinos, de alterar rotas, de fazer a grande máquina do mundo se mover em direções imprevistas. Sem o exercício livre e desimpedido desse seu quinhão neste mundo – esse vigor insuspeito da palavra –, os professores apenas perambulam a esmo, sem nada significar na ordem das coisas.

Dito de outro modo, é o espaço ético-político do ofício docente que parece ter encontrado seu ponto de saturação com o empuxo dessa, digamos, covid social longa. Escolas persistirão é certo, seja como incubadoras de *startups* para ricos enfatuados, seja como lócus de execução de projetos do terceiro setor para pobres desalentados, seja como qualquer outra coisa que sequer conseguimos cogitar ainda. Mas, descontada a lisonja inflada com que lhes presenteamos sazonalmente, no que consistiria a presença dos professores em tais paisagens, além de um ponto fora de foco, um detalhe inconveniente?

Se minhas digressões até aqui tiverem sido minimamente plausíveis, plausível também é admitir uma sensação crescente de desencanto como o saldo último da experiência docente no contexto pandêmico e, quiçá, no que virá adiante.

E antes que me perguntem como se furtar ou resistir a esse estado de coisas, antecipo minha resposta: o presente apenas se sofre, ele não se deixa saber.

"Sobreviveremos ao que vem depois da pandemia?", indagava Agualusa. Minha resposta é a mesma do Carlos Drummond (Andrade, 2002: 181): "Dorme, meu filho".

## Nota

[1] Trata-se dos resultados parciais de um estudo que desenvolvi durante o ano letivo de 2022 no Programa Ano Sabático do Instituto de Estudos Avançados (IEA) da USP.

## Bibliografia

AGAMBEN, Giorgio et al. *Sopa de Wuhan:* pensamiento contemporáneo en tiempos de pandemias. Madrid: ASPO (Aislamiento Social Preventivo y Obligatorio), 2020.

AGUALUSA, José Eduardo. No princípio era a palavra. In: *O mais belo fim do mundo*. Lisboa: Quetzal Editores, 2021, pp. 284-5.

ANDRADE, Carlos Drummond de. Consolo na praia. In: *Poesia completa*. Rio de Janeiro: Nova Aguilar, 2002, p. 181.

AQUINO, Julio Groppa; BOTO, Carlota. Inovação pedagógica: um novo-antigo imperativo. *Educação, Sociedade & Culturas*, Porto, v. 55, 2020, pp. 13-30.

ECO, Umberto. *Apocalípticos e integrados*. São Paulo: Perspectiva, 1970.

HAN, Byung-Chul. *No enxame:* perspectivas do digital. Petrópolis: Vozes, 2018.

SANTOS, Boaventura de Sousa. *A cruel pedagogia do vírus*. Coimbra: Almedina, 2020.

SARAIVA, Karla; AQUINO, Julio Groppa. Os paradoxos da forma escolar na contemporaneidade. *Reflexão e Ação*, Santa Cruz do Sul, v. 28, n. 2, mai./ago. 2020, pp. 293-303.

# PRÁTICAS DOCENTES E EXPERIÊNCIAS DE ENSINO EM TEMPOS DE EXCEÇÃO

# Ressignificações da docência universitária em tempos de pandemia

*Marcos Garcia Neira*

> O capítulo relata uma experiência docente durante a pandemia de covid-19. Inicia com a transposição fracassada da didática presencial para o ensino remoto emergencial, passa por uma flexibilização demasiada das exigências pedagógicas, experimenta a adequação às tecnologias digitais de informação e comunicação, e termina por incorporar as aprendizagens do período de isolamento social. O otimismo da narrativa se dissipa quando expõe as condições que influenciaram na sua construção.

A pandemia de covid-19 atingiu duramente a humanidade no triênio 2020 a 2022. Baseada em dados oficiais, a Organização Mundial da Saúde (OMS) estima a perda de 7 milhões de vidas e mais de 680 milhões de pessoas infectadas com o vírus Sars-Cov-2, o seu agente causador. O elevado índice de contaminação somado à alta letalidade da doença impuseram a adoção de medidas protetivas bastante rigorosas num primeiro momento, sendo gradativamente flexibilizadas graças à vacinação em massa da população.

O caso brasileiro merece um comentário à parte. A taxa de mortalidade chegou a ser cinco vezes maior que nos demais países, o que explica termos ultrapassado 700 mil óbitos e alcançado 37 milhões de casos. O governo federal da ocasião é o principal responsável pela calamidade sanitária. Desde o início da crise, fez pouco caso dos riscos e irresponsavelmente empreendeu uma necropolítica (Mbembe, 2018) baseada no desestímulo ao isolamento social e uso de máscaras; incentivo ao "sair para trabalhar", pois a "economia não poderia parar"; adoção de um discurso negacionista que desprezava o conhecimento científico a respeito da doença; letargia na implementação do auxílio emergencial; desassistência às regiões mais necessitadas de insumos e equipamentos; campanhas para uso de medicamentos sem comprovação, além da total falta de empatia em relação ao sofrimento das vítimas e seus familiares.

Naquele cenário sombrio, as instituições em geral e cada sujeito em particular buscaram adaptar-se, criando alternativas para realizar as tarefas essenciais de maneira segura. Para além do distanciamento físico, uso de máscaras e higienização constante das mãos, novos hábitos surgiram, enquanto outros foram intensificados, com destaque para a utilização das tecnologias digitais de informação e comunicação (TDIC). O acesso a bens e serviços serve de exemplo. Multiplicaram-se as atividades realizadas pela internet, assim como surgiram aplicativos que facilitaram uma enormidade de tarefas. Para quem dispunha de uma conexão de qualidade razoável, tudo, ou melhor, quase tudo se tornou possível sem sair de casa, inclusive o acesso à educação formal (Sousa Santos, 2020).

Recomendadas pelas normativas legais emanadas do Conselho Nacional de Educação e dos Conselhos Estaduais de Educação, as ferramentas virtuais foram paulatinamente empregadas pelos sistemas de ensino, num esforço para interagir pedagogicamente e, assim, garantir a experiência formativa de milhões de estudantes. A digitalização dos meios de contato predominou, embora não tenha sido a única forma, é bom que se diga. A depender da infraestrutura disponível e, em especial, das condições econômicas das famílias, muitas redes públicas promoveram meios diversificados de interação pedagógica. Cabe lembrar que a internet neste país ainda não foi democratizada. Em milhares de lares ela simplesmente não existe, quando muito no celular de algum adulto.

No início do mês de abril de 2020, antes mesmo de completar 30 dias de interrupção das atividades didáticas presenciais, a Universidade de São Paulo oficializou a adoção do que se tornou conhecido por ensino remoto emergencial. Incrementou as plataformas virtuais acessíveis a docentes, discentes e funcionários técnicos e administrativos (e-aulas, e-disciplinas e o pacote Google) e distribuiu modens e planos de dados para viabilizar a continuidade dos cursos de graduação e pós-graduação.

Diante das informações disponíveis a respeito da gravidade da pandemia e a provável necessidade de isolamento social por um largo período de tempo, a Faculdade de Educação, através da sua Comissão de Acompanhamento e Gestão Acadêmica, mapeou as impressões, expectativas e, principalmente, os recursos ao alcance dos docentes e discentes. Após analisar a situação pelos seus vários ângulos e considerar que a dispersão dos estudantes a agravava ainda mais, a Congregação, reunida em sessão extraordinária em maio daquele ano, decidiu pela retomada das aulas no modo remoto com o emprego das TDIC.

Este capítulo descreve e reflete acerca das ressignificações da docência universitária no período pandêmico do ponto de vista único e exclusivo de seu autor, desde a transposição acidentada do ensino presencial para o ensino remoto emergencial ainda no primeiro semestre de 2020, até a bem-sucedida experiência com o ensino híbrido no segundo semestre de 2022, passando pela exaustiva criação e recriação das disciplinas ministradas nos segundos semestres de 2020 e 2021.

## A TRANSPOSIÇÃO PARA O ENSINO REMOTO EMERGENCIAL

Aulas da disciplina de pós-graduação "Teorias Curriculares da Educação Física" foram interrompidas duas semanas após o seu início no mês de março e retomadas remotamente em meados de maio. Nos primeiros meses da pandemia, os números de contaminação e óbitos cresciam vertiginosamente. A falta de perspectivas frente à gravidade da situação e o quase total desconhecimento acerca do comportamento do novo coronavírus nos levaram a ver na docência e no contato com a turma importantes pontos de apoio. Em certo sentido, voltar às aulas atenuava a sensação de isolamento e tranquilizava a consciência ao ver cumprir-se ao menos uma das missões da universidade. Duas dificuldades despontaram nessa transposição: o funcionamento das reuniões telepresenciais das quais participávamos não se repetia nas aulas, assim como a dialogicidade que caracterizava a didática presencial tampouco preencha a sala virtual. Enquanto a maioria dos docentes e funcionários possuíam equipamentos e conexões razoáveis, o que garantia a estabilidade necessária à manutenção das câmeras ligadas durante as sessões de trabalho, muitos estudantes participavam das aulas pelo celular, dividiam os ambientes com outras pessoas e a internet oscilava com frequência.

O ineditismo da cena levou-nos à pior opção, como se comprovou nas semanas seguintes: tentamos transpor na sala virtual o fazer docente ao qual nos habituamos. Apesar do rigor que a turma demonstrava no cumprimento dos horários, as costumeiras três horas e meia de aulas noturnas mostraram-se impraticáveis. As raríssimas colocações dos estudantes traziam um grande alívio. Aproveitávamos ao máximo esses momentos para interagir, a fim de estimular outras participações. De quando em vez, dirigia uma pergunta à turma ou reagia a uma manifestação no chat, dispositivo utilizado para tecer comentários acerca de que fora exposto. Desnecessário dizer o quanto incomodava aquele monólogo com as câmeras fechadas da plataforma Google Meet. Ainda que a importância da leitura da bibliografia fosse recomendada com insistência, na prática, as exposições se sucediam sem qualquer sinal de audiência. Quando acontecia de alguém atender aos insistentes apelos, as respostas eram evasivas, recheadas de justificativas ou alusões à dificuldade de concentração devido ao clima de insegurança absoluta. As aulas do curso ultrapassaram a data programada. Não poderia ser diferente, pois a decisão tardia em assumir uma outra maneira de ensinar requereu ajustes no calendário para acomodar os novos prazos.

Diante da péssima avaliação da nossa primeira experiência com o ensino remoto emergencial e da inexistência de condições sanitárias que permitissem o retorno às salas de aula da Faculdade de Educação, restou-nos, como alternativa para escapar de um novo desastre, ressignificar o modo de exercer a docência.

Salvo raríssimas exceções, a literatura da área ainda não dispunha de conhecimentos produzidos sobre o assunto (Arruda, 2020). Afinal, o tempo transcorrido desde o início do isolamento social fora insuficiente para realização de pesquisas e divulgação de resultados. Um levantamento feito às pressas permitiu identificar nos estudos acerca dos cursos de formação de professores na modalidade Educação a Distância (EaD), um referencial importante para planejar os cursos do semestre seguinte. Além disso, recuperei minha própria atuação como elaborador de materiais didáticos e videoconferencista no extinto Programa de Educação Continuada – Formação de Professores (PEC/FOR PROF), um convênio entre a Secretaria Estadual de Educação (atual Seduc), a Fundação para o Desenvolvimento da Educação (FDE), a Universidade de São Paulo (USP), a Universidade Estadual de Campinas (Unicamp), Universidade Estadual Paulista (Unesp) e a Pontifícia Universidade Católica de São Paulo (PUC-SP), que vigorou em 2001 e 2002 e consistiu na oferta da formação pedagógica semipresencial em nível superior aos profissionais que se encontravam em regência de classe na primeira etapa do ensino fundamental. Também recorri à documentação do Programa de Educação Continuada – Formação Universitária Municípios (PEC-Municípios), que aconteceu de 2003 a 2005, uma iniciativa assemelhada que incluiu a União dos Dirigentes Municipais de Educação (Undime) na qualidade de entidade associada, cujo público-alvo eram os professores das redes municipais (Nicolau e Krasilchic, 2006). Mais recentemente, vale destacar outra influência importante, o fato de ter desempenhado por três anos consecutivos a função de conteudista dos cursos de licenciatura da Universidade Virtual do Estado de São Paulo (Univesp).

Muito embora a concepção de docência que perpassava as três ações formativas guardasse alguma aproximação – leitura da bibliografia, assistência às videoaulas e realização de atividades –, estas eram supervisionadas presencialmente por tutores em ambos os PECs, e remotamente por facilitadores na Univesp. Todavia, a infraestrutura e os recursos tecnológicos empregados divergiam radicalmente a favor da Univesp, o que me levou a recriar o formato adotado por essa instituição.

Eis os motivos que me levaram a abandonar os procedimentos didáticos empregados no primeiro semestre da pandemia. Por um lado, os estudos consultados paralelizavam a qualidade dos cursos universitários à distância com o envolvimento do tutor/facilitador, afetando diretamente a evasão e a aprovação, por outro, confirmavam o modelo anteriormente descrito como o mais adequado. Em que pese não dispor dos imprescindíveis serviços das equipes que apoiam a preparação de tudo o que envolve a EaD, ensinar dessa forma não me parecia tão difícil, afinal, dispunha da estrutura básica (computador, câmera e uma boa conexão à internet), alguma experiência com a produção de materiais e estava decidido a exercer a docência da melhor maneira possível.

## O ENSINO REMOTO EMERGENCIAL E A TENTATIVA DE NÃO DEIXAR NINGUÉM PARA TRÁS

O segundo semestre pandêmico começou com índices ainda altos de contaminação e mortalidade pela covid-19, mas as taxas foram caindo e a pandemia se arrefecendo até o mês de dezembro. Enganosamente, as autoridades estaduais flexibilizaram as medidas protetivas e a administração central da Universidade de São Paulo chegou a cogitar a cessação do home-office para o conjunto funcionários, exceto aqueles do chamado grupo de risco, o que apenas acirrou os ânimos e fez piorar o ambiente já bastante tenso (Neira e Santos, 2021).

No curto recesso que precedeu o início das aulas, preparei o curso de "Fundamentos Teórico-metodológicos do ensino de Educação Física", nova disciplina obrigatória para as duas turmas do período noturno da licenciatura em Pedagogia, que seria ofertada simultaneamente para uma turma vespertina, além da disciplina do currículo antigo "Metodologia do Ensino de Educação Física", que seria oferecida simultaneamente devido à equivalência de programas.

Considerando as dificuldades enfrentadas pelos estudantes para participação nos encontros síncronos sinalizadas pelo mapeamento elaborado pela Comissão de Acompanhamento e Gestão Acadêmica, propus-me a empreender uma ação didática a mais inclusiva possível. Considerando as 13 semanas letivas, de setembro a dezembro de 2020, foi estabelecido um tema por semana, para o qual planejamos um encontro síncrono, gravamos e publicamos uma videoaula no Canal do YouTube[1] do Grupo de Pesquisas em Educação Física escolar[2] (GPEF), elaboramos uma atividade para cada semana e selecionamos um ou dois textos para leitura. Essa preparação demandou um tempo considerável. Além de planejar aulas remotas mais participativas que aquelas ministradas no semestre anterior, planejar, gravar e editar as videoaulas era uma tarefa estafante por causa da inexperiência e das inúmeras tentativas de produzir algo razoável. A dificuldade de encontrar a bibliografia digitalizada obrigou-nos a substituí-la ou providenciar a sua digitalização. Também foi preciso preparar cada uma das atividades a serem realizadas pelos estudantes, encaminhadas por e-mail, lidas, comentadas e devolvidas.

Resumidamente falando, o curso foi estruturado em 3 partes e 13 temas:

1. A construção cultural do corpo e a produção das identidades corporais:
   Tema 01 – Apresentação do curso e conceitos iniciais
   Tema 02 – A produção cultural do corpo
   Tema 03 – A produção da identidade corporal

2. Pedagogias do corpo:
   Tema 04 – Pedagogias do corpo
   Tema 05 – Concepções de ensino de Educação Física I
   Tema 06 – Concepções de ensino de Educação Física II

3. Epistemologia e metodologia do currículo cultural da Educação Física:
   Tema 07 – Campos de inspiração da Educação Física cultural I
   Tema 08 – Campos de inspiração da Educação Física cultural II
   Tema 09 – A tematização e a problematização na Educação Física cultural
   Tema 10 – Princípios ético-políticos da Educação Física cultural
   Tema 11 – Situações didáticas da Educação Física cultural I
   Tema 12 – Situações didáticas da Educação Física cultural II
   Tema 13 – Conteúdos da Educação Física cultural

O desenvolvimento da disciplina foi explicado na primeira videoaula. A presença nos encontros síncronos seria facultativa, muito embora os alunos pudessem escolher a noite mais adequada para participar (segunda, terça ou quarta-feira) ou a tarde de quarta-feira, uma vez que trabalharíamos com quatro turmas. A realização e o envio satisfatório das atividades seriam contabilizados para fins de frequência, o que exigia a assistência à videoaula e a leitura da bibliografia. As aulas remotas priorizariam dúvidas, questionamentos e debates a partir das atividades propostas. Felizmente, contávamos com três bolsistas que frequentaram a disciplina no ano imediatamente anterior – Isabella Florido, Juliana Lima e Nathalia Guirao –, o que agilizou a busca de materiais e facilitou o registro das entregas.

À medida em que as semanas se sucediam, a participação nos encontros síncronos diminuía. Atribuímos o fenômeno ao desinteresse pelas discussões, uma vez que o conteúdo propriamente dito estava disponível nas videoaulas, nos textos, além de ser acessado no momento mais adequado para cada estudante. Num esforço para reverter esse quadro, as bolsistas sugeriram proporcionar à turma o contato com professoras e professores que colocam em ação a perspectiva cultural da Educação Física, vertente de ensino priorizada na terceira parte do curso. A oportunidade garantida nos anos precedentes fora elogiada pelos estudantes, dada a possibilidade de conversar com quem, nos seus dizeres, "colocava a teoria em prática", mesmo que a leitura de relatos de experiência escritos ou a assistência de vídeos consistissem em atividades realizadas com frequência (Neira, 2017).

Conforme o tema semanal, a atividade proposta solicitava a identificação de um dos aspectos que singularizam a Educação Física cultural, seja os campos teóricos de inspiração, os princípios ético-políticos, as situações didáticas ou os conteúdos acessados pelas crianças, jovens, adultos ou idosos[3] que frequentam a educação básica. Os relatos de experiência disponibilizados encontram-se publicados no site do GPEF, e eram intencionalmente selecionados para facilitar a boa compreensão do tema em questão. Nem todos os documentos disponíveis prestam-se à identificação e análise do conjunto de características da proposta, pois como se trata de textos autorais redigidos em estilo livre, muito do que aconteceu pode não ter sido descrito, mesmo porque a intenção do registro docente não é descrever minuciosa e detalhadamente tudo o que aconteceu, mas sim documentar determinada tematização de uma prática corporal (brincadeira, dança, luta, esporte ou ginástica), num segmento específico (educação infantil, ensino fundamental, ensino médio), numa determinada modalidade (ensino regular, educação de jovens e adultos ou ensino profissionalizante), e numa certa instituição de ensino.

O efeito foi imediato. A telepresença nos encontros síncronos cuja participação dos educadores era previamente anunciada aumentava consideravelmente. Para além da curiosidade despertada, a exposição da experiência era transformada em objeto de análise e discussão após a apresentação. Interessante ressaltar a dupla função pedagógica do exercício. Para além de viabilizar um bom entendimento do assunto, preparava a turma para a realização da atividade final, que consistia na análise de outros relatos de prática mediante o confronto com os referenciais epistemológicos e metodológicos do currículo cultural da Educação Física.

Naquela segunda experiência com o ensino remoto emergencial, a prorrogação oficial de todos os prazos para fechamento das notas e frequência das turmas, justificada pela dificuldade imposta pela pandemia, ocasionou um grande descompasso no envio das atividades semanais e, principalmente, da atividade final. Recebemos dezenas de e-mails reivindicando o aceite das atividades *a posteriori*. Algo que do ponto de vista pedagógico não fazia o menor sentido, pois o tema havia sido discutido semanas atrás. Após ponderar sobre tudo o que acontecera naquele semestre e constatar que os estudantes que seguiram as recomendações demonstraram uma boa compreensão do assunto, resolvemos acolher todos os pedidos, o que significou uma dilatação exagerada do tempo destinado ao curso.

## O ALCANCE DO EQUILÍBRIO NO ENSINO REMOTO EMERGENCIAL

A boa notícia da vacinação da população e seu incrível impacto na redução de casos graves da covid-19 encheram-nos de esperança logo nos primeiros meses de 2021. Os obstáculos colocados pelo governo federal e sua desmedida incompetência (ou má vontade criminosa) para aquisição dos insumos, como se notou pelos depoimentos durante as oitivas da Comissão Parlamentar de Inquérito (CPI) instalada pelo Senado para apurar a gestão da pandemia, contribuíram para que os louros fossem colhidos pelo governador do estado de São Paulo. Justo quem, enquanto candidato, se beneficiara do apoio destinado ao vencedor das eleições presidenciais de 2018, mas dele se afastara tão logo percebeu o quão impopular seria combater as medidas de proteção sanitária. Ao fim e ao cabo, em agosto daquele ano, as atividades presenciais nas escolas públicas foram retomadas, em sistema de rodízio, para um terço das turmas e, em novembro, para a totalidade do alunado.

Na Faculdade de Educação, os funcionários técnicos e administrativos voltaram a trabalhar presencialmente no mês de outubro e o mesmo aconteceu com a maioria dos estudantes da graduação também trabalhadores. O novo panorama favoreceu o aumento das exigências pedagógicas, dado que as aprendizagens sobre a docência acumuladas no semestre anterior e uma reflexão mais aprofundada das experiências com o ensino remoto convidaram a implementar mudanças relevantes nos procedimentos da disciplina "Fundamentos Teórico-metodológicos do Ensino de Educação Física", cuja oferta em 2021, mais uma vez, aconteceu em concomitância à disciplina "Metodologia do Ensino de Educação Física".

As respostas ao formulário preenchido pelos estudantes que frequentaram o curso no ano anterior davam a entender que a combinação de videoaulas, leituras, atividades e aulas remotas agradava, entretanto algumas alterações deveriam ser feitas, sobretudo desobrigar o envio semanal das atividades. Da nossa parte, a avaliação era distinta. A baixa adesão aos encontros síncronos em 2020 provavelmente fora causada pela facultatividade da participação que poderia ser substituída pela feitura e envio das atividades. Pensamos que o melhor seria inverter os procedimentos. As aulas passaram a ser obrigatórias e as atividades, facultativas. A impressionante adesão dos brasileiros e brasileiras à imunização fez surgir um clima de maior segurança, assim como o a retomada do trabalho presencial para muitos obrigou a modificação das rotinas, reduzindo o tempo disponível para a quantidade de tarefas semanais inicialmente proposta.

Editamos a videoaula de apresentação do curso, incluindo a explicação de que a frequência às aulas remotas seria verificada por meio dos relatórios de acessos ao Google Meet. Porém, caso a participação on-line fosse impossível, recomendava-se o envio da atividade correspondente na mesma semana, já que a assistência às videoaulas e a leitura dos textos sugeridos disponibilizariam os conhecimentos necessários para a sua realização. Repetimos os temas do ano anterior e passamos a gravar e disponibilizar no site esses materiais de tal sorte que os estudantes pudessem revisitá-los se preciso.

Naquela época, a plataforma utilizada recebera complementos. Ainda que a possibilidade de gravar as reuniões estivesse disponível desde o início da pandemia, a qualidade da ferramenta melhorou bastante. Acrescentaram-se aplicativos para realizar votações, trabalhos em grupo, fazer anotações ou fixar *post-its* numa lousa digital. Com a inestimável ajuda dos monitores Francisco Manara e Raquel Souza, e de vários professores e professoras que apresentaram suas experiências pedagógicas com o currículo cultural da Educação Física, avaliamos que os estudantes ficaram satisfeitos com o curso, conforme revelou a análise das respostas às questões abertas do formulário encaminhado às turmas. Os sinais indicaram que alcançáramos o equilíbrio entre rigor e flexibilidade no exercício da docência no ensino remoto emergencial.

## A PRODUÇÃO DE UM *MODUS OPERANDI* NO ENSINO REMOTO

A boa impressão deixada pela última experiência nos levou a cogitar o credenciamento de uma disciplina de pós-graduação para oferta remota, consoante à autorização formal da coordenação do programa. Pesou a favor da iniciativa a viabilidade de um trabalho cooperativo com docentes de outras universidades, estudiosos da temática do currículo cultural da Educação Física, além da abertura à participação de mestrandos e doutorandos vinculados a instituições de todo o país. A proposta foi apresenta ao GPEF, pois, mesmo que majoritariamente composto por professores e professoras que atuam na educação básica, alguns estavam matriculados em cursos de pós-graduação e talvez aderissem à proposta. Discutimos o assunto com os professores Mário Luiz Ferrari Nunes, da Universidade Estadual de Campinas, e Wilson Alviano Júnior, da Universidade Federal de Juiz de Fora. Aceito o desafio, planejamos conjuntamente a disciplina "Currículo Cultural da Educação Física: perspectivas política, epistemológica e pedagógica", e submetemo-la, cada qual, à avaliação dos programas em que estávamos credenciados. Cumpridos os trâmites regimentais e tendo sido devidamente aprovada em todas as instâncias, passamos à preparação dos materiais didáticos, respeitando a seguinte configuração: um tema semanal estudado por meio de leitura da bibliografia, videoaulas, atividades programadas e aulas remotas quinzenais.

- Tema 1 – Sociedade contemporânea e as condições de emergência do currículo cultural da Educação Física;
- Tema 2 – Diferença e teorias curriculares da Educação Física;
- Tema 3 – Cultura e mapeamento;
- Tema 4 – Verdade e princípios ético-políticos;
- Tema 5 – Discurso e cultura corporal;
- Tema 6 – Sujeito, poder e vivências;
- Tema 7 – Linguagem, leitura, tematização e problematização;
- Tema 8 – Arquegenealogia, ampliação e aprofundamento;
- Tema 9 – Aprendizagem, conhecimento, registro e avaliação.

No interstício entre uma aula remota e outra, os estudantes assistiam à videoaula, liam os artigos e/ou capítulos de livro sugeridos, realizavam e enviavam as atividades, como sempre, comentadas e devolvidas. Visto que a tarefa mobilizava conhecimentos referentes à temática semanal na resolução de uma situação extraída do cotidiano, sua execução e envio antecipado viabilizavam a participação mais qualificada das aulas remotas, graças à interação com o estofo político, epistemológico e pedagógico do currículo cultural da Educação Física. A participação on-line e a elaboração satisfatória das tarefas também permitiam registrar a frequência. A atividade final consistiu em uma entre três possibilidades: elaborar um ensaio relacionado a um dos temas abordados durante o curso, redigir um artigo de revisão ou produzir um relato de experiência com a Educação Física cultural.

O tempo e o trabalho dispendidos na concepção e desenvolvimento da disciplina, mesmo que partilhado com dois colegas, foi compensado ao longo do curso, na medida em que percebemos o interesse dos estudantes provenientes das cinco regiões do Brasil, com trajetórias e repertórios distintos, assim como diferentes patamares de conhecimento acerca da temática estudada. A leitura dos comentários registrados no formulário eletrônico de avaliação da disciplina deu a entender que a experiência foi igualmente importante para a turma, que pareceu estimulada a se aproximar cada vez mais da prática e da pesquisa com o currículo cultural.

## O ENSINO HÍBRIDO COMO POSSIBILIDADE DE UMA OUTRA DOCÊNCIA

As altíssimas taxas de vacinação da comunidade universitária e as medidas protetivas vigentes, especialmente o uso de máscaras, fundamentaram a decisão da administração central em promover a retomada das atividades didáticas presenciais no primeiro semestre de 2022 nos cursos de graduação. Por dois longos anos a Faculdade de Educação se preparara para aquele momento, ciente e esperançosa que haveria de chegar. Já foi dito que os funcionários técnicos e administrativos trabalhavam presencialmente desde o mês de outubro do ano anterior. As turmas do ensino fundamental e médio da sua Escola de Aplicação frequentavam a unidade desde agosto. O Comitê Permanente Covid-19 coordenara a construção, atualização e divulgação de protocolos sanitários, confecção de cartazes, aquisição de máscaras PFF2 e álcool em gel, instalação de barreiras acrílicas, e orientara a adoção de novas rotinas de trabalho, circulação e uso dos ambientes, visando à maior proteção possível, além de restringir o acesso aos prédios às pessoas com o ciclo vacinal completo. Em janeiro e fevereiro de 2022, as Comissões de Graduação e Pós-Graduação organizaram a distribuição das turmas nas salas de aula e os horários de intervalo para evitar aglomerações e, com isso, estancar qualquer foco de contágio que eventualmente pudesse existir.

A tensão do retorno se fez presente durante o primeiro semestre, ao mesmo tempo que caíam os índices de contaminação e óbitos no estado de São Paulo. Estávamos bem aliviados com o sucesso da imunização, das medidas adotadas pela instituição e dos cuidados adotados pela nossa faculdade. Tudo isso repercutiu positivamente nas turmas de "Metodologia do Ensino de Educação Física I e II", disciplinas obrigatórias do curso de licenciatura em Educação Física, ministradas, respectivamente, no primeiro e segundo semestres de 2022 pela manhã, e na turma noturna de "Fundamentos Teórico-metodológicos do Ensino de Educação Física", oferecida no segundo semestre para os estudantes do curso de licenciatura em Pedagogia.

As circunstâncias da volta aos espaços das salas de aula demandaram mais uma mudança no modo de exercer a docência. Após vinte e quatro meses impossibilitados de frequentar os ambientes acadêmicos, o desejo era olhar nos olhos dos estudantes, ouvir suas vozes, o barulho do corredor, os passos nas escadas e sentir o vento fresco após o término das aulas do período noturno. Todavia, na comunidade universitária, experiências bem-sucedidas com o ensino remoto emergencial estimulavam debates em torno da incorporação, ao ensino presencial, das aprendizagens eventualmente angariadas durante o isolamento social. Em simultâneo, o Conselho Nacional de Educação (CNE) esboçava diretrizes para regulamentação do que passou a ser chamado de processo híbrido, tomado como abordagem metodológica flexível, organizada a partir das TDIC (Brasil, 2022).

O novo desenho pôs por terra qualquer vestígio de ingenuidade ou saudosismo que porventura fosse alimentado durante o último biênio. Adeus aos textos fotocopiados, às reservas de obras na biblioteca, aos bilhetes nos escaninhos, à entrega de trabalhos impressos, à assistência a filmes em sala de aula etc. A pandemia nos fez reinventar o ofício de professor. Mesmo que impelidos, fomos nós os sujeitos da transformação. O ensino híbrido pode ser mais laborioso, mas, em compensação, é mais dinâmico, flexível e inclusivo. Essa afirmação está lastreada na participação qualificada dos estudantes, na valorização dos saberes que possuem e no impulso à circulação de diferentes conhecimentos.

Outra vez, reorganizamos o programa da disciplina ministrada para a licenciatura em Pedagogia. Embora cada semana incluísse a leitura da bibliografia, assistência à videoaula e realização de tarefas, implementamos modificações substantivas: ampliamos a quantidade de textos, as videoaulas tornaram-se materiais de apoio, novos vídeos foram selecionados pelas monitoras Aline Nascimento, Caroline Oliveira e Raquel Souza, e as atividades passaram a ser feitas em sala de aula. Isso quer dizer que a exposição do assunto deu lugar à resolução da situação-problema, interpelando o estudante a se manifestar, trabalhar coletivamente, expor ideias, discuti-las, posicionar-se, analisar informações, intercambiar experiências e efetuar breves exposições.

O grupo se opôs no início, alegando preferência por aulas expositivas, cansaço, baixo rendimento, excesso de tarefas, pouco tempo para as leituras, entre outras razões. Não arredamos da decisão e, por diversas vezes, explicitamos que a intenção era garantir coerência entre a teoria estudada e a prática realizada. Ora, se o discurso pedagógico vigente reivindica a ruptura com o ensino transmissivo e o reconhecimento do repertório cultural dos estudantes, ao que se devia a resistência? Aprimoramos gradativamente os procedimentos até que adquiriram o seguinte formato: apresentávamos rapidamente o tema nos dez minutos iniciais do encontro presencial, em seguida, distribuíamos as folhas com a comanda da atividade (individual ou em grupo, conforme o caso) e determinávamos o tempo para realização. Após a elaboração pelos estudantes, o registro das reflexões era apresentado à turma, que tecia comentários a respeito. Ao final, as folhas eram recolhidas, pois a leitura nos permitia compreender o percurso desenvolvido pela turma e redimensionar a próxima atividade. Todas receberam comentários por escrito.

Esse modo de excercer a docência ressoou no decorrer do semestre. As exposições dos estudantes ganhavam em qualidade ao mesmo tempo em que crescia a participação e engajamento. O que nos levou a inferir que a leitura dos textos e a assistência às videaulas mantiveram-se em níveis razoáveis. Desnecessário dizer que nem tudo foi um mar de rosas. Por diversas vezes sopesamos as exigências. A partir da escuta atenta ao que dizia a turma, fomos convencidos a atenuá-las, trocar a ordem dos temas e o peso concedido às atividades na nota final. Convidamos professoras que colocam em ação a pedagogia culturalmente orientada na educação infantil e nos anos iniciais do ensino fundamental a exporem suas formas de artistá-la, o que se mostrou, sem sombra de dúvidas, o ápice do curso. Depois disso tudo, as análises dos relatos de experiências realizadas como última tarefa confirmaram as expectativas acumuladas no transcorrer das semanas. Quase todos os estudantes entregaram textos muito bem elaborados e que indicavam o domínio dos elementos que caracterizam a epistemologia e a didática do currículo cultural da Educação Física.

Cultura digital e educação

## DESENGANO

A narrativa da nossa docência no ensino superior durante a pandemia talvez tenha deixado uma sensação positiva, algo como uma volta por cima, exemplo de superação, reinvenção ou coisas do estilo. Ledo engano. Absolutamente cônscios das implicações de tudo o que acontecia naqueles meses terríveis em que centenas de milhares de pessoas tiveram suas vidas ceifadas, jamais escondemos o profundo desgosto, tampouco a preocupação com os estudantes e as dificuldades enfrentadas diariamente. Muitos de nós perderam pessoas próximas e queridas. Na fase aguda da pandemia, sequer pudemos nos despedir, velá-las ou acompanhar o seu sepultamento. Padecemos juntos e nos solidarizamos com tamanha consternação dos nossos semelhantes.

Em meio ao caos, tomamos como obrigação principal a autoproteção e a proteção dos demais. E o modo de fazer isso era prosseguir com o trabalho pedagógico, evitando que se rompesse a ligação com os estudantes. A nós competia zelar pela sua formação. A força e a inspiração advieram daqueles professores e professoras que ao se defrontarem com situações difíceis não abdicam de suas funções. Não fogem nem esmorecem. Cientes do seu compromisso, permanecem com os estudantes, confortando-os nas suas angústias e educando-os para a vida, mesmo que esteja por um fio. Esses professores e professoras existem. Trabalham em zonas de conflito, hospitais, acampamentos de refugiados e nos territórios em que impera a violência; abrem as escolas para receber as famílias quando vitimadas por catástrofes; denunciam agressores de crianças, consolam as turmas quando perdem um colega e não hesitam de se expor ao risco para defender seus alunos.

Avaliando o quadro, pensamos: apesar do contexto desolador, os recursos à disposição permitiam ensinar. A pandemia nos roubou muito: a liberdade, o corpo a corpo, a interação presencial... Não podíamos deixar que também nos retirasse a possibilidade de cumprir nossa missão. Precisávamos acolher nossos alunos em suas dificuldades e continuar trabalhando na sua formação. Concluímos que, para além dos protocolos sanitários, resguardar o nosso direito de exercer a docência também seria uma forma de amenizar as consequências da pandemia. Por isso, mesmo sofrendo bastante, tantas vezes cansados e desanimados, não nos omitimos. Tampouco deixamos os estudantes perceberem o nosso medo ou que, assim como eles, receávamos o que estava por vir. Um dia de cada vez, pensávamos, um dia de cada vez. E, assim, fizemos tudo o que estava ao nosso alcance para preservar a relação pedagógica e levá-los a encontrar no acesso aos conhecimentos a esperança necessária para atravessar aquele que provavelmente foi o período mais difícil das nossas vidas.

## Notas

[1] Canal da Educação Física Cultural GPEF-FEUSP no YouTube. Disponível em: https://www.youtube.com/gpeffeusp.

[2] Grupo de Pesquisas em Educação Física Escolar - FEUSP/CNPq: https://www.gpef.fe.usp.br/.

[3] Referência à parcela do público atendido pela Educação de Jovens e Adultos.

## Referências

ARRUDA, E. P. Educação remota emergencial: elementos para políticas públicas na educação brasileira em tempos de covid-19. *EmRede,* v. 7, n. 1, maio 2020, pp. 257-75. Disponível em: https://doi.org/10.53628/emrede.v7.1.621. Acessado em: 10 mar. 2023.

BRASIL. Conselho Nacional de Educação. Parecer nº 14 de 05 de julho de 2022. Diretrizes Nacionais Gerais para o desenvolvimento do processo híbrido de ensino e aprendizagem na Educação Superior. Brasília: MEC, 2022. Disponível em: http://portal.mec.gov.br/index.php?option=com_docman&view=download&alias=238781-pcp014-22&category_slug=julho-2022-pdf&Itemid=30192. Acessado em: 10 mar. 2023.

MBEMBE, A. *A necropolítica.* São Paulo: N-1Edições, 2018.

NEIRA, M. G. Análise e produção de relatos de experiência da Educação Física cultural: uma alternativa para a formação de professores. *Textos FCC,* São Paulo, v. 53, nov. 2017, pp. 52-103. Disponível em: https://publicacoes.fcc.org.br/textosfcc/article/view/5552. Acessado em: 10 mar. 2023.

NEIRA, M. G.; SANTOS, V. M. A gestão acadêmica e administrativa durante a pandemia: coletivo, invisibilidade, responsabilidade social e disputas. *RIDPHE_R.* Revista Iberoamericana do Patrimônio Histórico-Educativo, Campinas, v. 7, n. 00, p. e021029, 2021. Disponível em: https://doi.org/10.20888/ridpher.v7i00.15857. Acessado em: 10 mar. 2023.

NICOLAU, M. L. M.; KRASILCHIC, M. *Uma experiência de formação de professores na USP.* São Paulo: Imprensa Oficial, 2006.

SOUSA SANTOS, B. *A cruel pedagogia do vírus.* Coimbra: Almedina, 2020.

# Territórios paulistanos
# e mosaico de infâncias

*Ingrid H. Ambrogi*

> Este capítulo traz a observação de índices oficiais so-
> bre crianças pequenas, além de publicações sobre a
> administração da família que circularam na internet e
> em programas de TV com grande audiência durante o
> ápice da pandemia. Em contraponto, os efeitos da crise
> sanitária no cotidiano voltaram-se em especial para as
> crianças pequenas pobres e moradoras da periferia de
> megalópoles como São Paulo e revelaram a necessidade
> de uma educação pública de qualidade existente em
> alguns bastiões de excelência, como a observada em
> pesquisa no CEI do CEU Butantã.

O estudo que apresentamos neste capítulo buscou, a partir de índices oficiais sobre crianças do período e matérias veiculadas em portais voltados para os cuidados na infância durante a pandemia, refletir sobre crianças entre 0 e 4 anos naquele momento e revelar um cenário de contrastes presentes em diferentes meios de comunicação. Se, por um lado, surgem discursos de organização do tempo para crianças oriundas das camadas mais abastadas, por outro, as crianças menos favorecidas estão relacionadas à mortandade e violência ou à ausência da paternidade.

## TEMPOS PANDÊMICOS

O enfrentamento do objeto dessa pesquisa se deu pelo levantamento de hipóteses que desafiaram a pensar o espaço da infância em tempos de escassez, insegurança e vulnerabilidade que atingiram a maior parte da população brasileira durante a pandemia de covid-19 e que apresentam seus efeitos ainda hoje. Os dados muitas vezes não se apresentaram com evidências claras, como o número de crianças que durante a pandemia passaram fome, foram negligenciadas, sofreram maus-tratos, abusos, ou ainda contraíram o vírus e morreram.

Nos indicativos iniciais levantados no *Portal da Transparência*, os dados sugerem uma fragilização na proteção de crianças: o número de crianças que foram registradas sem a indicação da paternidade aumentou durante a pandemia, assim como o número de óbitos de crianças até 9 anos, ainda que os maiores índices fossem de indivíduos adultos. Por estarem subdivididos em diferentes categorias, tais como insuficiência respiratória, pneumonia, septicemia, os índices de mortes com causas respiratórias dissipam os dados brutos; esta foi mais uma dificuldade encontrada pela pesquisa.

O *Anuário brasileiro de segurança pública* revela também que "Em 2020, ao menos 267 crianças de 0 a 11 anos e 5.855 crianças e adolescentes de 12 a 19 anos foram vítimas de mortes violentas intencionais", e, segundo os dados registrados, muitos casos de abusos e violência não foram reportados em razão da pandemia. Em relação à faixa etária que nos interessa, houve um maior número de mortes violentas, segundo aponta o relatório: "Entre 0 e 4 anos, trata-se de, pelo menos, 170 crianças que foram mortas violentamente no Brasil em 2020" (Fórum Brasileiro de Segurança Pública, 2021: 229).

As notificações eram feitas através de órgãos de saúde que recebiam as crianças. No entanto, é fundamental ressaltar a importância da escola, na medida em que observa o comportamento e marcas de agressão no corpo das crianças, para coibir maus-tratos e possíveis desfechos de mortandade por violência doméstica, apontada nesse documento como causa de 45% das mortes.

Não existe diferença significativa nessa faixa etária quanto ao gênero, o que sugere que o manejo nos cuidados da criança pequena, bem como a pouca compreensão do que ocorre consigo, possa facilitar as agressões. Nesse grupo, 45% são declaradas como crianças negras, 32% são brancas e 24% são consideradas como outros. No caso de agressão sexual, o relatório indica: "Destas, ao menos 5.140 tinham entre 0 e 4 anos. Esse ano, o número de estados que submeteu as estatísticas de estupro para o *Anuário brasileiro de segurança pública* aumentou significativamente". É preciso complementar ainda que, segundo os dados, este é um crime com subnotificação e que 74% dos casos de estupro ocorreram dentro da própria residência da vítima (Fórum Brasileiro de Segurança Pública, 2021: 232).

Os cuidados com a criança pequena envolvem uma rotina: é preciso alimentar ou disponibilizar alimentação, trocar fraldas ou preparar o local da higiene e acompanhar o banho etc., e nesses momentos a criança fica mais vulnerável. Esse fato pode ser agravado pela imaturidade cognitiva característica dessa faixa etária: por não compreender o que pode ser feito com seu corpo por um adulto ou adolescente, se torna presa fácil, em especial os bebês. Nem mesmo as crianças um pouco maiores sabem, muitas vezes, o que deve ou não ser permitido. Os indicadores apontam que os agressores são em sua maioria pessoas de convívio e confiança familiar.

Outro aspecto a destacar são as matérias veiculadas em diferentes meios de comunicação, durante os primeiros meses da pandemia, voltadas para os pais, especialmente da classe média, que se viram desafiados a enfrentar as demandas do trabalho remoto, a orientação dos estudos dos filhos, a limpeza e organização doméstica, além de providenciar todas as refeições diárias. Desafios que colocaram em xeque muitas vezes a autonomia de se viver sem apoio de empregados.

No entanto, o que mais chamou a atenção foram os depoimentos de pais exaustos, que revelaram não suportar o cotidiano familiar. Muitos pais e mães veem a família e os filhos como um fardo. Houve, nesse sentido, um maior número de divórcios, sendo a mulher quem ficou responsável por todas as funções domésticas e muitas vezes a financeira. A Anafe (Associação Nacional de Advogados Públicos Federais) revela que em 2020 "Comparativamente aos cinco primeiros meses de 2017, quando tudo estava "normal", número de divórcios aumentou incríveis 75,34% só no Estado de São Paulo!" (Anafe, 2020).

Um dado que está intimamente relacionado com os fatores mencionados anteriormente é sobre o estado psíquico da população, especialmente das mulheres e mães. Uma pesquisa do Instituto de Psiquiatria do Hospital das Clínicas da Faculdade de Medicina da USP revelou que as mulheres foram as mais afetadas durante a pandemia de covid-19, sendo que 40,5% delas apresentaram sintomas de depressão neste período. As mães, principalmente, chegaram ao seu limite (Ferreira, 2021).

Outro dado importante revela que o número de nascimentos sem a indicação da paternidade na documentação no período aumentou em cerca de 6%, como sinalizado na matéria da *Revista Crescer*: "Mais de 320 mil bebês foram registrados sem o nome do pai no Brasil durante a pandemia [...]. Os registros de reconhecimento de paternidade também diminuíram: de 35.243 em 2019, para 23.921 em 2020" (*Revista Crescer*, 14 mar. 2022).

Os índices reforçam também, como consequência, o aumento do número de famílias mantidas por mulheres, muitas delas únicas provedoras.

A pesquisa de mestrado realizada por Paula Serafim Daré (2021) sobre o significado atribuído à casa no primeiro ano de pandemia revelou alguns sentimentos de um grupo social de classe média, tendo como respostas algumas que seguem:

> – Vazio, ansiedade, conflitos familiares, solidão.
> – Você acompanha e é acompanhado 24h por dia.
> – A convivência intensa demanda um rearranjo nas relações interpessoais.
> – Incômodo pelo aumento de convivência forçada com familiares; incômodo pela falta de experiências fora de casa.
> – O silêncio é um desafio.

A casa, antes um lugar de aconchego distinto do trabalho e destinado às relações interpessoais e ao descanso, ganhou um novo papel: embora lugar de segurança, também o era de aprisionamento à medida que o medo acompanhava em tempo real os índices de mortandade divulgados pela mídia, que mostrava o fluxo da doença por diferentes países do mundo. E em especial, quando a onda de aumento de óbitos chegou ao Brasil pela cidade de Manaus, a casa se tornou um *bunker*.

Já nas camadas populares, a casa toma contornos distintos das demais classes sociais – em que se pode dizer que a casa própria ainda é sinônimo de alguma proteção –, pois a maioria vive em espaços pequenos em que muitas pessoas coabitam. Nesse caso, é impossível permanecer todos ao mesmo tempo dentro da habitação, o que força um rodízio: alguns trabalham à noite, outros durante o dia, as crianças brincam nos espaços externos e se organizam de maneira muito diversa das crianças de outras classes sociais.

Em cortiços, por exemplo, famílias de 10, 12 pessoas vivem em um cômodo, como já descrito em memórias do bairro do Bexiga, bairro de São Paulo onde existem centenas de habitações desse tipo nos casarões tombados e sem manutenção. O cortiço se revela um ótimo negócio, pois fraciona uma habitação em pequenos cômodos, cujos aluguéis são contratos informais entre o preposto do lugar e os moradores. Raramente o dono do imóvel aparece. As memórias de infância de Haim Grünspun, *Anatomia de um bairro: o Bexiga*, durante a década de 1930 relatam sua vida percorrendo os cortiços para cobrar as mercadorias vendidas por seu pai, um mascate, e ainda servem para ilustrar a realidade de hoje em dia:

> Em casarões viviam de quinze a trinta famílias, em cada quarto de quatro a dez pessoas, mas não havia promiscuidade. Cada família comia no seu quarto ou salinha de comer. Cozinhava quase tudo junto, no quintal. Todos lavavam roupa nos mesmos tanques, no fundo e usavam as privadas comuns, mas o homem não saía de cuecas para ir à privada, vestia calças. A mulher não saía de combinação, punha blusa por cima.
>
> Alguém só comia no quarto do outro por convite, no entanto, a comida era a mesma, o arroz na banha do porco, o feijão com o mesmo cheiro e a mesma cor, muito escuro, sempre. (Grünspun, 1979: 29)

Atualmente, as questões de moradia na cidade de São Paulo se diversificaram muito, há as ocupações com organização e bandeira de movimentos sociais de sem-teto através de lideranças consolidadas, há ocupações sem vínculo com movimentos sociais, sendo estas diferentes dos cortiços, pois cada organização promove diferentes tipos de moradia.

Há ainda os que moram nas ruas, que ocupam o espaço público de maneira nômade, alteram seu lugar com frequência, muitas vezes tendo seus pertences confiscados por órgãos públicos e por outras ações. Estes são os mais vulneráveis e é essa população a que mais cresceu durante a pandemia, segundo dois estudos sobre a população de rua na cidade de São Paulo durante o período da pandemia: segundo o censo oficial da Prefeitura, houve um aumento de 31% (aproximadamente 32 mil pessoas) no número de sem-tetos, já o censo realizado pela UFMG (Universidade federal de Minas Gerais) através do seu observatório de políticas públicas constatou um percentual de 54% de aumento (42.240 pessoas). Segundo matéria do *Jornal O Globo*, divulgada pelo portal de notícias *g1*,

> Para o padre Júlio Lancellotti, da Pastoral do Povo da Rua, saber quantos são e quem são as pessoas em situação de rua é fundamental para administrar políticas públicas, combater a violência contra essa população também, o desprezo ao pobre, prática conhecida como aporofobia. (*Jornal O Globo – g1*, 9 jun. 2022)

Em relação às ocupações, pesquisa realizada por arquitetos e urbanistas da Universidade Católica de Leuven, através do Grupo de Pesquisa de Urbanismo e Arquitetura e do Centro de Pós-Graduação em Assentamentos Humanos, revela a diversidade em relação à ocupação de imóveis denominados como vacantes no centro da cidade de São Paulo, território que vem sofrendo um gradativo movimento de abandono nas últimas décadas. A área possui muitos edifícios sem uso e com dívidas crescentes dos impostos, muitas vezes sendo o montante da dívida maior que o valor do imóvel. A pesquisa divulgada pela *Revista Vitruvius*, "Ocupações no centro da cidade de São Paulo. Um urbanismo emergente?", aponta:

> O surgimento dos movimentos de ocupação no centro de São Paulo ao longo do último quartel do século 20 foi paralelo ao desenvolvimento de um repertório diversificado de táticas de ocupação, intimamente ancorado nas características espaciais particulares da cidade central. (Stevens, De Meulder e Somekh, ano 20, jul. 2019)

Com o agravamento da crise sanitária, em especial no seu primeiro ano de existência, em que as medidas protetivas se resumiam ao isolamento, higienização de mãos e uso de máscaras, o medo à exposição ao ambiente externo se tornou um desafio diário. As diretrizes de confinamento e de medidas de proteção passaram a ser um aprendizado para as crianças, que realizavam o ritual de limpeza das mãos e a utilização de máscaras. Em cada fase da pandemia, as relações interpessoais iam ficando cada vez mais restritas, sem a presença de avós, tios, primos, além da morte de familiares que apenas desapareceram: não houve ritual de despedida, funeral, não se podia realizar homenagens aos que partiam.

A maior parte das pessoas passou a conviver de modo virtual, o trabalho se tornou remoto, as aulas das crianças também, as compras ganharam um impulso pelas plataformas digitais, todas as relações passaram a ter uma dimensão virtual. A outra face dessa situação foi o agravamento das questões econômicas relativas à segurança familiar, especialmente em relação à manutenção do emprego. Boa parte dos trabalhadores das camadas sociais menos favorecidas, que já atuavam na informalidade no setor de serviços, foram os mais afetados com o desaparecimento de centenas de vagas de emprego. Como também não contavam com os mecanismos de proteção do Estado, como seguro-desemprego, fundo de garantia, entre outros direitos garantidos pelos empregos formais, a situação tornou-se ainda mais crítica, e esses trabalhadores passaram a se submeter a atividades cada vez mais precarizadas. Diante do agravamento da crise econômica e do aumento da demanda de serviços que davam apoio aos processos virtuais, essas pessoas passaram a realizar trabalhos que os expuseram mais aos riscos inerentes à pandemia, como entregas e construção civil, que não pararam.

Nesse sentido, as crianças passaram a estar ainda mais confinadas, todos os espaços públicos foram fechados, espaços comunitários ou em condomínios foram igualmente isolados. Inicialmente, as escolas também precisaram de um tempo para se reorganizar e disponibilizar atividades on-line.

Os meios digitais, quando utilizados por crianças pequenas, serviam geralmente para diversão, e percebeu-se que a nova perspectiva demandava mais do que capacidade dos pequenos para lidar com toda a situação: a solicitação da professora, a organização do espaço, o tempo disponível para realização das tarefas, além do conhecimento e manuseio dos aparatos tecnológicos, como computadores, tablets e outros. Dessa maneira, houve uma solicitação aos responsáveis de uma cotutela educacional, que foi possível em especial para as camadas mais abastadas, pois estas possuíam equipamentos digitais suficientes para que os adultos trabalhassem e para que as crianças estudassem de maneira remota.

Diante da confusão estabelecida por múltiplas atividades concorrentes, surgem na mídia especializada, em especial revistas voltadas à educação dos filhos, sessão de jornais de grande circulação, blogs, entre outros, matérias que buscaram oferecer soluções para que os adultos conseguissem, além de trabalhar, cuidar de todas as necessidades da casa e dos filhos. Em sua maioria são matérias que abordam a organização do tempo e do espaço e a construção de estratégias que utilizam bases conhecidas para indicar ações em um momento com características não vividas, portanto, desconhecidas.

Muito do que aparece nesses "aconselhamentos" descreve relações idealizadas, pessoas que falam e outras escutam sem antagonismo, famílias constituídas de maneira tradicional, com uma casa bem montada, boas condições financeiras. Em grande parte, as imagens são aquelas que aparecem em "propaganda de margarina", estruturadas no ideário estadunidense dos anos de 1950 que revela um modelo de família feliz: pai, mãe e filhos em torno de uma mesa farta de café da manhã. O título da matéria a seguir busca indicar algumas "dicas" para os pais: "Filhos em casa: como as famílias podem apoiar a aprendizagem durante a suspensão das aulas." (*Todos Pela Educação*, 19 maio 2020)

No entanto, algumas outras matérias de jornais revelam a dissolução dos modelos como o anteriormente apontado, a grande dificuldade das classes menos favorecidas em manter um mínimo de segurança alimentar envolvendo crianças e adultos, pais ou não, na luta diária pela sobrevivência.

O lado esquecido da sociedade não é bonito, não faz pose para fotografia, não dá entrevista, mas sai em matérias de jornais que muitas vezes, em tom sensacionalista de *reality show*, revelam o interior de geladeiras com apenas garrafas de água, ou panelas vazias e armários sem alimentos. Essa população fica esquecida nos cortiços, casebres, barracas improvisadas, pelos recantos do país e especialmente em grandes cidades como São Paulo.

Há igualmente um abismo entre as orientações da OMS (Organização Mundial da Saúde) voltadas para uma população idealizada pelos padrões

Territórios paulistanos e mosaico de infâncias

dos países considerados "desenvolvidos" e os demais que não têm as mesmas especificidades sociais e cuja pobreza é atribuída como consequência de sua incapacidade de lidar com o problema. Ou pior, reproduzida nas diferentes classes sociais desses países "periféricos", a pobreza é vista ainda como a falta de tenacidade e a falta de instrução que podem ser superadas magicamente pela força de vontade de cada um, ou por vezes com projetos de organizações como o USAID, que promovem uma educação limitada e desconectada da realidade. Sabemos que não é assim, vale resgatar as ponderações feitas pelo geógrafo Milton Santos:

> Suprema irrisão: no Brasil todas as Constituições proclamam que todo indivíduo tem direito ao trabalho e que ao trabalhador deve ser pago um salário correto. A prática oposta não comove a ninguém, salvo aos que carecem de força para fazer mudar essa situação aviltante. Direitos inalienáveis do homem são, também, entre outros, a educação, a saúde, a moradia, o lazer. Prover o indivíduo dessas condições indispensáveis a uma vida sadia é um dever da sociedade e um direito do indivíduo. (Santos, 1987: 98)

Complementando:

> Não é tanto ao modelo econômico que devemos o extremo grau de pobreza e uma enorme parcela da população, o nível de desemprego, as migrações maciças em todas as direções e a urbanização concentradora gerando metrópoles insanas. Sustentamos que tudo isso se deve, em avantajada proporção, ao modelo de cidadania que adotamos. (Santos, 1987: 97)

Pode-se constatar que as maiores vulnerabilidades das crianças pequenas são aquelas oriundas da pobreza, das periferias das cidades, ou em relação às questões sanitárias das que vivem em favelas e cortiços e de outras formas precárias, como as que estão em situação de rua.

Elas têm ameaçada sua sobrevivência também pela falta de trabalho e pela desarticulação da rede de proteção dada pelos órgãos públicos e escola. Uma pesquisa ressaltada pelo Ibase (Instituto Brasileiro de Análises Sociais e Econômicas) revela estudos comparativos sobre a fome no país:

> Um estudo feito pela Organização das Nações Unidas para a Alimentação e a Agricultura (FAO), por exemplo, mostrou que 15 milhões de brasileiros(as) estão passando fome. Por outro lado, uma pesquisa da Rede Penssan estimou que 33 milhões encontram-se em situação de insegurança alimentar no país, enquanto a FGV Social alegou que seriam 77 milhões. (Ibase, 28 fev. 2023)

Além da insegurança alimentar, da fome, outro aspecto que chamou a atenção durante a pesquisa e que reflete no aumento da população em situação de rua, e consequentemente na presença de crianças nessa situação, foi o aumento do número de despejos ocorridos especialmente no primeiro ano da pandemia, momento em que muitas pessoas perderam seus empregos ou ocupações e passaram a não ter mais como pagar os aluguéis. Em decorrência desse fator e antes da lei que protegia a população do despejo, os índices eram alarmantes, como apontado em matéria da plataforma digital *g1*, divulgada pelo *Jornal Nacional* da TV Globo em 24/08/2021:

> É um direito. Todas as pessoas deveriam ter acesso a uma moradia, um teto, um endereço. Se antes esse direito já não era garantido a muitos brasileiros, com a pandemia, piorou. O número de famílias que foram despejadas nos últimos 12 meses aumentou 340% no país. As ruas estão cheias dessas histórias.
>
> Redes de solidariedade se formaram através de instituições vinculadas a apoio social com diversas entidades ou organizadas pela sociedade civil, que buscaram atenuar o desamparo da população mais pobre e pressionar as instâncias governamentais para uma resposta efetiva diante das necessidades observadas. É exemplo a iniciativa realizada para prevenção do contágio da covid 19 a seguir: "'Xô Coronavírus': Campanha conscientiza população vulnerável na região central de São Paulo". (Portal UOL, 13 ago. 2020)

Ações como a campanha desenvolvida pela Associação Novo Olhar saíram às ruas para distribuir panfletos de orientação preventiva, números de telefones de serviços públicos, máscaras e álcool em gel aos moradores dos cortiços e ocupações na região do centro, buscando a conscientização e promovendo medidas de apoio à população vulnerável. Em entrevista ao *Jornal da Tarde*, o organizador da iniciativa afirma:

"Nós constatamos que quase todas as campanhas estão voltadas à classe média para cima. Elas pedem para as pessoas ficarem em casa", explica Paulo Santiago, presidente da associação, sobre o foco da ação em pessoas que não têm como preservar o isolamento social, seja por ter que trabalhar, por viver em residências comunitárias ou por falta de moradia. "A gente está trabalhando para que as pessoas possam se precaver ao máximo, tentar evitar o contato físico, lavar bem as mãos, usar máscaras e estar permanentemente alerta sobre o que pode acontecer", diz. (*Jornal da Tarde*, 13 ago. 2020 – divulgado pelo UOL)

## E A CRIANÇA E A INFÂNCIA?

De que infância falamos em uma megalópole como São Paulo, ainda que traçando uma delimitação que seja constitutiva das crianças das camadas menos abastadas, frequentadoras da rede pública do município?

Quando falamos de grupos de crianças, mesmo que oriundas de uma mesma região, podemos afirmar que são muito diversos; assim, a categoria infância aqui vai se delinear a partir de seu território e daquilo que é oferecido para que cada criança com suas peculiaridades possa se expressar, experienciar a cidade, os espaços disponíveis. E aqui destacamos a pesquisa realizada no CEI CEU Butantã.

A escola é uma instituição essencial na manutenção dos direitos da criança e na preservação da infância. O sentido de vida e equilíbrio na infância estão relacionados ao convívio e ao brincar, essência dessa fase da vida.

Em meio a eventos dramáticos no mundo, como conflitos, desastres naturais, entre outros, vemos que as crianças brincam em escombros, com restos de projéteis, com qualquer coisa que esteja ao seu alcance: é seu modo de ler o mundo e interagir com ele.

A escola, enquanto instituição promotora de experiências, se abre ao conhecimento como um espaço de favorecimento para essa possibilidade, para o experimentar, o conviver, o descobrir – ou, pelo menos, esse deveria ser o seu papel.

Um dos exemplos de educação de qualidade para a infância acompanhado por pesquisa realizada entre os anos de 2019-2020 foi desenvolvido no CEU Butantã, em especial em seu CEI (Centro de Educação

## CEU – CENTRO DE EDUCAÇÃO UNIFICADO

Infantil). Iniciamos o projeto de pesquisa em 2018 e pudemos, de maneira remota, acompanhar algumas ações realizadas pelo CEU Butantã ao longo da pandemia.

## CEU – CENTRO DE EDUCAÇÃO UNIFICADO

A concepção da escola integrada é trazida ao Brasil por Anísio Teixeira em meados da década de 1920, com base na concepção de John Dewey, da qual se aproximou durante seus estudos na Hull House nos EUA, entre os anos de 1927 e 1928. Essa proposta é implementada inicialmente no distrito federal, ainda Rio de Janeiro, sendo posteriormente consolidada na Bahia com a construção e realização do projeto de escola integral Carneiro Ribeiro, ou Escola Parque. Nesse sentido, a concepção de escola integrada mostra sua potência a ser deslocada em outros projetos ao longo do tempo, como os Centros Integrados de Educação Pública (CIEP) no Rio de Janeiro, implementado por Darcy Ribeiro com projeto arquitetônico de Oscar Niemeyer (1983-1987), posteriormente, os Centros de Atenção Integral à Criança (CAIC), projeto federal no início dos anos 1990 implantado em alguns estados de maneira pontual, sem um projeto educacional estruturado, o que dificultou sua permanência como escola integral e integrada; os Centros de Educação Unificada (CEU) no início dos anos 2000, que são implementados pela prefeitura de São Paulo, hoje difundidos por outros municípios brasileiros com concepções distintas. Vale ressaltar que a concepção que embasou o projeto dos CEUs nasceu bem antes de sua implantação: tem origem nas dependências do Departamento de Edificações da Prefeitura de São Paulo (Edif), por um grupo de arquitetos que buscou uma proposta sofisticada e arrojada para mobilizar a cidade e religar suas dimensões humanas por meio de equipamentos polarizadores, pensando o CEU como um polo de múltiplas ações em prol da cidadania. O projeto dos CEUs resgata a essência da proposta da Escola Parque, defendida por Anísio Teixeira e propagada por Hélio Queiroz Duarte durante o Convênio Escolar em São Paulo (1949-1959), e ainda resgata a essência dos parques infantis, projeto de Mário de Andrade (1935).

Uma das balizas que nortearam os projetos das escolas integradas foi o sistema de ensino preconizado na época, o sistema *platoon* (ou de pelotões, grupos de crianças), que nasceu em Detroit, nos Estados Unidos. Tendo sido criado pelo administrador escolar Ellwood Patterson Cubberly (1868-1941) e posteriormente aderido por educadores mais progressistas da época, como John Dewey, o sistema visava, por meio de uma elaborada organização científica na época, tornar eficiente e adequada a escola elementar estadunidense, a partir de métodos ativos que despertavam o protagonismo do aluno no processo de ensino e aprendizagem. Propunha ainda que as novas exigências da vida e do progresso da sociedade fossem incorporadas à escola. Para Cubberly, a educação não era apenas o saber, mas o saber enquanto útil.

Alexandre Delijaicov e André Takyia, dois dos arquitetos responsáveis pelo projeto dos CEUs, apontam que a proposta surgiu para resgatar, em primeiro lugar, a postura do arquiteto funcionário público, mais humanista e menos mercantilista; houve, assim, uma busca através do projeto coletivo da concepção inicial de praça de equipamentos educacionais, que ao longo do tempo foi se tornando mais nítida. Como concepção arquitetônica, pode-se afirmar que o projeto original do CEU é pretensioso: por seu grande porte, destaca-se na paisagem, imprimindo ao entorno um contraste de referência significativo.

Um dos elementos de destaque é o conjunto de piscinas, segundo um dos arquitetos idealizadores do CEU, o Parque Aquático, que foi pensado como um elemento provocador, aquele que aparece na frente da escola atraindo olhares de dentro e de fora. Foi projetado para ter brinquedos d'água, esguichos que brotariam do chão, brinquedos movidos a água que poderiam servir para experiências para todas as idades, seja para entender de maneira empírica a força da água, seja para calcular a volumetria, o tempo e o espaço, as leis de Newton, entre outros, mas infelizmente essa parte não saiu do papel.

O projeto do CEU igualmente significou que a escola na periferia não precisa ser acanhada como as casas da vizinhança, e propôs à comunidade em que se instalou a experiência de conviver com o belo e o bom, mudando suas referências e seus padrões de exigência.

Durante cerca de um ano pude acompanhar as atividades desenvolvidas no CEI CEU Butantã através do projeto de pesquisa "Lidando com novos espaços: crianças e adolescentes na apropriação do complexo arquitetônico do Centro Educacional Unificado (CEU) Butantã (São Paulo – Brasil)". Durante as observações pude constatar que muitas das ações das educadoras, crianças e pais que circulavam pelo complexo reiteravam os princípios de uma educação de qualidade.

## UM *POT-POURRI* DE EXPERIÊNCIAS

Observar as crianças durante as suas múltiplas experimentações no CEI do CEU Butantã exigiu perseguir inúmeras ações concomitantes. As crianças brincam e inventam explorações com todos os objetos disponíveis, como o expositor que virou túnel e o manuseio dos pequenos triciclos disponíveis, buscando adequar os percursos uns com os outros, com rotas que vem e vão, no corredor ao lado da secretaria e do refeitório. Em um outro momento, uma das professoras trouxe um coelho, que foi acariciado pelas crianças pequenas, inicialmente com receio, e depois com destemor.

Muitas interações se dão dessa maneira e vão ocorrendo ao longo do dia; iniciativas espontâneas que são aproveitadas para compor com as experiências estruturadas proporcionadas para as crianças do CEI.

Outro espaço importante é a biblioteca do CEU, que exerce um papel de integração e gera atividades com esse propósito. São muitos os projetos desencadeados pelas professoras e bibliotecárias, que mostram um trabalho exemplar com diferentes faixas etárias, desde bebês até os jovens estudantes do CEU Butantã.

Há igualmente o hábito de as crianças ouvirem histórias lidas por suas professoras, e há nas salas livros que ficam à disposição e são enviados para a casa das crianças regularmente, para que os pais ou responsáveis possam ler para elas, gerando uma postura de valorização pela leitura nos lares.

Sabemos o quão importantes são essas iniciativas, o quanto essas atividades podem ser transformadas em experiências, relembrando o conceito de experiência proposto por Dewey (2012), que se refere à importância de vivenciar situações que desencadeiem novos conhecimentos. Segundo o autor, "A experiência ocorre continuamente, porque a interação do ser vivo com as condições ambientais está envolvida no próprio processo de viver" (2012: 109).

A leitura não apenas aproxima a criança da estrutura da linguagem como também amplia seu olhar sobre o mundo que a cerca e o jogo simbólico, cria estratégias a partir de um universo abstrato – a palavra e seus sentidos – e possibilidades mentais, evocando os primados de Piaget, o desenvolvimento da linguagem como essencial para a construção do pensamento.

## ESPAÇOS GENEROSOS

Estar imerso em espaços com uma grande extensão é fundamental para que a criança possa ter uma percepção de ambiente aberto e livre, incluindo além da dimensão motora a perceptiva, a visão de figura e fundo, o que altera muito a leitura e a apropriação do espaço, deixando de ter um limite estrito para ganhar uma dimensão de grande porte, com convivência mútua entre as crianças de diferentes faixas etárias da CEI. Essas vivências são fundamentais para construção de conhecimentos que envolvem questões cognitivas, afetivas e sociais do sujeito com o meio, o que faz evocar Milton Santos com o conceito de espaço cidadão, já sinalizando que a apropriação desde a infância garante, pela vivência, um estado mental de estar no mundo mais pleno. Podemos educar para ter indivíduos subjugados desde o berço, assim como podemos dar a oportunidade de se tornarem sujeitos plenos de direitos.

O espaço de cada sala possui aparatos engenhosos, tais como expositor para livros e armários feitos para dar suporte para as atividades com organização e acesso facilitado para a criança, o que promove a escolha e a participação direta diante dos materiais disponíveis. A materialidade dos elementos que compõem o ambiente revela as escolhas políticas que promovem a participação, e não apenas a observação resignada. As atividades propostas pelas professoras são inventivas e muito bem articuladas; a partir de materiais simples criam desafios efetivos para as crianças experienciarem.

Uma das atividades que pude observar no parque foi a montagem de uma cabana com pedaços de tecidos; a primeira foi feita pelas professoras, mas as crianças rapidamente intervieram e reorganizaram a cabana à sua maneira, num trabalho colaborativo que fez parte da brincadeira.

Vivência de sutilezas, sensibilidades, experimentações e percepções pessoais certamente dão a possibilidade de entrar em contato com um universo peculiar diferenciado, um conjunto de experiências transformadoras que adensam as possibilidades de alargar a leitura de mundo e seus sentidos.

A edificação da CEI se parece com um disco voador, seu entorno possui tanques de areia, brinquedos grandes, pequenos, triciclos, torneiras com água; é uma festa diária para as crianças. Contígua a esta área temos o conjunto de piscinas com acesso limitado para evitar acidentes, mas há a permeabilidade das grades que possibilita uma visão ampla do espaço.

As crianças pequenas podem brincar na piscina rasa, própria para elas, pois se assemelha a um espelho d'água, possibilitando que a água em contato com o sol fique morna e agradável para elas.

A vivência com elementos como a água e o cuidado em estar em uma grande área mesmo que rasa são sempre experiências que envolvem a exploração desse recurso; isso traz às crianças novos repertórios e aprendizagens significativas.

Nas atividades no parque, as crianças se auto-organizam em brincadeiras e grupos, discutem regras, propõem entre si brincadeiras e desenvolvem seu poder de argumentação e liderança desde pequenas; uma possibilidade importante na formação desses meninos e meninas que aprendem exercer a cidadania.

Já as crianças pequenas, com pouco mais de 1 ano, também circulam sob a atenção e direção mais cuidadosa das professoras, que ficam próximas. Vão descobrindo o espaço ainda trôpegas, mas exercendo seu poder se ir e vir. As vivências para os pequenos têm um pouco mais de foco, no entanto, desde cedo essas crianças podem saborear a liberdade de experimentar, mas com zelo por parte das educadoras.

Após a exposição do que representa esse espaço educativo diferenciado, pode-se imaginar o quanto foi penoso para as crianças pequenas ficarem confinadas durante o tempo da pandemia, impedidas de usufruir de toda a potencialidade das experiências promovidas através de propostas alicerçadas e coerentes com princípios educacionais que têm como base a promoção do ser humano.

## APROXIMAÇÕES COM AS FAMÍLIAS

Durante a pandemia, procurou-se manter o contato com as crianças e os responsáveis, e várias lives foram feitas tanto para essa finalidade como também para ajudar quando necessário, apoiando as famílias com menos recursos. Segundo relato da professora Missila,

> No novo contexto de pandemia coube fazer o possível para continuar o aprendizado do modo que as condições nos permitiam. [...] O contexto pandêmico nos possibilitou pensar o mundo de maneira mais coletiva, nossas ações interferem no outro e no entorno. (Ambrogi et al., 2022: 89-90)

Uma educação de qualidade faz toda a diferença, em especial para crianças no período de superação da pandemia: só a partir da sensibilidade e de um processo educativo competente é que essa superação pode ser realizada.

## CONSIDERAÇÕES FINAIS

Partimos da observação geral do que circulou especialmente durante o primeiro ano da pandemia em mídias digitais de grande circulação. O número de matérias destinadas a minimizar os efeitos do cotidiano na pandemia fez supor que era necessário buscar as causas para esses efeitos. A partir de algumas escolhas de dados disponíveis, puderam ser identificadas algumas correlações que se deram durante o período da pandemia, tais como o desemprego, o despejo, a insegurança alimentar para as camadas mais pobres. Já para a classe média, os efeitos se voltaram para a pressão do cotidiano, o peso da convivência forçada, a inabilidade em se relacionar com os filhos e as múltiplas tarefas domésticas.

Esse turbilhão de sensações certamente atingiu boa parte das pessoas que sobreviveram a esse período, no entanto, para as crianças pequenas significou um grande alijamento de suas interações com o mundo, a perda do espaço para brincar, muitas vezes a falta de condições mínimas de moradia, alimentação, a exposição à violência, a perda do sentido de infância protegida. Em especial, pensar sobre as crianças pequenas que vivem na pobreza remete ao bálsamo que representa ir para a escola, poder brincar, conviver, se alimentar de maneira prazerosa.

O cenário é pouco palatável, pois identifica falta, carência, vulnerabilidade para circunstanciar a importância do papel do espaço escolar para crianças, em especial para as pequenas, que necessitam de experiências que as tornem mais prontas para a vida. Educar para a vida seria a missão de boas propostas educativas. Deixamos como registro a importância de se ter investimento em espaços educativos potencialmente promotores de uma educação de qualidade, em especial para as populações menos favorecidas, e a grande teia de circunstâncias que devemos pensar quando almejamos uma educação de qualidade, e especialmente de qualidade para quem.

## Bibliografia

AGÊNCIA BRASIL. Mais de 100 mil crianças não receberam o nome do pai este ano. 28 ago. 2022. Disponível em: https://agenciabrasil.ebc.com.br/geral/noticia/2022-08/mais-de-100-mil-criancas-nao-receberam-o-nome-do-pai-este-ano. Acessado em: 15 mar. 2023.

AMBROGI, Ingrid H. et al. (org.). *CEU:* experiências, relatos e teorizações. Rio de Janeiro: Rio Books, 2022.

ANAFE – Associação Nacional de Advogados Públicos Federais. Divórcios na pandemia, o que dizem os dados, 2020. Disponível em: https://anafenacional.org.br/divorcios-na-pandemia-que-dizem-os-dados/. Acessado em: 10 mar. 2023.

DARE, Paula S. *Um estudo sobre o significado da casa durante o período da Pandemia do Coronavírus Sars-cov-2, entre analistas junguianos, sob a perspectiva da psicologia analítica.* São Paulo, 2021. Dissertação (Mestrado em Educação, Arte e História da Cultura) – Universidade Presbiteriana Mackenzie. Disponível em: https://dspace.mackenzie.br/handle/10899/28695. Acessado em: 10 mar. 2023.

DEWEY, John. *Arte como experiência.* São Paulo: Martins Fontes, 2012.

FERREIRA, Ivanir. Mulheres foram mais afetadas emocionalmente pela pandemia. *Jornal da USP.* Divulgação de pesquisa da Faculdade de Medicina USP, Instituto de Psiquiatria, 09 fev. 2021. Disponível em: https://jornal.usp.br/ciencias/mulheres-foram-mais-afetadas-emocionalmente-pela-pandemia/. Acessado em: 09 mar. 2023.

FÓRUM BRASILEIRO DE SEGURANÇA PÚBLICA. A violência contra crianças e adolescentes na pandemia; análise do perfil das vítimas. *Anuário brasileiro de segurança pública*, 2021, pp. 223-239. Disponível em: https://forumseguranca.org.br/wp-content/uploads/2021/07/13-a-violencia-contra-criancas-e-adolescentes-na-pandemia-analise-do-perfil-das-vitimas.pdf. Acessado em: 06 mar. 2023.

G1. Pesquisa mostra que população de rua na cidade de São Paulo é 30% maior do que indica censo municipal; número chega a 42 mil pessoas. 09 jun. 2022. Disponível em: https://g1.globo.com/sp/sao-paulo/noticia/2022/06/09/pesquisa-mostra-que-populacao-de-rua-na-cidade-de-sp-e-30percent-maior-do-que-indica-censo-municipal-numero-chega-a-42-mil-pessoas.ghtml. Acessado em: 25 maio 2023.

GRÜSPUN, Haim. *Anatomia de um bairro:* o Bexiga. São Paulo: Livraria Cultura Editora, 1979.

IBASE – Instituto Brasileiro de Análises Sociais e Econômicas. Quantas pessoas estão passando fome no Brasil? 28 fev. 2023. Disponível em: https://ibase.br/quantas-pessoas-estao-passando-fome-no-brasil/. Acessado em: 06 mar. 2023.

REVISTA CRESCER. Mais de 320 mil bebês foram registrados sem o nome do pai no Brasil durante a pandemia. 14 mar. 2022. Disponível em: https://revistacrescer.globo.com/Educacao-Comportamento/noticia/2022/03/mais-de-320-mil-bebes-foram-registrados-sem-o-nome-do-pai-no-brasil-durante-pandemia.html. Acessado em: 06 mar. 2023.

SANTOS, Milton. *O espaço do cidadão.* São Paulo: Nobel, 1987.

STEVENS Jeroen; DE MEULDER, Bruno; SOMEKH, Nadia. Ocupações no centro da cidade de São Paulo. Um urbanismo emergente? *Revista Vitruvius,* ano 20, jul. 2019. Disponível em: https://vitruvius.com.br/revistas/read/arquitextos/20.230/7472. Acessado em: 12 mar. 2023.

TODOS PELA EDUCAÇÃO. Filhos em casa: como as famílias podem apoiar aprendizagem durante a suspensão das aulas. 19 maio 2020. Disponível em: https://todospelaeducacao.org.br/noticias/filhos-em-casa-como-as-familias-podem-apoiar-a-aprendizagem-durante-a-suspensao-das-aulas/. Acessado em: 13 mar. 2023.

UOL. Xô coronavírus: campanha de conscientiza população vulnerável na região central de São Paulo. 13 ago. 2020. Disponível em: https://cultura.uol.com.br/noticias/12178_xo-coronavirus-campanha-conscientiza-populacao-vulneravel-na-regiao-central-de-sao-paulo.html. Acessado em: 10 mar. 2023.

# "Ninguém fica para trás" em práticas de leitura e escrita

*Rita de Cassia Gallego*

O texto discute as relações entre experiência, inovação e forma escolar mediante a análise do Projeto Clube de Leitura e Escrita, realizado desde 2015 na Escola de Aplicação da Faculdade de Educação da USP, desenvolvido junto às quatro turmas dos últimos anos do ensino fundamental I. Destaca-se que a inovação notada se relaciona sobretudo à maneira como se tem enfrentado o desafio da heterogeneidade dos modos de aprender, sendo criadas novas disposições na organização dos tempos e espaços escolares, rompendo-se com a soberania do método simultâneo, como *A* forma, quase sempre tomada como única, de ensinar e aprender.

Cecília Meireles, no poema "Hoje desaprendo o que tinha aprendido até ontem" (2001), faz um perspicaz jogo de palavras com o verbo aprender, tendo como verso final "enquanto aprendo, desaprendo e torno a reaprender". Tal menção é importante porque *aprender*, *desaprender* e *reaprender* constituem verbos que marcam bem os processos que vivenciamos ao longo da trajetória como estudantes, docentes e de uma dada cultura institucional, sendo expressivos no âmbito da análise da experiência trazida neste capítulo. Ao pensar nas relações entre experiência, inovação e forma escolar, poderia ter escolhido muitas experiências em escolas públicas realizadas em São Paulo, em outras localidades brasileiras ou, ainda, do exterior, as quais se destacam frente aos desafios cotidianos em torno do ensinar e aprender. Entretanto, escolhi tratar do Projeto Clube de Leitura e Escrita, realizado desde 2015 na Escola de Aplicação da Faculdade de Educação da USP (EAFE-USP), o qual envolve as quatro turmas dos últimos anos do ensino fundamental I (EFI) (duas do 4º ano e duas do 5º ano), contemplando, assim, 120 estudantes, 4 docentes e bolsistas do Projeto Unificado de Bolsas (PUB) da Pró-Reitoria de Cultura e Extensão, advindos dos cursos de licenciatura em Pedagogia ou Letras. As atividades com as crianças referem-se à disciplina Língua Portuguesa, compreendendo seis aulas semanais por turma, e contemplam as atividades de leitura, produção textual, atividades diferenciadas (escrita) e aulas na biblioteca. Mas a que se deve a escolha desse Projeto? Antes de uma resposta mais objetiva a essa questão, gostaria de explicitar o meu vínculo com ele, que se dá numa dupla perspectiva.

A aproximação com o referido Projeto teve início em 2016, quando foi realizada uma parceria minha com duas docentes da EAFE-USP, coordenadoras do Projeto, Brenda Paes Moreira Gonçalves e Fabiana Andrea Dias Jacobik,[1] essas também autoras da proposta. Tendo em vista a necessidade de uma docente para ser responsável pelo pedido das bolsas referentes ao PUB, a diretora da escola à época, Andréia Botelho de Rezende, entrou em contato para me consultar sobre a possibilidade de eu ser responsável pela submissão do Projeto para se pleitear monitores bolsistas. Considerando a minha resposta afirmativa, já perfazem seis anos juntas, e, nesse período, o Projeto tem passado por algumas mudanças importantes, as quais serão destacadas mais à frente.

O segundo vínculo foi estabelecido de uma forma mais ampla com a EAFE-USP, em virtude do desenvolvimento da pesquisa associada ao projeto temático "Saberes e práticas em fronteiras: por uma história transnacional da educação (1810-...)", financiado pela Fapesp (processo nº 2018/26699-4), cuja coordenação geral é realizada pelas professoras Carlota Boto e Diana Vidal. O projeto temático possui quatro eixos, sendo o último, "Materiais didáticos para ensino público e formação de professores", coordenado por mim e pela professora Paula Perin Vicentini. Entre as questões que integram o Eixo 4, sobressaem-se, em linhas gerais, aquelas voltadas às memórias e à diversidade presentes na cultura escolar da EAFE-USP, entre outras escolas públicas que compõem o eixo sob a responsabilidade de docentes de outras Universidades que são associadas a ele. O levantamento das práticas da EAFE-USP dirigidas ao atendimento da diversidade inclui o Projeto Clube de Leitura e Escrita entre aqueles que vêm sendo analisados no âmbito da pesquisa, nesse caso, a diversidade mais contemplada refere-se à aprendizagem.

Retomando a questão quanto ao motivo da escolha dessa experiência perante tantas outras possíveis, essa se deve ao fato de se constatar que o Projeto tem trazido, em seus quase oito anos de existência, inovações expressivas na organização pedagógica da EAFE-USP, inovações essas pautadas em um lema: "ninguém fica para trás", conforme assinalado pelas professoras Brenda e Fabiana, o qual expressa a preocupação singular das docentes em enfrentar a questão da diversidade dos modos de aprender e, por conseguinte, o compromisso com a aprendizagem de todos, o que tem impactado as formas de ensinar e a organização pedagógica, especialmente em seus tempos e espaços. Ao mobilizar aspectos do Projeto, a intenção é demonstrar que ele é fruto de lutas, negociações e processos que incluíram o *aprender*, *desaprender* e *reaprender* ao longo desses anos; envolve uma instituição concreta, com sua história e seus sujeitos.

Mas, afinal, o que se entende por *inovação*? Inova-se em relação à quê? Quais impactos esse tipo de iniciativa tem causado na cultura escolar? Quais mudanças podem ser notadas nesses quase oito anos de realização do Projeto? Essas constituem questões nucleares a serem desenvolvidas no texto. A análise será empreendida mobilizando-se, principalmente, as contribuições teóricas de Antonio Viñao Frago (1995) e Agustín Escolano (1992) para se discutir cultura escolar; para a discussão sobre espaço e tempo escolar tem-se como referência a obra de Viñao Frago e Escolano (2001) e Correia e Gallego (2003); já no que diz respeito à forma escolar são referências importantes Guy Vincent et al. (2001) e Carlota Boto (2003); e, ainda, Philippe Meirieu (1998, 2005) e Carol Ann Tomlinson (2022) acerca da diversidade em sala de aula. Entre as fontes nucleares do estudo destacam-se: o Plano Escolar, os projetos do Clube de Leitura e Escrita submetidos à Pró-Reitoria de Cultura e Extensão, horários dos 4º e 5º anos, fotos, materiais de palestras e conversas sistemáticas com as duas professoras coordenadoras do Projeto.

O capítulo é dividido em três partes: na primeira, será tratada da inserção do Projeto Clube de Leitura e Escrita na EAFE-USP e relações com a sua cultura; na segunda, será enfatizada a primeira marca inovadora do Projeto, o trabalho com a diversidade de aprendizagem e as mudanças na forma escolar da instituição; e, na terceira, será discutida a ressignificação dos espaços e tempos escolares no âmbito do desenvolvimento do Projeto analisado. Em seguida, são tecidas reflexões finais.

## A INSERÇÃO INSTITUCIONAL DO PROJETO CLUBE DE LEITURA E ESCRITA: A CULTURA DA EAFE-USP E SUA ORGANIZAÇÃO PECULIAR

A EAFE-USP é vinculada à Faculdade de Educação da USP, FE-USP, desde 1973, ano da extinção do Centro Regional de Pesquisas Educacionais de São Paulo (CRPE-SP), criado nos anos 1950, ao qual esteve ligada quando de sua origem. Tão logo se estabeleceu, tornou-se reconhecida por suas propostas pedagógicas diferenciadas e pelos cursos de aperfeiçoamento oferecidos a docentes de vários países, o que não se alterou com a vinculação à FE-USP, mantendo-se como campo para pesquisas educacionais e iniciativas para formação docente, tal evidenciado por Nívea Gordo em sua tese, defendida em 2010.

Localizada ao lado do prédio da referida faculdade, a EAFE-USP oferece ensino fundamental e médio, sendo o ingresso dos estudantes efetivado por meio de sorteio público, com a seguinte organização: 1/3 das vagas são voltadas para filhos de funcionários da FE-USP; 1/3 dedicadas aos demais funcionários da universidade; e 1/3 das vagas dedicada à comunidade externa à USP. No que diz respeito ao ingresso dos docentes, esse ocorre mediante a realização de concurso público, sendo que, até o final de 2022, a escola contava com 51 docentes, entre os quais 12 deles tinham contrato como temporários, ou seja, sem vínculo efetivo com a escola. Tal situação evidencia as dificuldades enfrentadas para conseguir garantir os princípios que sustentam o Plano Escolar, pautados na equidade e aprendizagem de todos. Uma característica importante da escola é a sua marca cultural quanto à gestão democrática, tendo a seguinte organização: a direção é eleita pelos pares; há o cargo de Orientação Pedagógica e Educacional; os professores(as) coordenadores(as) de área são escolhidos(as) pelos pares; e os(as) docentes são organizados(as) em áreas do conhecimento. O vínculo da escola com a universidade impõe algumas diferenças em sua estrutura administrativa se comparada às demais escolas públicas, sejam elas municipais ou estaduais, tal como podemos depreender pelos seus dispositivos atuais de gestão, que envolvem especialmente o ensino fundamental I, prioridade da pesquisa realizada:

- COC Educação Básica (Comissão Coordenadora de Cursos) – formada por docentes da FE-USP, Direção, Orientação e coordenadores de área;[2]
- RETA (Equipe Técnica Ampliada) – composta pela Direção, Orientação e Coordenadores de área;
- Ciclo – formada pela Orientação Pedagógica, professoras do EFI e professores de Arte e Educação Física;
- Área – composta pelas professoras polivalentes do EFI – pedagogas.

Outro aspecto que merece destaque para compreender a inserção institucional do Projeto Clube de Leitura e Escrita é a organização do trabalho das docentes do ensino fundamental I:[3] são 40 horas semanais, sendo 8 horas dedicadas ao aperfeiçoamento, 6 horas de reuniões/projeto e 5 horas de atividade pedagógica. Assim, entendo que o regime de trabalho somado às suas condições concretas de realização, em que se garante na jornada um tempo dedicado às reuniões e planejamento, são fatores essenciais que viabilizam não só a construção, mas a implementação do Projeto aqui tratado. Isso porque esse tipo de iniciativa demanda uma análise de muitos fatores (espaços, tempos, avaliações dos(as) estudantes, por exemplo) e um tempo significativo de planejamento, leituras, estudo e discussão, o que não seria possível, ou seria muito dificultado, se as docentes envolvidas dedicassem 40 horas à sala de aula.

Segundo sublinhado pela professora Brenda, o ano de 2010 foi um momento marcante para a história da EAFE-USP e para constituição da área do ensino fundamental I, uma vez que ocorreram concursos para recomposição do quadro de professores desse segmento da educação básica e, a partir de então, algumas ações significativas tiveram início. Observa-se que foi neste ano que a professora Brenda ingressou na escola. Entre 2011 e 2014, foram realizados projetos de formação e reorganização do currículo, enfatizando-se Língua Portuguesa, Matemática e Ciências da Natureza.[4] Entre esses anos, também foi realizada na escola a pesquisa "O Desafio de Leitura e Escrita no Ensino Fundamental de 9 anos", coordenada pelo prof. dr. Claudemir Belintane (FE-USP), a qual, segundo as professoras Brenda e Fabiana, foi essencial para se pensar o Projeto tratado aqui.

Entre 2012 e 2014, foi realizado o Projeto Professor de Ciclo, sendo importante remarcar que a professora Fabiana ingressou na escola em 2012. É, então, em 2015, que as condições para a constituição da área do EFI são conquistadas, tendo-se como pautas principais dos debates pedagógicos: diferenciação das identidades de ciclo e área no EF I; avaliação dos projetos de formação; levantamento de demandas de formação do grupo; busca de uma identidade do trabalho do pedagogo. Nota-se que é, neste ano, que o Projeto Clube de Leitura começa a ganhar forma. Em 2016, a ênfase de formação na área do EF I foi nas trocas de experiências sobre "manejos pedagógicos" e o Projeto é efetivamente implementado. O ano de 2017 é essencial para o estabelecimento dos contornos da estrutura pedagógica que é notada nos dias de hoje, pois foram centrados esforços no estudo de diferentes propostas de organização escolar (ciclo e seriação), concepções de infância, atendimento às diferentes necessidades educacionais e a Base Nacional Comum Curricular (BNCC), recém-homologada. Foi nesse mesmo ano que, além da leitura, a escrita passa a integrar o Projeto, o qual tem seu nome mudado para Projeto Clube de Leitura e Escrita.

Ao se percorrer todos esses anos em meio a estudos, trocas de experiências, leituras de documentos, discussões, pode-se dizer que, no ano de 2018, o grupo de docentes do EFI efetiva uma série de mudanças curriculares, as quais foram sendo gestadas com mais ênfase desde 2016, e assume efetivamente o atendimento à heterogeneidade escolar na perspectiva da organização em ciclos, consolidando uma série de princípios, os quais devem nortear as ações desenvolvidas pelo conjunto de professoras do EFI, conforme consta nos documentos oficiais e é ressaltado pelas professoras Brenda e Fabiana:

- Tirar o foco da dificuldade de aprender;
- Respeitar os diferentes ritmos de aprendizagem;
- Pensar a criança como ser integral: com diferentes formas de aprender e diferentes necessidades de aprendizagem;
- Aperfeiçoar o manejo da heterogeneidade e as práticas de ensino;
- Garantir a equidade de oportunidades de aprendizagem;
- Refinar o olhar sobre as diferenças entre dificuldades e distúrbios de aprendizagem;
- Consolidar práticas de organização em ciclos de aprendizagem.

Acredito que tais princípios que servem de baliza para as práticas da EAFE-USP dialogam com o que Philippe Meirieu (2005) entende como "instituir a escola", tal como expresso em suas considerações:

> "Instituir a escola" é, de fato, permitir sistematicamente a crianças de origens, níveis e perfis diferentes que trabalhem coletivamente para construir as regras necessárias para "viver juntos" e, indissociavelmente, para adquirir os saberes suscetíveis de reuni-los em uma humanidade comum. "Instituir a escola" é, ao mesmo tempo, dar a todos aquilo que os une aos outros e a cada um aquilo que permite diferenciar-se. "Instituir a escola" é, portanto, alternar sistematicamente os tipos de reagrupamentos a fim de que o "mesmo" e "o outro" se entrelacem no dia a dia na sala de aula e no estabelecimento". (Meirieu, 2005: 127)

Ao mobilizar essa discussão, não se pretende cunhar uma forma ideal de ensinar e aprender, mas se aponta para a construção de dinâmicas nas quais sejam intercalados momentos individuais, coletivos, com grupos distintos, assim, muito diferente de um formato fixo para a organização pedagógica. Mas a arquitetura didática constituída no âmbito do Projeto, a qual será mais bem detalhada, não tem fim em si mesma, mas está atrelada à indagação arguta feita por Meirieu: "[...] com que direito você diz que esta ou aquela criança não pode ter êxito? Com que direito condena-a ao fracasso, a enclausurar-se em dificuldades que, ao contrário, se deveria ajudá-la a superar?" (2005: 41).

Entendo que a busca por "tirar o foco da dificuldade de aprender", compreender a "criança como ser integral: com diferentes formas de aprender e diferentes necessidades de aprendizagem", assim como "refinar o olhar sobre as diferenças entre dificuldades e distúrbios de aprendizagem" – uma vez que é muito comum que tal distinção não seja analisada com o devido cuidado –, está bastante alinhada com a provocação feita pelo referido autor no sentido do empenho notado pela equipe da EAFE-USP no enfrentamento do fracasso escolar.

Ao traçarmos esse breve histórico da constituição do que podemos chamar de uma certa identidade do EFI da EAFE-USP, o intuito foi evidenciar que a configuração do Clube de Leitura e Escrita ocorreu em meio a discussões fervorosas sobre a organização desse momento da educação básica na EAFE-USP; esse processo envolveu debates sobre concepções de aprendizagem, currículo, infância, avaliação etc., portanto, não foi uma ação isolada, mas se soma a um conjunto de reflexões e práticas que foram sendo estabelecidas coletivamente. Pode-se afirmar, assim, que tal dinâmica foi delineando novos contornos à cultura da instituição, sendo o modo de compreensão formulado por Viñao Frago (1995) bastante elucidativo no que diz respeito ao conceito de cultura escolar, sendo essa entendida como um "conjunto de aspectos institucionalizados que caracterizam a escola como organização", incluindo:

> práticas e condutas, modos de vida, hábitos e ritos – a história cotidiana do fazer escolar –, objetos materiais – função, uso, distribuição no espaço, materialidade física, simbologia, introdução, transformação, desaparecimento, [...] –, e *modos de pensar, assim como significados e ideias compartilhadas*. (Viñao Frago, 1995: 68-9)

Para esse autor, haveria tantas culturas escolares quanto escolas houvesse, o que o leva a preferir utilizar o termo no plural. Isso porque, embora se parta de documentos oficiais e diretrizes municipais, estaduais, nacionais e internacionais comuns, concepções pedagógicas em voga nos cursos de formação docente etc., cada instituição, com seus sujeitos e contextos específicos, (re)criam normas, práticas, espaços, tempos, objetos, valores, rituais etc., mesmo sendo possível, obviamente, estabelecer similaridades entre escolas para além das fronteiras locais, devido à circulação e apropriação de saberes. Desse modo, considero deveras significativa a compreensão de cultura escolar trazida também por Agustín Escolano (1992), a qual dialoga com a discussão proposta por Viñao Frago, uma vez que preconiza a existência de *três culturas* distintas da escola, destacando-se o papel dos sujeitos, particularmente dos docentes, para a constituição da instituição:

- *Política ou normativa*: regras que governam o funcionamento das escolas;
- *Científica ou pedagógica*: elaborada no âmbito das universidades;
- *Empírica, prática ou material*: produzida pelos docentes, no dia a dia do exercício de seu ofício.

Ainda no que diz respeito à constituição da cultura escolar, Viñao Frago adverte sobre as distinções existentes entre essa nos diversos momentos da educação básica – no caso brasileiro – infantil, fundamental I e II, além do médio. Considerando que a EAFE-USP atende às três últimas etapas da educação básica e às contribuições do referido autor, entende-se que na mesma instituição coexistem e justapõem-se culturas distintas, ainda que sejam assumidos compromissos coletivos, se tenha a mesma gestão e se partilhe do mesmo espaço físico. Isso fica bastante claro ao se analisar a configuração e a implementação do Projeto Clube de Leitura e Escrita, por exemplo, pois não há como compreendê-lo sem se estabelecer uma relação entre o específico e o geral. Desse modo, embora seja voltado, conforme já se assinalou, para os 4ºs e 5ºs anos do EFI, integra a proposta pedagógica da escola e é parte de um projeto maior que envolve os demais anos do EFI, uma vez que, desde o 1º ano, são realizadas propostas com atividades diferenciadas. Dialoga também com debates oficiais e pedagógicos mais amplos ocorridos nos últimos anos acerca da organização estrutural da escola e concepções defendidas sobre a formação das crianças nessa faixa etária, tal como se depreende pelas pautas de discussão do grupo de docentes do EFI a partir de 2010, tratadas anteriormente. Expostas as condições de construção e desenvolvimento do Projeto, voltemos à questão: quais inovações foram trazidas por ele? E, afinal, o que se entende por inovação? São essas as questões que trataremos a seguir.

## PROJETO DE LEITURA E ESCRITA E O TRABALHO COM A DIVERSIDADE DE APRENDIZAGEM: UMA EXPERIÊNCIA DE INOVAÇÃO[5] NA FORMA ESCOLAR

O Projeto Clube de Leitura e Escrita, em seus quase oito anos de realização, sofreu alterações relevantes como, por exemplo: na versão do Projeto de 2016/2017, foram incorporadas atividades na biblioteca; a partir de 2017, foram inseridas atividades de escrita e diferenciadas conforme as necessidades específicas das crianças relacionadas à leitura e à escrita, tal como assinalado; entre 2020 e 2021, o trabalho foi desenvolvido remotamente, momento em que vivemos a suspensão presencial das aulas em virtude da pandemia da covid-19.

Com o retorno ao presencial, as professoras salientam que notaram novas demandas no âmbito da aprendizagem devido às condições bastante distintas que as mais de 100 crianças que fazem parte dos 4º e 5º anos tiveram durante o confinamento para realizar as atividades escolares e, assim, aprender. As desigualdades sobressaíram-se e foram exigidas ações mais diferenciadas do que aquelas que se realizavam anteriormente. Nesse percurso, tem se perseguido a realização de experiências de aprendizagem inclusiva, equidade de aprendizagem e oferta de possibilidades que alcancem o maior número de estudantes, assim como se depreende das considerações das professoras coordenadoras.

Um aliado importante nesse processo foi a conquista expressiva que se teve, fruto da luta das professoras Brenda e Fabiana, de um número maior de bolsistas ao longo dos últimos anos (2, até 2018; 4 até 2022; 8 a partir de 2023), o que tem viabilizado o atendimento dessa diversidade de forma mais cuidadosa. Isso porque nas aulas de produção escrita os(as) bolsistas acompanham todas as etapas: planejamento, escrita e revisão do texto.[6]

Orientados, supervisionados e em parceria com as professoras, realizam intervenções junto às crianças, orientando a escrita, corrigindo, auxiliando a revisão, permitindo a reflexão sobre aspectos mais refinados na produção textual. Algo importante a ser assinalado é que são as docentes que ficam com os grupos que demandam maior atenção no âmbito da aprendizagem, o que é um diferencial, pois, muitas vezes, são os estagiários que são responsabilizados por desafios complexos sem a formação e experiência necessárias. Mas se pode dizer que é um número suficiente de bolsistas? Infelizmente não, pois esse tipo de trabalho em que se preveem atendimentos mais personalizados demanda um número de docentes maior, porém é uma conquista que ancora as intenções formativas delineadas pelo Projeto.

Em linhas gerais, a proposta do Projeto tem como justificativa e intenções os seguintes aspectos:

- Intuito de se avançar na imersão em textos mais longos e que demandam *tempos* e *lugares* diferenciados de leitura;
- Possibilidade de acompanhamento da leitura para além das atividades geralmente realizadas nas aulas de Língua Portuguesa, de modo a se fortalecer o hábito da leitura, fomentar o prazer de ler e trabalhar na biblioteca;
- Redução da proporção adulto-criança, mediante a constituição de grupos menores, divididos de acordo com as *diferentes necessidades de aprendizagem.*

O enfrentamento vigoroso do princípio da homogeneização das formas de aprender em curso na EAFE-USP e a busca por práticas em que a diversidade é acolhida dialogam com algumas considerações férteis de Philippe Meirieu, para quem:

> O agrupamento com base na homogeneidade de níveis foi sendo introduzido de forma muito progressiva, e só se impôs em decorrência do critério de idade para se chegar ao sistema que conhecemos hoje. [...] Em outras palavras, a sala de aula, tal como a conhecemos, não é absolutamente um "princípio" fundamental da escola, e inclusive talvez tenha se tornado hoje, do nosso ponto de vista, um obstáculo à consecução das finalidades fundamentais da instituição. (Meirieu, 2005: 26)

Nesse sentido, o mesmo autor assevera que:

> "Diferenciar a pedagogia" não é absolutamente uma "revolução" na escola, nem, *a fortiori,* uma renúncia aos princípios ou mesmo à existência de uma instituição que se diluiria *em uma infinidade de procedimentos individuais justapostos.* "Diferenciar a pedagogia" é, ao contrário, reforçar uma instituição escolar incorporando em seu seio o que jamais deveria ser abandonado à esfera privada, familiar ou comercial: o *acompanhamento individualizado dos alunos.* "Diferenciar a pedagogia" é oferecer a cada um os *meios de apropriar-se dos saberes respeitando suas necessidades específicas e acompanhando-o o melhor possível em sua trajetória de aprendizagem.* (Meirieu, 2005: 122; grifos nossos)

De forma muito semelhante à percepção de Meirieu (2005), Carol Ann Tomlinson (2022) destaca que "a diferenciação didática é a resposta proativa dada pelo professor à necessidade do aluno em termos da aprendizagem" (2022: 35; tradução livre). Para a autora:

> A diferenciação didática é o modelo desenhado para se efetivar um ensino que proporcione equidade ao acesso à excelência a todos os estudantes. Nesse sentido, o professor que incorpora a diferenciação em sua prática crê na capacidade de cada estudante de ter sucesso... (Tomlinson, 2022: 43; 35; tradução livre)

Tomlinson, na mesma obra, sublinha que na pedagogia diferenciada, o professor crê que todos os estudantes possuem a capacidade de ter sucesso e sustenta essa ideia por meio do *teaching up*[7] e do plano formativo diferenciado (2022: 39). A análise do que se apresentou acerca do desenvolvimento do Projeto em diálogo com sua inserção institucional permite constatar que os princípios que subsidiam as práticas realizadas alinham-se ao que defendem Meirieu e Tomlinson em seus escritos acerca dos processos de aprendizagem.

O visível enfrentamento do princípio da homogeneização por meio de práticas diferenciadas não seria possível sem se questionar as representações sociais sobre aprendizagem – as quais muitas vezes são pautadas em ações tão somente de escuta, disciplina corporal, repetições, memorização sem a efetiva significação –, tal como desenvolvido magistralmente por Philippe Meirieu (1998) em seu capítulo "O que é aprender?", que integra o livro *Aprender... sim, mas como?.* Ao contrário, a aprendizagem, *grosso modo,* consiste em um processo complexo que se ancora em interações entre os esquemas cognitivos que os sujeitos dispõem com o exterior (sujeitos, objetos, materiais, espaços etc.). Destarte, a depender do que se pretende ensinar, os dispositivos didáticos são importantes na mobilização do que se já se dispõe para se alcançar o conhecimento pretendido, numa dinâmica que prevê obstáculos, erros, dificuldades, correções, ou seja, não é linear tampouco se concretiza sem muito trabalho por parte dos estudantes e docentes envolvidos(as). É por essa razão que Tomlinson (2022: 35) defende que seja estabelecido um ambiente que encoraje e dê condições para se aprender, que haja uma avaliação que modifique o aprendizado e uma didática que responda à heterogeneidade dos estudantes.

Com base nessa perspectiva de aprendizagem, também notada nas concepções que sustentam a organização do Projeto, é praticamente impossível que todos(as) os(as) estudantes aprendam ao mesmo tempo. Ainda que se reconheça, e até se concorde com essa visão, muitas instituições e docentes continuam tentando ensinar e seguir o mesmo programa, sem nuances, para todos(as), tal como preconizado pelo método simultâneo de ensino, difundido amplamente no decorrer do século XIX, com a institucionalização das escolas graduadas. Assim, perante as distinções presentes nas turmas ou no enfrentamento das "dificuldades", normalmente, oferece-se, conforme observado perspicazmente por Meirieu, "o mais do mesmo"; ao mesmo tempo a todos tenta-se, com sorte, dirimir as distinções nas formas de aprender.

Com base no que foi apresentado até o momento, indagamos: qual(is) a inovação(ões) trazida(s) por essa experiência? Inova-se em relação a quê? Consideramos relevante, antes de finalizar esta parte, nos dedicarmos de forma abreviada à conotação muitas vezes presente nos discursos usuais sobre a ideia em torno do que seriam consideradas práticas escolares inovadoras. O termo *inovação*, mesmo antes da pandemia, tem sido comumente associado à presença, maior ou menor, de equipamentos digitais ou tecnológicos na cultura escolar. Desse modo, pode-se incorrer ao risco de se reduzir a ideia de inovação a artefatos tecnológicos, *high tech*. Outra associação bastante comum, nos últimos anos, é a perseguição de inovações pedagógicas pautadas na quase completa ruptura com os aspectos constitutivos da história da escola: quebram-se as paredes, extinguem-se as classes organizadas por idade, docentes passam a ser tutores, não havendo ou se reduzindo substancialmente as aulas simultâneas, entre outras tantas. Esse tipo de iniciativa não é atual, a exemplo da proposição das pedagogias não diretivas, como a cunhada por Neill, em 1921, ao criar a Summerhill, por exemplo, como tantas outras propostas realizadas pelos escolanovistas em contraposição à escola seriada em que todos aprendem o mesmo conteúdo ao mesmo tempo.[8] Ou seja, desde o momento em que se cria e difunde essa forma de ensinar e aprender são produzidas críticas e "propostas inovadoras".

Entretanto, proponho uma retomada de um dos momentos mais marcantes na história da escola em que se pode verificar rupturas expressivas, tal como a transição, nada rápida, entre o método individual e simultâneo. Quem diria, hoje, que uma sala de aula organizada por fileiras, faixa etária, um professor à frente ensinando o mesmo conteúdo ao mesmo tempo a um grupo de crianças seria inovador? O que vai ser chamado de tradicional e extremamente criticado por pressupor a passividade das crianças consolida aspectos considerados modernos em termos materiais, como o novo uso da lousa e concepções de ensino e aprendizagem; o princípio era que se aprendia de forma homogênea, portanto, devia-se ensinar a mesma coisa (programa idêntico e linear), ao mesmo tempo, a um grupo de alunos organizados por idade, classificados em uma série.

No âmbito geral, esses aspectos reunidos são o que Guy Vincent, Bernard Lahire e Daniel Thin (2001) consideraram como a forma escolar, a qual se sustenta pela estruturação de tempos e espaços próprios e institucionalizados, o que se consolida com as escolas graduadas; grupos escolares como esses foram chamados e difundidos no Brasil, no fim do século XIX e primeiros anos do século XX. Aquino e Boto (2019), ao retomarem o conceito, evocam os referidos autores e indicam como características de forma escolar:

> [...] estruturação de uma instância destinada exclusivamente à infância; existência de regras específicas no que concerne tanto à aprendizagem quanto à distribuição temporal das ações; e uma série contínua de exercícios cuja repetição visaria à incorporação dessas mesmas regras. (Aquino e Boto, 2019: 14)

É nesse contexto de difusão dessa forma escolar que o princípio da homogeneidade não só é instituído, mas almejado e tomado como parâmetro de sucesso docente[9] e perdura, mesmo sendo alvo de tantas críticas, até os dias de hoje; esse seria um aspecto notável de permanência na cultura escolar. Esse momento consolida aspectos que vêm sendo questionados e se busca romper, conforme assinalado anteriormente; seriam inúmeras as experiências ao longo da história da escola, das teorias e práticas pedagógicas que tentam, de modo mais ou menos arrojados, se contrapor a essa forma escolar e suas implicações na cultura escolar (julgamento exacerbado de bons e maus alunos com base em notas e classificações em avaliações, reprovações, comparações, organização de salas homogêneas, provas como pivô da organização e fluxo escolar etc.). Nesta oportunidade, a experiência evocada não se pauta em artefatos tecnológicos, não traz rupturas expressivas em relação à forma escolar, afinal as séries não são abolidas, tampouco a organização etária, ainda que essa seja flexibilizada nos momentos em que se reúnem as crianças em torno de suas demandas; essas referências são desconstituídas pontualmente na organização pedagógica, conforme será desenvolvido adiante. Gostaríamos, desse modo, de ressaltar que a *inovação* principal trazida pelas práticas relativas ao Projeto Clube de Leitura e Escrita, e privilegiada nesta parte, é o rompimento com a soberania do método simultâneo, como *A* forma, quase sempre tomada como única, de ensinar e aprender; assim, relaciona-se sobretudo à maneira como a instituição e seus sujeitos têm enfrentado o desafio da heterogeneidade. Para tanto, as docentes têm delineado outras formas de organização pedagógica, as quais rompem com a histórica rigidez dos usos feitos dos espaços e tempos escolares, considerados aqui inovadores, tal como será discutido adiante.

## PROJETO DE LEITURA E ESCRITA E A RESSIGNIFICAÇÃO DOS ESPAÇOS E TEMPOS DE ENSINAR E APRENDER

Ao se enfrentar a heterogeneidade dos modos de aprender, tal como se discutiu anteriormente, e, assim, ampliar as possibilidades didáticas para além do método simultâneo, as docentes responsáveis pelo Projeto

Cultura digital e educação

realizaram inovações importantes na organização dos espaços e tempos para ser possível o atendimento da diversidade. Tal organização busca ampliar os limites da seriação, pautando-se pelos princípios presentes no regime de ciclos e por outras ações desenvolvidas na escola. Quais seriam essas inovações? Ao serem reunidas 120 crianças, como essas são organizadas? No que diz respeito às atividades voltadas à leitura, as crianças do 4º ano leem livros do acervo da turma nos gêneros narrativa de aventura e poemas; e as do 5º ano leem narrativas de enigma, contos de tradição oral, poemas de cordel e relatos pessoais. Os textos são trabalhados na dupla perspectiva de fruição e estudo: leitura para apreciação e leitura para análise de características dos textos e gêneros. Afora isso, constituem um repertório para as produções textuais das crianças. As atividades que versam sobre a escrita, ou seja, diferenciadas pelas necessidades de aprendizagem específicas das 120 crianças, envolvem o ciclo (4º e 5º anos), sendo essas distribuídas em pequenos grupos de acordo com as demandas. Desse modo, não têm o critério da série como referência.

Mas antes de apresentar como são organizados os espaços e tempos de organização do Projeto, indagamos: o que se entende aqui por espaço e tempo escolar? De acordo com autores como Viñao Frago e Escolano, esses termos são compreendidos como *estruturantes da cultura escolar*, não são neutros e formam os sujeitos. Nesse sentido, para esses autores, eles também integram o currículo e educam, como bem discutem no livro *Currículo, espaço e subjetividade – arquitetura como programa* (2001). Tendo em vista as concepções de cultura escolar que sustentam a análise aqui apresentada, consideramos que os sujeitos da escola também exercem um importante protagonismo em relação ao prescrito, ao estruturado, ao resistirem, recriarem, tensionarem e mudarem o esperado, tal como se observa na configuração do Projeto.

Viñao Frago e Escolano (2001) assinalam que a organização espacial da escola constitui uma linguagem silenciosa, expressão que considero muito potente para se analisar o modo pelo qual os espaços são arquitetados e constituídos na instituição escolar. Entretanto, asseveram que, para além do físico, do concreto e do objetivo, os usos realizados dos mesmos são essenciais para se compreender as práticas ali presentes. Por isso, deve-se considerá-lo

334

também como *lugar*, ou seja, o espaço físico habitado, significado e utilizado pelos sujeitos que o compõem. Ao trazer essa distinção entre espaço e lugar, atenta-se para o caráter subjetivo da ação educativa e da importância das relações estabelecidas entre os sujeitos, sendo essencial pensar no que se pode chamar de "clima". Tomlinson (2022) assinala que "Na classe que se adota uma verdadeira diferenciação didática: o clima é altamente colaborativo [...]", devendo se prezar pelo respeito e a promoção pessoal de todos. Para a autora, "a relação está na base desta perspectiva [...]" (2022: 7); e, claramente, nota-se essa busca por parte das docentes envolvidas no Projeto.

Nesse sentido, a organização espacial, ou melhor, os lugares cumprem um papel fundamental em nosso comportamento, atitudes, sentimentos, assim como perspicazmente assinalado por Colin Ellard (2019), no sugestivo livro *A alma dos lugares: como a paisagem e o ambiente alteram o nosso comportamento e as nossas decisões*:

> As nossas experiências diárias relativas ao lugar, por norma, não são tão sublimes. [...] estudos psicológicos sugeriram que a forma de tais espaços não afeta apenas o modo como nos sentimos, mas também nossas atitudes e o nosso comportamento, tornando-nos mais condescendentes e prontos para nos submetermos a uma vontade maior e mais forte. [...] O contraste entre as nossas reações a tais espaços pode ser facilmente lido nos nossos corpos. É visível na nossa postura, nos padrões dos nossos movimentos de olhos e cabeça e, até, na nossa atividade cerebral. Aonde quer que vamos, os nossos sistemas nervosos e as nossas mentes são moldados pelo que vivemos. (Ellard, 2019: 17-8)

No caso do Projeto, pode-se dizer que os espaços da EAFE-USP foram ganhando contornos significativos para que fosse possível enfrentar o desafio de se trabalhar com a diversidade dos modos de aprender e as consequentes demandas diferenciadas, tanto em termos físicos quanto dos ajustes para que esses fossem, de fato, acolhedores às diferenças. Assim, para atender e subdividir as 120 crianças dos 4º e 5º anos nas atividades de leitura e escrita, as docentes e seus bolsistas exploram vários espaços da escola, sendo que a realização de algumas atividades extrapola o espaço restrito da sala de aula (classe), a qual usualmente é o lugar dedicado ao ensino e aprendizagem das várias disciplinas, com exceções para Artes e Educação Física. Ao analisar os registros fotográficos das atividades e os relatos das professoras Brenda e Fabiana, nota-se o uso dos diversos espaços: quadra (usualmente dedicada aos jogos e à Educação Física), biblioteca, salas de aula, áreas verdes etc. Além disso, são arquitetadas várias disposições nesses espaços para a realização das atividades: pequenas fileiras, rodas com mais ou menos crianças, nas quais estas e as docentes estão em carteiras ou no chão, lado a lado, em grupos com mesas reunidas ou até mesmo em pleno movimento mediante a realização de brincadeiras dirigidas.

Algo importante a destacar é que esse uso mais amplo dos espaços da escola não ocorreu sem indisposições e lutas ao longo desses anos. As professoras coordenadoras relatam que foi necessário recorrer a agendamentos dos locais em que mais de um docente utiliza, negociar com docentes do EFII que utilizavam as salas ambientes para realizar atividades que poderiam ser desenvolvidas na sala dos professores, mas que estavam acostumados a ficar naquele espaço e, sobretudo, organizar uma arquitetura temporal minuciosa expressa em quadros, nos quais constam os dias e os horários em que cada local deve ser reservado para cada agrupamento, docentes e bolsistas. Nota-se, ainda, que os agrupamentos não são identificados pelo tipo de demanda em questão, mas por nomes escolhidos pelas crianças.

Esse aspecto merece destaque, uma vez que é uma forma de evitar a disseminação de estereótipos entre as crianças. Além disso, os grupos não são fixos, as crianças não *são* dos grupos, elas *estão* temporariamente nos grupos, pois as avaliações realizadas de modo sistemático permitem mudanças assim que elas alcançam os objetivos previstos para aquele momento.

Em termos de sua configuração temporal, o Clube acontece, atualmente, duas vezes na semana, uma alteração realizada após a pandemia, pois, até então, ele ocorria uma vez na semana; sendo 55 minutos a cada dia, tempo semelhante às disciplinas que integram o currículo dos 4º e 5º anos. É necessário bloquear os horários levando-se em conta as turmas envolvidas e as demais disciplinas, as quais nem sempre são ministradas pelas mesmas professoras, como Artes e Educação Física. São contempladas atividades de leitura, análise de textos, tópicos de ortografia e gramática, produção e revisão de textos, além de ser feito um trabalho sobre aspectos de alfabetização ainda não superados.

Uma observação pertinente feita pelas coordenadoras é que essa organização temporal tem sido revista a cada momento, tendo, inclusive, a participação das crianças. Segundo expresso pela professora Brenda, elas sugeriram que o Clube acontecesse antes da aula de Educação Física, pois, quando ocorria depois, eles(as) vinham suados(as). O argumento utilizado pelas crianças é que sendo após o recreio eles(as) já se dirigem ao local onde devem realizar a atividade prevista. Tal como ressalta Tomlinson (2022: 40), no trabalho com as atividades diferenciadas, "o *tempo* é utilizado de modo flexível e de acordo com a necessidade dos alunos". A mesma autora ressalta que, normalmente, é utilizada uma multiplicidade de materiais e variadas fontes, sendo os grupos flexíveis, tal como se percebe no Projeto.

Ao analisar, em linhas gerais, essa organização temporal dinâmica que vem ocorrendo nesses anos de desenvolvimento do Projeto, acredito que a potente reflexão feita por Thomas Mann no trecho extraído do seu livro *Montanha mágica* é apropriada, pois temos uma referência temporal e suas relações com o espaço – normalmente a da organização seriada –, naturalizadas já que foram sendo entranhadas em nossas representações,[10] escapando-nos que essas não passam de convenções:

> O tempo absolutamente não tem natureza própria. Quando nos parece longo, é longo, e quando nos parece curto, é curto, mas ninguém sabe em realidade a sua verdadeira extensão [...]. Percebemos o espaço com os nossos sentidos, por meio da vista e do tato. Muito bem! Mas que órgão possuímos para perceber o tempo? Pode me responder essa pergunta? Bem vê que não pode. Como é possível medir uma coisa da qual, no fundo, não sabemos nada, nada, nem sequer uma única das suas características? Dizemos que o tempo passa. Está bem, deixe-o passar. Mas para que possamos medi-lo... Espere um pouco! Para que o tempo fosse mensurável, seria preciso que decorresse de um modo uniforme; e quem lhe garante que é mesmo assim? Para a nossa consciência, não é. Somente o supomos, para boa ordem das coisas, e as nossas medidas, permita-me esta observação, *não passam de convenções* [...]. (Mann, 2006: 96-7)

Em diálogo com a problemática trazida por Mann, Jean-Claude Carrière (1998), evocado por Marie-Pierre Chopin (2011) na conclusão do seu livro *Le Temps de l'enseignement*, traz uma analogia muito pertinente entre o tempo e o vento. Em suas palavras: "O tempo é um pouco como o vento. O vento, não o vemos: veem-se os galhos que ele move, a poeira que ele levanta. Mas o vento mesmo, ninguém jamais viu" (Carrière, 1998, s.p., apud Chopin, 2011: 157; tradução livre). Não é visto, mas é materializado nos quadros de horários e nas várias referências presentes na instituição escolar, as quais fazem com que paremos as atividades e nos dirijamos ao pátio para o intervalo; que se mude de professor(a); que deixemos um dado espaço para ir para outro; que passemos para outra atividade etc. Desse modo, o tempo escolar pode ser compreendido como um conjunto de referências (administrativas e pedagógicas) que organiza as práticas da instituição escolar, sendo essa submetida às dinâmicas sociais e locais, como também influenciando tais dinâmicas (Correia e Gallego, 2003), já que essas referências dialogam com a natureza, tecnologia, instrumentos de medição, calendário e seus marcos/festas e relação com outras instituições, como a família. Assim, o tempo é dinâmico, mutável, não generalizável, arbitrário, sendo um processo não linear, cultural, social, trazendo, segundo a sua organização, seus valores.

## CONSIDERAÇÕES FINAIS

A relação entre experiência, forma escolar e inovação foi enfrentada neste capítulo mobilizando o Projeto Clube de Leitura e Escrita. Tal como se assinalou, a intenção não foi trazer um modelo, mas demonstrar que inovações são possíveis mediante o empenho coletivo de uma instituição, além de não ocorrer sem lutas, negociações e dificuldades. Trouxemos um panorama breve sobre a EAFE-USP para demonstrar que a experiência não ocorre isolada à proposta institucional. Além disso, foi feito um rápido histórico do Clube, demonstrando que, durante os últimos anos, o objetivo nuclear desse Projeto tem sido enfrentar o desafio histórico de atender à diversidade em sala de aula e, assim, romper com a perspectiva da homogeneização que está no âmago da forma escolar consolidada e divulgada ao longo dos séculos XIX-XX. Tal enfrentamento não é possível sem rever a lógica da seriação, uma professora por sala com um número elevado de estudantes, ou seja, sem ressignificar os usos dos tempos e espaços escolares, como foi discutido. Porém, isso não tem sido alcançado sem desafios, entre eles, destaca-se a dependência da aprovação das bolsas para se contar com os estagiários, os quais viabilizam o atendimento mais personalizado aos diversos grupos; encontrar espaços para a distribuição das crianças; e orquestrar a dinâmica temporal para garantir o tempo necessário para todas as atividades, envolvendo diversas docentes.

Dessa forma, buscou-se aqui desconstruir a ideia de que a inovação está pautada somente na materialidade da escola e seus artefatos, na presença ou não de ferramentas digitais e alta tecnologia. Será que a inserção de recursos digitais generalizados durante a pandemia inovou no sentido de repensar práticas excludentes e discriminatórias? Será que esses constituem meios de enfrentar o princípio da homogeneização dos modos de aprender? Perante tais indagações, posiciono-me considerando inovação para além dos modismos pedagógicos disseminados, como observado anteriormente, sendo profícuo evocar as provocadoras considerações feitas por José Mário Pires Azanha, em seu texto "Uma reflexão sobre a didática", publicado no fim da década de 1980, mas ainda muito atual. O autor, ao construir uma argumentação pautada na desconstrução de que o sonho de Comênio e também suas variantes históricas daquele momento em que escreveu o texto repousavam em uma ilusão, adverte que a atividade de ensinar, em seu sentido mais amplo, não pode ser exaustivamente regulada. Assim, para Azanha:

> O reconhecimento desse fato deve ter um efeito moderador no entusiasmo com que, às vezes, aderimos a esta ou àquela novidade pedagógica no campo da Didática. Por outro lado, esta é uma conclusão muito positiva porque revela que o professor, em sua atividade criativa de ensinar, é um solitário, que por isso mesmo não deve esperar socorro definitivo de nenhum modelo ou método de ensino, por mais sofisticadas que sejam as teorias que supostamente o fundamentam. (Azanha, 1985: 77)

Inspirada nas palavras astutas de Azanha, entendo que a mera substituição de artefatos, do analógico para o digital, ou se adotar um ou outro método do momento não garante que enfrentemos a busca por uma educação inclusiva, que respeite os sujeitos. A destruição de paredes, a flexibilização de tempos, ao romperem com a tão criticada forma escolar, difundida nos séculos XIX e XX, também não são, em si, soluções prontas para a inovação e enfrentamento dos desafios históricos pelos quais precisamos lutar. Nesse sentido, a inovação assinalada aqui passa pelas concepções assumidas de aprendizagem, avaliação, organização didática, a qual tem enfrentado a diversidade dos modos de aprender, assim, investindo-se nos usos diferenciados dos tempos e espaços. Para finalizar, evocamos Malavasi (2020), cujas considerações expressam, a meu ver, o senso de inovação notado no Projeto tratado aqui, tendo em seu desenvolvimento a tríade dos verbos presentes nos versos de Cecília Meireles com os quais iniciamos este texto – aprender, desaprender e reaprender. Para o autor:

> A realidade da *inovação criativa* está relacionada à natureza profunda da *formação* e do *trabalho*. Por mais que o termo inovação tenha certa ambiguidade e seja reduzido, certas vezes, a fetiche e à panaceia, o seu uso nos contextos mais diferentes, a força criativa de cada período, atravessa e *ultrapassa a técnica* e pode descobrir o futuro valendo-se da *invenção*, análise e síntese. (Malavasi, 2020: 47; tradução livre, grifos nossos)

## Notas

[1] A professora Brenda tem 35 anos, é pedagoga (FE-USP) e psicopedagoga (Sedes Sapientiae). Está há 12 anos na EA e há 3 anos na coordenação de área do ensino fundamental I. Já a professora Fabiana tem 49 anos, também é pedagoga (FE-USP), licenciada em Letras/Português (FFLCH-USP), mestre e doutora em Educação (FE-USP). Atua na EA há 10 anos e há 8 anos é coordenadora de área também do fundamental I. As duas docentes possuem outras experiências profissionais relevantes na área de educação, em diferentes redes, públicas e privadas. Aproveito para expressar um agradecimento especial às duas pela parceria, desde 2016, e pela disponibilidade incansável na contribuição para o desenvolvimento da pesquisa. Agradeço, ainda, à toda equipe gestora da EAFE-USP por viabilizar a realização do estudo.

[2] O trabalho de Coordenação de Área, especificamente no EFI, é exercido por uma dupla de professoras que organiza o trabalho coletivo em parceria com a Orientação Educacional.

[3] Esclarece-se que o EFI é composto por 3 turmas de primeira série, com 20 estudantes cada; do 2º ao 5º ano, há 2 turmas para cada ano, com 30 estudantes por turma.

[4] Além dessas, as crianças têm aulas de Ciências Humanas (1º ao 3º ano), História e Geografia (4º e 5º ano), Artes e Educação Física no EFI.

[5] Embora o termo *inovação*, do latim *innovatio; innovationis* (derivado do verbo *inovare*), seja problematizado mais adiante, esclareço que o utilizamos aqui com o senso de mudança, renovação, inserção de algo novo em algo existente.

[6] Tal como se observou, o Projeto tratado aqui dialoga com outras ações realizadas no EFI. Assim, atualmente, há mais dois projetos reunindo licenciandos para o trabalho com os alunos do EFI que contam com bolsistas do PUB, a saber: "O ciclo inicial de alfabetização: repensando práticas diferenciadas de alfabetização no segundo ano do ensino fundamental I", que conta com 4 bolsistas, e "Desafios do ensino da leitura e da escrita: manejando as diferenças no terceiro ano do ensino fundamental", também com 4 bolsistas.

[7] *Teaching up* é um termo utilizado por Tomlinson (2012) pelo qual a autora expressa a ideia de que "ensinar significa monitorar o crescimento do aluno para que, quando esses ficarem para trás, entendam mal ou ultrapassem as expectativas, os professores estejam preparados para intervir pedagogicamente de forma apropriada". Disponível em: https://www.ascd.org/el/articles/teach-up-for-excellence. Acessado em: dez. 2022 (tradução livre).

[8] Aquino e Boto (2019), no artigo "Inovação pedagógica: um novo-antigo imperativo", desenvolvem magistralmente a análise do tema da inovação pedagógica mediante a mobilização dos seus usos em dois momentos históricos distintos: o começo dos séculos XX e XXI, desenvolvendo de forma significativa as considerações feitas neste texto.

[9] Embora a menção à forma escolar feita nesta oportunidade tenha se circunscrito ao século XIX e início do século XX, é importante considerar que sua "arquitetura" foi constituída anteriormente a esse momento da história da escola, sendo o século XVII um marco nesse sentido. Uma análise primorosa sobre tal questão foi realizada por Boto (2003) no artigo "A civilização escolar como projeto político e pedagógico da modernidade: cultura em classes, por escrito", no qual, em linhas gerais, a autora retoma, a partir da Idade Moderna, como se estrutura um projeto político e pedagógico que trouxe contribuições significativas para a formação de hábitos culturais da civilização ocidental, demonstrando o modo como os rituais, a organização dos tempos e espaços escolares são conformados nesse momento histórico e marcam a escola moderna.

[10] Uma discussão demorada sobre a construção das referências temporais da escola primária foi realizada em Gallego (2003, 2008).

# Bibliografia

AQUINO, Julio Groppa; BOTO, Carlota. Inovação pedagógica: Um novo-antigo imperativo. *Educação, Sociedade e Culturas*, [s. l.], n. 55, 2019, pp. 13-20.

AZANHA, José Mário Pires. Uma reflexão sobre a Didática. *3º Seminário A Didática em Questão*, v. I. São Paulo: FEUSP, 1985.

BOTO, Carlota. A civilização escolar como projeto político e pedagógico da modernidade: cultura em classes, por escrito. *Cad. Cedes*, Campinas, v. 23, n. 61, dez. 2003, pp. 378-97.

CHOPIN, Marie-Pierre. *Le Temps de l'enseignement* – l'avancée du savoir et la gestion des hétérogénéités dans la classe. Rennes: Presses Universitaires de Rennes, 2011.

CORREIA, António; GALLEGO, Rita. *Escolas públicas primárias em Portugal e em São Paulo (1880-1920)*. Lisboa: Educa, 2003.

ELLARD, Colin. *A alma dos lugares*: como a paisagem e o ambiente alteram o nosso comportamento e as nossas decisões. Lisboa: Contraponto, 2019.

ESCOLANO, Agustín. Tiempo y educación. Notas para uma genealogía del almanaque escolar. *Revista de Educación*. Tiempo y espacio. Madrid, n. 298, maio-ago. 1992, pp. 55-70.

ESCOLANO, Agustín, VIÑAO FRAGO, António. *Arquitetura como programa:* espaço-escola e currículo. 2. ed. Rio de Janeiro: DP&A, 2001.

GALLEGO, Rita de Cassia. *Uso(s) do tempo:* a organização das atividades de professores e alunos nas escolas primárias paulistas (1890-1929). São Paulo, 2003. Dissertação (Mestrado em Educação) – Faculdade de Educação da Universidade de São Paulo.

_____. *Tempo, temporalidades e ritmos nas escolas primárias em São Paulo*: heranças e negociações (1846-1890). São Paulo, 2008. Tese (Doutorado em Educação) – Faculdade de Educação da Universidade de São Paulo.

GORDO, Nívea. *História da Escola de Aplicação da FEUSP (1976-1987):* a contribuição de José Mario Pires Azanha para a cultura escolar. São Paulo, 2010, 220p. Tese (Doutorado em Educação) – Faculdade de Educação da Universidade de São Paulo.

JULIA, Dominique. A cultura escolar como objeto histórico. *Revista Brasileira de História da Educação*, n. 1, jan./jun. 2001, pp. 9-43.

MALAVASI, Pierluigi. *Insegnare l'umano*. Milão: Vita e Pensiero, 2020.

MANN, Thomas. *A montanha mágica*. Rio de Janeiro: Nova Fronteira, 2006.

MEIRELES, Cecília. Hoje desaprendo o que tinha aprendido até ontem. In: *Poesia completa*, v. 2. Rio de Janeiro: Nova Fronteira, 2001, pp. 1442.

MEIRIEU, Philippe. *Aprender... sim, mas como?* Porto Alegre: Artes Médicas, 1998.

_____. *O cotidiano da escola e da sala de aula*: o fazer e o compreender. Porto Alegre: Artmed, 2005.

TOMLINSON, Carol Ann. *La differenziazione didattica in classe* – Par rispondere ai bisogni di tutti gli alunni. Brescia: Morcelliana, 2022.

VINCENT, Guy; LAHIRE, Bernard; THIN, Daniel. Sobre a história e a teoria da forma escolar. *Educação em Revista*, Belo Horizonte, n. 33, jun. 2001, pp. 7-47.

VIÑAO FRAGO, Antonio. Historia de la educación e historia cultural. *Revista Brasileira de Educação*. ANPED, n. 0, set./dez. 1995, pp. 63-82.

# Um futuro anterior: experiências pedagógicas universitárias

*Jorge Ramos do Ó*

> O capítulo toma um conjunto de experiências de mudança pedagógica na universidade no contexto posterior aos acontecimentos revolucionários de Maio de 68 na França. Mudanças visíveis de imediato com a criação do Centro Universitário Experimental de Vincennes (Paris VIII). Segue ainda de perto as práticas de ensino então desenvolvidas por Certeau, Deleuze, Foucault e Barthes. No seu conjunto, devolve um quadro muito inspirador para a transformação das universidades em que hoje nos encontramos.

E se o espírito da revolta de maio de 1968 tivesse vivificado logo em junho, ou, melhor ainda, e se retornasse hoje como um vento nas nossas costas? Tão forte, mas tão forte, que nos empurrasse e obrigasse a uma reflexão profunda acerca das possibilidades de renovação da universidade em que nos encontramos, seja como alunos, seja, sobretudo, como professores, lá mesmo no interior desse espaço tão íntimo de todos, o da sala de aula? A meu ver, nada mais empolgante do que esse gesto que nos obriga a sair de nós mesmos, questionando sem limites ou condições de partida o que fazemos e podemos vir a fazer, detendo-nos sobre o processo da nossa própria transformação, enfrentando diretamente as forças da conservação que em nós habitam e constituem.

Por isso, este capítulo tem a ambição de falar de Maio depois de Maio, afastando-se da estética *da revolução em direto*, da iconografia tão insistentemente reproduzida pela mídia meio século depois dos acontecimentos. Assim, não me dirigirei aqui às reuniões infinitas e muito frequentadas, às manifestações dos estudantes em Paris, ao movimento ritmado e empoderado dos seus corpos jovens, à chuva de palavras de ordem, aos corajosos enfrentamentos com a polícia que todos conhecem e muitos olham com uma nostalgia romântica, mas que a mim me parece esvaziar o próprio ato revolucionário; e menos ainda me deterei sobre o fim da luta, essa poética centrada no refluxo e no desânimo derradeiros, que assinala o regresso triunfal da ordem política, da bota que pisa o rebelde e o faz regressar mais vazio e de cabeça baixa à sua vida anterior.

Ao contrário, pretendo tão somente assinalar a *vitória de Maio*. Com essa afirmação quero significar que me determinarei aqui em ir ao encontro daqueles que resistiram e conseguiram transmutar as armas iniciais da crítica em verdadeira capacidade realizadora. Os que não desistiram e se fortaleceram entre si para construir uma universidade completamente diferente da velha Sorbonne com as suas cátedras, aulas magnas, monólogos professorais e entediantes. Na origem do movimento do Maio de 68, convém de novo lembrar, esteve a denúncia dessa velha epistemologia que valoriza o monolitismo do saber herdado, a retransmissão da cultura legítima, a separação estanque das disciplinas, que tornam residual a prática da investigação, a experimentação metodológica e o diálogo comunitário entre professores e alunos na busca do amanhã do pensamento. Na realidade, foi na oposição ao que designaram de ensino como obediência e imitação subserviente que os estudantes construíram o seu programa de luta. A partir daí começaram a projetar a sua própria intervenção na elaboração do conhecimento científico, na necessidade de ir o mais longe possível na exploração dos condicionamentos diversos, na inteligibilidade viva dos conjuntos complexos que cobrem a realidade humana e o funcionamento das práticas sociais. Isso ao mesmo tempo que defenderam a abertura do ensino superior à população que dela permanecia excluída pelos acasos e caprichos da sorte, aos trabalhadores na ativa, aos emigrantes, aos estudantes estrangeiros.

Pode então dizer-se que ali se desencadeou todo um programa simultaneamente filosófico e existencial, pedagógico e político, caracterizado pela abertura fundamental e sistemática da reflexão, pelo rasgar de perspectivas de pesquisas originais e inovadoras, fora dos trilhos já experimentados. Que ali foi tomando corpo a hipótese de uma comunidade de iguais, em que todos os atores coincidissem na busca do saber independentemente da sua posição na universidade. Neste capítulo, fala-se de um futuro anterior.

## VINCENNES: O DESEJO DE APRENDER

A ideia de uma verdadeira universidade da criação, aquela capaz de integrar e articular saberes e técnicas advindos de províncias disciplinares tradicionalmente separadas, ganhou força na França no contexto dos acontecimentos revolucionários de maio de 1968, que pressionaram fortemente as autoridades no sentido não apenas da reforma como ainda da produção de novos formatos de oferta de ensino e da sua ligação com a inovação científica. Sinal mais evidente desse movimento foi a decisão da criação do Centro Universitário Experimental de Vincennes, ou Universidade de Paris VIII, ainda no verão daquele ano, proposta pelo ministro da Educação Edgar Faure. Tratou-se de uma experiência pedagógica relativamente curta – estendeu-se apenas até 1980, ano em que foi desmantelada e transferida para Saint-Denis, cidade limítrofe da capital francesa, não se encontrando hoje quaisquer vestígios materiais, uma vez que os seus edifícios foram completamente destruídos –, mas sem precedentes na história da educação universitária europeia. Vincennes ficou conhecida como a anti-Sorbonne do *esquerdismo*, uma espécie de pequeno MIT que cultivava o florescimento das capacidades de pesquisa de pequenos grupos num quadro de uma inusitada justaposição de saberes e em estreita ligação com os autores de referência do pensamento pós-estruturalista francês de então (Dosse, 2010: 284-5). Na nota que um pouco mais tarde, em 7 de dezembro de 1968, enviou ao presidente da República, Charles de Gaulle, o titular da pasta da Educação justificava a criação de Vincennes – Paris VIII pela necessidade de reorientar o ensino superior no sentido "pluridisciplinar" e de associar, "tanto quanto possível, as artes e as letras às ciências e às técnicas", devendo cada um dos seus diferentes departamentos vir a ser marcado por um "espírito polivalente". Para o ministro, era assumidamente um "programa de experimentação" científico-pedagógica que estava na sua gênese. A mistura no mesmo estabelecimento de ensino superior de disciplinas variadas – como a Literatura Francesa, a História, a Geografia, a Filosofia, a Sociologia, a Psicologia, as Línguas Vivas, a Matemática, a Informática, as Ciências Econômicas e Políticas, assim como as Metodologias Jurídicas – constituía, para Edgar Faure, a melhor forma de responder "às exigências do mundo exterior" que se manifestava então "em diferentes planos" da realidade. Em cada ano, determinava ainda o ministro, deveria proceder-se a "uma revisão sistemática do ensino", assim como teria de ser feito um estudo das respectivas "oportunidades", uma vez que o grande objetivo era a investigação, "a atualização dos conhecimentos", e não mais alimentar as futuras carreiras no ensino. A estrutural ligação com a ciência obrigaria, outrossim, que "os métodos pedagógicos" apresentassem, e continuo a citar Edgar Faure, uma "grande originalidade (ano contínuo, supressão dos exames tradicionais, largo apelo a professores associados ao mundo exterior, enquadramento dos estudantes por pequenos grupos)" (Brunet et al., 1979: 19-21). Não é todos os dias que se encontra um ministro da Educação assinando uma iniciativa como esta, que recusou a ideia de curso, de progressividade dos conhecimentos e a normalização pedagógica. Entre as duas dezenas de docentes escolhidos para a comissão de instalação da Vincennes, a partir de um convite endereçado por Hélène Cixous, encontram-se nomes como os de Roland Barthes, Jacques Derrida, Jacques Lacan, Jean-Pierre Vernant, Georges Canguilhem, Emmanuel Le Roy Ladurie. O departamento de Filosofia seria inicialmente chefiado por Michel Foucault, e só por este último haveriam de passar nomes como Michel Serres, Judith Miller, Gilles Deleuze, Alain Badiou, François Châtelet, Jacques Rancière, uma autêntica *frente filosófica* que ainda aqui neste meu texto faz ouvir a sua voz.

Em 1979, quando os ataques ao experimentalismo da instituição eram já mais que muitos e o seu fim, praticamente inevitável, foi publicado um volume coletivo com testemunhos de dirigentes, professores e alunos, naturalmente destinado à memória futura. O título do livro é para mim altamente sugestivo: *Vincennes ou le désir d'apprendre*. Nele, desde logo, surpreendem os números da população estudantil envolvida – mais de 32 mil alunos por lá passaram só até 1975 –, assim como a sua composição extraordinariamente diferenciada, tanto na origem social quanto geográfica e até etária. Não se tratou, portanto, de uma experiência-piloto, um epifenômeno, mas da construção de uma universidade-mosaico que tomou para si desde a missão de "escutar a diferença", de concretizar, de direito e de fato, uma "formação permanente" com pessoas de toda a parte; que se apresentou receptiva a estudantes avançando "com os seus próprios ritmos e interesses", porque entendia que era nas diferentes trajetórias que eles mais bem podiam se aproximar e se colocar "ao lado da inteligibilidade mais viva, de uma força polêmica mais afirmativa, de uma liberdade de julgamento mais exigente"; que abrigou também várias centenas de docentes (240 logo no ano de abertura) que se sentiram valorizados e a resistir melhor "a um certo tipo de lobotomia do ensino", sendo que lhes era permitido trabalhar em "pequenos coletivos" e em "auditórios caraterizados pela sua diversidade". Vincennes aceitou os riscos e o preço a pagar quando inscreveu no seu programa de ação a hipótese de trocar a "hierarquia" pela "disparidade", de tomar a ideia do *reencontro* com o conhecimento como a maior exigência que se pode associar à leitura assídua, ao tratamento de um problema conceitual, à reflexão restrita e meticulosa do trabalho individual, que constituem desde sempre o coração da universidade. A coincidência entre uma grande liberdade de pesquisa e o tipo de ensino conduzido caracterizaram de forma absolutamente inédita para a França da época a nova instituição com os seus mil e um seminários, aulas e conferências. A possibilidade de explorar aproximações metodológicas em vários territórios científicos, ao mesmo tempo que se iam ensaiando práticas pedagógicas nas quais os alunos participavam igualmente da construção do saber, teria sido de fato um jogo desafiador para muitos alunos e professores, como o volume *Vincennes ou le désir d'apprendre* atesta. Heterogeneidade de estudantes, professores e disciplinas como condição primeira do desenvolvimento da aprendizagem, e o trabalho coletivo como o seu motor. No testemunho que forneceu, Jacques Delors descobriu na cooperação que se registava entre alunos, professores, funcionários e dirigentes "uma rede de relações sociais internas e externas excepcionais", que conduzia de fato a uma "mutação subversiva", melhor dito, a uma verdadeira "autogestão da vida cotidiana". A historiadora Maria-Antoinetta Macchiochi, que na altura desenvolvia em Paris VIII uma investigação intitulada "Gramsci, fascismos, marxismos: um ensino, uma investigação", reconheceria que a realização desse seu trabalho, levado a cabo ao longo de anos, não teria sido possível em nenhuma outra instituição: "A liberdade de investigação, a multiplicidade de escolhas de setores culturais, que caracterizam Vincennes, permitem explorar campos ainda pouco estudados em certos domínios das ciências humanas; as nossas pesquisas, as nossas práticas pedagógicas, depressa ultrapassaram as fronteiras parisienses para suscitarem o interesse dos nossos colegas franceses e estrangeiros". As condições particulares ali vividas levaram outro professor, Henri Meschonnic – que lá ensinou Linguística e Literatura –, a defender que as "condições particulares" de Vincennes exigiam de todos uma reflexão teórico-pedagógica destinada a perceber como trabalhar a cada dia "*contra* a distinção entre ensino e investigação". E, por isso, entendia que esse empreendimento só terminaria um dia quando se tivesse conseguido generalizar "*a todo o ensino* o trabalho dito de seminário", quando se fizesse uma tipologia das formas de circulação da palavra num quadro de "pluralização dos assuntos e uma confrontação recíproca". Era, pois, nesse *locus* que germinava a crítica ativa, a alternativa ao conservadorismo da universidade (Brunet et al., 1979: 114, 126, 197-200, 205-9; grifos meus).

## MICHEL DE CERTEAU: O QUE É UM SEMINÁRIO

O historiador, psicanalista e jesuíta Michel de Certeau foi, reconhecidamente, uma figura universitária na qual os acontecimentos do maio de 68 reverberaram com inusitada intensidade. Teriam produzido nele uma "rutura instauradora" e deixado até "uma marca definitiva". Quem se lhe referiu nesses termos foi Luce Giard, sua aluna muito próxima à época e que viria a organizar os dois volumes de *A invenção do quotidiano*, que deram a Certeau uma projeção internacional a partir de 1980. Ainda segundo a mesma fonte, Certeau obstinou-se desde então em querer compreender o que o "imprevisível nos pode ensinar a respeito de nós mesmos", que se iria na realidade refletir numa "busca radical" dos "problemas da escola, das universidades, das minorias linguísticas", a fim de se acercar ainda de mais perto da "verdadeira questão", aquela que consiste *em saber como se criar a si mesmo* através do trabalho da pesquisa e da escrita. Certeau integrou o corpo docente de Vincennes desde a fundação deste novo estabelecimento de ensino superior e de lá saiu pouco tempo depois, em 1971, para trabalhar no departamento de Etnologia-Antropologia da também nova Universidade Paris VII-Jussieu (atual Paris-Diderot), tendo aí permanecido até a sua partida definitiva para a Califórnia em 1978. Durante esse período, sobretudo os últimos cinco anos, foi sempre organizando diferentes "círculos" com jovens de menos de 30 anos, alguns ainda alunos da licenciatura e outros já a tendo terminado, com o objetivo de produzir uma investigação de tipo experimental acerca das *modalidades de ação* dos habitantes de vários bairros parisienses; cada participante escolhia livremente a prática que iria observar. Foi dessa forma que Certeau alimentou, no interior da universidade francesa, o "sonho comunitário do seminário", imaginando-o como um "lugar transitório" do qual se podia sair "tão amigavelmente como se entrou" – testemunhou ainda a mesma Luce (Giard, 1994: 12-3 e 21-2).

Essa modalidade de ensino universitário transformou-se também num tema de reflexão, e já em 1972 o pesquisador concedeu uma entrevista a Yann de Kerorguen totalmente centrada nela. Os excertos dessa conversa seriam reescritos e publicados na revista *Esprit*, seis anos mais tarde, sob a forma de artigo a que Certeau deu o sugestivo título "Qu'est-ce qu'un séminaire?" [O que é um seminário]. Com um vagar pouco comum à época – que, como veremos daqui a pouco no final deste capítulo, terá tido apenas equivalente em Roland Barthes –, refletiu conceitualmente sobre as "dinâmicas de grupo", a "linguagem dialógica" que se desenrolava no interior dessa prática universitária que se havia originado na Alemanha; não fugiu, também, a enfrentar o tipo e o alcance da liderança que ele mesmo protagonizava e em que se encontrava então completamente envolvido. É um texto raro, este, em que a análise da "política da palavra",

Cultura digital e educação

da sua circulação e troca começa por ser conceitualmente equiparada a qualquer átrio de igreja ao domingo (*caquetoir*). A associação feita por Certeau é tão surpreendente quanto sugestiva: tal qual a "riqueza proliferante e silenciosa dos viajantes", daqueles que chegam de longe e se detêm na intensidade da escuta depois da missa, assim lhe assomava ao espírito a imagem de seminário. Um espaço em que vários passantes-investigadores se iam cruzando, entrando e saindo ano após ano, sem erigir um lugar próprio nem acumular um tesouro que guardariam apenas para si (e é fato que *A invenção do quotidiano* foi um trabalho escrito em colaboração, como ele mesmo fez questão de assumir na abertura do primeiro volume). O artigo abria com uma definição também forte e impressiva, porque o autor de *La Culture au pluriel* colocava deliberadamente a fonte dessa experiência pedagógica no próprio aluno e já não na figura do professor:

> Um seminário é um laboratório comum que permite a cada um dos participantes articular as suas práticas e os seus conhecimentos próprios; é como se cada um que aí chegasse trouxesse o "dicionário" dos seus materiais, das suas experiências, das suas ideias e que, por efeito das trocas necessariamente parciais e das hipóteses teóricas necessariamente provisórias, lhe tornassem possível produzir frases com outra riqueza de vocabulário, melhor dito, o fazem "bordar" ou pôr em discussão as suas informações, as suas questões, os seus projetos etc. (Certeau, 1978: 176)

Pode aqui fazer, ainda uma vez mais, uma associação ou uma ponte com os *studia humanitatis* e a pedagogia dos cadernos de lugares-comuns do Renascimento, mas o ponto de partida de Certeau, não há que escondê-lo, ainda nos faz levantar a cabeça e pensar em *como seria* se puséssemos um dia, na universidade em que estamos, esta definição, de modo a que seminário passasse a ser o nome que daríamos a esse *efeito de produção discursiva que a comunidade aciona por si mesma e em si mesma, mas cujos reflexos se esgotam na viagem do sujeito particular, no enriquecimento do seu patrimônio*. Assim configurado e constituído na sua potência, esse "lugar-comum" tornaria ridícula qualquer liderança docente do tipo da que a escola produz automaticamente. A exigência que Certeau entendia dever fazer-se a um professor, no quadro relacional do seminário, era por

350

isso muito diferente da habitual. O *lugar* que o seminário deixava em aberto para essa figura seria o da linguagem, devendo exprimir-se nela um encontro da palavra no interior de "uma rede que não comporta já nem a *grand-place* nem o próprio centro". Professor é quem se toma a missão de se adentrar no *sistema articulatório*, como o que se gera no átrio da igreja, e por isso Certeau se descreveu como o habitante permanente desse *caquetoir* que então era a universidade de Paris VII nos anos 1970. Instrumento e ponto de passagem da discussão grupal, coadjuvante da erupção de efeitos "teóricos e práticos", o seminário impõe ao professor que este saiba reagir "às intervenções de uma maneira interrogativa" e que, dessa forma ricocheteante, assinale o trabalho do coletivo, "empurre" os participantes "a afirmar a sua diferença e a encontrar meios de a formular mais fortemente" (Certeau, 1978: 176-7). Certeau sentiu necessidade de caracterizar – e eu diria, mesmo, de definir – o seu próprio gesto. E fê-lo nuns termos que nos ajudam a perceber essa *posição entre posições* que pode ser a do professor por vir:

> Eu procuro "manter" [*tenir*] (como se "mantém" uma direção) duas maneiras de dar a um Seminário uma identidade repetitiva que exclui a experiência do tempo: uma, a didática, supõe que o lugar é constituído por um discurso professoral ou pelo prestígio de um mestre, quer-se dizer, pela força de um texto ou pela autoridade de uma voz; a outra, festiva e quase extática, pretende produzir o lugar pela pura troca dos sentimentos e das convicções e, finalmente, pela busca de uma transparência da expressão comum. Ambas suprimem as diferenças no trabalho em coletivo – a primeira ao esmagá-las [*écraser*] sob a lei de um pai, a segunda ao efetivamente as apagar ficticiamente no lirismo indefinido de uma comunicação quase maternal. Estes são dois tipos de unidade imposta, uma muito "fria" (exclui os participantes da palavra), a outra muito "quente" (exclui as diferenças de lugares, de histórias e de métodos que resistem ao fervor da comunicação). (Certeau, 1978: 176)

## GILLES DELEUZE: O QUE É UMA AULA

Esta pedagogia da reciprocidade, que fez retornar a ideia de seminário na transformação da universidade francesa no pós-Maio de 1968, perpassou igualmente as concepções de aula, conferência e curso. Esse desejo e essa tarefa de uma comunidade por vir, apontando para uma prática da palavra oral organizada em prol *das extrações e dos acréscimos*, erguida contra todo o discurso normativo que se toma a si mesmo como relato fiel do saber, foram exaltadas de forma idêntica sem reivindicar nenhum dispositivo novo. Invoco agora o testemunho de Gilles Deleuze para reiterar a mesma corrente que registrei em torno da prática de seminário, mesmo que para este filósofo a noção de aula fosse a sua preferida. O espírito do universitário como voz que vem da escrita e se determina a escrever e a fazer escrever o que ainda se não escreveu alocou-se nele com aquela energia tão inabalável e exclusiva de quem precisa sempre chegar ao pensamento no contexto da relação pedagógica.

Gilles Deleuze foi nomeado professor catedrático no Departamento de Filosofia da nova universidade de Vincennes – Paris VIII no final de 1969, assumindo o lugar de Michel Serres, e só de lá saiu para a reforma no início de 1987. Mergulhou, assim, no epicentro de uma instituição de ensino superior concebida fora das normas habituais, ainda na sua fase inicial, e nela quis permanecer para sempre. O que escreveu acerca da pedagogia coincidiu com esse período de quase duas décadas e foi desencadeado pelo impacto da experiência mais singular que porventura um professor pode ter – a de se dirigir a um público absolutamente heterogêneo de estudantes. Deleuze ficou tomado e encantado com a realidade da sua plateia ser tão diversa na proveniência disciplinar, no plano socioprofissional, etário, e até na própria origem geográfica. Era um microcosmo agitado aquele que o aguardava em Vincennes a cada terça-feira. François Dosse (2010: 291-7), na biografia cruzada que escreveu sobre Deleuze e Guattari, recolheu vários testemunhos corroborando que nesses anos o essencial da semana do autor de *Diferença e repetição* girava em torno da preparação da sua aula semanal em Vincennes. Trabalhava, então, muitíssimo para conseguir alcançar em cada uma delas uma espécie de *apneia do exercício do pensamento*. Nos *Diálogos* com Claire Parnet, publicados em 1977 e a que já me referi antes por várias vezes, Deleuze afirmou que o "orgulho, a maravilha e a modéstia" que sentia ao ouvir um poema de Bob Dylan o levavam a cogitar que gostaria muito de conseguir fazer um curso da mesma forma que Dylan compunha uma canção, ou seja, ser capaz desenvolver "uma arte que coloca cada detalhe no lugar exato, e que, no entanto, pareça improvisada". Queria, nessa altura, apresentar-se aos seus alunos de Paris na posição "contrária à do plagiador, mas também ser o contrário de um mestre ou de um modelo"; ambicionava que as suas aulas fossem, como em Dylan, fruto de uma "longuíssima preparação, mas sem método nem regras ou receitas". O professor seria, assim, aquele que tivesse "um saco" onde pusesse tudo o que encontrasse, na condição de ele mesmo também "ser posto num saco" (Deleuze e Parnet, 2004: 19).

Deleuze escreveu um primeiro e pequeno texto de natureza pedagógica para o livro coletivo de resistência aos ataques políticos que, sobretudo a partir de finais dos anos 1970, foram insistentemente dirigidos à experiência particular de Vincennes. O título que escolheu para esse artigo não podia ser mais expressivo e ia direito ao essencial: "Em que a filosofia pode servir a matemáticos ou até a músicos – mesmo e sobretudo quando ela não fala de música ou de matemática". Começou, então, por sublinhar que as práticas desenvolvidas naquela universidade se distanciavam por completo da "situação tradicional em que um professor fala para estudantes que estão começando ou já têm algum conhecimento sobre uma determinada disciplina", em que eles mesmos "participam também de outras disciplinas" e, no fim de tudo, "são 'julgados' pelo seu nível nesta ou naquela disciplina abstratamente considerada". Em Vincennes, era totalmente outra a realidade, e Deleuze tinha a cada semana diante de si um público composto, "em graus diversos, por matemáticos, músicos – de formação clássica ou de música pop –, psicólogos, historiadores etc.". Essa mistura era para ele a grande responsável por uma operação de inversão de valor na troca pedagógica: a transmissão em bloco do saber cedia, de fato, *ao uso particular e privado da palavra dita pelo professor*. Em lugar de colocar "entre parênteses" as suas disciplinas de origem, Deleuze percebia que aqueles seus estudantes de Vincennes esperavam da filosofia algo que lhes "servisse pessoalmente" ou viesse a "relacionar-se com as suas outras atividades". Era nessa, e apenas nessa, escuta de interesse-usufruto que a filosofia lhes poderia passar a dizer diretamente respeito e "não já em função de um grau que eles possuiriam nesse tipo de saber", mesmo que fosse um "grau zero de iniciação". Os estudantes estavam ali à sua frente a ouvi-lo, "mas em função direta das suas preocupações", ou seja, "das outras matérias ou materiais" de que eles já tivessem "um certo domínio". E Deleuze esclarecia: "Um ensino como esse não é, de maneira alguma, de cultura geral; ele é pragmático e experimental, sempre fora de si mesmo, precisamente porque os outros são levados a intervir em função de necessidades ou de contribuições que são as deles". Porque não havia lá "ouvinte ou estudante" que não chegasse com os seus "domínios próprios", o grande "interesse pedagógico" de Vincennes consistia, portanto, em "pôr em jogo, no interior de cada disciplina, essas ressonâncias entre níveis e domínios de exterioridade" (Deleuze, 2016: 174-5). O coração da relação pedagógica pulsava numa aula – como num seminário, os termos eram indiferentes para Deleuze – no momento que o discurso que se desprendia da voz do professor se apresentasse em estado de variação tal que alguém pudesse, num instante ou outro, encontrar forma de pensar mais o que já pensava, levando algum material consigo para trabalhar as suas coisas. A aula correspondia, em Deleuze, ao exercício em que uma disciplina efetivamente ensinada permitisse aos estudantes retornar aos seus temas e problemas particulares, ficar mais intensamente no seu interior.

O formato que não lhe agradava mesmo era o da conferência. Professor, para Deleuze, era aquele que trabalhava o movimento na relação o mais direta possível entre a voz e o conceito, o que pressupunha um tipo de cadência, extensão e durabilidade que só a sucessão das aulas – o curso – na verdade poderia assegurar. Entre 1988 e 1989, concordou em ser filmado e gravar uma outra série de entrevistas com Claire Parnet, na qual as várias letras do alfabeto foram sucessivamente percorridas. Constituem o *Abecedário de Deleuze* e estão disponíveis on-line. Na letra "P" abordou a palavra professor e fê-lo, muito naturalmente, já em jeito de balanço, na situação de aposentado. Tinha então 64 anos e ensinara durante 40. Nesse fragmento do seu longo depoimento, tratou sobretudo da preparação e do ensaio da aula, confessando a esse respeito que, no seu próprio caso, se tratava de uma atividade longa e exigentíssima. Para Deleuze (1988, s. p.), "uma inspiração" e um "momento especial" em que se consegue achar "interessante o que é dito", bem como "matéria do que se diz", não estavam imediatamente ao seu alcance. Um desafio constante esse, o de "pôr algo à cabeça" para depois conseguir chegar ao ponto de "falar com entusiasmo" perante os estudantes. E continuaria um pouco mais à frente: "É preciso estar totalmente impregnado do assunto e amar o assunto do qual falamos... Isso não acontece por si só.... É preciso encontrar... É como uma porta que não conseguimos atravessar em qualquer posição". Esse tipo de entendimento levou-o também a afirmar que uma aula era "como um cubo, ou seja, um espaço-tempo em que podem acontecer muitas e variadas coisas". De permeio, foi dizendo que nunca gostara de conferências, por serem demasiado pequenas e artificiais, e que nem chegava a perceber qual o objetivo das pessoas que vão assistir a esse "circo". No seu caso, as aulas estendiam-se "de uma semana para a outra" numa temporalidade muito especial. Havia, portanto, uma sequência, "um desenvolvimento interior" do discurso. Era assim que, mesmo não se podendo recuperar aquilo que não foi possível ser feito, uma aula era um acontecimento da relação, do encadeamento, da conexidade. Nada se assemelhava em "pureza" a uma aula.

Não tinha sido em Lyon ou na Sorbonne, mas em Vincennes que ele experimentara o "esplendor" da sua própria mudança enquanto professor do ensino superior. A exigência na preparação das aulas permaneceu sempre a mesma; tudo o mais haveria, porém, de ficar diferente ante um público "tão variado" como aquele, mas que naquele espaço universitário adquiria "uma unidade misteriosa"; era como se fosse a própria instituição Vincennes a ligar esse "público desarmônico" e a obrigá-lo, também a ele, a transformar-se. Ensinar ali Filosofia foi a sua grande experiência da heterogeneidade. No mesmo depoimento, num ritmo pausado e numa respiração difícil, Deleuze continuava a descrever esse acontecimento da diferença que se havia originado dentro de si:

> Construí a minha vida de professor em Vincennes... Se tivesse de ir para outra faculdade, parecia estar viajando no tempo, voltando ao século XIX... Ali, eu falava na frente de pessoas que eram uma mistura de tudo... E tudo isso tornava a variar de novo de um ano para o outro... Acho que era a filosofia plena, dirigida tanto a filósofos como a não filósofos, exatamente como a música se dirige a pintores e a não pintores... Quando

dirigimos a filosofia a não filósofos não temos de simplificar... É como na música... Não simplificamos Beethoven para os não especialistas... É a mesma coisa com a filosofia... Para mim, a filosofia sempre teve uma dupla audição: uma audição não filosófica e uma filosófica... Senão houver as duas ao mesmo tempo, não há nada.

Embora não lhe desgostasse inteiramente a designação "aula magistral", em que só o professor fala, preferia achar outro termo que se aproximasse o mais possível de uma "concepção musical de aula", para significar a possibilidade de formas não simultâneas de entendimento, de um certo efeito de retardamento, de algo que acontece num "ínterim" que só a música proporciona, alguma coisa que apenas fica clara um pouco mais à frente. Se não entendessem uma ideia, os alunos tinham a oportunidade de perguntar na semana seguinte e no final, confessava de novo Deleuze, "eu tinha um sistema inventado por eles, não por mim... eles mandavam-me notas sobre a semana anterior... Eu gostava muito". E havia também uma outra questão que saltava à vista e o levava a defender uma concepção musical de aula. Resultava diretamente do fato de ninguém, segundo ele, conseguir escutar com a mesma atenção alguém durante duas horas e meia. E por isso é que o essencial da tarefa do professor consiste em promover um deslocamento permanente dos ritmos das ideias e das respectivas possibilidades de alocação. Só dessa forma se pode ligar aos interesses individuais. E continuava:

> Para mim uma aula não tem como objetivo ser entendida totalmente... Uma aula é uma espécie de matéria em movimento... Por isso é que é musical... Cada grupo ou cada estudante pega no que lhe convém... Não podemos dizer que tudo convém a todos... As pessoas têm de esperar... Obviamente, há sempre alguém meio adormecido..., mas por que acorda misteriosamente no momento que lhe diz respeito?... Não é uma questão de entender e ouvir tudo, mas de acordar a tempo de captar o que lhe convém pessoalmente... É por isso que o público variado é muito importante.

Deleuze seria, então, mais uma prova viva de um certo tipo de eficácia pedagógica que se relaciona com a volta reconfigurada do mesmo tema com a espiral, uma palavra que retorna como um refrão, mas que vai também aglutinando. Quem se der ao trabalho de ler, mesmo em voo de pássaro, as transcrições diretas de cassetes em que foram gravadas as suas aulas em Vincennes sobre Espinosa, que aconteceram entre 24 de janeiro de 1978 e 24 de março de 1981, percebe muito bem essa sua maneira coloquial de se ir ligando à audiência e ser por ela interrompido, a produção de uma teia encantada que o fazia voltar ao enunciado inicial e às mesmas questões de forma deslocada. Ele próprio encarnava ali a noção de que, tal como investigar, ensinar corresponde a uma busca e a uma prática da permutação ou da interseção. Do diálogo efetivo (Deleuze, 2012).

Numa entrevista ao *Magazine Littéraire* publicada na mesma altura, em setembro de 1988, e que se intitulava "Sobre filosofia", dada a propósito da publicação do seu livro sobre Leibniz e o barroco, Deleuze fez novamente um balanço em tudo idêntico da sua experiência como professor, que havia terminado em 2 de junho do ano anterior. Ali o jornalista teria transcrito as suas impressões filmadas – na altura ainda inéditas, posto que Deleuze determinara que o filme só fosse apresentado após a sua morte – e tudo culminou na suposição de que era credor dos seus próprios alunos. A gratidão estava do lado de quem ensinava e foi para aí que o seu testemunho convergiu:

> As aulas foram uma parte da minha vida, dei-as com paixão. São completamente diferentes das conferências, porque implicam uma longa duração, e um público relativamente constante, às vezes durante vários anos. É como um laboratório de investigações: dão-se aulas sobre o que se procura e não sobre o que sabe. É preciso preparar durante muito tempo para se ter alguns minutos de inspiração. Senti-me contente por parar quando vi que precisava me preparar cada vez mais para chegar a uma inspiração cada vez mais dolorosa. E o futuro é sombrio porque se torna cada vez mais difícil fazer investigação nas universidades francesas.
>
> As aulas são uma espécie de *Sprechgesang*, mais próximas da música que do teatro. Ou também nada se opõe em princípio a que uma aula seja um pouco como um concerto de rock. Deve dizer-se que Vincennes (e continuou assim quando fomos transferidos violentamente para Saint-Denis) reunia condições excepcionais. Em Filosofia, recusávamos o "princípio de progressividade dos conhecimentos"

um mesmo curso dirigia-se a estudantes do primeiro ou do enésimo ano, a estudantes e a não estudantes, filósofos e não filósofos, jovens e velhos e muitas nacionalidades. Havia sempre jovens pintores ou músicos, cineastas, arquitetos que mostravam uma grande exigência de pensamento. As sessões eram muito compridas, ninguém ouvia tudo, mas cada um pegava naquilo que tinha necessidade ou vontade, naquilo com que tinha alguma coisa para fazer, ainda que longe da sua disciplina. Houve um período de intervenções diretas, muitas vezes esquizofrênicas, e chegou depois a época das fitas-cassetes, com os protetores das fitas-cassetes, mas mesmo então continuavam a fazer-se intervenções de uma semana para a outra, sob a forma de pequenas notas por vezes anônimas.

Nunca disse a este público o que ele foi para mim, o que me deu. Nada se parecia com discussões, e a filosofia nada tem estritamente a ver com uma discussão, já é difícil que chegue a compreender que problema põe alguém e a maneira como o põe: basta simplesmente enriquecer o problema, fazer variar as suas condições, acrescentar, ligar, nunca discutir. Era como uma câmara de ecos, um anel, aonde uma ideia voltava depois de ter como que passado através de diversos filtros. Foi aí que me dei conta a que ponto a filosofia tinha necessidade não só de uma compreensão filosófica, por conceitos, mas também de uma compreensão não filosófica, que opera por percepções e afetos. São necessárias as duas coisas. A filosofia está numa relação essencial com a não filosofia. (Deleuze, 2003: 189-91)

## MICHEL FOUCAULT: O QUE É UMA CONFERÊNCIA

Deste depoimento tocante de Deleuze já sigo diretamente às considerações do mesmo tipo produzidas pelo seu grande amigo e colega Michel Foucault. E, nesse salto, passarei – passaremos – diretamente *do processo da aula* para *o processo da conferência*, como se o entendimento fosse exatamente o mesmo e só mudasse a designação. Para ambos, a tarefa pedagógica de que se incumbiram e a que se entregaram com a maior exigência intelectual foi a de tornar presente e audível uma atmosfera em que o foco da criação e da experimentação do pensamento fosse de tal forma intenso que se destacasse e se soltasse da função professor-autor para se generalizar individualmente no silêncio e na escuta da audiência. Como já o fora em

Certeau. As declarações que Foucault produziu sobre o alcance e os limites da sua posição de professor, que via em articulação direta com o trabalho de escrita que ia desenvolvendo, fornecem-nos igualmente importantes elementos para a discussão de uma pedagogia do ensino superior como sendo a que denota a necessidade de nos obrigarmos a trabalhar para atingir uma matéria "não estratificada, entre os frisos ou nos interstícios", como aliás sobre ele e logo após a sua morte escreveu o próprio Deleuze (2016: 257). O contexto em que operou, e de que não sentiu grande necessidade de sair, era assumidamente o das formas de ensino mais tradicionais e hierarquizadas. Ainda assim recusava, também ele, a palavra "ensinamento", quer ela se referisse ao valor dos métodos e das teorias expresso nos livros que publicara, quer se associasse ao trabalho que fora desenvolvendo em várias universidades francesas e, por fim, no Collège de France, onde trabalhou depois de ter saído de Vincennes em 1970 (Foucault, 2010a: 297). Procurou compreender como seria possível, tanto ao docente quanto ao conferencista, exprimir-se em termos tais que na audiência, a ideia de verdade, que parece sempre acompanhar a apresentação e divulgação do trabalho científico, fosse ultrapassada, de modo intenso e vital, pela ideia do saber como uma das paixões amorosas do indivíduo, já que a função docente pode consubstanciar, assim, o que pode haver de mais radical e ameaçador para todos os poderes: a imagem da generalização do desejo de criar. É nesse particular que as suas afirmações nos ajudam a perceber melhor que a mudança no trabalho do universitário, no sentido da democratização da produção do conhecimento, aponta muito mais para a noção de que pensar pertence ao desejo e à procura do de fora, ao interstício entre ver e falar, do que resultará da institucionalização de soluções reformadoras. Com Foucault trata-se sempre, mesmo no espaço tradicional da conferência, do advir da criação singular, de entrelaçamento e mutação. Neste ponto já tão avançado da minha narrativa, o seu testemunho torna-se fundamental para combater uma visão autoencantada que eu mesmo possa aqui exprimir ao redor da ideia de seminário. Serve para sublinhar que o traçar de novas vias na universidade supõe o trabalho coletivo e que este já está aqui há muito e ainda permanece inteiramente por fazer, mesmo se temos ao nosso dispor meios de diálogo institucionalizados desde finais de Setecentos. Em Foucault, são os efeitos de poder, manifestem-se eles onde se manifestem, que hão de ter de merecer a nossa atenção. Com ele, a crítica mais radical é feita à instituição escolar por ela não cessar de idealizar e rarefazer o desejo do saber.

A primeira vez que se debruçou sobre essa sua identidade de professor, corria a primavera do ano de 1971; foi numa entrevista nos Estados Unidos e para dizer que experimentava "um certo embaraço" sempre que o problema de definir o melhor método de ensino se lhe colocava. Começou por se demarcar das atitudes reformadoras do ensino, dizendo que tinha sobre elas a maior desconfiança. Entendia que o reformismo não era mais que "um tratamento dos sintomas" e que, feitas as contas, mesmo que apagasse algumas consequências nefastas do ensino tradicional, fazia sempre "valer o sistema ao qual pertence". Tinha decerto em mente a oposição que, depois do Maio de 68, passou a fazer às aulas expositivas e à respectiva posição passiva dos alunos, e a crescente corrente favorável a práticas mais inovadoras, como a do seminário (Foucault, 2006a: 22). Parecia-lhe que o essencial estaria não tanto entre escolher uma ou outra modalidade de ensino, mas em combater a lógica de normalização disciplinar e de afunilamento intelectual que sempre assomava na relação educativa. Mais do que a partilha da fala desigual entre alunos e professores, o que estaria em cima da mesa, para Michel Foucault, era a necessidade da instituição universitária se deixar absorver pela evidência que o lugar da ciência é o da reelaboração permanente. Ora, esse objetivo só poderia de fato desencadear-se se o professor combatesse a posição de representante legítimo de um saber já inteiramente feito e se obrigasse, ao contrário, a explicitar com extrema minúcia os métodos e processos que estariam na base da sua confecção. Defendia que o encontro entre ele e a sua audiência delimitaria, portanto, o lugar de uma fala em torno do artesanato científico e da ficção da experimentação, que sempre acompanhara a sua escrita. Como se dissesse que o objetivo do ensino universitário supunha a cessação do próprio ensino e que nada lhe dizia a função do mestre. Tão apenas a de artesão. Entendia que alunos e professores podiam coincidir no propósito de experimentar novas formas de encontro baseadas no desvelamento dos processos de produção da ciência. Tomem-se os passos mais relevantes da sua posição, bem no centro do que estamos tratando:

Na França, criticou-se violentamente o sistema de conferências: o professor chega, fica atrás de sua mesa durante uma hora, diz o que tem a dizer, e o estudante não tem a possibilidade de discutir. Os reformistas preferem a fórmula do seminário, no que ela respeita a liberdade: o professor cessa de impor suas ideias e o estudante tem o direito de falar. É verdade... Mas o senhor não acha que um professor que se responsabiliza por estudantes no início do ano, que os faz trabalhar em pequenos grupos, os convida a entrar em seu próprio trabalho, divide com eles suas questões e seus métodos, o senhor não acha que, em uma tal fórmula, os estudantes ficam ainda mais deformados no final do seminário do que se eles tivessem simplesmente seguido uma série de conferências? Não irão eles considerar como adquirido, natural, evidente e absolutamente verdadeiro o que, afinal de contas, não é senão o código, a grade de seu professor? Não correm eles o risco de que o professor lhes imponha suas ideias de maneira muito mais insidiosa? Não quero defender a conferência a qualquer preço, mas me pergunto se ela não tem, para dizer a verdade, uma espécie de honestidade bruta, desde que ela precise o que ela é: não a proclamação de uma verdade, mas a apresentação, em estágio experimental, de um trabalho que tem suas hipóteses, seus métodos, deixando assim o campo livre à crítica e às objeções; o estudante é livre para revelar suas imperícias. Naturalmente, os seminários e os grupos de trabalho são necessários, porém mais, penso eu, para experimentar métodos do que para permitir o exercício da liberdade. Quando dou uma conferência um pouco dogmática, digo para mim mesmo: sou pago para trazer aos estudantes uma certa forma e um certo conteúdo de saber; devo fabricar minha conferência ou meu curso um pouco como se fabricaria um sapato, nem mais, nem menos. Concebo um objeto, tento fabricá-lo da melhor forma que posso. Isso me dá muito trabalho (nem sempre, sem dúvida, mas com frequência); levo esse objeto à sala de conferências, mostro-o e, em seguida, deixo o público livre para usá-lo como lhe convier. Eu me considero mais como um artesão fabricando um objeto e oferecendo-o à consumação do que como um mestre fazendo trabalhar seus escravos [...].

Parece-me que aquilo que os estudantes tentam fazer, através do que, à primeira vista, poderia parecer um simples folclore, e o que eu mesmo tento realizar, na poeira dos meus livros, são, fundamentalmente, uma única e mesma coisa. A diferença é que os estudantes o fazem com imaginação e humor, enquanto eu o faço um pouco à maneira de um camundongo roendo um pedaço de queijo. O que tento fazer é compreender os sistemas implícitos que determinam, sem que disso tenhamos consciência, nossas condutas as mais familiares. (Foucault, 2006a: 24)

Numa outra entrevista concedida pouco tempo mais tarde, em 27 de setembro de 1972, Foucault viria a reconhecer que a "transmissão de saber pela fala professoral" devia ser denunciada na atualidade como mais um "arcaísmo", uma "espécie de relação de poder" que, ainda por cima, se arrastava "como uma concha vazia". Toda uma discursividade inútil, portanto. Por isso se mostrava particularmente confortado com a prática de ensino estabelecida no Collège de France, em que foi professor desde 1971 até a sua morte em 1984. Sublinhava que a instituição deixava "a cada professor uma liberdade, uma quantidade de liberdade absolutamente extraordinária", que era apenas acompanhada da regra de pronunciar 12 conferências por ano a um público "que não se conhece, ao qual não se está ligado por nenhuma obrigação e ao qual se relata o que se tem a relatar, unicamente porque se tem vontade, ou porque se necessita, ou porque é preciso". Foucault via aqui "uma obrigação um pouco abstrata", é certo, mas que respondia com eficácia à conjuntura de mal-estar e de crise que acompanhava a relação entre professores e alunos nas universidades, marcada por um estranhamento e um desconhecimento comum (Foucault, 2006b: 54).

Tornou uma outra vez ao tema em declarações produzidas no dia 10 de março de 1975 na Radio France. Ali teria ocasião de explicar melhor tanto a natureza da sua identidade de professor quanto, sobretudo, as implicações de uma associação entre desejo e aprendizagem. Insistiu que não tinha a impressão de que, no Collège de France, estivesse propriamente a ensinar e, assim, a exercer em relação ao auditório "uma relação de poder". As coisas passavam-se como se o figurino adotado pela velha instituição lhe permitisse ficar isento da "culpabilidade" que, ato contínuo, acompanha a fala do professor – a declaração, explícita ou velada, de que sempre existem conteúdos que os estudantes não sabem e que precisam em absoluto de conhecer (Foucault, 2011: 325). Os cursos que ministrava, bem como os dos demais colegas, sempre haviam sido totalmente livres, só os escutava quem queria e toda a avaliação de conhecimentos estava banida. Nada nem ninguém o encaminhava para a posição clássica do explicador-juiz ou a essa arte da distância a que todo o ensino dava corpo, mobilizando-se apenas para transmitir aqueles conhecimentos que levassem gradativamente os alunos à própria ciência do professor. Foucault tinha em mente, à boa maneira de Spinoza, a possibilidade inversa da potência de um encontro alegre. O fundamental era que se pusesse a circular a possibilidade de uma hipótese segundo a qual aprender correspondesse ao tensionamento da pulsão do indivíduo e das contingências do seu devir. Ao acontecer essa nova dinâmica relacional, estar-se-ia assumindo, de direito e de fato, que todas as inteligências se equivaliam na busca incessante do saber e na procura do fazer. Então, a reflexão podia passar a ser vista como uma volta sobre si mesmo do sujeito e o conjunto dos artefatos por ele produzidos para realização das mesmas virtualidades analíticas do observar, do comparar e do combinar. Ensinar e aprender remeteriam, ali, para um exercício recíproco de assinalamento das condições de possibilidade de uma realização, fosse ela qual fosse. Um modelo assim construído seria por certo muito mais atraente que a triste escola que todos conhecemos, mas, reconhecia-o também de imediato, torná-la-ia altamente ameaçadora. Com efeito, a função social para que fora construída a instituição escolar pelo Estado-nação desde o século XVIII e que se mantinha intacta no presente – a de hierarquizar e deduzir a elite a partir da posse de um saber rarefeito nela – perderia toda a sua razão de ser. Foucault apareceu entusiasmado aos microfones da Radio France, falando também da possibilidade e dos limites de uma *ars erotica* a propósito do aprender:

> – Eu diria que a primeira coisa que se deveria aprender – se tem sentido aprender algo assim – é que o saber está profundamente ligado ao prazer. Certamente que há uma maneira de erotizar o saber, torná-lo altamente agradável. Que o ensino não seja capaz de revelar isso, que tenha como função mostrar o quanto o saber é desagradável, triste, cinza, pouco erótico, é uma tarefa que exige enorme esforço. Mas esse esforço tem certamente a sua razão de ser. Seria preciso saber por que a nossa sociedade tem tanto interesse em mostrar que o saber é triste. Talvez precisamente por causa do número de pessoas que dele são excluídas.
> – Imagine como pesa a palavra "saber"...
> – Sim.
> – Dizer "saber" é bonito. Mas ao dizermos "o" saber...
> – Sim, é isso. Imagine as pessoas tendo um frenesi de saber como se tem o frenesi de fazer amor. Você pode imaginar a quantidade de pessoas que

se acotovelariam na porta das escolas? Isso por certo seria um desastre social total. É preciso, se quisermos, restringir ao mínimo o número de pessoas que têm acesso ao saber, apresentá-lo sob essa forma absolutamente desagradável e só obrigar as pessoas a saber mediante gratificações anexas ou sociais que são precisamente a concorrência ou os altos salários de final de carreira. Mas eu acredito haver um prazer intrínseco ao saber, uma *libido sciendi*, como dizem os eruditos entre os quais eu não estou. (Foucault, 2011: 327)

Na abertura do curso "Em defesa da sociedade", que decorreu entre 7 de janeiro e 17 de março de 1976, Foucault tornaria a refletir sobre o que se passava nas suas aulas do Collège e colocou uma série de perguntas que sistematizam o essencial das preocupações que vinha tendo sobre esse assunto. Nelas exprimiu o princípio de que a prática do ensino só tinha sentido se pudesse ser vista como "prestação de contas públicas" de um trabalho regular de pesquisa. E, de todas as interrogações avançadas, uma lhe sobressaía: "De que maneira se pode manter a par aqueles que podem interessar-se e aqueles que têm alguns motivos de estarem ligados a essa pesquisa?" Ora, era na medida em que se considerava "absolutamente obrigado" a transmitir o que estava fazendo – em que "ponto" se encontrava o trabalho analítico e em que "direção" prosseguia – que também sentia ser seu dever afirmar que considerava os seus ouvintes "inteiramente livres" para fazerem, com as suas explicações, o que bem entendessem. O que apresentava não era mais do que "pistas de pesquisa, ideias, esquemas, pontilhados, instrumentos", tais como os livros que escrevia. Em relação aos livros, posicionava-se: "Isso não me diz respeito, na medida em que não tenho de estabelecer leis para a utilização que vocês lhes dão; e isso me interessa na medida em que, de uma maneira ou de outra, isso se relaciona, isso está ligado ao que eu faço". De todas as formas, o formato adotado pela instituição não parecia já naquela altura satisfazer completamente Foucault, que dizia sentir falta de ter um contato mais próximo com a plateia, poder responder a perguntas. Propôs então que se pudesse, de uma maneira "selvagem" e contra a "legislação" do Collège de France, recuperar um pouco as "possibilidades de intercâmbio e de contato", antecipando para mais cedo o início de cada uma das suas aulas (1999 [1976]: 3-5). Em janeiro de 1983 iniciou mais outro curso, que intitulou "O governo de si e dos outros", e de novo exprimiu que era "um pouco duro" trabalhar nas suas condições, "sem ter a possibilidade de retornos", sem saber tampouco se o que dizia encontrava eco entre a audiência, sobretudo nos que estudavam e faziam teses e mestrados. Começou por fazer então outra proposta, a de um seminário "*off-broadway*", que se poderia realizar numa periodicidade semanal ou quinzenal e num outro lugar que não o Collège de France, justificando-a como "egoísta", porque sentia a necessidade de "discutir" abertamente os temas, um tanto "descosturados e dispersos", que ia tratar ao longo do ano com todos aqueles que se dedicavam à escrita acadêmica. Na aula seguinte, e certamente após ter refletido um pouco melhor sobre a dinâmica desse encontro, a sua proposta ia na direção de um tipo de seminário, a realizar-se no próprio Collège, para que a interação desse lugar oferecesse uma maior partilha de temas e problemas entre todos os participantes. Interrogou a plateia nestes termos: "Será que, eventualmente, aqueles de vocês que estudam desejariam que pudéssemos conversar sobre seu trabalho, ou gostariam de fazer perguntas sobre o que digo, mas em função do seu próprio trabalho?" (Foucault, 2010b: 3-4 e 68).

Em vários outros contextos e situações, Foucault pôde mencionar que todos aqueles que tinham por missão distribuir o saber e por tarefa recebê-lo, mesmo os que haviam empenhadamente participado na agitação do Maio de 68, pouco vinham problematizando acerca da relação da escola com o modelo de desenvolvimento existente no Ocidente. As modalidades por intermédio das quais o ensino "nada era além da renovação e da reprodução dos valores e dos conhecimentos da sociedade burguesa" estavam ainda muito longe de ser diagnosticadas, quanto mais assimiladas nas suas respetivas consequências. Por isso defendia que a crise que então se vivia na universidade europeia constituía uma excelente oportunidade para se começar a trabalhar no sentido de serem encontradas novas metodologias que, pondo a nu a "impossibilidade de ensinar e aprender" no quadro da situação presente, levassem naturalmente a encontrar uma nova economia de troca "entre todos aqueles que escrevem e todos aqueles que leem" (2002: 257-8). Como se verifica, era também a possibilidade de um apagamento da distância entre o escrever e o ler, entre o falar e ouvir, da supressão da hierarquia estabelecida entre os dois pares, que não parava também de animar o espírito de quem engendrara, havia tantos anos já, *As palavras e as coisas*.

## ROLAND BARTHES: COMO VIVER JUNTO

A ideia de seminário ressurge pelo punho de Roland Barthes e, com os pensamentos penetrantes que sobre ela produziu, esta digressão encontra também o seu termo. É justo que assim seja, porque ninguém como ele se entregou tanto nas décadas que nos precedem a tentar compreender de que modo uma pequena comunidade universitária pode encontrar uma forma de desenvolver traços ativos de escuta, de esticar o tempo em todo o comprimento, de o tornar regular e saltitante, a fim de que novos *dossiers* de saber e do pensamento crítico se possam abrir. Barthes radicou-se numa concepção muito particular da *paideia*. Falou incansavelmente dela como "traçado excêntrico de possibilidades". Nestes termos, não seríamos mais aqueles que prosseguiriam "*um* caminho" da vontade, da decisão, da premeditação ou do ir reto, mas os que prosseguem "*num* caminho" e que, por essa razão que lhes é exclusiva, podem expor aquilo que vão "encontrando a pouco e pouco". Nesse outro paradigma do ensino e da aprendizagem, fundar um saber corresponde exatamente a metamorfoseá-lo; cada figura está numa atitude de movimento não exaustivo, trabalhando "sem levar em conta o resultado", na sua própria "tópica ou grade de lugares"; e mesmo quando alguma assume a posição de locutor deve tomar as suas afirmações como mais banais que as dos seus próprios ouvintes. Por consequência, essa pedagogia só pode chegar ao seu zênite se o professor tiver interiorizado o princípio de que aquilo que ele diz deve ser sempre "menos do que aquilo que ele suscita". Com Barthes, a alegoria comunitária do seminário continua a distribuir as figuras da sala de aula em volta de uma mesa, mas descobre-as numa banalidade essencialmente não opressiva: as palavras vão-se sobrepondo, a "coisa vai-se fazendo", mas não se compreende bem "ainda para onde ela vai". Ensino, assim como método, é apenas aceitável "a título de miragem", do mais tarde, posto que essa "preparação" é "infinita, infinitamente expansiva" (Barthes, 2003: 261-7).

Foi ainda Roland Barthes quem mais meditou sobre o valor da "labilidade" e da "subtileza" da figura de quem encarna a condução do seminário acadêmico. Na importância de não temer a instabilidade emocional – agressão, fuga, cumplicidade, acoplamento – que se gera em torno do líder, como aliás o próprio observara nos trabalhos e nos relatos de prática que o psicanalista inglês Wilfred Bion (1897-1979) então fazia sobre a formação e os fenômenos de pequenos grupos. Pensar sobre objetivos comuns e variações de ritmo, tomar consciência dos limites nas relações interpessoais, imaginar como será possível regular a proximidade e a distância crítica – além e aquém da qual se produz uma crise –, compreender os circuitos de carga e descarga do grupo, foram problemas aos quais não se furtou e sobre os quais se deteve com inusitada disponibilidade. Hoje, ao lê-las, é como se todas essas suas considerações em favor da possibilidade de instalar uma espécie de máquina homeostática na universidade nos colocassem, a nós próprios, face a uma pergunta de dificuldade maior, quiçá a pergunta primeira que temos de fazer: "Pode conceber-se um (pequeno grupo) sem *télos?*"; é possível alunos e professores encontrarem-se e continuarem a estar uns com os outros mesmo quando sucede as "hipóteses de base" mudarem duas ou três vezes numa hora, ou, o contrário, que somente uma delas ocupe o grupo durante meses e até anos sem se chegar a um desfecho satisfatório? Roland Barthes encarou esse tipo de problema pedagógico no ano letivo de 1976-77 quando lecionou no Collège de France o curso "Como viver junto: simulações romanescas de alguns espaços quotidianos", a que também já tive ocasião de me referir anteriormente. O exercício obrigou-o a assumir perante a audiência que a pesquisa teria de se originar única e exclusivamente no seu próprio desejo, seguir aquela "figura da fantasia" que mais o assaltava desde a infância. Uma fantasia tão ativa quanto insatisfeita: mal uma ideia ou uma estrutura lhe aderia, parecendo pegar-se nela como uma cola forte, logo vinha a necessidade de partir, de se despedir dela. Estudar, falar e ensinar podiam acercar-se da "angústia do abandono efetivo, da expatriação afetiva". Como se não houvesse "a bela possibilidade de ideias completas", tão apenas "a arma da coragem para enfrentar a noite (pensar num campo retirado, onde o cair da noite é verdadeiramente a ameaça do obscuro)". Ora, o curso "Viver junto" consistia muito exatamente em tentar isolar esse momento paradoxal e tomá-lo como consubstancial também à própria história da ideia de comunidade. Barthes apresentou-se à sua plateia do Collège de France entre janeiro e março de 1977, ao longo de dezena e meia de aulas, na qualidade de colecionador e analista de modalidades de práticas espirituais antigas como, por exemplo, as que a cultura monástica aprofundara – uma pessoa passar anos num mosteiro, submeter-se aos hábitos e regras da ordem, mas mal esse movimento de ideias e doutrinas começa a solidificar-se e a cristalizar-se nela em cumplicidades e facilidades várias, toma a decisão de ir embora e partir para outra parte que exija mais dela –, com o objetivo de atingir um outro patamar de entendimento acerca dos mecanismos da vinculação e da ruptura comunitária. Por que está a nossa cultura repleta de experiências radicalmente intensas e prolongadas do viver junto sob o mesmo teto, mas o que nelas se parece estar sempre em preparação e a cogitar-se é a própria partida? Como se constrói e de onde vem a pulsão da fuga, o movimento da errância intelectual? Barthes decidiu, portanto, dirigir-se aos fundamentos da "utopia do agrupamento afetivo, à fantasia da comunidade idiorrítmica", que sabia bem ser sua e imaginava fosse também a dos alunos que frequentavam o seu seminário. "Creio haver suficientemente, não justificado mas assumido, uma apresentação que consistirá, por assim dizer, em girar por cima do assunto ('Viver-Junto'), muitas vezes de muito alto – sem saber ainda se poderei, alguma vez, pousar sobre ele" – afirmaria ainda na segunda aula deste curso. E logo prosseguiu: "Creio, de fato, que para haver uma relação de ensino que funcione, é preciso que aquele que fala saiba só um pouco mais do que aquele que escuta (às vezes, mesmo, sobre certos pontos, menos: são vais-e-vens)". Era, assim, uma "pesquisa em vias de se fazer e não uma aula" o que ali estava a tratar e a começar a acontecer naquele início de 1977 (Barthes, 2004: 8, 39, 91-3 e 252-3).

Em simultâneo com o curso "Como viver junto" decorreu um seminário "O que é manter [*tenir*] um discurso: pesquisa sobre a fala investida", destinado, como o título indica, a problematizar a função de professor. Não foi, contudo, nem a primeira vez nem o momento em que mais agudamente se debruçou sobre o assunto. O tema da voz docente já havia sido tratado no artigo "Escritores, intelectuais, professores" que saiu na revista *Tel Quel*, em 1971, com grande atenção e cuidado. Barthes procurara aí tirar efetivamente consequências dessa "ligação" fundamental e antiquíssima "entre ensino e fala". Todo professor, parecia-lhe quase uma necessidade evidente por si mesma, "deve fazer-se consciente da encenação que lhe impõe o uso da fala". Havia que compreender por que toda uma tradição escolar banira a polissemia e tinha posto o "fôlego articulatório" da sua voz a serviço da lei, tornando-a uma "determinação *natural*". O ponto estava em perceber como combater essa "irreversibilidade da palavra para perturbar a sua legalidade". Como o professor pode apresentar-se na qualidade de "um orador imperfeito", que se corrige e emenda a cada passo, que é capaz de entrar na "infinitude da linguagem", desapegar-se da "mensagem simples que todos dele esperam"? Eis o ponto. "Funcionário correto ou artista livre?" – continuava a interrogar-se, mesmo se a opção fosse à partida muito sóbria. É que "a Lei se produz *não no que o professor diz, mas no que ele fala*". Desfazer esse fluxo pressupunha produzir-se "uma outra inteligibilidade" da cadeia e da velocidade da palavra professoral; até a possibilidade do não falar seria admissível. Tratar-se-ia, em qualquer circunstância, de supor um espaço da fala longe da "inocência", mas também fora de qualquer "segurança". A história da escola mostra que, estatutariamente, o discurso do professor é marcado por uma característica geral: que seja resumido pelo aluno, o que pressupõe também que os seus enunciados estejam de antemão privados do fluxo errático. Importava a Barthes conceber uma substância do raciocínio que autorize um outro desafio da linguagem que não o do governo da cognição por meio da retração e da construção de equivalências sintéticas. Havia, então, que conseguir pensar o ensino como capaz de suscitar o avanço das fórmulas e das frases que se soltam do professor. Barthes chegou por essa via da pedagogia ao conceito de *suplemento* e imaginou o seu receptor na sala de aula como alguém que se perde, que se encontra à deriva e, por isso, não estará nunca em condições de resumir o que ouve. O aluno nesse cenário passa ele mesmo a partilhar a sua posição "com o louco, o tagarela e o matemático" a quem a escrita tem o encargo de especificar. Escritor é, para Barthes, "todo o destinatário cuja 'mensagem' (destruindo imediatamente assim a sua natureza de mensagem) não pode ser resumida". Concebida nesses termos, "a relação docente" deveria ser marcada pelo princípio segundo o qual o professor pode até expor um saber, falar sem parar, mas estará sempre em face de um "espelho vazio", nunca sabendo como o seu discurso é recebido. A única imagem garantida que tem é que o seu discurso está sendo "atravessado" pelo auditório no momento que é pronunciado. O Outro está lá a cumprir uma função de reciprocidade que escoa o rigor, o saber, a ciência, o método do professor, fazendo-os existir no futuro como *sobra, solavanco, desdobramento*. Nessa outra dinâmica de socialização, toma corpo uma prática propriamente política que põe em crise os estereótipos comuns da linguagem, a *doxa* maioritária. Barthes afirmaria, então, que um tipo novo de ensino poderia efetivamente consolidar-se em "termos de paradoxo", mas para isso teria de ser concebido sobre esta "convicção": "De que um sistema que reclama por correções, translações, aberturas e denegações é mais útil do que uma ausência informulada de sistema" (Barthes, 2004: 385-96).

O professor ou o conferencista passariam nessa modalidade utópica a encarnar a figura do questionamento. Saberiam que neles se cumpre a "expressão de uma falta" e não mais a "asserção de uma plenitude", e, mais ainda, que "o tempo da fala excede o ato de fala". Ante "a reunião regular de interlocutores" – era com essa expressão que Barthes se referia ao seminário –, o professor encarnaria a figura da "benevolência" e da "receptividade", opondo-se com essas duas ferramentas do despojamento a todos os "códigos da violência" segregados pela cultura escolar: o par sábio-ignorante, bem como os julgamentos, as sujeições, os confrontos e as polêmicas que, na educação como na cultura ou na política, surgem sempre em nome de uma *causa* ou de uma *escola de pensamento*. Nesse exercício de suspensão, Barthes imaginou-se então como o professor de quem emana uma "fala pacífica" e em que essas práticas do terror se eludem – embora nunca completamente, verdade seja dita – "no trabalho da linguagem que a comunidade efetuará, semana após semana, para expulsar do discurso toda a esticomitia, e certa desapropriação da fala ou ainda *certa generalização do sujeito* (próxima desde então da escritura) poderá ser atingida". Esse seria, para ele, exatamente o mesmo efeito que se podia encontrar "em certas experiências com drogas (com determinadas drogas)". "Sem que nós próprios fumemos", continuava, "como ficar insensível à *benevolência* geral que impregna certos locais estrangeiros onde se fuma o *kif.*" É que aí "toda a relação dos corpos" fica distendida e desarmada, nada a ver, portanto, "com a embriaguez alcoólica, forma legal da violência no Ocidente". Em cada "reunião da fala" haveria então que procurar o mesmo nível de sutileza e suspense, tentando alcançar uma verdadeira "*arte de viver*". Enfim, naqueles que seriam "os limites mesmos do docente, tal qual ele é dado, tratar-se-ia de trabalhar para traçar pacientemente uma forma pura, a da flutuação". E era nesse estar a flutuar que Barthes descortinava a possibilidade de desorientar "a lei, as necessidades da promoção, as obrigações do ofício (que nada impede desde então de honrar escrupulosamente), os imperativos do saber, o prestígio do método, a crítica ideológica" (Barthes, 2004: 397-411). Toda uma forma diferente de estar nas instituições de ensino superior nos surge aqui uma vez mais, uma outra vez mais, como se a possibilidade real de fazer diferente tivesse ato contínuo de articular uma crítica aberta e destemida tanto à forma quanto aos mecanismos e efeitos de poder mais fundos de perpetuação da passividade em que ainda nos encontramos submergidos no presente. Em Barthes, a noção de contraponto foi devidamente assimilada e assumida:

> Também seria preciso substituir o espaço magistral de outrora, que era afinal um espaço religioso (a palavra na cátedra, no alto, os ouvintes em baixo; são as *ovelhas*, o rebanho), por um espaço menos direito, menos euclidiano, onde ninguém, nem o professor nem os estudantes, estaria alguma vez *em seu último lugar*. Ver-se-ia então que o que se deve tornar reversível não são os "papéis" sociais (de que adianta disputar a "autoridade", o "direito" de falar?), mas as regiões da fala. Onde está ela? Na locução? Na escuta? No *retorno* de uma e de outra? O problema não está em abolir a distinção das funções (o *professor*, o *aluno*: afinal, a ordem é uma garantia do prazer, ensinou-nos Sade), mas em proteger a instabilidade e, por assim dizer, a vertigem dos lugares de fala. No espaço docente, cada qual não deveria estar no seu lugar em parte alguma (garanto para mim esse deslocamento constante: se me acontecesse *encontrar o meu lugar*, já nem sequer fingiria ensinar, renunciaria). Não tem o professor, entretanto, um lugar fixo, que é o da *retribuição*, o lugar que tem na economia, na produção? É sempre o mesmo problema, o único que incansavelmente tratamos sempre: a origem de uma fala não a esgota; uma vez que uma fala se tenha lançado, mil aventuras lhe acontecem, a sua origem torna-se turva, nem todos os efeitos estão na sua causa; é esse *excedente* que interrogamos. (Barthes, 2004: 401-2)

É igualmente conhecido que Roland Barthes escreveu um outro artigo intitulado "Au séminaire", que fora publicado em 1974, quando se encontrava na École Pratique des Hautes Études, e no qual foi mais fundo na compreensão da essência do viver junto. Esse foi o período da sua vida em que mais se sentiu transformando os cursos em livros. Por essa decisiva circunstância ocorrente, quero acreditar, defendeu que a expressão *no seminário* teria de ser entendida tanto como "um locativo", "um elogio" e até mesmo "uma dedicatória". Propunha-se com ela delimitar e discorrer sobre um lugar que não era "nem real nem fictício", querendo desse modo referir-se à instituição acadêmica seminário – já então com quase dois séculos de existência – "pelo modo utópico". Era bem verdade que um grupo de investigadores se reunia com ele uma vez por semana em Paris, "que havia um *aqui* e *agora*", mas esses advérbios, mais uma vez, Barthes insistia em tomá-los como da "própria fantasia". Foi, ainda assim, bastante preciso na descrição que fez desse espaço e do sustento pedagógico que lhe estava subjacente: "A nossa assembleia é pequena, não por preocupação de intimidade, mas de complexidade: é necessário que à geometria grosseira dos grandes cursos públicos suceda uma topologia sutil das relações corporais, de que o saber seria o *pré-texto*". Sendo-lhe absolutamente necessária essa relação "transferencial" com a audiência – nos termos em que a psicanálise fala dela –, estava muito distante de ser uma relação segura. E justificou-se: "Não digo o que sei, exponho o que faço; não estou envolto no discurso interminável do saber absoluto, não estou recolhido no silêncio terrificante do Examinador"; "não sou nem um sujeito sagrado (consagrado), nem um companheiro, mas apenas um regente, um operador de sessão, um regulador: aquele que dá regras, protocolos, não leis". A ter algum "papel" no seminário era o de "libertar a cena" em que decorriam as "transferências horizontais", importando-lhe não a relação dos ouvintes consigo, mas a deles entre si. E aqui chegava à sua tese principal, que também deve ser a nossa: "A famosa relação docente não é a relação de quem ensina, mas a relação dos ensinados entre si". O espaço do seminário deixava de ser edipiano para se tornar o da "circulação dos desejos sutis, dos desejos móveis". Era nesse entrecruzamento, nessa reciprocidade relacional de tipo amoroso que o próprio seminário se tornava também um espaço textual, quer se desse por objetivo escrever um livro ou, de outra forma, decidisse tomar a sua própria prática de produção: o trabalho é sempre o da originalização e da produção da diferença e, por essa razão, nada há nele a representar nem a imitar ou copiar; todos os seus ritmos, os da fala e da anotação, são imprevisíveis. A tese subsequente de Barthes surge-me igualmente fortíssima no seu próprio alcance: no seminário "todo o ensino" é "excluído" e deliberadamente *frustrado*", "nenhum saber é transmitido, mas um saber pode ser criado". O que se passa no seu interior é, assim, da ordem da ramificação arborescente: "Ou alguém trabalha, pesquisa, produz, reúne, escreve diante dos outros; ou todos se incitam, se chamam, põem em circulação o objeto a produzir, o processo a compor, que passam assim de mão em mão, suspensos ao fio do desejo, tal como o anel no jogo que passa o anel". "A investigação nunca é mais do que o conjunto das pessoas que buscam (que se buscam?)" (Barthes, 2004: 412-23).

## Bibliografia

BARTHES, Roland. *Roland Barthes por Roland Barthes*. São Paulo: Estação Liberdade, 2003.
_____. *O rumor da língua*. São Paulo: Martins Fontes, 2004.
BRUNET, J. et al. *Vincennes ou le désir d'apprendre*. Paris: Éditions Alain Moreau, 1979.
CERTEAU, Michel. *A invenção do quotidiano:* artes de fazer. v. I, Petrópolis: Vozes, 1974.
_____. Qu'est-ce qu'un séminaire? *Esprit*, 1978, pp. 23-4, 176-81.
DELEUZE, Gilles. L'Abécédaire de GILLES DELEUZE: P comme Professeur Part 1. (1988). YouTube, 2020. Disponível em: https://www.youtube.com/watch?v=s2HwFElyhtE&list=PLiR8NqajHNPbaX2rBoA2z6 IPGpU0IPlS2&index=17. Acessado em: 27 jul. 2023.
_____. *Conversações (1972-1990)*. Lisboa: Fim de Século, 2003.
_____. *Cursos sobre Spinoza (Vincennes, 1978-1981)*. Fortaleza: EDUECE, 2012.
_____. *Dois regimes de loucos*. São Paulo: Editora 34, 2016.
DELEUZE, Gilles; PARNET, Claire. *Diálogos*. Lisboa: Relógio d'Água, 2004.
FOUCAULT, Michel. *Em defesa da sociedade*. São Paulo: Martins Fontes, 1999.
_____. Loucura, literatura, sociedade. In: *Problematização do sujeito:* psicologia, psiquiatria e psicanálise. Rio de Janeiro: Forense Editora, 2002, pp. 231-258.
_____. Conversação com Michel Foucault. In: *Estratégia poder-saber*. Rio de Janeiro: Forense Editora, 2006a, pp. 13-26.
_____. Da arqueologia à dinástica. In: *Problematização do sujeito:* psicologia, psiquiatria e psicanálise. Rio de Janeiro: Forense Editora, 2006b, pp. 48-60.
_____. Radioscopia de Michel Foucault. In: *Arte, epistemologia, filosofia e história da medicina*. Rio de Janeiro: Forense Editora, 2011, pp 323-42.
_____. Conversa com Michel Foucault. In: MOTTA, M. B. (Ed.). *Ditos & escritos, vol. VI. Repensar a política*. Rio de Janeiro: Forense Universitária, 2010a, pp. 289-347.
_____. *O governo de si e dos outros*. São Paulo: Martins Fontes, 2010b.
DOSSE, François. *Gilles Deleuze & Félix Guattari:* biografia cruzada. Porto Alegre: Artmed, 2010.
GIARD, Luce. Introdução. In: CERTEAU, M. (Ed.), *A invenção do quotidiano:* artes de fazer. Petrópolis: Vozes, 1994, pp. 9-32. [1. ed. 1980.]

# A organizadora

**Carlota Boto** é professora titular e diretora da Faculdade de Educação da Universidade de São Paulo (USP), onde leciona Filosofia da Educação. É bolsista produtividade PQ1D do CNPq. Integra o conjunto de pesquisadores principais do Projeto Temático Fapesp intitulado "Saberes e práticas em fronteiras: por uma história transnacional da educação". É autora, dentre outros, dos livros *A escola do homem novo: entre o Iluminismo e a Revolução Francesa* e *Educação e ética na modernidade: uma introdução*.

# Os autores

**Maria Lúcia Garcia Pallares-Burke** foi professora da Faculdade de Educação da USP e é pesquisadora associada do Centre of Latin American Studies da Universidade de Cambridge. Tem se dedicado ao estudo da circulação e recepção de ideias nos contextos europeus e latino-americanos e à trajetória intelectual de pensadores como Anísio Teixeira, Gilberto Freyre, Rüdiger Bilden.

**Roger Chartier** é professor emérito do Collège de France e professor visitante da Universidade da Pensilvânia. Seus últimos livros publicados em português são *Mobilidade e materialidade dos textos, Um mundo sem livros e sem livrarias?* e *Editar e traduzir*.

**Anne-Marie Chartier** é encarregada da formação de professores em Versalhes, pesquisadora do Instituto Nacional de Investigação Educacional (INRP) sobre a história da cultura escrita escolar, coautora de *Discursos sobre a leitura 1880-1980* e autora de *L'École et la lecture obligatoire* e *L'École et l'écriture obligatoire*.

**Tiago Almeida** é doutor em Psicologia da Educação pelo Instituto Superior de Psicologia Aplicada-Instituto Universitário (Ispa-IU) e professor auxiliar da Escola Superior de Educação – Politécnico de Lisboa, pesquisador integrado no Centro de Investigação em Educação do Ispa-IU e investigador no CIED || ESEL. Coordena o projeto IN2Play, financiado pelo programa ID&CA.

**Helena Singer** é socióloga, com mestrado e doutorado pela Universidade de São Paulo, e pós-doutorado em Educação pela Universidade Estadual de Campinas. É também vice-presidente da Ashoka América Latina e coordenadora do Movimento de Inovação na Educação.

**Ana Laura Lima** é professora associada da Faculdade de Educação da USP, na área de Psicologia e Educação. Suas pesquisas referem-se à história da infância e dos saberes pedagógicos. É pesquisadora associada ao Projeto Temático Fapesp "Saberes e práticas em fronteiras: por uma história transnacional da educação (1810-...)".

**Natália Gil** é pedagoga, mestre e doutora em Educação pela Universidade de São Paulo (USP). É também professora na Faculdade de Educação da Universidade Federal do Rio Grande do Sul (UFRGS) e coordenadora do grupo de pesquisa "Histeb – História da escolarização no Brasil: políticas e discursos especializados".

**Elie Ghanem** é professor de Sociologia. Lidera o grupo de pesquisa Ceunir-Centro Universitário de Investigações em Inovação, Reforma e Mudança Educacional, da Faculdade de Educação da USP. Seus trabalhos se concentram nos temas de educação escolar indígena, educação e direitos humanos, e tendências da inovação educacional. Entre outras obras, publicou *Educação escolar e democracia no Brasil*.

**Leandro de Lajonquière** é psicólogo pela Universidad Nacional de Rosario, doutor em Educação pela Unicamp, livre-docente em Educação pela USP e em Psicologia pela Université Paris VIII. Exerce a docência, bem como é orientador de pós-graduação, na USP e na Université Paris VIII.

**Vivian Batista da Silva** é professora associada da Faculdade de Educação da USP, onde trabalha com questões ligadas à didática, formação docente e história da educação. É também diretora da Escola de Aplicação da Faculdade de Educação da USP e desenvolve trabalhos de formação continuada de professores.

Os autores

**Francisco Peixoto** possui doutorado em Psicologia, na área de Psicologia da Educação, pela Universidade do Minho. É docente do Instituto Universitário (ISPA), em Lisboa, lecionando nas áreas da Psicologia da Educação e Métodos de Investigação. Pesquisa sobre emoções e motivação em contexto acadêmico e sobre identidade profissional dos professores, motivação e resiliência.

**José Castro Silva** possui doutorado em Educação e é professor auxiliar no Instituto Universitário (ISPA) em Lisboa. Leciona nas áreas das Ciências da Educação e Tecnologias Educativas e pesquisa sobre a influência de fatores individuais e contextuais na aprendizagem e desenvolvimento profissional dos professores.

**Patricia Tavares Raffaini** é doutora em História Social pela FFLCH-USP, onde realizou pós-doutorado sobre História do Livro e da Leitura. Um segundo pós-doutorado sobre Humanidades Digitais foi feito no IEB-USP. Foi professora temporária na FE-USP e professora visitante da pós-graduação em História na Unifesp.

**Diana Gonçalves Vidal** é professora titular em História da Educação na Faculdade de Educação da USP, bolsista produtividade em Pesquisa do CNPq nível 1A, pesquisadora responsável do Projeto Temático Fapesp "Saberes e práticas em fronteiras", além de coordenadora do Núcleo Interdisciplinar de Estudos e Pesquisas em História da Educação (NIEPHE). Também é pesquisadora do IEA-USP, com o Projeto "E-História da educação: uma abordagem crítica das Humanidades Digitais".

**Cynthia Greive Veiga** é graduada em História pela Universidade Federal de Minas Gerais (UFMG), possui licenciatura em Pedagogia pelo Instituto de Educação de Minas Gerais (IEMG). Também é mestre em Educação pela UFMG e doutora em História pela Universidade Estadual de Campinas. É professora titular da Faculdade de Educação (UFMG), na área de História da Educação.

**Julio Groppa Aquino** é professor titular da Faculdade de Educação da USP. É bolsista de produtividade do CNPq. Participou do Programa Ano Sabático do Instituto de Estudos Avançados da USP, versão 2022. Desenvolve estudos sobre a discursividade educacional contemporânea. Foi um dos ganhadores do prêmio Jabuti, categoria Educação/Pedagogia, em 2015.

**Marcos Garcia Neira** é licenciado em Educação Física e Pedagogia, com mestrado e doutorado em Educação, pós-doutorado em Currículo e livre-docência em Metodologia do Ensino. É professor titular da FE-USP, na graduação e na pós-graduação, e coordena o grupo de pesquisas em Educação Física escolar. Investiga questões curriculares com apoio da Fapesp e do CNPq, do qual é bolsista de produtividade em pesquisa.

**Ingrid H. Ambrogi** é docente do Programa de pós-graduação em Educação, Arte e História da Cultura da Universidade Presbiteriana Mackenzie, doutora em História Social pela FFLCH-USP, mestre em Psicologia Escolar e do Desenvolvimento Humano (IP-USP) e pedagoga pela PUC-SP. É líder do grupo de pesquisa "Arquivo, memória e cidade – AMeCIdade" e faz parte do Conselho Internacional de Monumentos e Sítios (Icomos).

**Rita de Cassia Gallego** é professora dos cursos de Pedagogia e Licenciatura na Faculdade de Educação da USP e do Programa de Pós-Graduação da mesma faculdade. Possui graduação em Pedagogia, mestrado e doutorado em Educação pela mesma instituição. É pesquisadora associada ao Projeto Temático financiado pela Fapesp "Saberes e práticas em fronteiras: por uma história transnacional da educação" (1810-...).

**Jorge Ramos do Ó** é professor catedrático do Instituto de Educação da Universidade de Lisboa e pesquisador da Unidade de Investigação em Educação e Formação (UIDEF) da mesma instituição. É codiretor do doutoramento em Educação Artística oferecido pelas Universidades do Porto e de Lisboa. Coordena a pós-graduação em Pedagogia do Ensino Superior oferecida pelo Instituto de Educação da Universidade de Lisboa.

# CADASTRE-SE
## EM NOSSO SITE,
## FIQUE POR DENTRO DAS NOVIDADES
## E APROVEITE OS MELHORES DESCONTOS

---

LIVROS NAS ÁREAS DE:

História | Língua Portuguesa
Educação | Geografia | Comunicação
Relações Internacionais | Ciências Sociais
Formação de professor | Interesse geral

ou
editoracontexto.com.br/newscontexto

Siga a Contexto
nas Redes Sociais:
@editoracontexto

**GRÁFICA PAYM**
Tel. [11] 4392-3344
paym@graficapaym.com.br